JN308461

地球圏・生命圏・人間圏

持続的な生存基盤を求めて

杉原 薫・川井秀一・河野泰之・田辺明生 編著

京都大学学術出版会

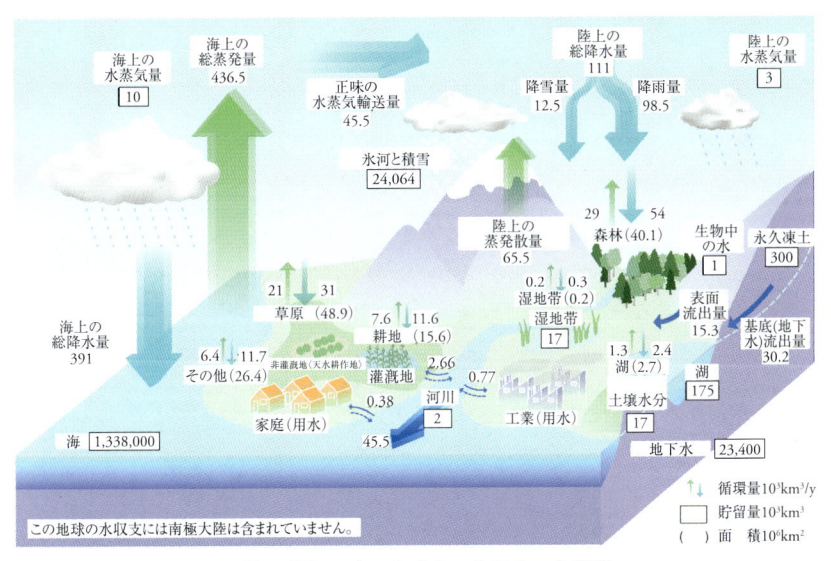

口絵1（図4-2）　地球上の水収支・水循環

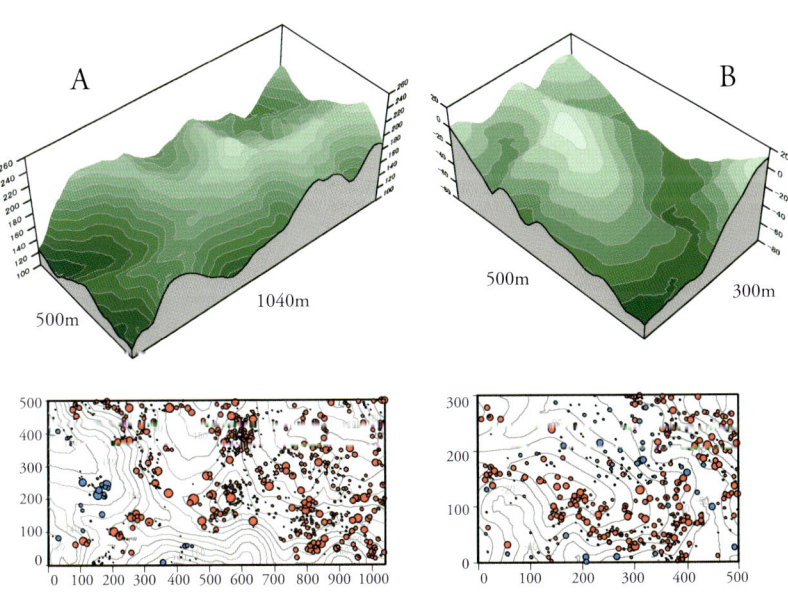

口絵2（図5-6）　熱帯雨林のフタバガキ科（A）と熱帯山地林のブナ科（B）にみられる地形によるニッチ分割

口絵3（写真8-1）　インドネシア，スマトラ島アカシア林植林地の景観

口絵4（写真9-2）　クムナ川流域のアブラヤシの農園

口絵5（写真11-1）　ハパオ村の夕暮れどきに，民家の庭先でギターを弾く若者

口絵6（写真12-1）　現在のイスタンブル

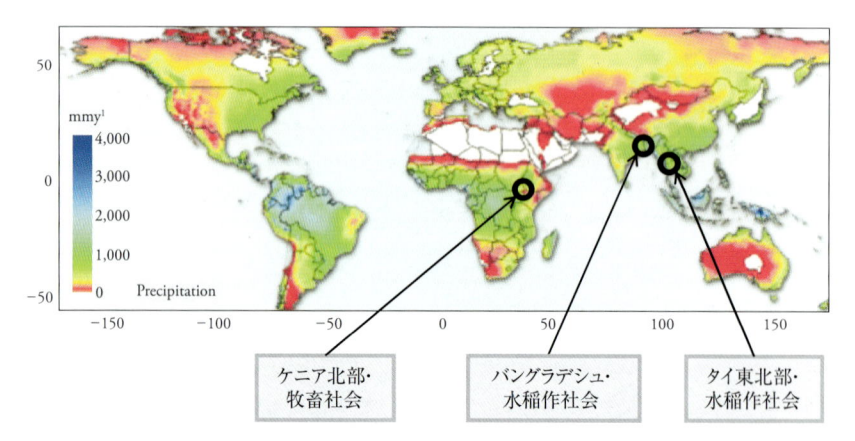

口絵7（図6-2） 世界の降水量分布と本章で取り上げた熱帯社会

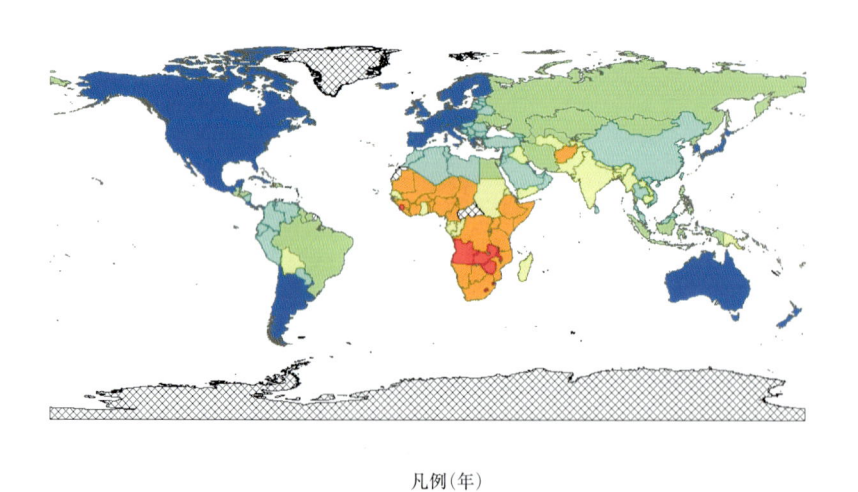

凡例（年）
25-<35 35-<45 45-<55 55-<60 60-<65 65< データなし

口絵8（図終-3） 世界各国の障害調整健康余命（2003年）

マラリアの発生状況　2006年

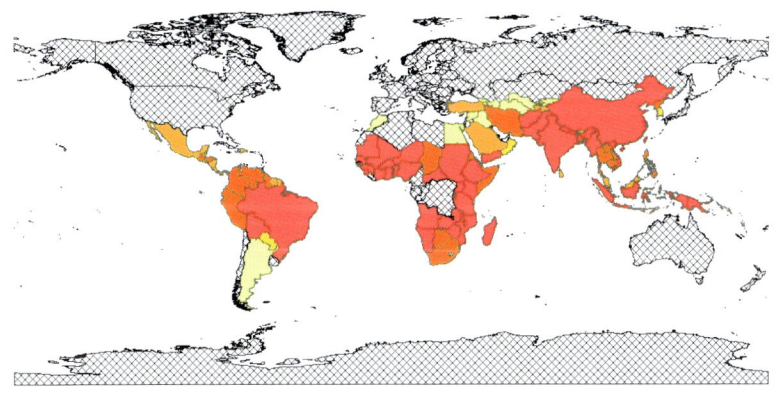

凡例（人）
0-<600　600-<1200　1200-<12000　12000-<120000　120000<　データなし

成人（15-49歳）のHIV感染率　2007年

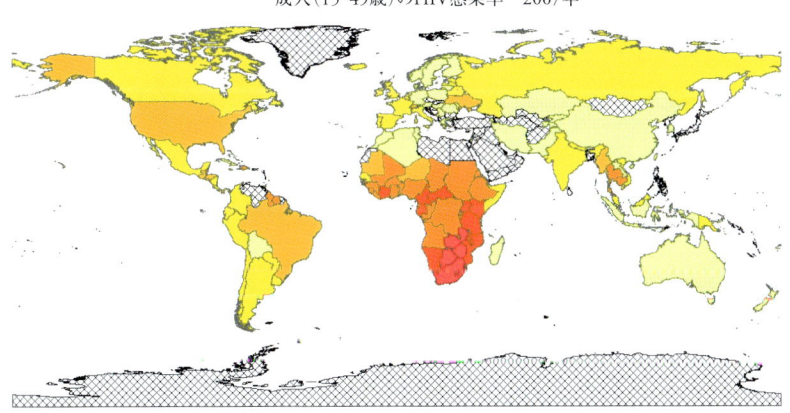

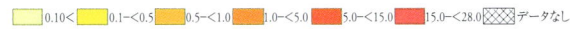

凡例（%）
0.10<　0.1-<0.5　0.5-<1.0　1.0-<5.0　5.0-<15.0　15.0-<28.0　データなし

口絵9（図終-5）　世界各国のマラリア発生状況とHIV感染率

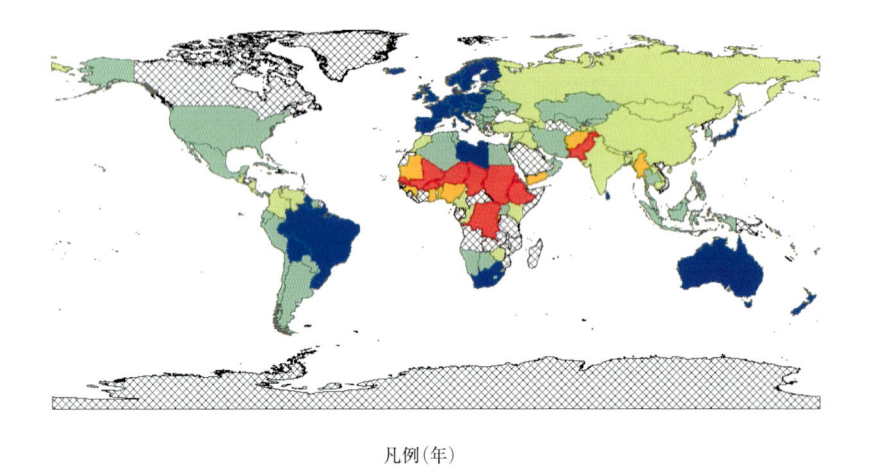

口絵10（図終-6） 初等・中等教育の長さの4歳時点での期待値 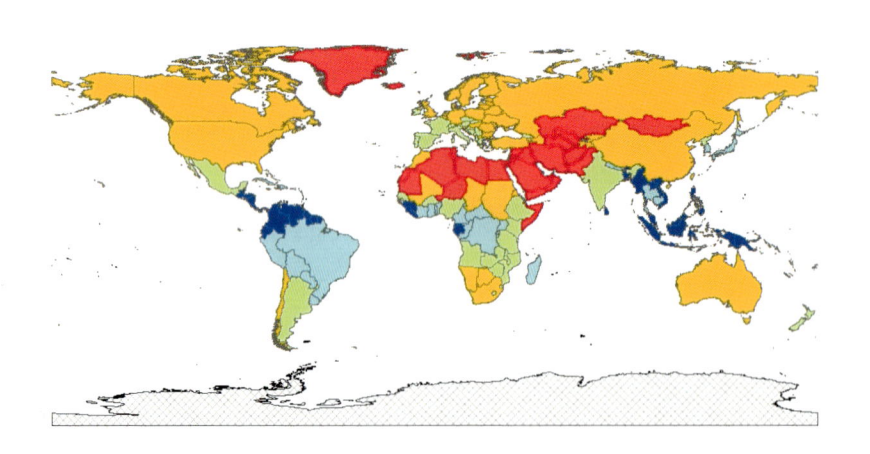
凡例（年）: 0-<6, 6-<8, 8-<10, 10-<12, 12<, データなし

口絵11（図終-7） 世界各国の純一次生産力（2005年）
凡例（g/m²/年）: データなし, 1-<500, 500-<1000, 1000-<1500, 1500-<2000, 2001<

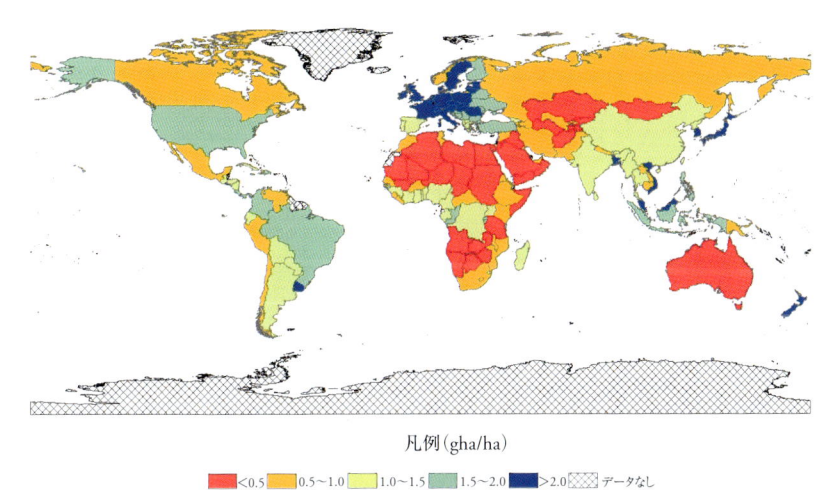

口絵12（図終-8） 国土に対する人為的介入が各国の生物生産力に与えた影響（2005年）

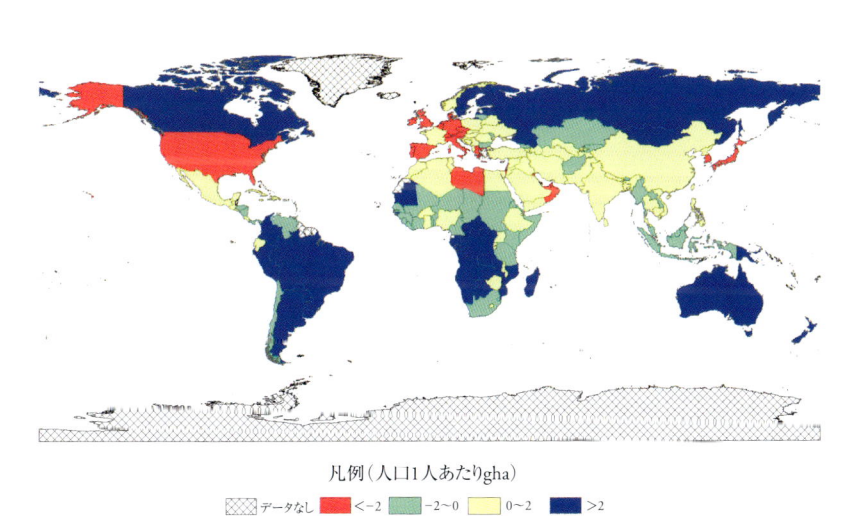

凡例（gha/ha）
<0.5　0.5〜1.0　1.0〜1.5　1.5〜2.0　>2.0　データなし

口絵13（図終-9） 再生可能資源利用の持続可能性評価（2005年）

凡例（人口1人あたりgha）
データなし　<-2　-2〜0　0〜2　>2

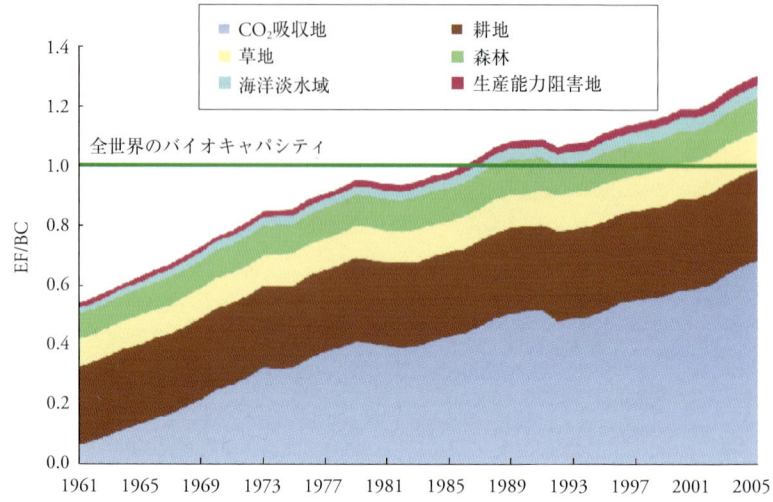

口絵14（図終-10） 全世界のバイオキャパシティ（BC）に対する，エコロジカル・フットプリント（EF）の相対値の経年変化

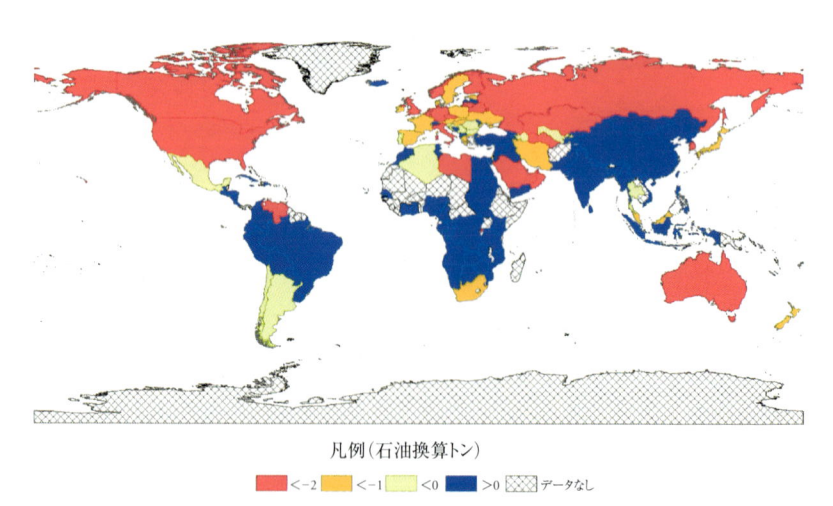

口絵15（図終-11） 化石エネルギー利用の持続可能性評価（2005年）

目　次

口絵　i
図表・写真一覧　xviii

序　章　持続型生存基盤パラダイムとは何か

杉原　薫

1　問題の提起　1
2　地表から生存圏へ　4
3　生産から生存へ　10
4　温帯から熱帯へ　16

第1編　環境・技術・制度の長期ダイナミクス

第1章　グローバル・ヒストリーと複数発展径路

杉原　薫

1　西洋中心史観の相対化　27
2　温帯の発展径路 —— 二径路説　31
　2-1　発展径路とは　31
　2-2　グローバル・ヒストリーへの適用　32
　2-3　工業化の二類型　35
　2-4　二つの径路の融合　37
　2-5　人的資源集約型発展径路　39

3 熱帯の発展径路 ── 複数発展径路説　42
　3-1　分析枠組の再検討　42
　3-2　環境の包括的把握　43
　3-3　生命資源の稀少化　45
　3-4　水と生存　49
　3-5　生存基盤確保型発展径路　51
4 生存基盤持続型発展径路　55

第2章　東アジアモンスーン地域の生存基盤としての持続的農業

田中耕司

1 東アジアモンスーン地域と「草木深し」　61
2 東アジアモンスーン地域の農業を支えた自然基盤　63
　2-1　ユーラシア大陸東縁のグリーンベルト　63
　2-2　アルプス造山運動と沖積地　65
　2-3　豊かな一次生産力　65
3 東アジアモンスーン地域の農業と農法
　　── 水田農業と多毛作体系に注目して　66
　3-1　東アジアの農業様式　66
　3-2　「水稲が優占する集約的自給的農業」　68
　3-3　水田の多毛作化──西欧とは異なる農法展開　71
　3-4　東アジアモンスーン地域の農法展開　74
4 熱帯における土地利用技術の特徴　77
　4-1　東アジアモンスーン熱帯の農業の特徴　77
　4-2　プランテーション農業と小農による樹木作物栽培　79
5 東アジアモンスーン地域の生存基盤　82
　5-1　生命圏と人間圏の統合場としての農業　82
　5-2　生存基盤の持続性のために　85

第3章　乾燥オアシス地帯における生存基盤とイスラーム・システムの展開

小杉　泰

1　はじめに　89
2　イスラーム文明圏の眺望　91
3　イスラーム文明の「三項連関」論　97
4　三項連関に立脚して，何が生まれたか　103
5　生存基盤持続型のイスラーム的システム　109
6　現代におけるイスラーム復興　116
7　おわりに　120

第2編　地球圏・生命圏の中核としての熱帯

第4章　地球圏の駆動力としての熱帯

甲山　治

1　地球圏の理解に向けて　129
　1-1　生存基盤としての地球圏　129
　1-2　地球圏における熱循環と水循環　130
　1-3　地球圏科学に向けた学融合　132
2　大気と水の循環のメカニズム　134
　2-1　南北方向の大気循環と水循環　135
　2-2　東西方向の大気循環と水循環　137
3　地球圏からみた熱帯と温帯の違い　140
　3-1　南北の温度差と偏西風が作り出す温帯の特徴　140
　3-2　豊富な日射と水蒸気がもたらす熱帯の特徴　142
　3-3　熱帯降雨観測衛星 TRMM を用いた熱帯降水の特徴　144

4 生命圏および人間圏が水循環系に与える影響　146
　4-1　陸面が大気・水・熱循環に与える影響　146
　4-2　モンスーンアジアにおける森林伐採と水循環　147
　4-3　灌漑と都市化　149
5 新たな「学融合」に向けて　150

第5章　生存基盤としての生物多様性

神崎　護・山田明徳

1 生物多様性とは　153
2 多様性はいかにして形作られてきたのか　154
3 熱帯の生物多様性　159
　3-1　フタバガキ科の進化と多様性　159
　3-2　シロアリの進化と多様性　162
　3-3　多様性をめぐる二つの対極的な考え方　168
4 多様性と機能と安定性　169
　4-1　多様性と生産・分解過程　169
　4-2　多様性と安定性　175
5 生存基盤としての多様性　176
　5-1　資源としての多様性　176
　5-2　保全のパラダイム　179

第6章　水の利用からみた熱帯社会の多様性

河野泰之・孫　暁剛・星川圭介

1 水問題へのアプローチ　185
2 水の多様性　188
　2-1　地球の水循環　188
　2-2　近代土木による水制御　190

2-3　熱帯社会の水環境　193
3　生業の多様性と水利用　196
　　3-1　水を探る　196
　　3-2　水を貯める・使いまわす　200
　　3-3　洪水と生きる　205
4　持続型生存基盤における水　206

第3編　森林からの発信 ―― バイオマス社会の再構築 ――

第7章　熱帯林生命圏の創出

川井秀一

1　人工林は何故必要か ―― 森林再生の重要性　215
2　何故，熱帯地域か　217
3　天然林から産業造林の利用へ　219
4　炭素ストックの動的解析　220
5　大規模熱帯造林地の森林バイオマスの推定と評価　221
6　森林・木材の炭素貯蔵機能　225
7　持続性の検証と評価
　　―― 森林バイオマス生産の持続性構築に向けて　229

第8章　大規模プランテーションと生物多様性保全
　　　　　―― ランドスケープ管理の可能性

藤田素子

1　なぜ，プランテーションか　233
2　熱帯の土地利用変化と生物多様性　236
3　温帯地域における生態系管理　240

xiii

4　スマトラ島アカシア植林地での鳥類多様性　243
5　植林地における生物多様性の保全にむけて　247

第9章　歴史のなかのバイオマス社会
　　　　——熱帯流域社会の弾性と位相転移

石川　登

1　なぜ，バイオマス社会に着目するか　251
2　バイオマス社会の歴史的展開　256
3　バイオマス社会の弾性　269
4　バイオマス社会の位相転移　274

第10章　産業構造の大転換 ── バイオリファイナリーの衝撃

渡辺隆司

1　問題の所在とその背景　281
2　バイオリファイナリーが社会・経済・環境に及ぼす影響　283
　2-1　バイオマスのエネルギーポテンシャル　283
　2-2　バイオマスの温暖化ガス削減効果　285
　2-3　バイオリファイナリーによる新産業の創成　286
　2-4　バイオリファイナリーによる既存産業構造の改編　287
　2-5　バイオリファイナリーによる地域社会の活性化　288
　2-6　エネルギー安全保障への貢献　289
3　バイオリファイナリーに必要な技術革新　290
　3-1　バイオディーゼルの製造　290
　3-2　糖の発酵によるバイオエタノールやバイオ化学品の製造　291
　3-3　バイオリファイナリーのための微生物の改変と利用　293
　3-4　微生物変換と熱化学変換の統合バイオリファイナリー　294
4　バイオリファイナリーを基盤とした持続的社会の構築に向けて　295

第4編　人間圏の再構築

第11章　グローバル化時代の地域ネットワークの再編
—— 遠隔地環境主義の可能性

清水　展

1　地球と地域　305
2　有限の地球　306
 2-1　宇宙船地球号　306
 2-2　共有地の悲劇，あるいは成長の限界　310
 2-3　暗い未来に抗して　313
3　グローバル化と地域社会　316
 3-1　グローバル化の進展　316
 3-2　北部ルソン山奥村の変容　320
4　「グローカル」な生活世界　326
5　遠隔地環境主義　332

第12章　われわれの〈つながり〉
—— 都市震災を通じた人間圏から生存基盤への再編成

木村周平

1　〈つながり〉としての生存基盤　337
 1-1　生存基盤とは　337
 1-2　生存基盤とそれを脅かすもの —— 自然災害　339
 1-3　イスタンブル —— ローカルな生存基盤　343
2　ローカルとグローバルの往復運動　346
 2-1　地震の知識のネットワーク　346
 2-2　〈つながり〉の変容 —— 科学・政策・社会　348
 2-3　イスタンブルの脆弱性　350

3 コジャエリ地震 352
　3-1 被災と人びとのつながりの顕在化 352
　3-2 つながりの再編 ── 暗い将来へ？ 353
4 新たな〈つながり〉へ 355
　4-1 住民防災チーム 355
　4-2 イスタンブル，未来の地震と"われわれ" 357
　4-3 〈つながり〉の拡大 358
5 人間圏から生存基盤へ 360

第13章　生存基盤の思想 ── 連鎖的生命と行為主体性

田辺明生

1 人間圏の再構築の必要性 365
2 歴史のなかの人間圏 ── その構造変動 367
　2-1 神話的世界から宗教的世界へ 367
　2-2 科学的世界から持続型生存基盤へ 369
3 生存基盤という思想 ── 生の作法へ 372
　3-1 「生のかたち」を支える生存基盤 372
　3-2 自己と環境の相互作用としての生命 373
　3-3 政治と生態の融合 ── 法的主体から生命的行為主体へ 375
　3-4 合理主義と調和論の対立を超えて 377
4 人間の生を支えるもの ── いのちのつながり 379
　4-1 いのちの営み 379
　4-2 個体的生命と連鎖的生命 380
　4-3 インドの宇宙観と人間観 ── 連鎖するいのち 381
　4-4 いのちの価値 ── 生と死の場としての生存圏 384
5 地域の潜在力 ── 生存の技法と技術 385
　5-1 多元的な発展径路 385

5-2　インド型発展径路とカースト　386
　　5-3　社会と自然のネットワーク　387
　　5-4　生存学へ　389
　6　持続型生存基盤の構築のために　390

終　章　生存基盤指数からみる世界

佐藤孝宏・和田泰三

1　生存基盤指数の目指すもの　395
2　平均寿命指数から障害調整健康余命へ　397
3　教育関連指数の発展　403
4　経済活動を通じた人間と「環境」の関わり　404
　　4-1　地球圏と生命圏　404
　　4-2　生命圏の持つ潜在力と実際の生物生産力　405
　　4-3　実際の生物生産力とエコロジカル・フットプリント
　　　　　── 再生可能資源の利用　410
　　4-4　望ましいエネルギー消費水準とは ── 枯渇性資源の利用　413
5　生存基盤指数のさらなる発展に向けて　416

あとがき　421
索引　423

図表・写真一覧

図序-1	生存圏の歴史的射程	8
図序-2	三つの圏に関する既存の視点	13
図序-3	多様性の幅：熱帯雨林気候・熱帯モンスーン気候と砂漠気候	19
表1-1	世界人口の地域別構成（1820, 1950, 2006年）	28
図1-1	世界エネルギー消費の趨勢（1820-2030年）	35
表1-2	世界の製造業雇用（1997年）	40
表1-3	耕地・森林・草地面積の地域別構成（1700, 1850, 1920, 1950, 1980年） 47	
表1-4	世界エネルギー消費の地域別種類別構成（1952年）	53
表1-5	世界GDPの地域別構成（1820, 1950, 2006年）	55
図3-1	イスラーム科学形成の知の系譜	95
表3-1	文明（ハダーラ，ウムラーン，タマッドゥン）と遊牧性（バダーワ）	100
表3-2	イスラーム初期に三項が生じた背景	102
図3-2	近代科学の成立過程（模式図）	113
図4-1	緯度帯による太陽の入射エネルギーの違い	131
図4-2	地球上の水収支・水循環	132
図4-3	地球上の大気循環	135
図4-4	東西平均降水量（P）と蒸発量（E）の緯度分布	137
図4-5	偏西風の蛇行と傾圧不安定	139
図4-6	水蒸気フラックス年平均値とその発散（1979-2001年）	141
図4-7	第2種条件付不安定（CISK）の模式図	143
図5-1	海洋動物の属数の変遷と想定される生物の大絶滅	155
図5-2	地質学的にみた主要大陸の分布と多雨林の成立過程	157
図5-3	赤道の南北におけるシロアリの属多様性の変化	158
図5-4	北アメリカ大陸において，A) 実蒸発散量と高い相関関係を持つ樹木の多様性とB) 可能蒸発散量と高い相関を持つ脊椎動物の多様性 158	
図5-5	東南アジアのさまざまな立地に適応放散したフタバガキ科樹種	162
図5-6	熱帯雨林のフタバガキ科（A）と熱帯山地林のブナ科（B）にみられる地形によるニッチ分割 163	
写真5-1	スミオオキノコシロアリ	165
図5-7	熱帯林の垂直方向の構造	170
図5-8	東北タイ・サケラートにおける微生物とシロアリによる植物遺体の分解	173
図5-9	各地の熱帯林における降水量とシロアリによる分解量の関係	173
図6-1	地球の水循環とグリーンウォーター・ブルーウォーター	189
表6-1	河川からの取水とその利用	193
図6-2	世界の降水量分布と本章で取り上げた熱帯社会	194

xviii

図 6-3	ケニア北部牧畜社会の降水量の季節分布と経年変動	197
図 6-4	レンディーレのラクダ放牧キャンプの移動	199
図 6-5	河川流出と灌漑需要の熱帯と温帯の比較からみるタムノップの機能	204
図 7-1	森林バイオマスの調査フィールド　インドネシア南スマトラ州	222
写真 7-1	南スマトラ州のアカシア大規模植林（ムシ フタン ペルサダ社，（MHP 社））	223
図 7-2	アカシアマンギウムの生長量	224
図 7-3	アカシアマンギウムのバイオマス生産量	224
図 7-4	森林と木材中の炭素の蓄積とフローの基礎概念	227
図 7-5	住宅工法別の CO_2 排出量	229
図 8-1	パソー保護区周辺の土地利用変化	237
図 8-2	ジャワ島中部の様々な植生における鳥類種数の違い	238
図 8-3	様々な都市における，緑地面積と鳥類の種数との関係	241
写真 8-1	インドネシア，スマトラ島アカシア林植林地の景観	244
図 8-4	保全二次林からの距離と観察された鳥類種数の関係	246
図 9-1	東南アジアにおける木材資源利用の軌跡	253
図 9-2	東マレーシア・サラワク州北部とクムナ川流域	254
図 9-3	クムナ川流域における民族集団	254
表 9-1	ビンツル地区の人口	255
写真 9-1	材木とアブラヤシを積載したトラック	259
表 9-2	1895 年度輸出関税収入	261
写真 9-2	クムナ川流域のアブラヤシ農園	268
表 9-3	伐採キャンプにおける職種・賃金・民族集団	271
写真 9-3	材木貯木場での丸太計測作業	272
表 9-4	バイオマス社会編成の転換	274
図 9-4	位相転移 (1)	275
図 9-5	位相転移 (2)	275
表 10-1	植物の一次生産量と現存量	284
図 10-1	バイオマスのエネルギー利用可能量の推定値	284
図 10-2	石油リファイナリーからバイオリファイナリーへの変革	287
写真 10-1	インドネシア東カリマンタンの天然林伐採によってできた荒廃地で栽培されるナンヨウアブラギリ	291
図 10-3	発酵と熱化学変換からなる統合バイオリファイナリー	294
写真 11-1	ババイ村の夕暮れどきに，民家の庭先でギターを弾く若者	321
写真 11-2	JICA のプロジェクト評価チームに，植林サイトを案内するリウヤック氏	325
写真 11-3	トゥゴ祭りで入場するグループ	329
図 12-1	1900 年から 2008 年 6 月までに報告された災害数	341
図 12-2	1900 年から 2008 年までの大陸ごとの，報告された災害数	342
写真 12-1	現在のイスタンブル	344
図終-1	生存基盤指数の評価空間と要素	397

図終-2	障害調整健康余命の算出方法	399
図終-3	世界各国の障害調整健康余命(2003年)	399
表終-1	障害調整健康余命に用いられる効用値	400
図終-4	障害調整健康余命指数とGDP指数の相関	400
図終-5	世界各国のマラリア発生状況とHIV感染率	402
図終-6	初等・中等教育の長さの4歳時点での期待値	404
図終-7	世界各国の純一次生産力(2005年)	407
表終-2	エコロジカル・フットプリント分析のための6つの土地利用区分	409
表終-3	エコロジカル・フットプリント分析に用いられる収量ファクターの例	409
図終-8	国土に対する人為的介入が各国の生物生産力に与えた影響(2005年)	410
図終-9	再生可能資源利用の持続可能性評価(2005年)	413
図終-10	全世界のバイオキャパシティ(BC)に対する,エコロジカル・フットプリント(EF)の相対値の経年変化	414
図終-11	化石エネルギー利用の持続可能性評価(2005年)	415

序章

持続型生存基盤パラダイムとは何か

杉原　薫

1 問題の提起

　アジア・アフリカの熱帯地域には，現在世界人口の約半分が住んでおり，その比率は今後さらに上昇するものと考えられる．資源・エネルギー価格の激変や地球温暖化によってもっとも深刻な影響を受けるのも，発展途上国の多いこの地域である．かれらの作る地域社会にとって，どうしても欠かせない「生存基盤」とは何か．また，人類は地球環境の持続性を維持できるような生存基盤をどのように作っていけばよいのか．本書は，これまでの開発研究の中心的話題だった一人当たり所得，教育，健康などの「人間開発」の側面に加え，水や空気そして化石資源を供給し，地震や噴火によって人間圏をおびやかす「地球圏」，生命のつながりを人間と共有し，生物多様性や生態系の持続性への考慮をわれわれに求めている「生命圏」の二つの圏を視野に入れた「生存圏」の概念を提起することによって，こうした問題に新しい光を当てようとするものである．

　これまでのアジア・アフリカ地域研究は，欧米や日本の歴史的経験にもとづいた，したがってアジア・アフリカ地域全体から見ればバイアスのかかった認識枠組から自由ではなかった．以下で述べるところから明らかなよう

に，こうした認識枠組の偏りは，地域研究に限らず，多くの研究者や知識人に，しかも国際的に共有されている．本書では，そうした傾向を相対化するために，これまで「地表」から人間の眼で見てきた世界を，より三次元的で，複眼的な「生存圏」から捉え直すことを提案する．そして，現在なお広く共有されていると思われる二つの見方を取り上げ，それらの見方の根本的な転換を示唆する．

その第一は，「生産」から「生存」への視座の転換である．産業革命以降の世界で「先進国」となった欧米や（戦後の）日本のような国では，社会の目標が「生産」，とくに一人当たり所得で測った生活水準の上昇に結びつく「生産性の向上」に集約されることが多かった．技術も制度も生産力の上昇を念頭において発達してきた．しかし，われわれは，より長期のタイムスパンをとり，先進国だけではなく世界を分析単位とするなら，このような「生産」への関心の集中は，限られた時期に，一部の地域で有力になった現象にすぎないと考える．人類が20万年にわたって生き延びてきたのは，生産も含めた，しかしより根源的な，「生存」の力を鍛えてきたからではないだろうか．そして，現在必要とされているのは，生活向上の方向を，もう一度この「生存」の観点から捉え直すことではないだろうか．

第二は，「温帯」から「熱帯」への視座の転換である．熱帯は地球が得る太陽エネルギーの大部分を吸収し，大気や海流の動きをつうじて，温帯などにその一部を配分している．つまり，地球の物質・エネルギー循環の中心は熱帯である．また，それとも関連して，生物相（動植物，細菌など）の活動は熱帯においてもっとも活発である．生物多様性の問題に挑み，地球全体の生命圏の力を引き出すには，熱帯を中心に考えなければならない．さらに，すでに述べたように，現在世界人口の約半分は熱帯に居住している．その比率は今後も増えるだろう．にもかかわらず，過去2世紀にわたる技術，制度の革新は，ほとんどが温帯で生み出されてきたし，それは現在もあまり変わっていない．われわれは，地球環境における熱帯の中心性と，技術や制度の発達における温帯の主導性とのあいだに大きなミスマッチを見る．これを矯正しなければ，人類が地球環境を理解し，それと共生していくことはできないのではないだろうか．温帯に住む人々も，熱帯を中心とした地球「生存圏」の

全体と共鳴しなければ生きていけなくなるのではないだろうか．

　本書の課題は，このような問題意識から，人類の生存基盤が持続する条件をできるだけ幅広く探ることである．環境の持続性を分析する基本単位として「生存圏」を設定し，そこで個人が生きるために，あるいは地域社会が自己を維持するために必要な物質的精神的諸条件を「生存基盤」と呼ぶとすれば，われわれの最終目標は，ローカルな，リージョナルな，あるいはグローバルな文脈で，持続型の生存基盤を構築する可能性を具体的に明らかにすることである．生存圏は，そのための分析枠組として構想された．

　本書に収録した論考は，多様な専門分野の研究者が，約1年にわたって集中的に議論を交わして執筆したものであり，すべて京都大学グローバルCOEプログラム「生存基盤持続型の発展を目指す地域研究拠点」の中心メンバーによる書き下ろし原稿である．執筆に際し，われわれは，それぞれの専門分野におけるトピックを網羅するのではなく，学際的な問題把握や新しい問題の発見，認識枠組の構築に役立つ話題を選び出すことに力を注いだ．また，われわれ自身のコミュニケーションの経験にもとづき，専門知識を持たない読者に対してできるだけわかりやすく説明し，われわれが今後考えていかなければならないと思うテーマについての大きな見通しを語ろうとした．

　本章では，以下われわれの分析枠組をもう少し詳しく説明する．次節ではまず，環境を主として「地表」で考える，既存の認識枠組の限界を指摘し，それに代わる分析枠組として「生存圏」(地球圏・生命圏・人間圏からなる)なる概念を提出する．第3節では，生存圏から世界を見ることによってもたらされる，生産を中心とした世界観，歴史観の相対化を展望し，「生存基盤の確保」を目標とする社会の特徴を示す．第4節では，温帯で成立した技術や制度の熱帯への普及の問題点を指摘し，熱帯生存圏の特徴づけを試みるとともに，持続型生存基盤の構築の必要性を論じる．

2　地表から生存圏へ

自然の切り取り

　近代ヨーロッパにおける資本主義の発展は，資本，労働と並ぶもっとも重要な生産要素として土地を選び取ることによって可能となった．自然のあらゆる要素のなかから，土地，とくに地表が取り出され，その商品化が試みられた．土地は，切り取られた「地片」として自由に売買できるようになったのである．

　これは何を意味するのであろうか．17-18世紀のイングランドにはすでに人間と自然の関係についての豊かな思索が存在し，一方では自然を人間の精神的安寧にとって重要なものとしながら，同時に自然を破壊し，動植物を人間のために利用することの矛盾に悩む人も少なくなかった (Thomas 1983)．にもかかわらず，土地は，そうした自然観から概念的に切り離された．土地の生産性を上げるには，地主や農業資本家の裁量権を保証し，必要に応じて所有権を集中し，穀作と牧畜をローテーションにした資本主義的な農業を発達させる必要があった．そのために，近代的な私的所有権が確立したのである．私的所有権の保護は，近代国家の重要な任務となった．

　こうして，切り取られた「地片」が本来は独自のシステムを持った有機的「自然」の一部だったという事実は，政治・経済の制度的枠組にとってはしだいに二次的なものとなっていった．森林も，共有地（コモンズ）も，農業のための水利も，すべてが基本的には土地所有権制度の枠組のなかで解釈され，西洋型の資本主義システムが成立した．それによって，社会の関心を，一定の土地から得られる収穫をいかに上げるかという問題に集中させることが可能となったのである．

　私的所有権制度が資本主義社会の成立にとって決定的に重要だったという理解は，比較制度分析，歴史制度分析がさかんになった現在でも通説である (North 1973; North 1995)．イギリス近代史は，土地，労働，資本を三つの「生産要素」と考える古典派経済学の想源となった．市場経済の本格的な成長には，商品市場だけでなく，商品を生産するための生産要素の市場（要素市場），

つまり土地市場，労働市場，資本市場の発達が不可欠だとされた．知的所有権の明確化（特許など）も技術革新を助けた．こうして成立した「西洋型発展径路」は，世界に普及した．それは，こうした制度的展開があまり強くなかった地域（東アジアなど）の発展径路と比較して，「私的所有権径路」とも呼ばれている（本書第 1 章参照）．

国境の設定

「地表」中心の考え方は，耕地や耕地に転換可能な土地，あるいは資源の得られる土地だけでなく，海洋を含む地球のすべての表面に準用され，「国境」にもとづいた主権国家システムが成立した．しかし，実際には，河川や山系，海域には，自然環境としての独自のシステムが存在する．例えば，多くのイギリスの技術者たちは，英領インド期にパンジャーブ州で行った，ダムや運河による大規模な治水事業の成功を誇りに思ってきたし，事実インダス川下流は豊かな小麦の輸出地帯に変貌したのだが，1947 年の印パ分離独立によって，河川体系の心臓部を横断する国境線が設定されることになった（Addison 1955, chapter 10）．それは，ヒンドゥーとムスリムの対立や独立に対するイギリスの対応などの政治的要因にもとづく決定であり，現在のカシミール紛争にもつながっている．この国境の設定が，河川システムの指し示す論理に従ったものでなかったことは明らかである．

国境線だけではない．国内の行政区分も含む，すべての行政，ガバナンスの単位が，このように「地表」を中心に構想されてきた．政治的経済的観点だけから自然が「切り取られる」傾向は現在でも決してなくなっていない．環境に対する自然科学的理解が進んでも，それだけでこの傾向が是正されるわけでもない．例えば，メコン川の上流でダムが建設され，下流で漁業が盛んになるというように，国際河川の高度利用が進むと，ガバナンス上，政治的区分とのあいだの離齬が顕在化する．このようにして，新しい問題がつねに発生するからである．

生態系と生存圏

しかし，自然環境を地表に集約することはできない．人間圏の都合で作ら

れた国境でそれを分断することもできない．われわれは，自然環境を地表で捉える二次元の発想を排し，土地自体も，実は空気や水の動きに規定され，生命のやどる「土壌」にほかならず，しかもそれを三次元の，広域を動く水や熱の循環が支えていることに着目する．したがって，一方では，宇宙圏，大気圏，森林圏，地層，海域など，人間生活に影響を及ぼす空間全体の物質・エネルギー循環の構造を視野に入れる．地表中心の見方と比較すると，水が蒸発したり，地下水になったりするというような，垂直的な空間における動きを捉えようとするのである．また，水平の空間においても，地表だけではなく，河川のような，空間のさまざまなレベルにおける関連を考慮する．と同時に，そうした重層的な空間に存在する生物相にも注目する必要がある．例えば植物は，空気と水によってその生命を維持し，やがて枯れて土地に栄養を与える．地下水も土壌の質を支える．土地は，大きな大気の流れや雨量，生物相とつながった生存圏のローカルな構造の一部である．

　環境のこうした側面への人間の関心は，例えば森林伐採による土壌劣化，河川の氾濫といった具体的な問題への対応としては，さまざまに表明されてきた．学問的には，自然科学の側から構想され，社会科学の側の制度構築を要請している大きな流れの一つとして，生態系（エコ・システム）の考え方が存在する．

　生態系とは，1935年にタンズリー（A. G. Tansley）によって提案された概念で，「ある地域に生息している多種類の生物全体と，それらの生活の基盤になっている土壌や水，気象，海流などの物理的化学的な環境を全体として1つのシステムと見な」すことで成立した（巌佐 2003）．この定義には，われわれの枠組の出発点となる要素が含まれている．すなわち，生態系は，「ある地域に生息している多種類の生物全体」に注目するが，これを単に「食物連鎖」のような生物相に注目したシステムとして捉えるのではなく，「土壌や水，気象，海流などの物理的化学的な環境」も視野に入れた「1つのシステム」と考える．われわれも，生物相（生命圏）とその「物理的科学的な環境」（地球圏の生命圏を支える部分）を，まずそれぞれに独自の論理を持ったものとして捉え，その上でその交錯を問題にしようとする．

　もっとも，この定義では人間の関与は明示されていない．現実には，例え

ば大規模植林による新しい植生とそこにおける生物相の関係を見ればわかるように（本書第8章参照），人間の関与が生態系を大きく規定していることも少なくない．現在の自然環境をより包括的に捉えるには，それ自身に内在する論理を取り出し，それらと人間圏の論理との交錯の過程を，人文科学，社会科学の視点を取り入れて理解すべきである．また，この定義では，人間の生活空間は，直接には生態系に含まれていないように見える．しかし，例えば大都市の生態系を人間活動と切り離して捉えるのは非現実的である．

　こうしてわれわれは，地球圏，生命圏，人間圏の三つを「生存圏」として統一的に捉えることが必要だと考える．自然環境がしばしば地表の側から理解されてきたとすれば，それを「生存圏」という観点から理解しようとする立場は，私的所有権や国家といった制度をいったん離れて，物質・エネルギー循環の総体を統治できるような制度の構築の必要性を示唆している．また，近代資本主義社会の規範では，農業生産は人間の自然への働きかけであり，「地表」はしばしば人間を除く「自然」の代表ないし代理指標とされてきた．技術や制度の形成に際し，人間は「切り取られた自然」と対置されることが多かった．これに対し，「生存圏」に焦点を当てた見方では，人間が直接にはコントロールできないような，自然の巨大な空間全体と対峙することが要請される．自然の統治といっても，その内容は，自然を改変するというよりは，自然の論理を理解し，それを人間が生かしていくことのほうに力点がある．技術も制度も，そのような大自然に鼓舞された，広い環境調和力を持ったものに進化していかなければならないのである．

生存圏の構造

　地球圏，生命圏，人間圏の三つの「圏」は，歴史的に異なったタイムスパンをもっている．図序-1に示したように，地球圏は約46億年前に成立し，その数億年後に地球に生命が誕生して，生命圏ができた．人類はせいぜい20万年前に現れたにすぎない．三つの圏は，それぞれ独自の生成，発展（そしておそらく消滅）の論理をもっていると思われる．

　狭義の地球圏とは地圏（地殻，マントル，核）のことであるが，上部に岩石圏，土壌圏，水圏，大気圏ができて，生物が生息する環境が成立した．これ

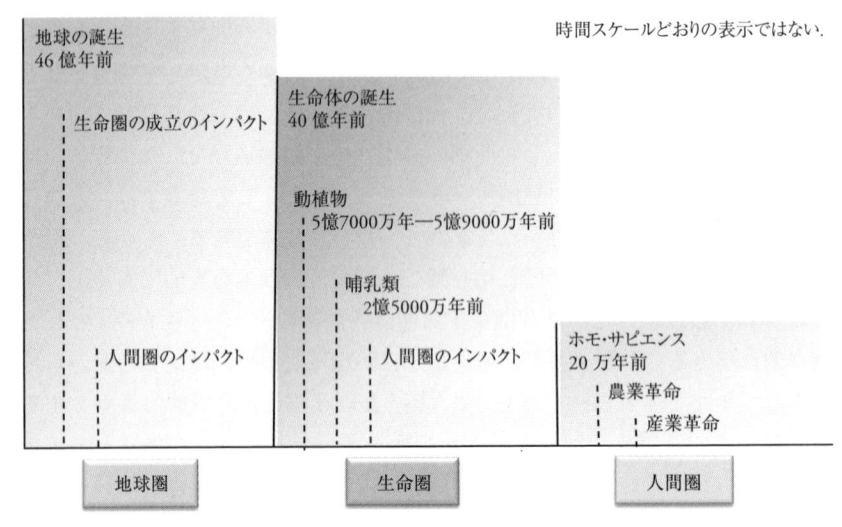

```
地球の誕生                                          時間スケールどおりの表示ではない．
46億年前
                     生命体の誕生
 生命圏の成立のインパクト   40億年前

                     動植物
                     5億7000万年—5億9000万年前

                     哺乳類
                     2億5000万年前
                                         ホモ・サピエンス
                                         20万年前
 人間圏のインパクト         人間圏のインパクト          農業革命
                                           産業革命

     地球圏                 生命圏             人間圏
```

図序-1　生存圏の歴史的射程

を広義の地球圏と呼ぶ．それは，太陽系の一部としての地球（開かれた系）がもつ，非循環的で一方向的な運動の論理を持っている．人間の体内時計への影響からもわかるように，それが生命圏，人間圏の運動を深部で規定していることは明らかである．

　火山の噴火や地震は，通常狭義の地球圏の論理で生ずると理解される．災害を人類がどのように受け止め，人間圏のなかに「内生化」してきたか，それが社会の構造をどう規定しているかの研究はまだ始まったばかりである．その探求は，人類にとって生存基盤の確保とは何かという問題領域に照明を与えるだろう（本書第12章参照）．

　生命圏は生命体の再生産，進化，変異の論理を内包する．生存圏のサブ・システムとして生態系を形成すると同時に，地球圏の運動にも影響を及ぼす．

　多くの「種」は何度も絶滅の危機に会うか，実際に絶滅した．現在われわれが「生物多様性」（詳しくは本書第5章参照）と呼んでいるものは，その意味では生命圏の壮絶な歴史を生き抜いてきた生命体の集合にすぎない．生態系の研究は，地球圏の表層部分を生命圏の視点を取り入れて考察することに

序　章
持続型生存基盤パラダイムとは何か

よって，さまざまな偶然が重なってできたある地域の「自然」の構造を取り出してみせる．歴史的に再編されてきた地形や食物連鎖が驚くべき均衡を保って存在することが示されることもあれば，生物多様性が急速に失われている現実が照らし出されることもある．

　もう少し詳しく定義しよう．生命圏は，こうした生命体の集合を中心とし，他の生命体（人間圏）および環境（地球圏）と相互作用するシステムである．地球上に存在するすべての生命体は，①細胞を最小単位とし，②地球圏との間でエネルギー・物質の代謝を通じて自己の維持を行い，③自己複製を行う（ウィルス・リケッチアは，1にあげた生命体の条件には当てはまらず，生命体と非生命体の境界領域にあると考えられるが，プリオンタンパクも含めて病原性を持ちうるという点で，これらも生命圏の一員とすることができる）．生命圏は，自然科学的には上記三つの条件を有する三種類の機能群，生産者（植物），消費者（動物），分解者（バクテリア・カビ）から構成される．三つの群間では，窒素，炭素，水素，酸素など，生体を構成する分子を作っている主要な元素が生命活動を通じて循環する．地球圏を循環する物質・エネルギーを生体内に取り込むだけでなく，生命圏の活動を通じて地球のガス組成が変化したように，二つの圏は双方向に影響しあっている（以上，Gringvalid, J., 1998; Hutchinson, G. E. 1970; Whittaker, R. H., Likens, G. E., Lieth, H., 1975 に基づいて構成した）．

　人間圏は，地球圏，生命圏に支えられて存在しつつ，二つの圏に大きな影響を与えている．人類社会の生成，発展の論理には，人間の目的意識的な活動が内包されており，それによっていわば生命圏の論理から「逸脱」した，独自の論理を形成してきた．しかし，現実には，人類が二つの圏に及ぼした影響は，人口の増加や生活水準の向上といった目的を達成するための意図的な環境の改変によるものだけではない．環境への影響は，例えば地球温暖化のように，「意図せざる帰結」であることも少なくない．にもかかわらず，人間の活動の独自性はその目的意識性，判断力にある．生存圏が人間活動の持つ独特の危うさを内包していることは，その性格に本質的な不安定性を賦与しているように思われる．

3 生産から生存へ

人間の切り取り

　生存圏の視座から見た人間圏とは，どのようなものだろうか．人間の社会もまた，みずからその活動のほんの一部を切り取って制度を作り，技術を発達させてきたのではないだろうか．本節では，こうした視角から，既存の視点にコメントを加えよう．

　資本主義社会は，自然から「土地」を切り取って商品したのと同じように，人間からも「労働力」の部分を切り取って，商品化した．労働力は，土地とともに，主要な生産要素の一つとなり，社会の関心は，生産のための労働力の確保とその陶冶に向かった．初期の段階では，安価な労働力を大量に確保するだけの，いわば「使い捨て型」の労働力利用も少なくなかったが，やがて義務教育が普及し，人的資本への投資の合理性も認識されるようになった．現在では，開発主義においても，教育水準を上げ，健康を維持することは大きな課題だと認識されている．だが，その場合にも教育そのものに意味を見いだすというよりは，その重要性は開発という目的との関連で認識されていることが多い．さらに，福祉国家の発展の歴史を見ると，かつてはアジアの高度成長国（ここでは日本よりも，主として NIES, ASEAN のような国を考えている）には欧米と同じような社会福祉制度がなく，社会政策では遅れているという議論も見られた．現在では，必ずしもそうではなく，教育，健康，住宅などの分野を含めた広義の生活基盤の整備では，アジア諸国もそれなりの対応をしてきたとする見方もある．だが，その場合でも，アジア諸国の政策は，生活の確保・向上に焦点をしぼるというよりは，「生産中心主義」の観点からの労働力の質の向上が目指された結果だと理解されることが多い（杉原 2007）．

　欧米の福祉システムには，福祉を国家が主導する型，家族に多くをまかす型，市場の力を借りる型などが存在する．しかし，はっきりしているのは，もっとも市場志向の強いアングロ・サクソン型の国家も含めて，20 世紀後半には GDP に占める財政支出の比率が教育，健康，社会保障を中心に大き

く上昇したという事実である．それは，生産に限らず，社会が人間の生活を全体として保障しようという20世紀前半に生まれた福祉国家の考え方がさまざまな方法の改変を経ながら普及した結果だと見ることができよう．日本国憲法は，すべての国民には，単に「生命を維持する」だけではなく，「健康で文化的な最低限度の生活を営む権利」があるとする，いわゆる生存権の思想を掲げているが，それは，ヨーロッパで根づいたこうした思想を明確に憲法の条文にしたものであった．

　日本でも，資本主義的生産に携わる人々の生活過程への関心は強かった．戦前の日本の社会政策・社会福祉の歴史にも，一部に先進的な試みが見られる．また，日本の大企業は，両大戦間期にはすでに基幹労働者の家族に社宅を提供したり，子供を教育したりしていた．労働者の確保とインセンティヴの向上が大きな理由だったが，労務管理の視野は，欧米諸国のそれよりも体系的に，労働過程の外の生活過程に及んでいたとも言える．

　にもかかわらず，それらの試みは，生存の場としての人間圏の全体を覆うことはなかった．人間社会の構造は，現在でも基本的には生産や分配をつかさどる政治経済の公的な領域と，消費や再生産をつかさどる私的な領域に分かれている．生存に関わる領域の可視化は試みられてはきたが，それはこれまでのところ，人間から労働力を切り取り，それを基本にして社会のルールを作るという構造を前提した上での努力にとどまっているように思われる．

公的領域の設定

　古典派経済学は，生産，分配，消費の三分法を確立し，生産の中心性を疑わなかった．再生産は，生産との関連で，主として資本の再生産を念頭において捉えられ，自然と人間の再生産のガバナンスは，私的所有権制度の核とはならなかった．

　広義の「制度」は，人間の活動のほとんどの領域で見られる．しかし，生産，分配などをつかさどる公的領域がフォーマルな制度によって支えられているのに対し，消費，再生産をつかさどる私的領域は（フォーマルな制度がかぶさっているとしても）実際にはしばしばインフォーマルな制度によって維持されている．前者を公共圏，後者を親密圏と呼ぶ試みもある（公共圏とい

う概念は，公的領域の拡大やその質的な変革への視点を持つ概念として練り上げられてきた．京都大学グローバルCOE「親密圏と公共圏の再編成をめざすアジア拠点」は公共圏に焦点をしぼるのではなく，二つの圏の関連に迫る試みの一つである）．なぜそのような領域の分割が広汎にみられるのだろうか．

本章の立論からすれば，それは「地表」，「国境」，「私的所有権」に代表される資本主義的な制度は生産，分配の領域は覆っていても，消費や再生産を含む人間活動の全体を，それ自身に内在したかたちで覆うことはできないからだ（速水 2009）．すでに述べたように，「生存基盤」とは，個人が生きるために，あるいは地域社会が自己を維持するために必要な物質的精神的諸条件のことである．この観点からは，二つの領域を分割する理由はない．むしろ，生産，分配，消費，再生産にかかわるすべての活動が，領域分割を超えて，均等に取り上げられなければならない．それが，人間圏における「生産」から「生存」への視座の転換の一つの内容となるであろう．

領域分割の克服は，技術と制度の双方に大きな転換をもたらすであろう．技術では，バイオテクノロジーの分野で起こっているような，生産のための技術から，生存のための技術への転換がすべての分野で本格化しなければならない（本書第10章参照）．私的所有権制度や国家も，生産のための制度から，生存のための制度へ転換できるかどうかが問われている．

生存基盤への視点

次に，図序−2によって既存の世界観が生存圏をどのように認識してきたかを整理してみよう．右下に示した人間主義的な見方と，左上の自然科学的な見方は，いわば対になっていて，相互補完的に考えれば，三つの圏をカバーしているとも言える．しかし，そこでは人間の価値が優先されることが前提されている．また，それぞれの圏の成立が他の圏との関係に決定的に依存しているという点の強調は概して弱い．生存基盤の理解は事実上人間圏とそれ以外の圏に分裂したままになっているように思われる．

他方，図の下方の宗教・生命科学的な見方は，人間圏と生命圏の共通項を取り上げるところから，人間と自然の関係についての通常の理解を相対化する可能性を持っている．在来知や伝統思想のなかにも，生命圏やそれを支え

序 章
持続型生存基盤パラダイムとは何か

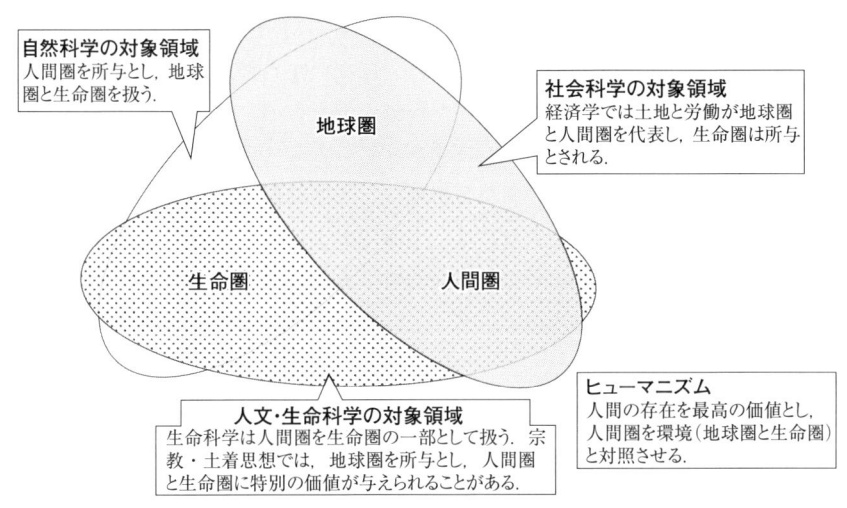

自然科学の対象領域
人間圏を所与とし，地球圏と生命圏を扱う．

社会科学の対象領域
経済学では土地と労働が地球圏と人間圏を代表し，生命圏は所与とされる．

地球圏

生命圏　　人間圏

人文・生命科学の対象領域
生命科学は人間圏を生命圏の一部として扱う．宗教・土着思想では，地球圏を所与とし，人間圏と生命圏に特別の価値が与えられることがある．

ヒューマニズム
人間の存在を最高の価値とし，人間圏を環境（地球圏と生命圏）と対照させる．

図序-2　三つの圏に関する既存の視点

る地球圏についての豊かな思惟が含まれていることが多い．それは，しばしば「生存」に直接対峙する思想でもある．もっとも，こうした見方は，工業化，都市化にともなって化石資源がバイオマスよりもエネルギー源として重要になるにしたがって，相対的に顧みられなくなってきたようにも見える．地域社会に生きる人々に比べれば，飛行機で世界を旅する現代人は，訪れる都市の植生や生態系がどのように旅行者を支えてくれているかを知ることもなく，ビジネスのグローバル化に携わることもできるからである．

　むしろ現代の先端的なイメージは，人間を労働力に，自然を資源，とくに土地に擬制する，社会科学的な見方（図の右上を参照）のほうであろう．本章で相対化を試みてきたのも，この見方である．都会に住む日本人の生存基盤は，中東から輸入される原油，アメリカや中国から輸入される食料・原料，日本で作られる自動車などの交通手段，電気製品，コンクリートでできた都市の風景に依存している．地球圏と生命圏の双方との共存の実感をそこでの生活感覚に取り戻し，生態系を介した生存圏理解を復権させるのは容易ではない．

　だが，人間社会の目的，目的実現の手段を，生産に集約して理解すること

13

はできない.生存基盤が工業化,都市化によって「高度化」したからといって,生存という目的が重要でなくなったわけではないからだ.また,近代科学の知識は,在来知,とくに在来の生業や伝統医療などの生命圏に関するローカル・ノレッジを部分的に代替したにすぎない.生命の理解には,自然科学的な理解と,宗教,思想,道徳の側からの理解との協働が必要である.したがって,生存基盤の内容を議論するには,生命圏およびそれを支える地球圏の自然科学的理解と,それに対応する生存基盤の人間的理解の協働が不可欠になるだろう(本書第13章参照).

不確実性と生存基盤の確保

それでは,生存のための基盤を確保するとはどういうことだろうか.前節で,三つの圏は,それぞれ独自の論理を持っていると論じた.しかし,同時に,それぞれの圏は,他の圏なしには存在しないとも述べた.もしそれが正しければ,その一つの論理的帰結は,われわれは圏の論理の交錯の重要性を認識しなければならないということである.

地球圏と人間圏の交錯を考えてみよう.例えば,ある地域の砂漠化と,大きな政変による環境変化への対応能力の激減が同時に起こったとする.砂漠化は政変によって生じたわけではない.政変が砂漠化と関係がないという保証はないが,砂漠化は広汎な地域で起こっているので,砂漠化が起これば政変が起こるというわけでもない.

さて,仮に二つの変化がそれぞれ地球圏,人間圏の独自の論理で生じたとしよう.そしてその結果,一つの変化だけが起こった地域と比べてその影響が数倍深刻なものになってしまったと仮定しよう.その地域の人々は,変化の方向が読めず,その背後にある論理も理解できなくなって,どのように対応してよいか途方に暮れるだろう.

この場合の「不確実性」は,一つの圏が独自の論理で起こす不確実性よりもはるかに大きいと考えられる.われわれの仮説は,ある圏の論理と他の圏の論理がこのようなかたちで重畳作用を起こした場合に,どのようにして生存基盤を確保すればよいかを論理的に理解することはきわめて困難になるのではないかというものである.

人間圏の成立は，地球圏，生命圏をある程度変えてきた．主たる変化は，人口増加がもたらす耕地の拡大（森林を含む非耕地の減少），熱エネルギーの利用量（とくに化石資源の利用量）の爆発的増加である．しかし，生態的な変化の限界点は，地球環境問題が顕在化するまでは，概ねマルサス的に理解されてきた．つまり，人口と耕地の趨勢的な関係によって人間と自然の関係が理解されてきたのである．

　しかし，生存基盤の確保には，こうした趨勢の問題とともに，もう一つ，不確実性への対応という問題がある．例えば，人間が森林伐採によって生じる生態学的帰結を完全に理解しているということはほとんど考えられない．そこには大きな「意図せざる帰結」が待っている可能性がある．そこに，薪を獲得するために木を切らなければならないというニーズに抗して，さまざまな「掟」や「タブー」などの在来知が守っているものがあるかもしれない．同じことは，例えば出産の際の緊急事態における対応の仕方についても言えるだろう．その場で何がベストな対応であるかは，（いわゆる暗黙知を含む）統合されていない知の集合のなかで判断しなければならない．したがって，その判断に動員される知の源泉は，本能的，経験的，累積的なものを含む，一見きわめて非体系的なものであるほかはない．その非体系性の背後には，人間活動の持つ独自の危うさとともに，圏の交錯という生存圏の本質にかかわる不確実性があるのではなかろうか．

　人類が生産や生産性の向上に関心を集中させていく前の時代には，このような不確実性への対応力が生存基盤の確保にとって大きな位置を占めていたのではないだろうか．地域社会は，生産よりも自然の制御，あるいは災害への対応により大きな関心を持っていたのではないだろうか．

　そしてそれは，21世紀の地球社会の生存基盤の確保を考える場合にも，重要な姿勢であるように思われる．第12章で論じるように，地球全体を一つの自然環境と見る発想は，1960年代以降，世界の思潮のなかで一定の地位を占めてきた．もし，先進国の市民が例えば熱帯の地域社会における災害に反応し，それへの関わりから生存基盤の確保を考える視点を獲得できるなら，それは人類が，先進国の日常性の限界を超えて，地球大の生存圏の保全という抽象的な課題についての想像力を一挙に高める契機となりうるであろ

う．

4 温帯から熱帯へ

熱帯の切り取り

　これまでの近代世界史は温帯中心の歴史だった．熱帯は，第一次産品の供給基地として位置づけられ，温帯にある先進国の制度が熱帯の植民地に移植された．これまでの熱帯認識は，19世紀中葉以降にヨーロッパ列強がアジア・アフリカを植民地化する過程で生まれた．母国と植民地との環境の違いの認識に大きな影響を受けている．当初は，マラリアなどの熱帯病，雨期と乾期の交替現象，気温，植生などが主な話題であった．「文明対野蛮」という構図が「温帯対熱帯」という構図を重ねられることもあった．

　もちろん，熱帯の自然環境そのものを切り取って認識しようという試みもあった．砂漠化理論はその一つである．熱帯に多い疫病の原因についても多くの説が唱えられた．しかし，ごく大雑把に言えば，それらの認識のほとんどは，結局のところ熱帯地域を（当初は白人にとって）いかに住みやすいところにするか，そしてこの地域をどのように発展させるかという問題意識に結びつけられていった．

　こうして生まれた熱帯発展論の主流は，先進国向けの第一次産品輸出経済としての発展戦略であった．アーサー・ルイスによれば，第一次産品の輸出によって外貨を稼ぎ，そこから工業化への原資や技術，経営のノウハウを移転し，鉄道などのインフラを整備できるなら，これもひとつの発展径路を作ることができる (Lewis 1970)．実際，温帯の白人移住地であったカナダ，アルゼンチン，オーストラリアなどではこのパターンの発展が生活水準の上昇をもたらしたのだから，熱帯でも同じ発展戦略を採用できるはずだ．生活水準の上昇と工業化は同じではない．熱帯でも，その地域の人口を支える農業の生産性が上昇するならば，まずは第一次産品輸出経済としての発展を目指すことが望ましい．こうした認識の補強に，地理的・環境論的な観点からその地域の比較優位を生かすべきだという議論が援用されることも少なくな

かった．これが，19世紀末以来の熱帯発展論の基本型である．

　しかし，実際に熱帯の自然環境のなかで行われたことは，現地の社会による資源の利用方法とは切れた文脈で，特定の物産を大量に獲得する試みであった．自然は，欧米先進国の需要の性格によって，文字通り「切り取られる」か，あるいは新しく商品作物の生産基地が作り出された．植民地期においては（しばしば脱植民地期においても），西洋の技術や制度が，しばしばその導入に必要な，異なった環境への適応措置を施さずに熱帯に移植された．鉱山やプランテーションが開発され，そこに資本と労働力が投入され，その作業現場や交通手段の整備のための整地や森林伐採が進んだ．そこでの労働者の食糧を供給するために，耕地が拡大したのも，第一次産品輸出経済の連関効果によるものだったとも言える．

　だが，同じ過程を熱帯の地域社会の歴史的文脈から捉えかえして見れば，むしろそこに固有の径路依存性を指摘することもできる．例えばボルネオ・クムナ川流域の多民族が住む社会は，比較的簡単に利用できるバイオマスがきわめて豊富な，人口圧も土地利用圧も低い「バイオマス社会」だった．19世紀末にはすでにさまざまな森林生産物が採取され，輸出されていたが，やがて主力が木材の生産に移行し，さらに近年はアブラヤシやアカシアの人工林（プランテーション）にとってかわられつつある．この変化によって，焼畑農耕，森林生産物の採集，村外での賃労働などを組み合わせた，かつての「飢えることのない」，「人々の要求が容易に満たされる社会」の環境適応力，社会としての「弾性」は失われつつある．にもかかわらず，そこでは，温帯の，土地をベースとした社会には見られない，熱帯「バイオマス社会」に特徴的な資源利用がかたちを変えつつ存続しているのである（本書第9章参照）．

開発主義

　第二次大戦後に独立したアジア・アフリカ諸国の多くは，当初こうした従属経済の構造を断ち切ろうとして，輸入代替工業化戦略を遂行した．しかし，その多くは，重工業を核として先進国にキャッチアップしようとする，みずからの比較優位がどこにあるかを無視した戦略であった．結果的に，キャッチアップに成功したのは，労働集約型，資源節約型の産業を発展

させ，先進国に安価な工業品を輸出する，輸出志向型の工業化政策を採用した東アジア・東南アジア諸国だった．

この工業化戦略は，西洋諸国との「棲み分け」，すなわち分業を目指したという点では第一次産品輸出経済化と似ているけれども，熱帯の資源をどう捉えるかという点では，むしろみずからの社会を先進国型に転換し，地球規模での稀少性原理の執拗な追求と資源獲得競争を激化させてきたとも言える．東南アジアの一部など，熱帯にも普及したこの戦略は，一方では欧米型に比べて労働集約的，資源節約的である点では将来の経済発展の望ましい方向を示した面をもっているが，それと同時に，地表中心，温帯中心の見方を非西洋にまで拡張し，経済発展モデル一般に見られるバイアスを増幅した側面があることも否定できない．

こうして，熱帯地域の発展の構図は，結局のところ，温帯における経済発展にどのように近づくかという視点から描かれてきた．熱帯の自然は，温帯への「キャッチアップ」に必要な限りで利用されてきたのである．

熱帯生存圏の諸相

しかし，本章の冒頭でも指摘したように，地球環境の中核は，温帯ではなく，熱帯である．現実の熱帯はどのような生存圏を作りだしているのか．

近年，地球大のスケールでの水・熱循環が解明されるとともに，各地域における「大気―降雨―植生」の相互連関も明らかになってきた．それにしたがって，熱帯多雨林から乾燥地帯にいたる熱帯の多様な自然環境（図序-3参照）が，地球圏と生命圏の論理にどのように規定されて生じているのかを整合的に理解する条件も整えられつつある[1]．本書では，それらの研究を参照しつつ，それに対応する人間圏の構造を，いくつかのケーススタディーをつうじて明らかにしようとする．すなわち，熱帯雨林の豊かな資源をベースに作られた「バイオマス社会」から，水やわずかな植生にあわせて移動する乾燥地帯の牧畜社会にいたる，多様な熱帯社会を「熱帯生存圏」として捉え，

---

1) 熱帯とは，地理学的には北回帰線および南回帰線に囲まれた帯状の地域を示すが，本書では，このような空間的定義に加え，太陽の放射エネルギーを駆動力として起こる大気・水循環を考慮した機能的定義も併用する．本書第4章および終章参照．

序　章
持続型生存基盤パラダイムとは何か

■ 熱帯雨林気候　　■ 熱帯モンスーン気候　　■ 砂漠気候

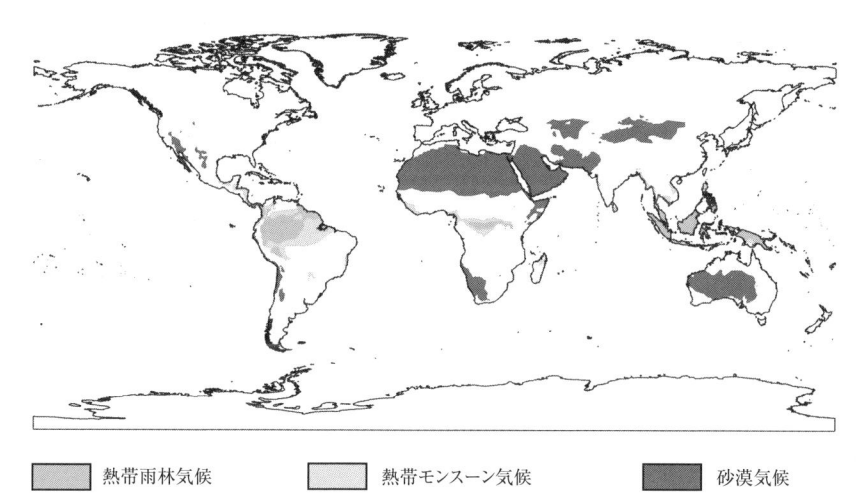

図序-3　多様性の幅：熱帯雨林気候・熱帯モンスーン気候と砂漠気候
出典：Kottek et al. (2006) を改変．

その類型化をつうじて地球圏・生命圏の中核としての熱帯における人間圏の多様性と，技術・制度の発展の可能性に迫ろうとする．

　問題をこのように設定すると，ただちに想起されるのは，モンスーン・アジアの稲作農耕社会についての豊かな研究史である．人類は，ヒマラヤ山脈から流れだす河川のデルタ付近の豊かな土地で，稲作農耕にもとづく人口稠密で勤勉な社会を発達させた．その範囲は温帯，亜熱帯，熱帯にまたがり，東アジア，東南アジア，南アジアに及ぶ (Oshima 1987)．気候や水系が比較的安定したところでは，モンスーンのもたらす水と季節のリズムが，稲作農耕社会に，高い土地生産性と農閑期の副業（プロト工業）の組み合わせによる，強い労働吸収力を生む条件を提供した（本書第2章参照）．そこで発達した労働集約的な技術と労働吸収的な制度が他地域にも普及し，アジアに世界最大の人口扶養力をもたらしたことは疑問の余地がない．

　それでは，アジアの自然環境と社会の関係を捉えるのに，温帯と熱帯の違いは重要ではないのか．われわれはそうではないと考える．地球圏，生命圏の中核としての熱帯の自然環境への人間の対応から浮かび上がってくる一つの共通項は，生存圏の構造に内在する不確実性への適応力である．モンスー

19

ン・アジアといっても，ベンガル（現在の西ベンガルおよびバングラデシュ）のように歴史的に河川の氾濫が繰り返されてきた地域では，氾濫への適応が重要だったし，東南アジアの大陸部では長いあいだ天水農業がもっとも合理的な選択肢だった．モンスーン・アジアというくくりをはずして熱帯で考えれば，おそらくバイオマス社会の対極にあるのは，降雨量の少ない，乾燥オアシス地帯で形成された社会であろう．そこでは農村と都市だけではなく，牧畜民，移動民の社会の存在が重要であり，かれらの生存基盤の確保の要点もまた，水や植生の不確実性への高い適応力であった（本書第3章参照）．熱帯における「大気―降雨―植生」のパターンがこのような大きな幅を持つにもかかわらず，あるいはそれゆえに，熱帯の社会には，温帯のそれ以上に，環境の不確実性への対応力が歴史的に育まれてきた可能性がないだろうか（本書第6章参照）．

持続型生存基盤の創出

　現代の経済学，社会科学の主たる関心は，依然として増加傾向にある世界人口を，貧困や紛争の方向にではなく生活水準の向上と福祉の増大の方向に向けるところにある．貧しい人々の生活水準の向上を望む以上，人類が今後，現在利用しているよりもさらに多くの資源を必要とすることは明らかである．だが，そうした課題を，現在温帯を中心に進んでいる技術革新や制度の進化を進めていくだけで解決できるだろうか．

　われわれは，人類が熱帯において生存基盤を確保してきたのは，安定した環境のなかで稀少な資源を利用して生産性を向上させることができたからというよりは，自然環境の不確実性に適応する社会的能力を育んできたからだと考える．そこでは，生産における資源の「稀少性」との戦いよりも，疫病を蔓延させる熱帯の「過剰」な生命活動のなかでの人間の生存との戦いのほうが重要なこともあった．そのような場合，「資源」に価格がつく根拠を「稀少性」で代表させ，それ以外の自然の価値をそこから類推することはなかった．もちろん，技術発展の方向を生産に集中させることが合理的なわけでもなかった．

　言いかえれば，熱帯の環境は，近代資本主義が作り出した技術・制度が想

定していたよりもはるかに多様な英知を要求していた．もし人類がそのことの重要性に比較的無関心だったとすれば，その結果，先端的な技術・制度の革新の方向が，地球環境の維持という課題と大きくずれてしまったとしても不思議はない．

熱帯のエネルギー吸収量，生物多様性は，長期にわたる技術と制度の温帯的偏向が是正されれば，利点になりうるものである．現実の熱帯の自然環境がすでに大きく破壊されているとしても，地球圏，生命圏の中核としての熱帯の地位が脅かされているわけではない．例えば，熱帯の森林面積は伐採によって大きく減少してきたが，そこにはなお地球上でもっとも密にバイオマスが集積している．熱帯の潜在力を生かし，大規模植林によってバイオマスの量を増加させることもできる（本書第7章参照）．できるだけ生物多様性を維持し，周囲の住民の生業や生活が破壊されないかたちで産業を興し，雇用も創出できれば，それは，改善のための少なくとも一つの現実的な選択肢であろう．

また，温帯起源の技術や制度だけではなく，熱帯起源の環境適応力に根ざした技術や制度の構築を目指すことも必要である．われわれが失ってしまったバイオマス社会の地平から，化石資源に依存した現在の文明の質を相対化するような，新しい発想にもとづく物質やエネルギーの開発も期待される．そしてそうなれば，地球全体の生存基盤を持続的なものにする展望が生まれるかもしれない．

さらに，そのためには，生存基盤とは何か，それはどのような基準で持続的なものと判断しうるのかについて，われわれの思考を深めていかなければならない．本書でわれわれは，人間圏についての指標である「人間開発指数」と，地球圏，生命圏の指標であるエコロジカル・フットプリントの手法に学びつつ，生存圏全体の指標としての「生存基盤指数」の作成の可能性を論じた（本書終章）．その作業はまだ始まったばかりだが，われわれの目指す「持続型生存基盤パラダイム」の方向を示すものとしてお読みいただければ幸いである．

引用文献

Addison, Herbert 1955. *Land, Water and Food: A Topical Commentary on the Past, Present and Future of Irrigation, Land Reclamation and the Food Supplies They Yield*. London: Blackwell.

Christian, David 2004. *Maps of Time: An Introduction to Big History*. Berkeley: University of California Press.

Gringvald, Jacques 1998. "Introduction: The Invisibility of the Vernadskian Revolution." In Vladimir I. Vernadsky (Author) and M. A. S. Macmenamin (ed.) *The Biosphere, Complete Annotated Edition*. New York: Springer-Verlag, pp. 20-31.

速水洋子 2009.「生のつながりへの想像力 ── 再生産の文化への視点」*Kyoto Working Papers on Area Studies 74* (G-COE Series 72).

Hofer, Thomas and Bruno Messerli 2006. *Floods in Bangladesh: History, Dynamics and Rethinking the Role of the Himalayas*. New York: United Nations University.

Hutchinson, G. Evelyn 1970. "The Biosphere," *Scientific American*, 223(3): 44-53.

巖佐庸 2003.「生態系生態学 ecosystem ecology」巖佐庸・松本忠夫・菊沢喜八郎・日本生態学会編『生態学事典』共立出版.

Kottek, M., J. Grieser, C. Beck, B. Rudolf, and F. Rubel 2006. "World Map of the Köppen-Geiger Climate Classification Updated," *Meteorologische Zeitschrift*, 15(3):259-263.

Lewis, W. A. (ed.) 1970. *Tropical Development, 1880-1913: Studies in Economic Progress*. London: George Allen and Unwin.

North, Douglass C. and Robert Paul Thomas 1973. *The Rise of the Western World*. Cambridge: Cambridge University Press（速水融・穐本洋哉訳『西欧世界の勃興 ── 新しい経済史の試み』ミネルヴァ書房，1980 年）.

North, Douglass C. 1995. "The New Institutional Economics and Third World Development." In John Harriss, Janet Hunter and Colin M. Lewis (eds) *The New Institutional Economics and Third World Development*, London: Routledge.

Oshima, Harry 1987. *Economic Development in Monsoon Asia: A Comparative Study*. Tokyo: University of Tokyo Press（渡辺利夫他訳『モンスーンアジアの経済発展』，勁草書房，1989 年）.

杉原薫 2007.「東アジアの経済発展と労働・生活の質 ── 歴史的展望」社会政策学会編『経済発展と社会政策　東アジアにおける差異と共通性』法律文化社，3-18 頁.

Thomas, Keith 1983. *Man and the Natural World: Changing Attitudes in England, 1500-1800*. London: Allen Lane.

Whittaker, Robert H., Gene E. Likens and Helmut Lieth 1975. "Scope and Purpose of the Volume." In Helmut Lieth and Robert. H. Whittaker (eds) *Primary Productivity of the Biosphere*, New York: Springer-Verlag, pp. 3-5.

第 1 編

環境・技術・制度の長期ダイナミクス

第1編

環境・技術・制度の長期ダイナミクス

第1編のねらい

　本書の構想の一つの想源は，人間と自然との共生のあり方の多様性であり，その人類史における重要性である．諸文明は自然を改変してきたというよりは，自然環境のなかで生存基盤を確保するためのニッチを見出し，しだいにそれを持続的なものにすることによって発展してきた．サバンナで，あるいは熱帯雨林のなかで生まれたわずかな生存のチャンスを捉えて人類社会が生まれ，文明がそれを大きな流れに育てあげたのである．大自然の力に膝まずき，災害のような突然の変化に対応しただけではない．火のさまざまな使い方を覚え，農業を営むなかで水を引き，土壌を肥やし，種を選んで，生命圏とつきあう方法を身につけた．ある程度までは地球の表層を改変するための工学的知識も発達した．ここで問おうとしているのは，そうした人類の営為がまず主として熱帯・亜熱帯で発生し，それが温帯に移植されて近代化・工業化が起こったという歴史的経緯のもつ現代的意義である．

　人類が結局生存基盤としての「温帯」の価値を認識したことはもちろん決定的だった．しかし，それは地球環境のごく一部を集中的に開発し，それを突破口として世界を改変するという大きな賭けをともなっていた．技術と制度が進化すれば，そのニーズに応じて自由に環境が改変できるわけではない．近代以降の技術と制度は，地球環境に適応しようとしてきたのではなく，主として温帯の環境に適応しようとしてきた．熱帯の植民地における現地社会の環境への適応はローカルな知識に任された．その一方で，熱帯も含めた世界中で化石資源の採掘や森林の伐採が進んだが，それはもっぱら先進国のニーズを満たすためであった．地球環境全体の統治という観点は，ごく最近まで欠如したまま，近代化，工業化が世界的に普及したのである．

　われわれは，より広い視野から人類史を過去から未来につなぐ大きな流れを再構成しなければならない．それは，人口の増加と生活水準の上昇に焦点を当てた歴史ではなく，地球環境のなかで人類社会全体がそのための生存基盤をどのように持続的に確保してきたかを語る歴史でなければならない．

　したがって，われわれの関心は，技術や制度そのものにとどまらず，科学技術の発展を支えた価値観・思想や，制度や秩序の持続を可能にした大小さまざまの権力・知力にも及ぶ．熱帯アジアのモンスーン地域や乾燥地域における技術や制度を支えてきた思想が近代の思想や価値によって十分に理解・整序されていない以上，地球環境全体の統治にふさわしい思想や価値は，これから作り出すほかはない．

　本編に収録した3つの論文は，こうした共通の関心の下に執筆された．第1章「グローバル・ヒストリーと複数発展径路」は，近年のグローバル・ヒストリー研究の動向を踏まえ，比較経済史的な観点から熱帯の発展径路を論じている．これまでの生産

中心，生産性向上中心の見方の相対化と熱帯の発展径路の概念化が試みられている．第2章「東アジアモンスーン地域の生存基盤としての持続的農業―その技術と制度」は，温帯，熱帯・亜熱帯の区別を超えた共通性をもつモンスーン・アジアの自然環境と，そこで成立した農業の特徴を農学の観点から論じている．この地域の農業にみられる技術と制度は，人間圏と生命圏との深い関わりにおいて高度に洗練されたものであり，温帯に位置する東アジアが西洋とは異なった発展径路を作り出したのと対応して，熱帯・亜熱帯アジアにおいても，ひとつの特徴的な径路を形成した．それは，生産効率の観点からだけではなく，熱帯・亜熱帯の自然環境への対応力を含めた，より広い視野から評価されるべきだとしている．これに対し，第3章「乾燥オアシス地帯における生存基盤とイスラーム・システムの展開」は，中東・北アフリカの乾燥地域をとりあげ，そこで生まれたイスラーム文明が都市性，農耕性に加えて遊牧性をその本質的な要素として発展したことをイスラーム地域研究の観点から論じている．遊牧文化もまた熱帯・亜熱帯のみに特徴的なものではないが，オアシスにおける水の確保を重要な要素とする「乾燥オアシス地帯」の民の遊牧性が，一定の歴史的状況のなかで文明に取り入れられたことは西洋型の発展径路と対照的である．また，そこでの生存基盤は第2章の描く水と土壌の豊穣性，多様性と対極にあり，熱帯の発展径路のもう一つの型を示しているように思われる．

　こうして本編は，熱帯における環境・技術・制度の長期ダイナミクスを比較史的観点から描きだす試みである．

[杉原　薫]

第1章

グローバル・ヒストリーと複数発展径路

杉原　薫

1 西洋中心史観の相対化

　序章でも述べたように，現在熱帯には世界人口の約半分が生活している．熱帯の経済社会は，歴史的にどのような発展径路をたどってきたのであろうか．

　西洋中心史観にもとづく従来の世界史研究でも，この問いに関連する歴史的事実が取り上げられてこなかったわけではない．例えば，キリスト教文明とイスラム文明は科学や知識の伝播において交流があり，そのことが近世以降のヨーロッパの科学・技術の発展に重要な意味を持ったことは広く認知されているので，そこからイスラム文明についてのある程度の評価は西洋史の側からもなされてきた．また，近代におけるイギリスとインドの関係は，イギリスによる植民地化がもたらした「近代ヨーロッパ文明の普及」とそれに対抗して現れた民族運動の興隆というかたちで理解されている．インドの民族運動のなかで発掘され，使われた思想や運動は西洋起源のものだけではないので，イギリスの歴史家であってもインドの伝統的な思惟や文化をその文脈で評価することは少なくない．

　しかし，表 1-1 に示したように，1820 年の段階で，西ヨーロッパとアメ

第 1 編
環境・技術・制度の長期ダイナミクス

表 1-1　世界人口の地域別構成（1820, 1950, 2006 年）

	1820 年		1950 年		2006 年	
西ヨーロッパ 12 カ国およびアメリカ	124,540	(12.0%)	409,337	(16.2%)	629,797	(9.6%)
東アジア	426,359	(40.9%)	651,716	(25.8%)	1,511,899	(23.1%)
その他の温帯地域（冷帯・寒帯を含む）	117,732	(11.3%)	388,255	(15.3%)	666,280	(10.2%)
「温帯」計	668,631	(64.2%)	1,449,308	(57.3%)	2,807,976	(42.9%)
インド	209,000	(20.1%)	444,094	(17.6%)	1,427,634	(21.8%)
その他の熱帯地域（乾燥帯を含む）	164,077	(15.8%)	636,369	(25.2%)	2,314,006	(35.3%)
「熱帯」計	373,077	(35.8%)	1,080,463	(42.7%)	3,741,640	(57.1%)
総計	1,041,708	(100.0%)	2,529,771	(100.0%)	6,549,616	(100.0%)

注：「東アジア」はマディソンの定義ではなく，日本，韓国，北朝鮮，中国，モンゴルの5カ国．インドはパキスタン，バングラディシュを含む．「その他の温帯地域」は，ヨーロッパ（西ヨーロッパ12カ国を除く），白人系入植地域（オーストラリア，ニュージーランド，カナダ）に，アルゼンチン，チリ，ウルグアイ，ネパール，南アフリカ，スワジランドの6カ国を加えたもの．「その他の熱帯地域」は，ラテンアメリカ，アジア（東アジア，インドを除く），アフリカ．ただし，「その他の温帯地域」に加えた6カ国を除く．本文も参照．
出典：http://www.ggdc.net/maddison/

リカの人口の世界人口に占める比率は 12％だったのに対し，インドの比率は 20％，熱帯・乾燥帯に位置する地域全体の比率は 36％だった[1]．これだけの規模を持つ社会がいったいどのような経緯で維持され，発展してきたのかという問いに答えるということは，熱帯の環境に対する人類の「戦い」あるいは「共生」の歴史的軌跡を語るということにほかならない．それは，上記のような断片的な評価をはるかに超える「大きな物語」だったのではないだろうか．熱帯社会に独自の発展径路が存在したとすれば，そもそもそれを西洋との接触の歴史から想像したり，西洋型発展径路との対比で特徴づけようとしたりするだけでは限界がある．西洋の価値観でもってその基本線を理解できるという保証はないからである．

---

1) 表 1-1 での「温帯」と「熱帯」は，マディソンのデータが利用可能な国を，緯度上の位置とケッペンなどによる気候区分を参考にして私が便宜的に分類したものにすぎない．今後，改善していきたいと考えている．なお，本章ではウェブサイトのデータを利用したが，推計方法などについては Maddison 2001 を参照．

第 1 章
グローバル・ヒストリーと複数発展径路

　もちろんこれまでにも熱帯地域の歴史はさまざまに書かれてきた．独立後のアジア・アフリカ諸国ではいわゆる「国民の歴史」(national history) が書かれること自体に大きな意味があった．しかし，それらが地域固有の歴史の発掘に成功したとしても，それらをふまえて世界史を再構成するという作業がなければ，国際的に流通している「世界史像」に修正を迫ることはできない．例えば，私は，南アジアの発展径路は，膨大な人口の維持力やきびしい環境との共生力において，西洋の径路に比肩する人類社会の発展径路の一つであり，グローバル・ヒストリーは，東アジア，南アジアといった世界の「大地域」(world region)[2] の複数の発展径路の交錯と融合によって成立してきたと考える．しかし，こうした認識は，これまでアジアの歴史家に共有されてきたとは必ずしも言えないのである．

　熱帯地域の発展径路が見えにくいもう一つの大きな理由は，19-20 世紀における植民地化の影響である．国境はしばしば列強の都合と相克によって策定され，西洋から技術や制度が持ち込まれて，それまでの社会のあり方と鋭い断絶が起こった．言語が変わり，文化も大きく変ってしまうこともあった．そして，それらの変化は，社会がより良い方向に変化したと支配者によって認識されることも多かった．その認識が広く流通し，実際には地域社会のなかに存在した固有の連続的な変化や発展の軌跡が見えにくくなったとしても不思議はない．

　さらに，19 世紀以降，熱帯地域が世界経済に統合されていく過程で，温帯と熱帯のあいだに大きな経済格差が生まれた．熱帯地域の多くは欧米を中心とする工業国に第一次産品を供給する役割を果たすことになり，鉱山やプランテーションが開発された．鉄道と蒸気船で突然世界と結ばれることになった小農社会も，輸出用商品作物の栽培に携わるようになった．温帯の先進国における近代工業や交通手段のための技術の発展が加速するとともに，環境においても世界経済における位置においても中心から遠かった熱帯地域は技術発展から取り残され，一人当たり所得の差も広がるばかりだった．第二次大戦後，多くの熱帯諸国が独立を果たしたが，現在にいたるまで格差が

---

[2] 「帝国」や「文明」という表現に潜む西洋中心的な価値観を避けた表現．

はっきりと解消の方向に動き出したかどうか，判然としない．20世紀後半に世界所得分布が平等化の方向に大きく動いたのは，主として「東アジアの奇跡」と呼ばれる，日本，NIES，ASEAN，中国など温帯に位置する諸国を中心とする高度成長の結果であって，「最底辺の10億人」(Collier 2007) と呼ばれる貧困層の大部分は依然として熱帯地域に集中しているからである．

　しかし，私はここでもう一度，世界人口の約半分が熱帯で生活しているという現実に注意を喚起したい．表1-1によれば，1820-2006年のあいだに世界人口に占める熱帯地域の比重は36％から57％まで上昇した．もとより世界人口の推計をこのように使う際には，その精度（とくに1820年時点のそれ）を十分考慮しなければならないが，それでも熱帯地域の上昇率のほうが高かったという結論は大きくは動かないだろう．人類社会を見る視点として，「人類が生き延びてこられたのはなぜか」という問いを発するとすれば，過去2世紀における世界人口の爆発的増加の過半を担ったのは温帯ではなく熱帯だったという事実は重い．それはいかにして可能だったのか．なぜ，大幅な生活水準の上昇を伴わなかったにもかかわらず，それ以前のような「マルサス・チェック」（飢饉，疫病，災害，戦争などによる人口の大幅な減少）が避けられるようになったのか．そこに，地球環境との共生を目指すわれわれが学ぶべき英知が含まれている可能性はないだろうか．資本主義世界経済の発展の裏側で，実は潜在的にはもっと重要な意義を持つ世界史が動いていたのではないだろうか．

　本章では，このような問題意識のもとに，近年のグローバル・ヒストリー研究の現状を紹介し，今後の展開を展望する．次節では，まず温帯に位置する日本，中国の一部などの東アジアの中核地域（表1-1によれば，東アジア地域は1820年の段階で世界最大の人口を擁していた）には，西洋と比肩しうる独自の発展径路が存在したとする議論を紹介する．西洋中心史観がヨーロッパから非ヨーロッパ世界への近代文明の「一方的普及説」だとすれば，これは「複数発展径路説」の一種としての「二径路説」である．第3節では，この二径路説が西洋中心史観を相対化しつつも，なお温帯中心の歴史観にとどまっていることを指摘し，これまでの研究の流れとわれわれのパラダイム形成の成果をつきあわせることによって，熱帯における発展径路の存在を示唆す

る．方法的には二径路説の特徴を継承しつつ，環境を生産の側だけからではなく，生存基盤の確保の視点から捉えることによって，より包括的な複数発展径路説の構築を展望したい．そして最後に，複数発展径路説にたつ人類社会全体の発展径路についての見通しを述べることにしよう．

2　温帯の発展径路 —— 二径路説

2-1　発展径路とは

　最初に，本章がよってたつ発展径路論を簡単に要約しておこう．それは，長期の径路依存性を想定した経済史学の考え方である．ディヴィッドは，19世紀以降のアメリカの技術は，イギリス産業革命後の西ヨーロッパのそれと比較しても，はるかに資本集約的，資源集約的な方向に発展したと考えた (David 1975)．イギリスや大陸ヨーロッパの先進的な地域に比べて資本と労働力が不足していたが，資源が豊富だった「新大陸」は，西ヨーロッパから資本と労働力を輸入することによって急速に発展した．アメリカでは，木材を豊富に使い，資本を大量に投下して工場や鉄道を作り，「規模の経済」を追求する「大量生産方式」が発達した．いったん方向が決まると，そこに情報や知識が集積するので，ミクロの視点から見ればそれに従ったほうが技術革新が進むことが多い．制度がそれを後押しすることもある．こうして径路依存 (path dependency) という現象が生まれる．径路依存性が生まれる理由はさまざまであるが，市場経済が発達しても，径路依存性は必ずしもなくならず，むしろ国際分業を支える要素として重要な機能を果たしているのではないか，というのが，背後にある問題意識である．

　経済学では，市場が機能している限り，新しい技術は移転可能なので，技術の発展の方向は長期的に見れば収斂 (converge) すると想定するのが自然である．それを妨げるもっとも重要な要因は，要素賦存 (factor endowments)，すなわち土地，労働，資本といった生産要素がどのくらい安く入手できるかが，地域によって異なることだ．資本の移動が自由になれば，資本の価格

(利子)は平準化し，それに応じて生産方法も収斂するかもしれないが，土地や労働力は資本ほど簡単には平準化されない．もちろん土地も，交通の発達によって新しい土地が開発されたり，農業技術の発達によって土地生産性が向上したりするから，その利用可能性はつねに変化するが，そのスピードはゆっくりしている．労働力も現実にはかなり国境によって分断されていて，実質賃金の格差が世界的に縮小しているとは必ずしも言えない．

したがって，ある商品の生産方法を決定する際，土地，労働，資本の価格が少しずつ地域によって違うと，異なった生産方法が採用される．それは「交易の利益」(gains from trade) を新しい条件の下で作り出すダイナミズムの源泉でもある．ハバカクなどは，19世紀後半以降のイギリスとアメリカの経済発展径路が分岐 (diverge) しつつ発展した理由を，このように説明した (Habakkuk 1962)．ここで重要な点は，両国の要素賦存が大きく違っていたことと，両国のあいだに商品，資本，労働力の移動があったことである．大西洋をまたぐ「国際経済」の成立が，西ヨーロッパでは成立しなかった大量生産にもとづくアメリカ型生産様式を作り出したのである．

2-2　グローバル・ヒストリーへの適用

以上は，1960-1970年代に定着した議論であるが，近年はこれを西ヨーロッパと東アジアの長期の経済発展径路にも適用しようとする議論が登場した (Sugihara 2003 参照)．

それでは東アジア型発展径路とは何か．議論の出発点は，日本，中国の中核地域では16-18世紀までに人口に対して土地がきわめて稀少だったという認識である．耕作可能な土地と人口との関係は農業技術の水準や労働吸収の程度によって決まるが，18世紀の日本や，中国の中核地域たる揚子江下流を典型として考えると，わずかな土地を家族労働で耕す，稲作農耕を中心とした小農社会が成立していた．社会の目標は，労働生産性 (例えば一人あたりの米の収量) の向上というよりは，限られた土地からできるだけ多くの穀物や商品作物を生産できるかという点，つまり土地生産性 (例えば1ヘクタールあたりの米の収量) の上昇に置かれた．そのためには除草，深耕も厭わ

なかったので，労働生産性への考慮がある程度犠牲にされたとも言えるが，他方で品種改良，肥料の投入，小規模灌漑，農具の改良などが着実に試みられた．こうした総合的な工夫によって，二毛作，二期作などが多くの地域で実現した．勢い，農民の年間労働日数も増え，さらにプロト工業を女性が担ったり，農事暦に組み合わせて農閑期の休業を減らしたりして，徹底的な労働吸収が図られた．いわゆる「勤勉革命」である．

　もちろん，揚子江下流と日本では制度的に大きな違いがあった．徳川日本が中国を中心とする東アジアの国際秩序の一部だったとしても，17-18 世紀には両国のあいだに制度の相互学習が進んだ形跡はない．しかし，両国とも商業的農業の発達とプロト工業化を両翼とする市場の発達，つまり「スミス型成長」が見られ，米，綿，絹，砂糖などのアジアの主要な物産が日本でもこの時期に普及した．労働集約的な農業技術・知識も，農書などのかたちで中国から日本へ伝播した．幕藩体制の下で村請年貢制が成立したのは日本の制度革新だったが，農業労働者は大きな階層としては成立せず，稲作中心の小農家族経済が形成された点は，東アジアに共通の特徴である．のちに工業化の基幹労働力となったのは，中国でも日本でも主に小作農・自作農世帯の出身者だった．「小農経済から工業化へ」というのが東アジア型発展径路の基本線となったのである．

　このような視点から，西ヨーロッパの発展径路を捉えるとどのような特徴が浮かび上がってくるだろうか．ただちに思い浮かぶのは，科学革命から産業革命にいたる近代技術の形成とそれによる労働生産性の急速な上昇であるが，近年の研究は概して産業革命を漸進的な変化と捉え，18 世紀までの発展径路はむしろ市場の発達を軸とするスミス型成長によって説明することが多い．その意味では，西ヨーロッパと東アジアのあいだに発展径路の共通性が見られたとも言える．

　しかし，東アジアの農業が「稲作農耕径路」とでも呼ぶべき，土地をきわめて集約的に利用する発展径路をたどったのに対し，ヨーロッパ農業では，資本主義的な農業か小農社会にかかわらず，穀物栽培と牧畜をなんらかのローテーションによって組み合わせる「農耕＝牧畜径路」をたどるのが一般的であった．せいぜい 1-3 ヘクタールにすぎない平均的な東アジアの経営面

積に比べ，この径路における平均的な農場規模はおよそ 30 ヘクタールであり，イングランドにはこれよりもはるかに大きな農場も少なくなかった．多くの農業労働者が土地から切り離され，絶対的な私的所有権を主張するかのようにフェンスが築かれ，そこで資本としての羊や牛，馬が放牧された．その結果，肉と酪農製品が食卓に入り，毛織物が重要な衣料となり，畜力が動力や交通に使われるなど，独自の物産複合が形成された（杉原 2004）．現在の科学的知識に照らせば，西洋型径路がここで選んだ道は，稲作と棉花栽培を組み合わせた東アジア型径路に比べると，動物を経由しているだけに 1 単位の土地から得られる食糧・衣料の総量は少なく，そのぶん人口扶養力も限られていたと考えられる．資源利用として見た時には，牧畜を介する物質・エネルギー転換の方法は相対的に効率が悪かったとも言えよう．

他方，イギリスの羊毛工業は西ヨーロッパの地域内市場の主要商品となり，東インド会社などによる遠隔地交易とも相俟って，広域市場の発達に貢献した．航海術の発達や財政軍事国家の競争も，公債・資本市場の発達を助け，18 世紀後半には奴隷貿易をその一環とする大西洋貿易圏も成立した．これらの国際的展開が西ヨーロッパの市場の発達を，東アジアのそれよりもダイナミックなものにしたことは疑問の余地がない．

にもかかわらず，近年の研究は，一人当たり農業労働生産性，実質賃金，平均余命，一人当たり必要生活手段（主穀，綿布など）の消費量などの指標において，西ヨーロッパと東アジアの中核地域のあいだに決定的な差はなかったことを示唆している[3]．東アジアは 1820 年に推定世界人口の 41％，推定世界 GDP の 37％を占めていたのに対し，西ヨーロッパ（12 カ国）のそれはそれぞれ 11％，21％にすぎなかった（表 1，表 4 および Maddson 2010 参照）．もし，1820 年に地球が爆発し，一人生き残った歴史家が世界史を書いたと

---

[3] Pomeranz 2000 参照．本書は，いわゆる「大分岐論争」を巻き起こし，多くの実証研究を誘発した．批判も続出したが，全体としては，生活水準に明確な差があったとする従来の理解と差はほとんどなかったとするポメランツとの中間的な結論に向かっているように見える．すなわち，イングランドの生活水準は明らかに高かったが，中国や日本のそれは，南ヨーロッパ程度の水準にあり，東アジアでは少数派の農業労働者と西ヨーロッパのそれを比べるのではなく，多数派の小作農と西ヨーロッパの農業労働者を比較すれば差はさらにちぢまる，というのが現在の私の理解である．Allen et al. 2005, Pomeranz 2008 などを参照．

(単位：石油換算千トン)

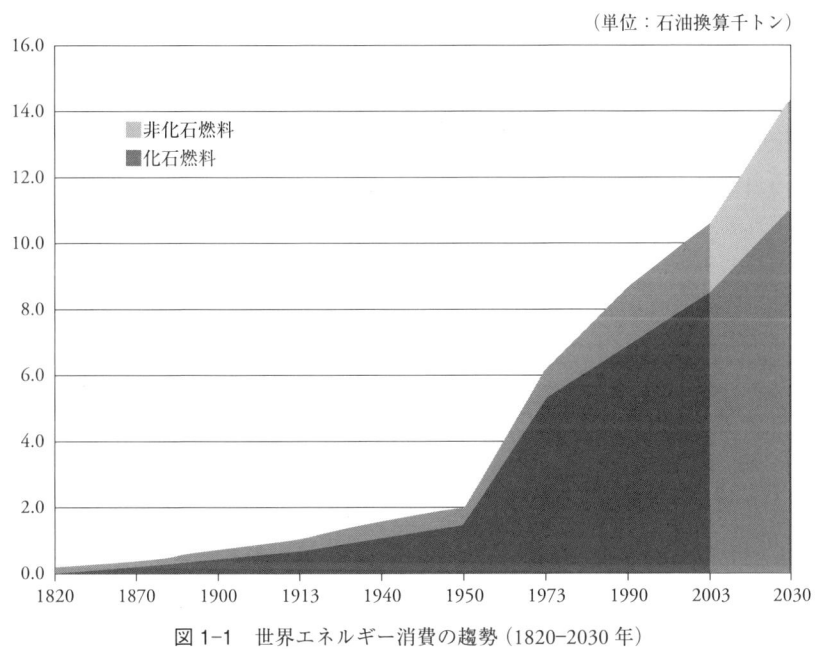

図 1-1　世界エネルギー消費の趨勢（1820-2030 年）

注：2003 年以降は予測．
出典：Maddison 2007, 348.

すれば，かれは第 1 章に最大の人口を擁する中国の，第 2 章にインドの，そして第 3 章に西ヨーロッパの歴史を書き，三つの径路はスミス型成長という共通の特徴を持っていたことを指摘したであろう．そして，その補論において，近年イングランドで新しい産業技術が発達しつつあるが，その人類史への影響はまだ推し測ることができない，と記したであろう

2-3　工業化の二類型

18 世紀末から 19 世紀初頭にかけてのイギリスで生じた産業革命はやはり画期的な事件であった．その「革命」性やイギリス社会への影響の強さについては近年異論も出ているが，農業に対する工業の相対的重要性の増大（工業化）と都市人口の比率の増大（都市化）の二つの変化が不可逆的な趨勢とし

て定着したことは明らかである．そして，工業化，都市化の趨勢はヨーロッパ大陸，アメリカなど各地に波及していった．そればかりではない．図 1-1 が示すように，世界経済のエネルギー・ベースはこれまでのバイオマスから石炭を中心とする化石燃料に大きく変化し，世界のエネルギー消費量は一挙に増加した．同図に言う「化石燃料」は，石炭，石油，天然ガス，「非化石燃料」はそれ以外のすべて（水力，風力，原子力など）を含む．20 世紀後半を除けば，主として薪，牛糞など，さまざまなバイオマス燃料の消費量を推定したものである．両者の比重は 19 世紀中葉に逆転し，ごく最近まで前者の比率が増え続けてきた．

　重要なことは，西ヨーロッパが，新大陸の膨大な資源を，イギリス，後には西ヨーロッパの工業化を促進するために使うことができたために，これらの化石資源の大部分が欧米諸国によって燃料として消費されたということである．その結果，西ヨーロッパの先進地域はそれまでの発展径路から大きく「逸脱」して，資本集約的，資源集約的な技術や制度の発達が追求されることになった．この点を，前述した 19 世紀後半におけるイギリスとアメリカの比較の文脈ではなく，18 世紀末から 19 世紀前半における西ヨーロッパと中国の発展径路の比較の文脈で強調したのはポメランツである（Pomeranz 2000）．すなわち，中国，日本を含むその他の中核地域では，新大陸と同じような規模の「新開拓地域」は存在せず，むしろその周辺地域は氾濫や内乱などで不安定になるとともに，中核地域の（例えば綿織物業などのプロト工業の）技術を模倣し，低賃金労働力を利用した生産を行うことで中核地域の安定も脅かすといったふうに，スミス型成長の径路はある種の飽和点に達しつつあった．

　とはいえ，突破口が見つからなかったわけではない．19 世紀後半の日本では，西洋の技術や制度が導入されると，当初はそれらを模倣しようとしたが，やがて土地や資本が相対的に稀少で労働力が豊富な要素賦存の状況に見合うように，技術や制度のほうを適応させることによって工業化を進めた．高価な機械を輸入しても，安価な類似品を製作したり，貴重な外国製機械をフルに稼働させるために労働者を昼夜二交代制にしたりした．すなわち，資本と労働が代替可能な場合はできるだけ労働を使おうとした．言い換えれば，

明治日本の工業化戦略は，一方では富国強兵のスローガンの下に軍備の増強や機械工業の移植を進めつつも，そうした西洋からの技術移転や機械・資本の輸入のための外貨を獲得するために，基本的には国際競争力のある綿工業や雑貨工業などの労働集約的工業の発展を追求するものだった．両大戦間期に中国で進められた輸入代替工業化戦略もこれに似た側面を持っている．すなわち，西洋型の発展が資本集約型だったとすれば，東アジアでは労働集約型の工業化が追求されたのである．長期の発展径路の視点に立てば，19世紀における「西洋の衝撃」も，東アジアの発展径路を崩したのではなく，むしろ地域経済は西洋の技術や制度を土着のシステムにあわせて吸収することによって世界経済の一部として再編されたということになろう．

労働集約型工業化が可能だったもう一つの背景は，19世紀末から20世紀初頭の時期に，大西洋を渡る移民のネットワークに入った欧米諸国が続々と高賃金経済化したことである．世界経済の統合とともに資本や技術は自由に移動するようになったが，20世紀になっても国際労働市場は白人と非白人の市場に分断されたままだったので，両者の実質賃金に大きな格差が生まれた．東アジアが低賃金労働を武器とする労働集約型工業化に成功したのは，欧米の工業品と直接競争したというよりも，工業品市場内部で資本集約型の財と労働集約型の財のあいだの国際分業体制を構築することができたからだった（Sugihara 2007）．

2-4　二つの径路の融合

第二次大戦後，独立を遂げたアジア諸国は一斉に工業化，経済開発を試みた．標榜したものは社会主義であったり非同盟主義であったりしたが，いずれも事実上西洋型発展径路の吸収を志向していた．問題は，それがしばしば両径路の融合ではなく，一つの径路からもう一つの径路への強引な転換の試みだったことである．植民地化，半植民地化された地域では，旧宗主国を含む欧米先進国との国際分業には躊躇せざるをえない心理的事情も大きかった．先進国と対等の地位を確保するためには，労働集約的な産業に特化するよりは，最先端の資本集約的な産業を育成すべしとする意見が政治的にも優

勢だった．

　しかし，それは世界経済におけるみずからの比較優位を無視した，無理な戦略であった．一見したところ，世界の資源が貿易により自由に割り当てられ，土地に対する圧力も緩和されたならば，単純な「収斂」理論が予測するとおり，非西洋世界は西洋型の発展径路に収束するべきだったようにも見える．しかし，実際には，アジアの発展途上国の人口は多すぎて，当時の技術水準や利用可能な資源量を考えると，工業化戦略の如何にかかわらず，おそらくその生活水準を欧米レベルまで引き上げるのは不可能だった．そうでなくても，アメリカの技術はかなり資本集約的技術の方向に偏っていたので，発展途上国のニーズには適していなかった．かといって，世界の所得を平等化するために先進欧米諸国の人々の生活水準を引き下げることは，政治的にとうてい受け入れられなかったであろう．よりありそうなシナリオは南北格差の存続であり，また，軍事的政治的緊張につながる国家間の所得と資源のシェア拡大の戦いの継続だった．

　西洋型径路と東アジア型径路の「融合」は，そうしたなかで，二つの，相互に強い関連のない「偶然」の結果として起こった．すなわち，冷戦体制は東アジアに政治的な緊張状態を作り出し，アメリカは共産主義に対する自由主義世界の優位を示すために日本経済の回復と発展を助けようとした．それと同時に，日本は，みずから招いたアジア太平洋戦争の帰結に対するほとんど本能的な反応として，資本，資源の対外依存を最小限に抑えて，国内経済の徹底的な近代化を達成しようとした．前者が急激な融合に必要な国際的条件をもたらしたとすれば，後者は労働集約型，資源節約型径路の伝統の最良の部分を生かしつつ，欧米の先端技術を取り入れる強い動機を与えた．

　アメリカの圧倒的な生産力の下に実現した戦後自由主義世界の生産と貿易の持続的な拡大は，社会主義や非同盟主義に走った国よりも，自由貿易体制に残ってアメリカや西ヨーロッパとの国際分業体制を組んだ国に有利に作用した．日本は，もっとも資本集約的な産業に特化するのではなく，重化学工業のなかで比較的労働集約的な産業に徐々に進出することで工業化の幅を広げた．日本をはじめとする東アジア諸国の経済発展で生じたことは，もっとも資本集約的なアメリカの技術・制度と，もっとも労働集約的な東アジアの

技術・制度との段階的な融合であった．

　そのことの意味は二つある．一つは，東アジアが，当初は日本の高度成長に引きずられて，後には自らの意志で，アメリカやカナダ，オーストラリアなどと新しい国際分業体制をアジア太平洋に構築する主体として，世界史の舞台に登場したことである．冷戦体制下のアメリカが軍事産業を含む，資源集約的，資本集約的な産業に特化しがちだったとすれば，日本は民需に特化しつつ，資源節約的，労働集約的な産業に進出しようとした．やや遅れて輸出志向型工業化政策をとったNIES，ASEANも，1979年に政策転換した中国も，新大陸の資本，資源，技術とみずから比較優位をもつ豊富で良質の労働力を結合させることに積極的であった．二つの径路の発展方向が異なっていればいるほど，融合による爆発力も大きい．その結果，1950年には世界GDPの10%を占めるにすぎなかった東アジア（日本，NIES，ASEAN4カ国，中国）は，現在までに世界GDPの30%を超える，世界経済の中心に成長した（Sugihara 2007）．

　ただ，融合によって失ったものも少なくなかった．たしかに，東アジアが資源節約的，労働集約的な産業に特化したこと，その成長が結果的に世界経済の構造を「非軍事化」に傾かせたことは特筆すべきことであるが，同時にそれは，冷戦体制時には米ソの，その後は欧米の（技術的な核に軍事技術を含む）資源集約的，資本集約的な産業との「棲み分け」を前提した体制でもあり，国際関係と資源・エネルギーの確保において，欧米，とくに覇権国アメリカへの構造的依存を強める結果となった．例えば，東アジアは1973年の石油危機以降，中東で産出される原油を買い続け，いまや最大の消費者となっているが，中東を含むアジア・アフリカの資源国をめぐる国際秩序に関しては自前の政策を持っていない．言い換えれば，東アジアは，世界経済の最大の成長センターでありながら，化石資源に依存した世界経済の発展径路を制御する能力を持ちえないでいる（杉原2008）．

2-5　人的資源集約型発展径路

　融合のもう一つの意味は，東アジア型径路が他地域にも普及しはじめ，あ

第1編
環境・技術・制度の長期ダイナミクス

表 1-2　世界の製造業雇用（1997 年）

(単位：千人)

		人口	労働人口	工業雇用人口	製造業雇用人口
1	中国	1,243,738　(24.5)	744,095　(29.8)	122,307　(21.9)　[16.4]	87,803　(22.3)　[11.8]
2	インド	960,178　(18.9)	419,562　(16.8)	75,941　(13.6)　[18.1]	62,515　(15.9)　[14.9]
3	アメリカ合衆国	271,648　(5.3)	138,393　(5.5)	30,446　(5.5)　[22.0]	19,513　(5.0)　[14.1]
4	ロシア	147,708　(2.9)	77,431　(3.1)	30,818　(5.5)　[39.8]	18,351　(4.7)　[23.7]
5	日本	125,638　(2.5)	67,465　(2.7)	22,871　(4.1)　[33.9]	16,192　(4.1)　[24.0]
6	バングラディシュ	122,013　(2.4)	62,201　(2.5)	13,560　(2.4)　[21.8]	12,378　(3.2)　[19.9]
7	インドネシア	203,480　(4.0)	95,894　(3.8)	13,905　(2.5)　[14.5]	10,836　(2.8)　[11.3]
8	ドイツ	82,190　(1.6)	41,053　(1.6)	13,014　(2.3)　[31.7]	10,304　(2.6)　[25.1]
9	パキスタン	143,831　(2.8)	52,830　(2.1)	11,358　(2.1)　[21.5]	7,449　(1.9)　[14.1]
10	ウクライナ	51,424　(1.0)	25,773　(1.0)	10,361　(1.9)　[40.2]	7,397　(1.9)　[28.7]
	高所得国	817,346　(16.1)	404,362　(16.2)	105,498　(18.9)　[18.0]	71,917　(18.3)　[17.8]
	その他計	4,263,025　(83.9)	2,096,326　(83.8)	453,103　(81.1)　[21.6]	320,958　(81.7)　[15.3]
	アジア6カ国計	2,798,878　(55.1)	1,442,047　(60.3)	259,942　(46.5)　[18.0]	197,173　(50.2)　[13.1]
	アジア総計	3,426,832　(67.5)	1,721,601　(68.8)	308,628　(55.3)　[17.9]	233,515　(59.4)　[13.6]
	世界計	5,080,371　(100)	2,500,688　(100)	558,601　(100)　[22.3]	392,875　(100)　[15.7]

注：高所得国は，一人当たり所得 5,000 ドル以上の国のうち，中東などの産油国 5 カ国を除いた 25 カ国の計．
　　四角のカッコ内の数字は，各国の工業雇用，製造業雇用の労働人口に対する比率．
出典：ILO, 1998, 213, 219-24.

る程度の普遍性を持ちはじめたことである．戦前には発達した小農社会を持つ，比較的初期条件の高いところに限られていた労働集約型工業化は，要素賦存状況からして労働集約的，資源節約的な技術が根付きにくいと思われる要素をかかえた地域（例えばインドネシアのように，人口稠密でかつ資源の豊富な国や，シンガポールのように，低賃金労働を移民に依存する国）を含む，広汎な地域に普及した．そして，東アジアで最初に根づいた労働集約型の発展径路は，世界の雇用と所得分配の動向を左右する大きな力に成長した．1997年の段階では世界の製造業雇用の実に 8 割が，一人あたり所得 5000 ドル以下の国に位置していた．その約 5 割をアジアの途上国が，2 割以上を中国が占める（表 1-2 参照）．

　そればかりではない．融合下の東アジア型径路は，人的資本への投資を増やすことによって労働集約型径路を人的資源集約型径路に移行・転換させる傾向を示した（Sugihara 2007）．

　これまでの経済成長論では，一人当たり所得の上昇を可能にするのは労働

生産性の上昇であり，その要因としては資本蓄積と技術革新の貢献が大きいとされてきた．工業化の初期の段階では，GDP に占める貯蓄の比率と，それを生産的な投資に回すメカニズムの確立が重要だ．他方，労働力は生産要素の一つにすぎず，無限に供給可能だ，と考えられた．クズネッツやベッカーの研究 (Kuznets 1955; Becker 1993. 同書第 3 章に収録された論文の原型の初出は 1962 年) で，教育と人的資本の重要性が認知されるようになってからも，それは長いあいだ先進国の経済成長にかかわる議論にとどまってきた．貧困，高い幼児死亡率，低い識字率にあえぐ発展途上国においても，資本蓄積や統治のためのエリートの養成に関心を集中するのではなく，始めから教育と人的資本の形成に取り組むべきだという発想は，国連の『人間開発報告』やセンの考え方 (Sen 2000 など) が国際的なインパクトを持ちはじめるまでは，必ずしも常識ではなかった．そこには経済発展に関する議論の実証的基礎が，あまりにも西洋型発展径路に偏っていたという歴史的事情があった．

西洋型径路では，経済成長は，支配層が私的所有権の確立を目指すようになって生じた．君主の一存で戦争や奢侈的消費が遂行されるよりは，エリート層 (とくに有産者層) の合意によって公債の発行や商権の保護が促進されるほうが良いという考え方が，制度の革新を可能にした．しかし，19 世紀末までの資本主義では，普通選挙，義務教育，社会保障といったかたちでの国民統合の試みは限られていた．

20 世紀の経験を踏まえて考えると，19 世紀末までの西洋型発展径路は，経済発展への一つのルートを切り拓いたに過ぎないように思われる．経済発展へのいま一つのルートは，東アジア型，すなわち農村に安定的な人口扶養力を形成し，そこから良質の労働力を引き出す径路である．そのための初期条件として労働力の質が良いことはもちろん重要であるが，それだけではない．人口が増加していく過程で同時に教育水準が向上しなければならない．稀少な資本が企業のなかでも人的資本に投資されなければならない．さらに，衛生やセーフティーネットの整備によって，生活も安定しなければならない．そうすれば，ある程度までは資源の不足や技術の遅れをカバーすることができるし，富の偏在も緩和できる．これらの国では一人あたり所得の上昇につれて教育指標や健康指標もだいたいにおいて並行して改善したので，「人

間開発指数」におけるランキングは着実に上昇していった．そして，労働集約型の発展径路は，人的資源集約型の発展径路に成長することによって普遍性を持ちはじめた．「東アジアの奇跡」が示したのは，経済発展においては「私的所有権ルート」とともに，このような「人的資本ルート」も重要だということであった[4]．

3 熱帯の発展径路 ── 複数発展径路説

3-1 分析枠組の再検討

　前節では，西洋型と東アジア型の発展径路の違いを，主として生産要素の賦存状況の差から説明した．その前提には，人間を労働力，自然を土地に代表させる理解があった．近代資本主義社会では，資本市場，労働市場，土地市場の三つの要素市場が成立し，それによって資本と労働との結合による近代産業の発展が容易になったとされる．資本家は利潤を，労働者は賃金を，地主は地代を獲得した．そのためには私的所有権制度が必要であり，それが未成立な経済では市場をつうじた競争が十分働かず，経済発展にも限界があると考えるのが通説であった．

　しかし，発展径路が異なる西洋と東アジアの違いを説明するのに資本，労働，土地という三つの要素を基準に比較すればよいのだろうか．それは古典派経済学以来の長い伝統のある分析枠組であるが，もう少しつっこんで考えると，同じ西洋型径路のなかでのアメリカの「逸脱」を説明するのならともかく，西洋型径路と，数世紀にわたって異なる物産複合とそれに見合った技術や制度を育ててきた東アジア型径路との違いをこの枠組だけで考えることにはかなりの無理があることがわかる．例えば，前節の叙述でも，両径路の違いを説明するのに「農耕＝牧畜径路」と「稲作農耕径路」という表現を使ったが，径路依存上のこうした特徴を土地＝労働比率の差に収斂させることは

---

[4] 経済成長に私的所有権ルートと人的資本ルートの二つがあるという主張はリンダートのものである．Lindert (2003) 参照．

できないだろう．物産複合の形成にはそれぞれの地域の人間圏と生命圏の共生のあり方（動物の家畜化の状態や植生など）と地球圏の特徴（豊凶に影響する気候変動や水利の状態など）が絡んでいたはずだからだ．温帯モンスーン・アジアにおいて比較的早くから労働集約的な稲作農耕が発達したのは，水の供給が安定した地域だった．土地が稀少なら必ずそうなるというわけではない．他方，西ヨーロッパの生物相は，産業革命以前から遠隔地貿易や新大陸との接触の影響をより直接に受けていた．例えばインドからの綿織物の輸入は，毛織物の需要を，ひいてはイングランド農村のランドスケープを脅かすものだと認識された．異なる生態環境を背負った商品のあいだの国際競争が生じていたわけである．結局イギリスは近代綿工業を興したが，棉花の確保は海外に求めるほかはなかった．それは土地が稀少だったからではなく，イギリスの自然環境が棉花栽培に適さなかったからだ．こうして異質な生態環境とつきあわざるをえなくなったことが帝国の版図の拡大につながった．それもまた西洋型径路の一側面だったと言えよう．

3-2　環境の包括的把握

さて，熱帯に位置するアジア・アフリカ諸国の発展径路は，温帯における二つの径路の違いよりも本質的な意味において，温帯とは異質の自然環境のなかで形成されてきたように思われる．その差の程度や質をどう理解するかは本書全体のテーマでもあるが，ここでは相当に大きな異質性を前提した上で，前節の「要素賦存の差から交易の機会が生まれる」という考え方と，「長期の発展径路の方向が違えば違うほど，二つの径路が融合した場合のインパクトも大きい」という仮説の延長線上に，「広い意味での環境の異質性が大きければ大きいほど交易の機会も多くなり，融合した場合の質的重要性も増す可能性がある」というさらに一般化した仮説を提起したい．

序章でも述べたように，現在の技術や制度が温帯の環境を前提して発達してきたとすれば，温帯型の径路は地球環境の総合的な把握にもとづいた発展径路とはなっていないことになる．熱帯の異質な自然環境は，たしかに温帯からの技術や制度の移転の障壁となりうるが，同時に，異質性，多様性をフ

43

ルに生かして交易の機会を増やし，複数の発展径路を作ることによって，要素賦存ベースで認識されていた差にもとづくものよりもはるかに大きなインパクトを持つ融合を起こす可能性を持っている．地球環境の制約に対してより総合的に，また個々の環境にもより密着するかたちで，適応した技術・制度を作っていくことこそが人間圏と地球圏，生命圏との共生を可能にするのではないか．そう考えれば，われわれは要素賦存ベースで認識されていた発展径路の差に関する従来の認識をそうした方向へ拡張・深化させなければならない．

そのためには，自然環境と人間の生活の双方をより包括的に把握する必要がある．すなわち第一に，地域の発展径路を考えるのに，人間圏のそれだけで考えるのでは限界がある．例えば石油の採掘のような，人間圏から比較的遠いところにあることが多い資源の場合には地域固有の生態的，文化的特徴の影響は限られているかもしれないが，森林を中心とする生態系のように，人間圏との多面的な共生が重要な生命圏の場合には，森林生産物の商品化やプランテーション作物の導入の経済的評価だけから環境の持続性を評価することはできない．地域の発展径路を理解し，その潜在力を引き出すには，例えば森林のバイオマス量の大きさが支える熱帯の生命圏全体をふまえた発展径路の理解が必要だと考えられる．

第二に，熱帯においては，多様な水や熱の循環の影響を受けた，環境の不安定性や感染症リスクなどへの対応，すなわち地球圏，生命圏の制約への対応が，温帯の場合よりもはるかに重要である．例えば土地の価値を水の循環と切り離して評価するシステムを作っても，それが温帯と同様に機能するとは限らない．多くの熱帯・「半乾燥」地域では年間降雨量の大部分が一定の季節に集中しているからだ．同じことは，水が極端に少ない乾燥地帯（本書第3章参照）でも，大河川の氾濫が頻発する地域（本書第6章参照）でも言える．水は生産と生存の両方に関わる．したがって，そのような考慮を本格的に論じようとすると，人間圏が比較的意識的に統治できる生産の局面だけではなく，生活全体を支える生存圏の動きにも配慮しながら，その地域社会の発展径路を考えなければならない．すなわち，生産を支える技術や制度だけではなく，例えば疫病の蔓延のような，直接には生産とかかわりのない要因を長

期の発展径路論に導入してこなければならない．

　以下，こうした観点から，温帯と比較した場合の熱帯生存圏の歴史的特徴をもう少し具体的に描いてみよう．

　なお，ここでは「熱帯」の自然科学的な理解の要約は試みないが（本書序章，第4章，終章を参照），産業革命以降の西ヨーロッパを中心とする世界経済の統合の過程で，アジア・アフリカの環境的特徴がさまざまに認識され，やがて両大戦間期の国際連盟の研究や第二次大戦戦後の開発経済学をリードしたルイスの仕事のなかで，西ヨーロッパ，東アジアなどの地域概念といわば並列的に「熱帯」という地域概念が使用されていたことを指摘しておきたい（League of Nations 1942; Lewis 1970）．「熱帯」は，これらの研究においては温帯とは区別された経済的特徴を持つ地域概念であり，鉱山，プランテーションを含む第一次産品の輸出に特化した地域と見なされていた．今後それを自然科学的な定義とつきあわせて，長期の発展径路の歴史的分析のために有効な概念に鍛え直すことが求められている．

3-3　生命資源の稀少化

　従来の研究では，熱帯地域の温帯地域との経済格差の拡大は，内的には熱帯の人口増加による土地の稀少化と農業生産性の低さに求められ，外的にはそれを反映した不利な要素交易条件に，先進国の政治的，軍事的，制度設定上の優位が組み合わさって増幅されてきたものとされた（Lewis 1978a; 1978b）．これを本章の問題提起に即して，熱帯の環境上の特徴（比較優位）を土地ベースではなく，生命資源複合の観点から評価すると，歴史像にどのような変化が起こるだろうか．熱帯で圧倒的に大きい人口扶養力を維持したインド亜大陸の例を考えよう[5]．

　通説では，インドでは1870年頃までは土地は稀少ではなかったとされている．したがって，要素賦存状況からすれば，土地よりも労働のほうが稀少であり，労働集約型の発展径路を追求する動機はなかったと考えるのが自然

---

[5]　1700年にインドの人口は世界人口の27%を占めていた．その後，植民地期に若干比率を下げるものの，概して15-20%前後を維持し，近年また比率が上昇しつつある．Maddison (2010).

である.

　しかし，労働はたしかに農繁期には稀少だったが，それ以外の時期には余剰労働が存在し，多くの人々が労働集約的な職業に従事していた可能性がある．農業労働の需給の変化は多かれ少なかれどこでも見られる現象であるが，年間降雨量が500ミリから1000ミリの「半乾燥地域」では，とくにそれが重要だった．というのは，インドでは「半乾燥地域」が耕作面積の半分近くを占めており，降雨量1000ミリ以上の穀物栽培地帯でも，降雨の時期は季節的にきわめて偏っていたので，労働需要も時期的に大きく変動する傾向があったからである．20世紀のデータで見ても，インド農業の年間労働日数は，他地域に比べて決して多くない．厳密な意味での農繁期が短く，それ以外の時期の農業労働が気候の大きな制約を受けていたとすると，余剰労働が広い地域で長期間，大量に存在した可能性がある．

　他方，耕地そのものが稀少化したとは言えないとしても，森林，非耕地の減少・劣化が進んだ可能性は高い．森林の減少は，人口増加や耕地の拡大を背景に，長期にわたって進行したが，江戸時代の日本のような環境への対応は見られなかった (Richards et al. 1985; Richards 2003: 148-192)．にもかかわらず，水も，森林を含む自然環境から得られる稀少な資源も，時期が下るにつれて，ますます大量に需要されるようになった．これらの趨勢はいずれも，少なくともゆるやかにはムガル期に始まっていたものと想像される．薪や糞などのエネルギー資源の確保は，水と同様に，直接生産と生存にかかわるものである．木材以外の森林生産物のなかにも，薬草のような生存に重要なものが少なくなかった．非耕地が減少するか，耕地，非耕地の質が低下すれば，水や薪を確保するために要する労働の量は増加し，1単位の労働がもたらす水や薪の量は低下したであろう．すなわち，より広い環境上の制約，とくに水の季節的・絶対的制約と，それとも関連したエネルギー資源の制約が，労働需要の性格を規定する重要な要因だったのではなかろうか．

　16-19世紀半ばまでのインドの労働をめぐる環境をこのような観点から考えると，人口増加，耕地の拡大を背景とする生態系の変化・制約の多くは，増加した人口や農繁期以外の時期の余剰労働を吸収することによって克服さ

第 1 章
グローバル・ヒストリーと複数発展径路

表 1-3　耕地・森林・草地面積の地域別構成（1700, 1850, 1920, 1950, 1980 年）

単位：百万ヘクタール

	耕地					森林					草地・牧草地				
	1700	1850	1920	1950	1980	1700	1850	1920	1950	1980	1700	1850	1920	1950	1980
熱帯アフリカ	44	57	88	136	222	1,358	1,336	1,275	1,188	1,074	1,052	1,061	1,091	1,130	1,158
北アフリカ・中東	20	27	43	66	107	38	34	27	18	14	1,123	1,119	1,112	1,097	1,060
南アジア	53	71	98	136	210	335	317	289	251	180	189	189	190	190	187
東南アジア	4	7	21	35	55	253	252	247	242	235	125	123	114	105	92
ラテンアメリカ	7	18	45	87	142	1,445	1,420	1,369	1,273	1,151	608	621	646	700	767
熱帯地域計	128	180	295	460	736	3,429	3,359	3,207	2,972	2,654	3,097	3,113	3,153	3,222	3,264
北アメリカ	3	50	179	206	203	1,016	971	944	939	942	915	914	811	789	790
中国	29	75	95	108	134	135	96	79	69	58	951	944	941	938	923
ヨーロッパ	67	132	147	152	137	230	205	200	199	212	190	150	139	136	138
ソ連	33	94	178	216	233	1,138	1,067	987	952	941	1,068	1,078	1,074	1,070	1,065
太平洋のその他諸国	5	6	19	28	58	267	267	261	258	246	639	638	630	625	608
温帯地域計	137	357	618	710	765	2,786	2,606	2,471	2,417	2,399	3,763	3,724	3,595	3,558	3,524
総計	265	537	913	1,170	1,501	6,215	5,965	5,678	5,389	5,053	6,860	6,837	6,748	6,780	6,788

注：熱帯と温帯の分類は，Williams（2006: 264, 319）に従った．
出典：Richards 1990, 164.

れていたと考えられる[6]．脇村は，半乾燥地帯の農業は必ずしも労働集約型に収斂せず，インドには「勤勉革命」は成立しなかったとし，そのこととサービス・セクターでの雇用が多いことを結びつけた（脇村 2009）．勤勉革命を農業生産を中心に捉える従来の理解に従えば，そのとおりであろう．ここではそれと同時に，より広い環境上の制約が，農業生産以外の局面で大量の労働吸収と生命資源の有効利用の努力につながっていた可能性を指摘したい．

それでは世界の生命資源の趨勢はどうであったか．表 1-3 は，過去 3 世紀の世界の土地利用の変化を推定したものである．最大の変化は，人口の増加を背景として耕地が拡大し，森林が減少したことであろう．その過程はまず温帯の新開拓地（北アメリカなど）や旧大陸の辺境（ロシアなど）で 19 世紀までに生じ，20 世紀に入って熱帯に広がった．1920 年代以降は，19 世紀の温

---

[6] 小農社会の多くの農業労働と同様，この種の労働の多くも商品化されていたわけではない．なかには労働だと意識されていたかどうかも定かではないものもあるだろう．しかし，概して多くの時間とエネルギーを要し，生活する上で他の仕事と競合する作業だったと考えられる．

帯での伐採を凌ぐスピードで，大規模な熱帯雨林の伐採が進行した（Williams 2006）．同表では，森林面積だけが示されているが，面積あたりのバイオマス量は熱帯のほうがはるかに大きいことは言うまでもない．

　しかし，本章の視角からすれば，耕地の拡大に伴って，「生命資源の稀少化」とも呼ぶべき，生態環境の全体的な変化が生じていたことが重要である．まず，耕地の拡大は，直接森林の減少につながらなくても，通常バイオマス量と生物多様性の減少を意味していた．というのは，定着農耕は一つの，あるいは数種の作物を栽培するものだったので，生命圏から見れば耕地への転換は，整地される前の植生から，より単純なシステムへの転換だったからだ．定着農耕のための開拓は，焼畑農耕や狩猟，牧畜に携わる人たちによって利用されていた土地に対して，しばしば国家権力を背景として行われたから，紛争が起こったときには土着の生業や生態環境を破壊することも稀ではなかった．そして，開拓された土地に私的所有権が設定され，土地が自由に売買できるようになった．同時に，木材やその他の森林生産物の需要の増加による森林の商業化も進行した．他方，野生動物を殺して安全を守り，湿地から水を抜き，乾燥地に水を張ることによって土地の生産性を上げようとした．その際，現地の植生や水の循環についての情報が十分だったわけではない．試行錯誤の果てに成果が上がらず，環境だけが破壊されることも多かった（Richards 2003: 4-13）．

　また，大陸間移動を含む人の移動が頻繁になるにつれて，外来種の侵入による生態系の攪乱も頻繁になった．海上貿易のルートが発達するにしたがって商品の移動もそれを助けた．やがて先進工業国で資源とエネルギーが不足しはじめ，熱帯地域が第一次産品輸出基地として世界経済に組み入れられて，本格的な開発が始まる．鉄道が敷かれ，プランテーションや鉱山が港市と結ばれるとともに，農民による輸出用商品作物の栽培も増加した．インドではこの過程は19世紀後半から進んだ．第二次大戦後になっても森林減少の傾向は衰えず，輸入代替工業化を推進したインドでも，1960年代に輸出志向型工業化に転換した東南アジア諸国の場合にも，工業化，都市化のなかで稀少化する生命資源の有効利用が大きな課題でありつづけた．

　こうして，過去二世紀のあいだに起きた化石資源世界経済の興隆と，熱帯

地域の生命資源の稀少化は，世界経済への諸地域の統合という一つの過程のコインの表と裏であった．20世紀における熱帯の地域社会は，かつてない急速な環境の劣化のなかでどのようにして人口を増加させることができたのか．ローカルな対応はどの程度可能だったのか．それでは限界があったとすれば，国家，企業，NGOなどは意味のある長期発展径路のビジョンを描けたのかどうか．今後の研究課題としたい．

3-4　水と生存

それでは熱帯地域は，環境の劣化に対し，どのように制度的に対応してきたのであろうか．ここでは水の不安定性の観点から，イギリス支配下のインドの状況を東アジアとの対比を意識しつつ，スケッチしてみよう．

第一に，南アジアでは河川の氾濫や干ばつなどによる，広域にわたる生態系の不安定性が，東アジアの発展地域よりも顕著にみられた．もちろん，パンジャーブでの灌漑のように，イギリスの技術が威力を発揮した場合もあった (Addison 1935)．しかし，例えばベンガルの河川は，少なくとも18世紀以来何度も大氾濫を起こしてきたことが確認される (Hofer 2006)．大河川の下流で農耕に従事する農民は，氾濫が来ることを想定し，しばしば耕地の位置を変化させてきた．イギリスのもちこんだ技術や制度は，基本的にそうした在来の対応を評価せず，かといって氾濫をコントロールすることもできなかった．土地の生産性の向上に成功した日本や揚子江下流では，これに類する規模の不安定性は見られなかった．しかし，それはどちらかと言えば例外であり，同様の氾濫の事例は中国の大河川にも見られる．現在，チベット高原・ヒマラヤ山脈に源を発する大河川をめぐる広域不安定性の問題は，水とエネルギー利用の両面で，潜在的に巨大な人口に影響を及ぼしかねない，大きな国際問題になりつつある (Pomeranz 2009)．

第二に，19世紀末から20世紀初頭のインドにおいては，飢饉と，それに誘発されたマラリアなどの疫病による死亡率の上昇が生じた．その分布と半乾燥地帯における水不足とのあいだにある程度の関係が見られたようである (Wakimura 2009)．村の人口の2割ほどを一挙に失うというレベルの「社会の

崩壊」が広範囲に，繰り返し起これば，その社会の価値観，出生率，教育などにも深刻な影響を与えるであろう．しかも，それは，社会の後進性に起因するというよりは，交通網の整備と第一次産品輸出経済の発展による人とモノの移動に，すなわち生態系の特徴を十分理解しないままに行われた「開発」という現象に密接に関係して生じた問題でもあった (脇村 2002).

他方，北東アジアでは，もちろん水不足の地域は多く，飢饉も頻発したが，疫病は稀であった (Li 2007). そして，飢饉が疫病を誘発しなかった西ヨーロッパや東アジア（とくに先進地域）では，生産と生存の関係は，食糧と人口の関係として理解された．だが，南アジア社会で生存基盤を確保するためには，疫病対策が食糧の増産より優先されるべき状況はしばしば存在した．社会の目標はまずは生存であって，生産は生存を助けることはできても，それに取って代わることはできない，という状況が存在したのである．飢饉と疫病の相関がもたらす大きな危機は 1920 年代以降稀になったが，水の確保を含め，衛生，健康にかかわる生存基盤の整備は独立後も大きな問題であり続けた．

さらに第三に，水の利用可能性は，土地の耕作可能性と人間の生存可能性の両方にとって決定的な要因だった．だが，イギリス植民地政府は，土地所有を基礎とするフォーマルな制度を導入し，生産の増加と地税収入の確保に関心を集中した．水の利用の管理は実際には農民のローカルな知識を生かしたインフォーマルな運営に委ねられた．かくて，例えば南インドの貯水池灌漑地域では，水門の管理，分配や水不足の年の作付けの変更のような重要な決定に（旧）アウトカーストが大きな役割を果たすというように，カースト制度を支える権威や社会ヒエラルキーが制度のなかに組み込まれている事例が見られた (Mosse 2003: 79, 152-168). その慣行が基本的にいまでも維持されているところは少なくない．他方，飲み水の分配をめぐるカースト差別は社会制度の重要な一部となり，イギリス植民期をつうじてそれが大きく変わることはなかった．良く知られているように，アンベードカルが，カースト制度撤廃運動のなかで，不可蝕民も他の人たちと同様に貯水池の水を飲めるようにするべきだとして運動を起こしたのは 1920 年代後半のことである (Keer 1971: 69-108).

こうして，本来切り離せないはずの土地と水は事実上別々の制度または原理によって管理されることになった．それは，イギリスがインドの環境に持ち込んだ制度の限界を端的に示している．

3-5　生存基盤確保型発展径路

植民地支配下のインド亜大陸では，人口が増加し，耕地が拡大し，非耕地の質が悪化するにつれて，土地の生産性そのものが水不足によって向上しなくなるだけでなく，災害，森林伐採，環境劣化などの周辺からの圧力が，灌漑を含む技術革新による土地生産性の改善の可能性をさらに制限するという悪循環が生じた (Roy 2006: 172-81; 2007)．ロイは 1970 年代以降の「緑の革命」による農業生産性の上昇を「遅れてやってきた革命」と呼んだが，現在でもその生産性は水利用の制約などから，国際的には低い水準にとどまっている．膨大な余剰労働力は非効率的な運輸手段，水や薪の確保などに利用され，農業はこのようなセクターで働く人々にも食糧を提供しなければならなかった．インドの農村では，いまなお調理などの家庭用エネルギーをバイオマス・エネルギーに頼っているところが少なくない (Ravindranath 1995)．

もちろん，インドでも 19 世紀後半以降，急速な人口増加で土地への圧力がかかったので，東アジア型に似た発展径路が形成されなかったわけではない．柳澤によれば，マドラス管区では井戸灌漑の増加，二毛作（二期作）化，肥料の使用増加などの農業の「集約化」傾向が見られた．この時期のインドに余剰労働力が豊富に存在したとする一つの間接的な証拠は，大量の出稼ぎ労働者の移動である．域内のプランテーションや鉱山に動いた人たちのほかに，1830 年代から約 100 年のあいだに延べ 3000 万人を超える人たちが東南・南アジアなどに移民した（ただし，高賃金を得られる白人の入植地への移民はきわめて限られていた）(杉原 1996：267-92；1999)．最大の移民供給源だった南インドでは，社会的地位の低い農業労働者世帯は，移民などによって獲得した資金で小さな土地を取得して，家族労働によって労働集約的な農業を行い，経済的地位を向上させた．集約化の傾向は，移民数が減少した独立後にも続き，「下層民の自立」の大きな要因となった (柳澤 1991)．

また，ロイの研究が明らかにしているように，工業においても労働集約型の発展が見られた．イギリス綿布の浸透にもかかわらず，労働集約的な手織綿織物業は広汎に生き残り，20世紀初頭以降，量的に発展するとともに労働生産性の上昇を経験した（Roy 2002）．金糸，真鍮製品，皮革，ショール，絨毯など，在来の技術や伝統的な消費構造に支えられた多くの労働集約的産業の残存と，その技術革新への適応力，雇用創出力も明らかにされつつある（Roy 1999）．柳澤は，精米工場，落花生工場，ビーディー（安価なタバコ）生産，綿繰工場，メリヤス工業などを検討し，小規模工業が，国内の非エリート層の需要を対象として発達したこと，低階層の消費パターンの変化がその発展を支えたことを強調した（柳澤 2004）．広汎な伝統部門における労働生産性の緩やかな上昇が成長と雇用創出をつなぐ役割を果たすという，アジアの工業化のこうした特徴は，「労働集約型工業化」として概念化されつつある（Roy 2005; Sugihara 2007）．

　さらに，環境劣化への地域社会の対応もある程度見られた．農民による非耕地（共有地）の有効利用が進んだ例も報告されている（Yanagisawa 2008）．

　インドの発展径路をこうした方向で理解するならば，一方で労働集約型・資源節約型経済発展への傾向が，東アジア型径路ほどの生産性の上昇を経験しないまま長期にわたって持続してきたと同時に，生存基盤の不安定性への高い対応力が，高い人口扶養力と社会制度の持続性・安定性を規定し続けてきたことを整合的に解釈できるのではなかろうか．その努力の方向は，東アジアのそれのように土地生産性の向上に収斂するわけでもなければ，西ヨーロッパの場合のように労働生産性の上昇を志向したわけでもなく，それらと比較すれば，圧倒的に不安定な気候，雨量，疫病などの環境上の諸要素に対する格闘ということに焦点があったように思われる．われわれは，こうした発展径路を，生存基盤の確保を重要な課題とする社会の発展径路という意味で，「生存基盤確保型発展径路」と呼べないだろうか．あたかも東アジアにおける「土地の稀少化」が「勤勉革命」を準備したのと同じように，熱帯地域における「生命資源の稀少化」が生存基盤の確保のための工夫を豊かなものにした可能性に注目したい．

　表1-4は，20世紀中葉の段階における世界の商業エネルギー（主として化

第 1 章
グローバル・ヒストリーと複数発展径路

表 1-4　世界エネルギー消費の地域別種類別構成（1952 年）

単位：百万メガワット時

	商業エネルギー		非商業エネルギー		計	
ヨーロッパ	5,093.0	(92.8)	395.4	(7.2)	5,488.4	(100.0)
フランス	769.4	(94.1)	48.2	(5.9)	817.6	(100.0)
ドイツ	1,175.9	(95.8)	51.2	(4.2)	1,227.1	(100.0)
イギリス	1,850.9	(99.7)	5.7	(0.3)	1,856.5	(100.0)
北アメリカ	10,075.3	(96.5)	364.8	(3.5)	10,440.0	(100.0)
アメリカ合衆国	9,464.6	(97.0)	289.0	(3.0)	9,753.6	(100.0)
中央アメリカ	237.5	(64.9)	128.2	(35.1)	365.7	(100.0)
南アメリカ	386.4	(54.8)	318.4	(45.2)	704.8	(100.0)
オセアニア	274.2	(87.5)	39.4	(12.6)	313.5	(100.0)
アジア	1,057.3	(42.0)	1,457.2	(57.9)	2,514.6	(100.0)
日本	461.4	(80.5)	111.6	(19.5)	572.9	(100.0)
韓国	11.1	(22.5)	38.4	(77.7)	49.4	(100.0)
台湾	20.9	(56.6)	15.9	(43.1)	36.9	(100.0)
香港	6.1	(72.6)	2.3	(27.4)	8.4	(100.0)
シンガポール＋マレーシア	19.6	(68.3)	9.2	(32.1)	28.7	(100.0)
タイ	4.3	(9.8)	39.6	(90.2)	43.9	(100.0)
インドネシア	44.1	(23.4)	144.5	(76.6)	188.6	(100.0)
フィリピン	16.1	(27.9)	41.7	(72.1)	57.8	(100.0)
インド	308.2	(31.5)	669.0	(68.5)	977.2	(100.0)
アフリカ	379.0	(49.5)	386.9	(50.5)	765.9	(100.0)
総計	17,502.7	(85.0)	3,090.3	(15.0)	20,592.9	(100.0)

出典：UN 1956, 18-20.

石資源）と非商業エネルギー（主としてバイオマス）の比率を見たものであるが，この時点で温帯の主要国は，家庭用エネルギーも含めて，ほぼ化石資源経済化を完了していた．それに対し，熱帯のアジア・アフリカ地域では，エネルギー消費の半分以上を依然としてバイオマス燃料に依存していた．20世紀後半の東アジアの高度成長の過程でも家庭用燃料としてのバイオマス燃料（練炭など）は相当遅くまで残った．現在でも，近代的な交通網やインフラのない発展途上国の農村では化石エネルギーの利用はむずかしく，バイオマス燃料の恒常的確保は重要な課題でありつづけている．それは，熱帯地域の国々が東アジア型の発展径路を部分的に取り入れるとしても，なお広い意

味での環境劣化との戦いに注意を集中せざるをえないことを示唆しているように思われる．と同時に，真の持続型生存基盤の構築はその格闘のなかからしか生まれないだろうという実感も共有されているのではないだろうか．

　最後に，翻ってそれでは，温帯の中核地域の発展径路分析ではなぜこのような要素がこれまであまり重視されてこなかったのだろうか．一つには，温帯で経済的にもっとも成功した発展径路が例外的に恵まれた環境の下で生じたことによると考えられる．ジョーンズ『ヨーロッパの奇跡』が描いたように，近世ヨーロッパでは国家などによる災害，環境破壊への対応が進んだ．戦争は頻繁に起こったので，リスクが全面的に低下したわけではなかったが，火災や飢饉，疫病は減少した (Jones 1981)．18世紀末には土地が稀少化し，森林伐採も進んだが，他方大西洋経済の興隆，とくに北米大陸の膨大な土地と資源が西ヨーロッパ経済の影響下に組み入れられることによって，その危機は克服された．つまり，西ヨーロッパは，土地を稀少資源の象徴として認識しつつ，海外の領土の獲得，貿易による資源の確保，土地の商品化による資本主義的な大規模農業の発達によって，資本，労働と資源の大規模な組み合わせを実現する条件を獲得したのである．

　日本の場合も，鎖国体制もあって，世界を席巻した多くの疫病の到来を免れた (Jannetta 1987)．領土の拡大や貿易によって資源を獲得しようとはしなかったが，江戸時代には未曾有の平和を享受し，国内の恵まれた資源を活用して，緩やかな生活水準の向上を実現した．金銀や砂鉄などの鉱産物が経済発展重要な役割を果たしたことは良く知られているが，水と森林資源が豊富だったことも重要である．また，世界に先駆けて大規模な商業的植林を行い，安価な森林生産物から製紙業が発達して，高い識字率を支えた．明治以降は石炭が豊富にとれたことも工業化に役立った．要するに，1920年代頃までの日本は，耕作可能な土地以外は，さまざまな資源に恵まれた国だった．社会の目標を土地生産性の向上に集中させることができた背景として資源の豊かさを加えてもいいように思われる．

第 1 章
グローバル・ヒストリーと複数発展径路

表 1-5　世界 GDP の地域別構成（1820, 1950, 2006 年）

	1820 年		1950 年		2006 年	
西ヨーロッパ 12 カ国およびアメリカ	153,956	(22.2%)	2,742,559	(51.4%)	16,432,017	(34.8%)
東アジア	257,583	(37.1%)	432,177	(8.1%)	11,704,410	(24.8%)
その他の温帯地域（冷帯・寒帯を含む）	83,706	(12.1%)	1,141,711	(21.4%)	6,629,176	(14.0%)
「温帯」　計	495,245	(71.4%)	4,316,447	(80.9%)	34,765,603	(73.6%)
インド	111,417	(16.1%)	272,216	(5.1%)	3,431,497	(7.3%)
その他の熱帯地域（乾燥帯を含む）	86,840	(12.5%)	747,197	(14.0%)	9,060,900	(19.2%)
「熱帯」　計	198,257	(28.6%)	1,019,413	(19.1%)	12,492,397	(26.4%)
総計	693,502	(100.0%)	5,335,860	(100.0%)	47,258,000	(100.0%)

注：「東アジア」はマディソンの定義ではなく，日本，韓国，北朝鮮，中国，モンゴルの 5 カ国．インドはパキスタン，バングラディシュを含む．「その他の温帯地域」は，ヨーロッパ（西ヨーロッパ 12 カ国を除く），白人系入植地域（オーストラリア，ニュージーランド，カナダ），に，アルゼンチン，チリ，ウルグアイ，ネパール，南アフリカ，スワジランドの 6 カ国を加えたもの．「その他の熱帯地域」は，ラテンアメリカ，アジア（東アジア，インドを除く），アフリカ．ただし，「その他の温帯地域」に加えた 6 カ国を除く．本文も参照．
出典：http://www.ggdc.net/maddison/

4　生存基盤持続型発展径路

　以上，本章では，温帯と熱帯の差に注目しつつ，複数の発展径路の交錯としてグローバル・ヒストリーを捉える枠組を示そうとした．表 1-5 は，表 1-1 と同じ方法で，人口ではなく GDP の比重で温帯と熱帯のパフォーマンスを比較したものである．GDP の比重で見る過去 2 世紀の世界史は，西洋の優位が化石資源世界経済の発展とともに確立した歴史であり，GDP の成長史はさまざまな意味において西洋型（20 世紀後半以降は温帯型）径路を基準にした世界史である．それに対し，表 1 における人口による比較は，生存基盤確保型の発展径路の存在をより良く反映している．温帯型径路が世界経済の発展のための技術と制度の革新を主導したとすれば，熱帯型径路は人口の増加につれて厳しさを増す環境上の制約のなかで，地球全体の人口扶養力を比較的低いエネルギー消費水準でもって支えてきた．われわれがグローバル・ヒストリーにおける複数の発展径路をバランス良く理解しようとするな

ら，今後，この両者を整合的に把握する枠組を作っていく必要があろう．

　21世紀の生存圏はどこへ行くのか．本章の第2節で，私は，1820年に地球が爆発して，一人残った歴史家が世界史を書いたとしたら，どのような構成になるだろうかを示唆した．本章を閉じるにあたり，もしその歴史家がほぼ2世紀を経た現在の地球を観察したとしたら，どのような書物を書くだろうかを想像してみよう．かれは，まず地球規模での森林の減少と耕地の拡大に驚き，かつては生物多様性に彩られていた世界が急速に化石資源を駆使した機能的なシステムにとってかわられ，多くの人々や生物の生存基盤が脅かされていることを知って心を痛めるだろう．しかし，それと同時に，都市や交通網に赤々と灯る電灯のおかげで地球が昼夜を問わず明るくなったことに感動し，この二世紀のあいだに人間の生み出した技術や制度が多くの人たちに豊かさをもたらしたことも率直に評価するだろう．そして，おそらくその補論において，近年地球温暖化や環境・エネルギー問題を背景に，地球圏や生命圏の持続性を考えなければ人類の生存基盤の持続性を確保することはできないという考え方が浸透しつつあるが，問題の深刻さにもかかわらず，それが21世紀の世界を生存基盤持続型の発展径路の創出に導くほどの影響力を持つかどうかについてはなお予断を許さないと記すであろう．

引用文献

Addison, Herbert 1935. *Land, Water and Food: A Topical Commentary on the Past, Present and Future of Irrigation, Land Reclamation and the Food Supplies They Yield*. London: Chapman and Hall.

Allen, Robert C., Jean-Pascal Bassino, Debin Ma, Christine Moll-Murata and Jan Luiten van Zanden 2005. "Wages, Prices and Living Standards in China, Japan and Europe, 1738–1925", http://www.iisg.nl/research/jvz-wages_prices.pdf（2010年2月27日アクセス）

Becker, Gary S. 1993. *Human Capital: A Theoretical and Empirical Analysis: With Special Reference to Education*. Third edition, Chicago: University of Chicago Press（佐野洋子訳『人的資本　―― 教育を中心とした理論的・経験的分析』（第2版の翻訳）東洋経済新報社，1976年）．

Collier, Paul 2007. *The Bottom Billion: Why the Poorest Countries Are Failing and What Can Be Done About It*. Oxford: Oxford University Press（中谷和男訳『最底辺の10億人 ―― 最も貧しい国々のために本当になすべきことは何か？』日経BP社，2008年）．

David, Paul A. 1975. *Technical Choice, Innovation and Economic Growth: Essays on American and*

British Experience in the Nineteenth Century. London: Cambridge University Press.
Habakkuk, H. J. 1962. *American and British Technology in the Nineteenth Century: The Search for Labour-saving Innovations*. Cambridge: Cambridge University Press.
Hofer, Thomas, and Bruno Messerli. 2006. *Floods in Bangladesh: History, Dynamics and Rethinking the Role of the Himalayas*. New York: United Nations University.
International Labour Organisation (ILO) 2002. *World Employment Report, 1998–1999*. Geneva: International Labour Organisation.
Jannetta, Ann Bowman 1987. *Epidemics and Mortality in Early Modern Japan*. Princeton: Princeton University Press.
Jones, E. L. 1981. *The European Miracle: Environments, Economies and Geopolitics in the History of Europe and Asia*. Cambridge: Cambridge University Press（安元稔・脇村孝平訳『ヨーロッパの奇跡 —— 環境・経済・地政の比較史』名古屋大学出版会，2000 年）.
Keer, Dhananjay 1971. *Dr. Ambedkar: Life and Mission*. Third edition, Bombay: Popular Prakashan（山際素男訳『不可蝕民の父　アンベードカルの生涯』三一書房，1983 年）.
Kuznets, Simon 1955. "Toward a Theory of Economic Growth." In Robert Lekachman (ed.) *National Policy for Economic Welfare at Home and Abroad*. Garden City: Doubleday, pp. 12–85.
League of Nations 1942. *The Network of World Trade*. Geneva: League of Nations.
Lewis, W. Arthur (ed.) 1970. *Tropical Development, 1880–1913: Studies in Economic Progress*. Lordon : George Allen and Unwin.
Lewis, W. Arthur 1978a. *Growth and Fluctuations, 1870–1913*. London: George Allen and Unwin.
—— 1978b. *The Evolution of the International Economic Order*. Princeton: Princeton University Press（原田三喜雄訳『国際経済秩序の進展』東洋経済新報社，1981 年）.
Li, Lillian M. 2007. *Fighting Famine in North China: State, Market, and Environmental Decline, 1690s–1990s*. Stanford: Stanford University Press.
Lindert, P. H. 2003. "Voice and Growth: Was Churchill Right?" *Journal of Economic History*, 63-2: 315–350.
Maddison, Angus 2001. *The World Economy: A Millennial Perspective*. Paris: Development Centre, OECD.
—— 2007. *Contours of the World Economy, 1–2030 AD: Essays in Macro-Economic History*. Oxford: Oxford University Press.
—— 2010. "Statistics on World Population, GDP and Per Capita GDP, 1–2008 AD (Horizontal file)" http://www.ggdc.net/maddison/（2010 年 2 月 27 日アクセス）
Mosse, David (with assistance from M. Sivan) 2003. *The Rule of Water: Statecraft, Ecology and Collective Action in South India*. New Delhi: Oxford University Press.
Pomeranz, Kenneth 2000. *The Great Divergence: China, Europe, and the Making of the Modern World Economy*. Princeton: Princeton University Press.
—— 2008. "Land Markets in Late Imperial and Republican China," *Continuity and Change*, 23(1): 101–150.

―――― 2009. "The Great Himalayan Watershed: Agrarian Crisis, Mega-Dams and the Environment," *New Left Review*, 58: 5-39.

Ravindranath, N. H., and D. O. Hall 1995. *Biomass, Energy, and Environment: A Developing Country Perspective from India*. New York: Oxford University Press.

Richards, John F. 1990. "Land Transformation." In B. L. Turner II, William C. Clark, Robert W. Kates, John F. Richards, Jessica T. Mathews and William B. Meyer (eds) *The Earth as Transformed by Human Action: Global and Regional Changes in the Biosphere over the Past 300 Years*. Cambridge: Cambridge University Press, pp. 163-178.

―――― 2003. *The Unending Frontier: An Environmental History of the Early Modern World*. Berkeley, CA: University of California Press.

Richards, John F., J. R. Hagen and E. S. Haynes 1985. "Changing Land Use in Bihar, Punjab and Haryana, 1850-1970," *Modern Asian Studies*, 19(3): 699-732.

Roy, Tirthankar 1999. *Traditional Industry in the Economy of Colonial India*. Cambridge: Cambridge University Press.

―――― 2002. "Acceptance of Innovations in Early Twentieth Century Indian Weaving," *Economic History Review*, 55(3): 507-532.

―――― 2005. *Rethinking Economic Change in India: Labour and Livelihood*. London: Routledge.

―――― 2006. *The Economic History of India, 1857-1947*. Second edition, New Delhi: Oxford University Press.

―――― 2007. "A Delayed Revolution: Environment and Agrarian Changr in India," *Oxford Review of Economic Policy*, 23(1): 1-12.

Sen, Amartya K. 2000. *Development as Freedom*. New Delhi: Oxford University Press（石塚雅彦訳『自由と経済開発』日本経済新聞社，2000 年）．

杉原薫 1996.『アジア間貿易の形成と構造』ミネルヴァ書房．

―――― 1999.「近代世界システムと人間の移動」『岩波講座世界歴史 19　移動と移民―地域を結ぶダイナミズム』岩波書店，3-61 頁．

―――― 2004.「東アジアにおける勤勉革命径路の成立」『大阪大学経済学』54(3)：336-361.

―――― 2008.「東アジア・中東・世界経済―オイル・トライアングルと国際経済秩序―」『イスラーム世界研究』2(1)：69-91.

Sugihara, Kaoru 2003. "The East Asian Path of Economic Development: A Long-term Perspective," In Giovanni Arrighi, Takeshi Hamashita and Mark Selden (eds) *The Resurgence of East Asia: 500, 150 and 50 Year Perspectives*. London: Routledge, pp. 78-123.

―――― 2007. "The Second Noel Butlin Lecture: Labour-Intensive Industrialisation in Global History," *Australian Economic History Review*, 47(2): 121-154.

脇村孝平 2002.『飢饉・疫病・植民地統治 ―― 開発の中の英領インド』名古屋大学出版会.

―――― 2009.「インド史における土地希少化 ―― 勤勉革命は起こったのか？」大島真理夫編『土地希少化と勤勉革命の比較史 ―― 経済史上の近世』ミネルヴァ書房，252-274 頁．

Wakimura, Kohei 2009 "Health Hazards in 19th Century India: Malaria and Cholera in Semi-

Arid Tropics," *Kyoto Working Papers on Area Studies 9* (G-COE Series 7).
Williams, M. 2006. *Deforesting the Earth: From Prehistory to Global Crisis, An Abridgment*. Chicago, IL: University of Chicago Press.
柳澤悠 1991.『南インド社会経済史研究 ―― 下層民の自立化と農村社会の変容』東京大学東洋文化研究所.
―― 2004.「小規模工業・企業の展開と消費構造の変化 ―― 1920年〜1950年のインド」,『千葉大学経済研究』19(3)：127-163.
Yanagisawa, Haruka. 2008. "The Decline of Village Common Lands and Changes in Village Society: South India, c. 1850-2000," *Conservation and Society*, 6(4): 293-307.

第2章

東アジアモンスーン地域の生存基盤としての持続的農業

田 中 耕 司

1 東アジアモンスーン地域と「草木深し」

国破れて山河在り，城春にして草木深し

　唐代の詩人杜甫の「春望」の一節を手がかりに，本書のテーマである持続的生存基盤，換言すれば「人類が持続的に生存するために，いかなる基盤を確保する必要があるのか」という課題に迫ってみたい．
　この詩にある「国」をある社会に生活する人々の暮らしを支える社会システムとみなせば，これから論じようとする問題に接近する手がかりを与えてくれるかもしれない．「山河」は，その社会を支えてきた自然あるいは自然環境である．とすると，「国破れて山河在り」はたとえ社会システムが壊れても，自然は眼前に残ることを詠っていると読み替えることができよう．
　「城」はいうまでもなく，都城である．杜甫がこの詩を詠ったとき，かつての都，長安はちょうど春を迎えていた．国が敗れて，盛時の都の面影はもはや望むべくもないが，季節はめぐって，いま春を迎えている．人為がいかほどであれ，自然の循環はおかまいなしに巡ってくる．それが自然の営みだとの感懐がうかがえる．

そして,「草木深し」である．文字どおり,杜甫が長安を訪れたとき,草木がすでに深く,青く茂っていたのであろう．これもまた自然の営みの悠久さを伝えてくれる．住む人がいなくなっても,あるいはいなくなったからこそ草木がどんどん茂る．それがこの地域の自然の現実である．そして,ここで注目したいのは,「山河在り」を支える自然の基盤,すなわち人の手が加わらなくても草木が繁茂するような環境は,杜甫がこの詩を詠った地域に固有の自然でもあるという点である．もっと内陸部,西域のような自然環境であれば,こうはいかなかったであろう．この地域の自然環境の特性がこの詩のなかに読み込まれていると考えることができる．

ここに描かれたような自然環境を人々はどのように利用して自らの生存基盤を確保してきたのか,そして今後,それをどう活かしていく必要があるのか,それを考えるのが本章に課された課題である．

ところで,杜甫は,「草木深し」を通じて,悲哀や絶望感を詠っていると言われるが,山河が残れば,社会を復興させ,危機を軽減,回避することができる．それは生活の糧を与えてくれる源泉でもあるからである．日本に暮らすわれわれは,社会システムの崩壊を過去1世紀のあいだに何度か経験している．たとえば,昭和大恐慌と言われた30年代,第二次世界大戦に破れたあとの戦後,そして百年に一度と言われる近年の金融危機である．3つの画期がシステム崩壊であったかどうかの当否は別にして,その危機を凌ぐために,換言すれば,その危機下において人々が生存を持続するために頼ることができたのは,前二者の危機においては「山河」であり,「草木深し」の農村であった．農村が都会で暮らせなくなった人たちの一時的な受け皿となり,危機を凌ぐことができた．しかし,直近の危機下では,もはや日本の農村にその機能はない．それどころか,その農村すらも,金融危機に至るまでの数十年のあいだに大きく疲弊して,その継続すら危うくなっているところが多い．帰るに帰れない人たちが日比谷公園に集まったのは,この時代を象徴する出来事であった．その意味では,現在の危機は,さらに深刻な状態にあるといっていいかもしれない．

本章は,このような危機意識を念頭におきながら,東アジアモンスーン地域(以下,特定しない限り,温帯に位置する狭義の東アジアと亜熱帯・熱帯に位置

する東南アジアの両者を含む地域とする）における農業発展の歴史経路を検討し，歴史の大きな転換点にある現在，この地域の農業の持続的な発展が人類の生存基盤の確保という観点からいかに重要な課題として検討されなければならないかを考えようとするものである．

　本章において東南アジアを含めた広域東アジアを東アジアモンスーン地域としてひと括りに論じようとするのにはそれなりの理由がある．狭義の東アジアと東南アジア，換言すれば，温帯アジアと熱帯アジアとも呼べるこの両地域を一つのまとまりとして括ることができる共通の自然特性があるということがその理由の一つである．ところが，その特性にもかかわらず，両者のあいだには明らかな自然特性の違いがあり，その結果，農業発展の歴史的経路に大きな差異があったのも事実である．したがって，両者の共通点をこの地域における将来の持続的な農業発展の基盤とすることの意義を考えるためには，両者の比較という視点もまた欠かせない作業となる．共通の自然基盤を今後の生存基盤として自覚的に捉えていくためには，農村や都市における近代化過程をすでに経た両地域の比較を通じた相互了解の手続きが不可欠であろうと考える．共通性を念頭に両者の相違についても比較を試みること，これが両地域を一つのまとまりとして論じようとする第二の理由ということになる．

2　東アジアモンスーン地域の農業を支えた自然基盤

2-1　ユーラシア大陸東縁のグリーンベルト

　まず，ごく簡単に，東アジアモンスーン地域に共通する，この地域の農業を支えてきた自然基盤の特徴を概観しておこう．

　東アジアモンスーン地域をアジアのグリーンベルトと呼んだのは井上民二である (Inoue 1996)．太平洋西岸グリーンベルト，あるいはユーラシア東縁グリーンベルトともよばれるこの地域は，アジアの地図や世界地図を広げてみると明らかなように，亜寒帯から熱帯まで，南北にとぎれることなく緑に

覆われた地域となっている．土地利用区分図をみれば，森林と農地が混在するものの，この地域の潜在植生はもともと森林で，高緯度地帯の針葉樹林から，中緯度地帯の落葉樹林や照葉樹林を経て，低緯度地帯の熱帯降雨林に至るまで森林が南北に途切れることなく続いている．いっぽう，目をずっと西のほうに移していくと，その緑は北緯 30 度あたりの中緯度地帯で途切れることになる．広大な乾燥地帯や砂漠が出現するからである．この中緯度地帯は，低緯度地帯から運ばれるハドレー循環による暖かい大気とフェレル循環によって運ばれる高緯度地帯の冷たい大気が出会うところで，そこには高気圧帯ができて乾燥地帯が出現する（詳しくは，本書第 4 章を参照）．ところが，東アジアモンスーン地域は，アフリカ大陸からユーラシア大陸にひろがる帯状のこの乾燥地帯が現れず，南北に緑が続く世界でも稀な条件をもった地域ということができる．

　連続した緑のベルトがユーラシア東縁にできたのは，端的には，熱帯では年間 3000〜1500mm，温帯でも 2000〜1500mm の降水量を有するように，この地域が世界的に見ても豊富な降雨に恵まれているからである．では，なぜ，多雨地域となったのか．安成哲三や藤井理行のモンスーン気候研究によると，ヒマラヤ山脈とチベット高原があるおかげで，インド東部から東アジアにかけてのユーラシア大陸東南部にモンスーンによる降雨がもたらされると要約することができる（安成・藤井 1983）．この地域の中緯度地帯を挟んだ非対称の海陸分布のために海域の高気圧から大陸の低気圧へ向けて大きな気圧勾配が形成され，それがモンスーンの降雨をもたらす．しかも，ひときわ高いヒマラヤ山脈が気流の強制上昇を誘起して雨を降らせるだけでなく，チベット高原へ続く高標高の陸塊が北の温かい大気と南の暖かい大気の混合をさまたげて，南北両側の暖かさと冷たさを持続させる．そしてそれ自体が大気に対する冷・熱源となり，さらに偏西風や亜熱帯ジェット気流の流れを北に押し上げる原因にもなっている．これらの要因が総合されて，ユーラシア大陸東南部では中緯度地帯に乾燥地帯が現れず，熱帯から温帯にかけて豊かな植生が連なる地域を成立させることになる．

2-2　アルプス造山運動と沖積地

　ヒマラヤ山脈やチベット高原という高標高の陸塊を形成したアルプス造山運動は，ヨーロッパのアルプス山脈からヒマラヤ山脈を経てインドネシアの島々にまで続いており，造山帯に沿って山地と盆地が続く複雑な地形をつくりだした．また，ユーラシア大陸の東側には環太平洋造山帯があり，フィリピン，台湾，琉球を経て日本に至る高い山地をともなった列島が大陸を縁どっている．火山活動が活発なだけでなく，ここでも複雑な地形をもった山地と盆地の複合地形が形成された．

　これら造山運動の隆起や火山活動によって形成された地形群は，大陸内部の安定した台地状の地形にくらべて地質学的にずっと新しい時代に属しており，それに由来する土壌は豊富なミネラル類を含んでいる．この土が多量の降雨によって侵食され，大量の土砂が低地へ運ばれることになる．この土砂が堆積したところが沖積地である．熱帯地域では，有機物の分解が早く，しかも永年にわたる風化作用をうけて痩薄な土壌が分布するが，これら造山帯の侵食・堆積作用によって形成された沖積地は，熱帯地域では例外的といってよいほど肥沃な土壌に恵まれた地域となる．このことは温帯地域においても同様である．そして，世界的にみたとき，沖積土がもっとも広く分布するのもユーラシア大陸の東・東南部である（久馬・若月 2001）．

2-3　豊かな一次生産力

　一般に生物圏に存在する植物や植物プランクトンは，太陽放射エネルギーの一部を光合成によって固定し，有機物を生産する．この光合成により固定された有機物の生産過程が 次生産である．そして，ある 定の期間内に固定された有機物の総量（正確には総生産量から呼吸による消耗量を差し引いた純生産量）であらわされるのが一次生産力である．この一次生産力を測定した結果によると，1m^2 たりの生産力がもっとも高いところは熱帯降雨林で，その一次生産力は年間平均 2.2kg となる．そして，温帯常緑樹林が 1.3kg，落葉樹林が 1.2kg という平均値を示す．いっぽう，乾燥地帯では，温帯草原

65

で 0.6kg, 砂漠や半砂漠では 0.09kg となり, その生産力は大きく減退する (Whittaker and Likens 1975).

「草木深し」という情景を生み出した自然基盤がこの豊かな一次生産力にあったことはいうまでもない. そして, この高い一次生産力は, モンスーン気候によってもたらされる多雨条件とアルプス造山帯がもたらす肥沃な土壌条件によって支えられていた. そして, 当然のことながら後述する農業における土地生産性の高さにも反映しており, ユーラシア大陸の東縁を緑にいろどるグリーンベルトは, 農業生産においても世界有数の土地生産力を実現した地域でもあった.

3 東アジアモンスーン地域の農業と農法
── 水田農業と多毛作体系に注目して

3-1 東アジアの農業様式

たとえば, 世界の農業様式を論じた農業地理学的な分類によると, 東アジアモンスーン地域, すなわちインド亜大陸東半部から東南アジアおよび中国中南部から朝鮮半島を経て日本に至る地域は,「水稲が優占する集約的自給的農業」(intensive subsistence, wet rice dominant) に区分される水田農業と,「水稲が優占しない集約的自給的農業」(intensive subsistence, wet rice not dominant) に区分される畑作農業が主要な農業として行われる地域となっている. そしてそれ以外の東南アジアの熱帯地域には, 焼畑農業のような「原始的自給的農業」(primitive subsistence) や「プランテーションと小規模農園農業」(plantation and small farms) と区分される農業が行われる地域が分布している (Whittlesey 1936; Grigg 1974).

このような農業様式の分類をみて感じるのは, 農業発展に関する欧米の科学者の見方が世界の農業区分に反映しているということである. 資本主義発達の過程で起こった農業革命を経た欧米の資本集約的な「商業的農業」という規範から見たとき, アジアの農業は耕地と労働力を非常に「集約的」に

利用する農業であるとともに，生産者が自らの家族の生存のために農産物を生産する「自給的」な農業として分類されることになる．実際には，自給的であると同時に商業的な農業がおこなわれていたことはいうまでもない．ちなみに，ヨーロッパや北米の農業が「商業的穀作農業」(commercial grain farming)，「農牧複合農業」(crop livestock farming)，「商業的酪農」(commercial dairy farming)，「商業的園芸農業」(commercial gardening and fruit) などに分類されるように，土地，労働，資本の合理的な利用のもとに行われるという意味で，これらの農業類型に「商業的」という形容詞が付されていることに注意しておく必要があろう．

　上記のホイットルセーやそれを踏襲したグリッグの農業様式分類が興味深いのは，東アジアの農業様式が intensive subsistence という言葉で特徴づけられている点である．ヨーロッパや北アメリカの農業に commercial という区分を与えたことに対応する二項分類的な表現であるが，これによって東アジアでは，欧米の農業にくらべて，小農が家族の生存 (subsistence) のために労働集約的かつ土地利用集約的 (intensive) な小規模な農業を営んでいることが示されている．さらにもう一つ興味深いのは，同じように intensive subsistence であっても，水稲栽培を基幹とするか否かによってさらにそれを細分している点である．東アジア農業における水稲栽培の卓越性を考慮して，水田農業を一つの類型として提示していることは，欧米の農業類型とは大きく異なるシステムとしてこれを把握しようとする見方として興味深い．

　さらにもう一点，この分類について注意をはらうべき点がある．それは熱帯地域の農業を primitive subsistence と区分している点である．熱帯アジアだけでなく，南アメリカ，アフリカの熱帯地域にもこの分類に括られる農業が分布している．直訳すれば原始的な自給的（生存）農業ということになるが，intensive な農業に比較して，土地や労働力をより粗放的あるいはより非集約的に利用する農業を primitive な農業として分類しているわけである．こういう農業が行われる熱帯地域では，仔細にみると，水田農業があり，また非常に労働集約的な農業があって，いちがいに primitive という烙印を押すことは適当ではない．しいてまとめるならば，在来の農業技術や農法がまだ色濃く残っている地域が primitive subsistence という分類にひと括りされている

にすぎない．実際に，その在来農業には，その基盤となる自然環境や資源利用の持続性という視点からみたとき，たいへん優れた技術や制度を継承しているところが少なくないことにも注意を払う必要がある．

3-2 「水稲が優占する集約的自給的農業」

　先述の農業地域分類において，水稲が優占する農業とそうでない農業とに東アジアの集約的自給的農業が分類されていたのにはそれなりの理由がある．欧米には水田農業が在来の農業システムとして存在しないという単純な理由ではなく，それが他の農業様式とくらべて特異な農業システムであることがその理由である．高い植物の一次生産力を示したユーラシア大陸の東縁部は，同時に，アジアだけでなく世界でも有数の人口集中地域でもあった．この高密度の人口を支えたのが水田稲作を基幹とする農業，すなわち水田農業であった．作物が土と水とによって栽培されるという際だった特徴があって，それゆえに，非常に安定した高い土地生産力を実現していることから，それが一つの類型としてとりあげられることとなった．

　土をストック資源とすれば，もう一つの水はフローの資源ということができる．水田農業はこのフロー資源をストック資源とするためのさまざまな技術と制度を発展させてきた．その典型例が灌漑システムである．東アジアモンスーン地域の稲作地帯にはさまざまなタイプの水田があるが，水との関係でそれを分類すると，大きくは灌漑田，天水田，深水田に区分される．天水田は，比較的降雨が少ないか安定せず，水源となる河川の利用が困難な台地や平原に分布する．深水田は，河川下流の三角州や中下流の氾濫原凹地など雨期の洪水が深く湛水する地域に分布する．天水田では降雨の季節的・年次的変化のために生じる生産変動の影響を最小限にとどめるために，水稲品種や作季の選択そして作業を行うタイミングなどに目を配りながら稲作が行われる．いっぽう，雨季の到来によって安定的に，そしてときには過剰なほどに水がたまる深水田では，湛水深に応じた品種の選択あるいは水位の上昇と下降にあわせた作季の選択などによって稲作が行われる．いずれの場合も，与えられた水文環境を改変することなくその環境に積極的に適応することに

よって成立した稲作である（詳しくは，本書第6章を参照）．

　天水田や深水田に対して，灌漑田は水文環境を人為的に改変してフローの水資源を安定して利用するようにした水田である．山間部の盆地にせよ低地部の沖積平野にせよ，沖積地はその背後に広大な山地を集水域としてもっている．この集水域にいったん貯められた降雨が徐々に河川を通じて流れ下り，それを井堰などの水利施設によって利用可能にしたのが灌漑稲作である．河川灌漑だけでなく，雨季の降雨を人為的に貯留する溜め池をつくり，それを水源とする灌漑稲作も行われる．井堰や溜め池によって利用可能となった水は，もはや雨や洪水のような自然の水ではなく，すでに社会化された資源としての水となる．そして，その水を利用するために，さまざまな決まりや規則が作られる．灌漑水を確保するための水利技術や管理システムを支えるための責任が耕作者に対して課されるだけでなく，確保した灌漑水を無駄なく利用する義務を耕作者が負うことになるのである．

　社会的な仕組みを経て得られた灌漑水であるから，それぞれの耕作者はその水を利用するにあたって無駄のないよう注意を払わなければならない．栽培期間中，水路や水田の丹念な水管理が行われるだけでなく，栽培している稲の生育にあわせた水の世話も念入りに続けなければならない．こうした水の管理を通じて，手をかけた（労働集約的な）稲作作業を発展させた．それだけでなく，灌漑水の受益者集団のなかに均質な技術が行きわたる技術的・社会的環境をつくりだすことになった．その結果が，水田農業における高い労働集約性とコミュニティ内における栽培技術の平準化であった（高谷1978；田中1987；1988）．

　同時に，このように社会化された稲作技術の展開は，技術そのものに対する耕作者の態度や行動をも律することになった．栽培に投入される技術は，念入りな対象への観察（すなわち，作物の生育状態に関する詳細な観察）とその観察に基づく的確な技術の投入でなければならず，観察と技能に秀でた耕作者が賞賛される文化的風土を醸成していった．狭義の東アジアの稲作地帯，すなわち中国や朝鮮半島，日本においてはこのような文化的風土がとりわけ強く形成されていった．

　おそらく，このような緻密な栽培技術が水田農業のなかに成立した背景に

は，栽培にあたって一つひとつの稲株を一つの「個体」として観察するという，作物に対する基本的な接し方や捉え方があったことが指摘できるかもしれない．水田農業が労働集約的な農業となった背景として，もともと稲作が一つひとつの稲株を仔細に観察する，換言すれば，まるで子供を育てるかのように作物の世話をする，「個体」としての作物の生育に注意をはらう農業から出発したからではないかと考えられる．この考えは西アジアやヨーロッパで展開した麦作農耕の栽培技術とアジアの稲作農耕における栽培技術との比較から生まれた比較農耕文化論的な見方であるが，稲作の起源にまで関わるこのような問題も水田農業が労働集約的な農業となった遠因と考えられる（田中 2001；2003）．

　水田は，畑地にくらべてそれ自体が土壌の肥沃性を維持するさまざまなメカニズムをもっている．灌漑水による外部からの栄養塩類の供給，湛水条件下での養分の可給化，浸食の防止，雑草発生の抑制，ラン藻や土壌微生物による生物的窒素固定，忌地の回避などである．米1トンを収穫するためには約15-20kgの窒素が必要となる．これに相当する窒素量が供給されない限り，収穫による窒素の収奪によって土壌の肥沃度は次第に低下していく．ところが，各地で行われた水田の長期無肥料試験の結果は，ヘクタールあたり1，2トン程度の収量であれば，無肥料で栽培を続けても収穫を続けることが可能で，施肥をしなくてもこの程度の収量を持続させる栄養素の自然供給が水田にあることを示している．外部からの供給や生物的窒素固定によって，水田にはもともとこの程度の自然施肥能力があるのである．その上に，人為的な施肥が加わる．しかも水田は湛水と乾燥を繰り返す耕地であるために，自然供給と人為的な施肥による栄養素が植物に吸収可能な形態で長く保持されるという特徴をもっている．

　このようなメカニズムは，水田に対して念入りな耕作を施し，肥料のような外部資材を適切に投入すれば，それに応じた効果を生み出すことを可能にした．水田は，耕作者が水を管理し，必要な肥料を十分に与えれば，その投入に対して十分な産出でもって応えてくれる耕地であった．昔から「稲は土で作る」と言われているが，その基本は水田がもつ肥沃度の持続メカニズムにあったのである．前述したように，もともと肥沃な土壌条件に恵まれたと

ころに水田が形成され，水管理を通じて入念な栽培管理を施す文化的・社会的風土が培われたが，さらに水田自体がもつこのメカニズムが栽培管理を一層入念にさせる動因となっていたことも見逃せない点である．土地利用と労働力利用の両面において水田農業が集約的な技術を成立させた背景には，このような水田自体がもつ特徴が相乗的に作用していたことも銘記しておく必要があろう．

3-3　水田の多毛作化 ── 西欧とは異なる農法展開

　水田は，土と水とで作物を育てる生産装置であったが，そのいっぽうで，フローとしての水を田に入れなければ畑としても利用できる．東アジアモンスーン地域の水田農業が労働力利用と土地利用の両面において集約的であったのは，そのことも大いに関係している．年間を通じて切れ目なく複数作物を続けて栽培するこの農法は，たとえば，1年1作を基本とした西欧の輪栽式農法と比較したとき，その歴史的な農業の発展経路が西洋のそれとはまったく別の原理で成立していたことをうかがわせてくれる．また，西欧の農業地理学者がこの地域の農業を「集約的自給的」と分類した背景に，この多毛作体系があったことも念頭においておく必要がある．

　多毛作体系を歴史的に検討するうえで，近代以前に遡ることができる資料が各地に残っているわが国の例をまず引いてみよう．地方の豪農や経験豊かな農民，あるいは地方役人が残した記録，すなわち農書と総称される資料から，その体系の特徴をうかがうことができる．農書が著されるようになった背景には，各地に確固とした生産基盤をもつ農村が形成され，そこでの農業生産力が一定の発展を遂げてそれを安定して継続させようとする意思と知識，さらに技術をもった人たちが登場してきたという背景がある．その著者たちの多くは，村の元締めとなるような村長あるいは有力な農民たちで，子孫への技術や経営知識の伝授，そして生産の安定向上のための指南として残した記録が伝わっている．

　近世前期の17世紀には，伊予（愛媛県）の『清良記』(1628) や遠江（静岡県）の『百姓伝記』(1682)，会津（福島県）の『会津農書』(1684) などが著された

が，17世紀末に宮崎安貞によって著された『農業全書』(1697)が刊行され，それが流布されたのちは，各地にさまざまな農書が登場することになった．

現在の石川県金沢市近郊で加賀藩の十村(とむら)を務めていた土屋又三郎が宝永4(1707)年に著した『耕稼春秋』は，加賀藩城下の水田多毛作体系の様子をよく伝える農書である．それによると，早生稲や中生稲の後にはムギ類やナタネ，大根が裏作として作付けされていた．いっぽう，晩生稲の後作は休閑しており，水稲一毛作と二毛作が混在していたことがうかがえる．裏作導入による地力の損耗にも注意を払っており，裏作を行う水田は年ごとに替えて，同じところを連続して使わないだけでなく，施肥にも留意することを強調している．日本農業の特徴ともいえる多肥多労農業の原型がすでに18世紀初頭の都市近郊に現れていたことがうかがえる．

また，畿内の当時の農業先進地域であった摂津や大和でも，『耕稼春秋』に見られたのと同じような水田多毛作体系がすでに成立していた．そして，土地と労働力を集約的に利用するその方式は，たんなる自家用の主穀類の栽培だけでなく，都市に向けた商品作物栽培の導入として実現されている．摂津の農民，小西篤好が文政10(1827)年に著した『農業余話』，あるいは河内の農民，木下清左衛門が幕末に書き残した『家業伝』には，夏作の重要な商品作物としての棉の栽培が詳しく記述されている．畿内や西国では，畑での栽培だけでなく，転換畑での栽培も盛んで，稲を2年栽培したあと，1年は棉をつくる，あるいは1年ごとに稲と棉を交互に栽培する田畑輪換栽培が行われた．また，ムギ類やナタネの裏作も盛んであった（岡1988）．

同様に畿内の先進地域の農業生産を紹介した大蔵永常の『広益国産考』(弘化元[1844]年版行)からは，水田の夏作として導入された棉作の栽培について，土地利用集約的な耕地利用の様子をうかがうことができる．著者は，租税の対象となる稲作に努力を傾注するだけでなく，生活に必要な雑多な作物あるいは換金性のある作物を栽培する「余作」に励むことを推奨している．複数作物を一つの耕地に間作・混作する方式や，土地に余裕のあるところには商品性のある作物を植えて農家の収入増大を図ることを奨励している．土地と労働力を集約的に利用する作付けを奨め，その模範として畿内や西国の先進事例に学ぶ必要があることをこの書物で強く指摘している．

いっぽう，畑作について当時の作付けの様子を詳しく知ることができる資料として，上野国（栃木県）蒲生村（現在の宇都宮市郊外）の田村吉茂が天保12（1841）年に著した『農業自得』がある．ここでも注意が払われているのは作物の前後作関係である．畑地においては作物を連作することの障害，すなわち忌地をさけることの重要性を述べる農書は多いが，『農業自得』においては，後作ののちに当該作物を再び作付けできる周期についても言及しているのが特色で，作物の前後作に随分と注意が払われていたことがこのことからうかがえる．

　近世における大和の農業発展の特徴を表現した「作りまわし」と「作りならし」という言葉（徳永 1996; 1997）が示すように，近世期においてすでに日本農業の基本的な特徴ともいえる多毛作体系，すなわち多種の作物を「作りまわし」，年間を通じて作物を「作りならす」農法が成立していたものと理解できる．換言すれば，耕地や労働力の条件にあった作物や品種の選択，そしてそれらの前後作関係に配慮しながら多種多様な作物を用いた集約的な作付体系が成立していたことが，農書や在地の資料からうかがうことができるのである．

　明治期になり，特にその中期ころから近代的農業技術が普及するようになってからも，それ以前に成立していた集約的な土地利用体系は継承されていった．とりわけ，水田稲作技術の展開に関わる水利や土地改良が進むにつれて，水田二毛作のような多毛作技術が各地に拡大するとともに，都市近郊では水田表作に換金作物としての果菜類などを栽培する田畑輪換方式による多毛作も拡大した．

　このようなわが国における水田ならびに畑における多毛作体系は，主穀類とビートなどの根菜類やマメ科牧草を年ごとに一定のサイクルで輪作する西欧の輪栽式農法とは異なる歴史経路を通じて成立したものであった．二圃式あるいは三圃式のように，主穀類の1年1作を基本に，休閑年をおくことによって地力回復を図っていた作付体系を，マメ科牧草や根菜類の導入によって休閑年を排除し，毎年の耕地利用を可能にしたのが輪栽式農法である．いっぽう，これに比較すると，多毛作体系は，もともと休閑によって地力回復を図る必要がなかった地域，すなわち東アジアモンスーン地域のよう

に確実に降雨があって，毎年連続して作物を栽培することができる地域において，作付け回数を増加することによって周年の土地利用を実現しようとする方向に発達した農法であった．そして，その発達の過程が，土地・労働力利用の集約化として具現したといえるであろう．

戦後の食糧増産運動のなか，わが国の作付体系の実態をつぶさに調査研究した沢村東平は，わが国の作付体系を農法論的に検討したうえで，栽培する作物に特定の作付順序が設定されている西欧のような輪作方式ではなく，その制約から自由な「自由式」ともいうべき作付体系，すなわち多毛作体系が一貫して行われてきたことを強調している（沢村 1950）．農法論においては，一般的に，自由式が輪栽式農法の段階を経由した農法発展のさらに高位の発展段階とする考え方がある．それに対して，沢村のいう自由式のとらえ方は，わが国の農法発展が多毛作体系の確立へと向かう展開のなかで，作付規制をもたない（すなわち規制から自由な）方式として，表作と裏作の個々の作物選択とそれらの結合関係を基礎に発展した農法であるとしたところに特徴がある（沢村 1957）．

日本の近世農書の記載からうかがえる作付順序，そして沢村の調査が示した近代日本の作付順序から，わが国においては，主穀類や根菜類などのエネルギー源となる作物を基幹に，それらの前作や後作として結合されるさまざまな作物の前後作関係を合理的に配置する（投入可能な資材や労働力を可能な限り投入する）方向へと作付体系が発展したことがうかがえるのである．

3-4　東アジアモンスーン地域の農法展開

以上に概観したような日本農業の農法的特徴は，わが国独自のものではない．広く近隣の東アジア諸国に目を向けると，「自由式」ともいうべき多毛作体系がこれら地域でも成立しており，多毛作体系がこの地域に共通した農法発展の道筋として確認することができる．

おそらく，西欧の1年1作による輪栽式農法を原型に農学を築いてきたヨーロッパの農学者にとって，東アジアの人口稠密地域において展開していた「自由式」の農業システムは理解しにくい作付体系であったものと思われ

る．主要作物の作付順序に一定の方式が認められず，多様な作物が複雑に組み合わされるこれら地域の作付体系は，ヨーロッパの農学を基準におけば，ヨーロッパの伝統的な普通畑 (field) の農業とは異なって，まるで園地 (garden) で行われる園芸と同様なものと映ったことであろう (田中 2001)．温度指数や湿潤指数から明らかなように，植物の生育にとって西欧の温帯地域よりもさらに良好な条件をもつ東アジアモンスーン地域において，そしてさらに好条件となる熱帯地域においては，その作付けは一層複雑なものとなり，普通作物の間作や混作，あるいは樹木作物や果樹などが組み合わさった複合的な耕地利用体系が成立している．このような複雑な作付体系に欧米の農学者が目を向け始めたのは，多毛作体系を multiple cropping としてとらえようとする動きが始まった，比較的近年になってからのことにすぎない．

　この点をいち早く指摘したダーリンプルは，これまで世界の食糧生産を増大・改良するにあたって注意が払われてきたのは耕地の外延的拡大と個々の作物の収量増大であったが，それに加えて重要なはずの「時間」という要因についてはこれまでまったく注意が払われてこなかったことを指摘している．「1 年に同一耕地において 1 つ以上の作物を栽培する方式である multiple cropping によって，時間をより十分に利用することが可能となる．その方式は，作物によって作付けられる年間の面積を増加させるとともに，単位面積あたりの年間の総収量を増加させる」(Dalrymple 1971: 1) と述べて，多毛作研究の意義が時間の集約的な利用 (すなわち土地利用集約) によって生産増大に貢献できる点にあることを述べている．

　このダーリンプルの指摘は，アジアの開発途上国で農業開発にあたっていた技術者や研究者が行ってきた cropping systems research，そしてのちに farming systems research とも呼ばれるようになる調査研究の進展に呼応するものであった．農業開発現場において，開発途上国の農業を総合的に理解する手法として作付体系に関する研究が盛んになるとともに，農業近代化のいっぽうで，在来の作付体系や農業システムがもつ生態学的な意義を明らかにしようとする研究が登場するのもこの時期であった．

　たとえば，台湾においては，水稲二期作が古くから全島において行われていたが，水稲 2 作に加えて，他の換金作物や緑肥作物を栽培する三毛作，

四毛作が近代以降顕著に展開した．年間を通じて温暖な気候に恵まれただけでなく灌漑水利の発達にともなって多毛作化が急速に進展した（Kung 1969）．また，中国では，古くから「精耕細作」という言葉で表される，畑および水田の精緻な作業を伴った多毛作の伝統があり，これらの技術を西洋農学と対置しながら中国農業の歴史伝統として評価する研究が現れている（郭 1989）．

ベトナムもまたこうした東アジアや東南アジアにみられる多毛作体系の伝統を共有する地域である．ベトナム北部紅河デルタの人口稠密地帯における耕地利用はその典型例である．近年では，経済開放政策導入後に社会主義生産体制のもとでの集団生産方式の廃止や農地制度の転換が行われたベトナム南部のメコンデルタ地帯も，農業における近代化技術の導入をともないつつ，急速な多毛作化が起こった地域として特筆される．水稲の新品種や化学肥料，灌漑用ポンプ等の近代化技術の導入，土地制度改革，農業の商業化にともなう新作物の導入などがあいまって，短期間のうちに多様な水田多毛作体系が成立した．デルタの雨季の洪水に合わせて水稲を1年1作していた水稲単作の連作方式が，70年代には生育期間の短い高収量性品種の導入によって二期作に転換し，80年代末の経済開放後には，ポンプ灌漑の導入によって水稲二期作を基本にしつつ，2つの水稲作のあいだに換金作物を加える三毛作，四毛作が登場するようになった．多毛作化の進展による耕地利用の集約度の強化だけでなく，果樹栽培や養魚，家禽・家畜の飼育を組み合わせた非常に複合的な耕地利用体系が成立していった（Tanaka 1995；山田 2008）．

東アジアモンスーン地域では，以上に概観したように，水田および畑における多毛作体系が農法の基本として成立していた．一定の作付規制をともなった輪作方式ではなく，耕地の条件や経営主体の利用可能な労働力・資材調達力に応じて自由に作物を選択し，それを自由に栽培して年間の作付強度を可能な限り高めていく農法を発達させたのがこの地域の農業であった．歴史経路としての長短，あるいは遅速があったものの，作付順序に関して一定の規制がない自由式による多毛作化をこの地域の農業発展の大きな特徴として指摘することができるのである．

4 熱帯における土地利用技術の特徴

4-1 東アジアモンスーン熱帯の農業の特徴

　ホイットルセーやそれを踏襲したグリッグの農業様式分類では，すでに述べたように，東アジアモンスーン地域だけでなく，アフリカ，南アメリカにわたる熱帯地域に primitive subsistence，いわゆる在来農業と総称されるさまざまな農業様式が広く分布することが示されている．土地生産性は高くないものの，比較的マージナルな位置におかれた民族集団によってそのシステムが長く維持されてきたという意味において，持続的とも評価できる農業を営んできた地域である．東アジアモンスーン地域では，山地の焼畑農業や，近代技術がいまだ導入されていない稲作農業，畑地におけるさまざまな栽培植物を多様に組み合わせた間作・混作システム，アグロフォレストリーとも言われる農林複合農業，そして屋敷地内の庭畑での多種多様な有用樹の栽培などが持続的な在来農業システムとして評価あるいは再評価されるようになっている．

　近代農業がもたらす環境への負荷や化石エネルギーへの依存の増大という状況をふまえて，従来，近代化によって改良されるべき「遅れた」システムと捉えられてきた在来農業と，そのシステムに内包される在来知識・技術を積極的に評価しようとする新たな見方が登場したのは，東アジアモンスーン地域の熱帯圏において農業の近代化が推進されるようになった 70 年代のことであった．その嚆矢は，コンクリンなどの人類学者による詳細な民族誌研究 (Conklin 1957) にたどることができるが，農業生産が急速に化石エネルギーに依存するようになった先進国において，たとえばラパポートのように，熱帯の在来農業がエネルギー効率の面で，また投入労働力あたりの生産効率という面で，近代農業に比べて優れていることを指摘する報告が現れるようになった (Rappaport 1971)．そして，1973 年の第一次エネルギー危機を経て，近代化した農業システムでは農業生産によって産出されるエネルギーが投入されるエネルギーを大きく下回る事態となっていること，すなわちエ

ネルギー効率が大幅に低下していることを指摘する研究（Pimentel et al. 1973; 宇田川 1976）が現れるいっぽうで，熱帯諸国におけるエネルギー低投入型の在来農業にみられる知識や技術を掘り起こそうとする多くの研究が生まれることになった．

　これらの研究を通じて明らかになったことは少なくない．在来農業がもつ作物の豊かな遺伝的多様性（在来作物種の多様性と同一作物内の品種多様性）がその一つである．そして，作物種や品種の多様性に関する在来知識や採種法などの遺伝資源保存技術が明らかにされていった．同様に，環境への負荷が近代農業にくらべて低いだけでなく，各地域の自然資源（自然植生，土壌，水，有機投入資材）を効率的に利用し，しかも持続的にそれを利用する技術を確立していることが明らかにされていった．そして，1990年代以降，在来農業のもつ個々の環境への適応力の高さを示す言葉として農業生物多様性あるいは農業多様性という表現が使われるようになっている．農業の近代化のいっぽうで，これらの多様性が注目されるようになったのは1990年代にはいってからのことである（Wood and Lenné 1999; Brookfield et al. 2003）．

　このような熱帯地域における在来農業に関する研究は，急速に進行した近代化農業に代わる発展方向を探ろうとする動き，あるいは農業の近代化が生み出した環境や農村社会に対する負の効果を軽減する代替農業を探ろうとする動きでもあった．その意味において，在来農業の研究は，きわめて理念先行型の研究であったが，実際には，農業近代化が圧倒的なトレンドとして熱帯地域に浸透し，在来農業が急速に消失・変貌していった．それが60年代後半以降から今日にまで続く熱帯地域の農業発展の現実であった．とりわけ，東アジアモンスーン地域の熱帯圏においては，農業の近代化が，高収量性品種の導入と施肥・病害虫防除などの個別技術の改良を目指した水稲栽培に始まり，その成果が稲作以外の作物を含む水田農業全般の生産性向上につながったという点において，温帯圏とりわけ日本において達成された集約農業の発展にきわめて類似した展開が短期間に達成されることになった．労働利用と土地利用の両面において集約度を高めた技術発展が，東アジアモンスーン地域の熱帯圏でも実現されることになったのである．その一端が，前述したようなベトナムにおける多毛作体系の展開であった．

60年代末から始まった農業近代化はこうして急速に進展していったが，その画一的な導入では対応できない多様な自然・社会条件が熱帯圏には存在する．上述のような在来農業の多様性を活かすほうが近代技術の単純な導入より妥当であるという地域は，東南アジア大陸部や島嶼部の山間地にいまも多く存在する．こうした地域では，在来の農業資源を活かした発展方向が期待されるが，その多様性を維持しつつ現在の農業をとりまく大きな社会経済的変化に在来の農業知識や技術のみで対応していくことはそう簡単ではない．テリー・ランボーは，その事情を，「実際のところ，われわれは，在来の農業生態学的知識がどの程度精確で有効なものなのかをまだ知っていない．その知識を記録するために膨大な努力が払われてきたけれども，その厳密性や信頼度を確かめる努力はあまり払われてこなかったからである」(Rambo 2009: 5) という言葉で表現している．

　同じ東アジアモンスーン地域に属し，多毛作体系の展開という農業発展径路を共有するようになったとはいえ，この地域の温帯圏と熱帯圏ではその農業多様性において大きな違いがあることを認識しておくことは重要である．そしてその違いが，実は，熱帯圏における植物の一次生産力の高さによって一義的にもたらされており，それゆえに，温帯地域をはるかにしのぐ多様な土地利用や作物複合を実現していることに注意を払っておく必要がある．そのことを端的に示しているのが，次に述べる樹木作物と結合した農業様式である．

4-2　プランテーション農業と小農による樹木作物栽培

　東南アジア，すなわち東アジアモンスーン地域の熱帯圏に特徴的な農業類型としてプランテーション農業をあげることができる．この農業類型は，欧米列強の東南アジアへの進出とともに拡大した農業様式である．一般的には，生産物を世界市場に向けて輸出することを目的に，限られた種類の熱帯，亜熱帯作物を大面積で効率よく生産するために，多額の資本と大量の単純労働力を投入し，高度な栽培加工技術を導入した大規模農園システムによる農業生産がプランテーション農業と言われるが，このような典型的なプラ

ンテーション農業が東南アジアで始まるのは19世紀後半から20世紀初めにかけてのことであった．マレー半島やスマトラ東海岸で始まったゴム栽培やフィリピンのココヤシ栽培は，この地域におけるプランテーション農業展開の典型的な例としてあげることができる．

　人口希薄であった東南アジア，とくにその島嶼部は，植民地勢力が新たにプランテーション農業を始めるのに格好の地であった．人口の希薄性だけでなく，この地域が古くから熱帯産品をめぐって人とモノとが往来する外部に開かれた空間であったことも典型的なプランテーション農業が発達した背景として考慮しておく必要がある．あるプランターが，マレー半島におけるゴム栽培の機会到来を「数百年に一度，いや千年に一度あるかないかというほどのすごいチャンスだった」(Allen and Donnithorne 1954: 107) と形容したように，マレー半島や東スマトラにおけるプランテーション農業は目をみはる勢いで展開していった．

　いっぽう，そのチャンスを現地の農民が手をこまねいて見ていたわけではなかった．ココヤシはもともと現地住民が自給用の作物として栽培してきた作物であった．プランテーション作物として世界市場でのココヤシ油の需要が高まると，彼らもまたココヤシ栽培を拡大していった．また，ゴムはまったく新しい作物であったが，ゴム価格が高騰すると，彼らはこれまで行ってきた焼畑跡地にゴムの苗木を栽植することによってこの商品作物を在来の焼畑システムのなかにとりこんでいった．生産物を大量かつ迅速に処理する必要があるアブラヤシや茶のような作物の場合にはほとんどがプランテーション農園による栽培となるが，ゴム，ココヤシ，コショウのようにその必要がない作物の場合は，地元の農民が小規模に栽培するという例が少なくない．こうしてプランテーション作物の多くが小農によっても広く栽培されるようになった．

　商品性の高いプランテーション作物の生産を担ったのは，農園のプランターだけでなく，商品作物の生産に極めて敏感な農民たちでもあった．東南アジアがその豊富な熱帯植物資源の産出によって古くから交易の中心地であったことは，農民のなかに商品経済に非常に敏感に反応する性格を育んできたものと推察される．彼らは，水稲耕作民や焼畑農耕民という言葉で形容

されるような在来農業の担い手であっただけでなく，もっと目先の利く経済感覚に秀でた農民でもあったといえるようである（田中 1990）．プランテーション作物のような樹木作物は，その意味において，農民の生活を支えるストック資源としても機能していた．

樹木作物がストック資源となることは，実は，プランテーション農業が東南アジアに導入される以前から，この地域の人たちが普通に抱いていた感覚であり，制度でもあった．近代的土地所有制度が導入される以前，土地は資産とは認識されておらず，その土地の上に生えている植物や作物がより重要な資産であったことは，多くの慣習的制度のなかで確認することができる．自給用の食料資源や生活資材の調達だけでなく，商品として家計を支える重要なストック資源が樹木作物であった．庭畑における果樹やその他の有用樹種の栽培，あるいは焼畑跡地における有用植物の採集・栽培，そして樹木と一年生作物を組み合わせた垂直的な耕地空間利用技術としての農林複合農業などは，樹木作物がストック資源として利用された好例である．

マレー半島やインドネシアのような島嶼部だけでなく，近年では，大陸部でも中国や国内市場の需要に応えるかたちでゴムやチークなどの有用樹が農地に栽植されている．農業近代化が近年始まったラオスでは，焼畑農業に代替する商品作物として樹木作物の導入を推進している．そして農民もまたゴムなどの商品性の高い作物の導入によって急速な経済変化に対応しようとしている（河野・藤田 2008）．また，典型的な農園型プランテーション作物であったアブラヤシについても，大規模プランテーションと連携した小農生産が拡大している．そして，植林政策や緑化政策に呼応して農林複合農業を始めようとする小農も現れている（田中 2009）．このような例が示すように，現在に至るまで樹木作物はアジアモンスーン熱帯の小農にとって重要なストック資源として栽培が続けられている．

5 東アジアモンスーン地域の生存基盤

5-1 生命圏と人間圏の統合場としての農業

　東アジアモンスーン地域の農業発展を比較したとき，多毛作化という歴史経路が両者に共通することをその特徴として指摘した．そしてこの経路は，豊富な降雨と肥沃な沖積地という自然基盤に支えられた水田農業においてとくに顕著に見られることも共通していた．いっぽう，両者において際立って異なっていたのは，樹木作物の利用であった．プランテーション農業という特殊な農業システムが熱帯圏に見られたというだけでなく，樹木作物をとりこんだ在来農業が古くから存在し，それが現在においてもとくに農産物の商品化を契機にいまも盛んに行われていることを指摘した．

　この両者の違いは，栽培される作物自体がストック資源として利用されるという点にもとめることができるであろう．東アジアモンスーン地域の温帯圏では，土地と水が重要なストック資源およびフロー資源であったが，それに加えて，熱帯圏では樹木という永年生の植物が重要なストック資源として機能していたという点が違いとして指摘できよう．

　では，この両者の共通性と異質性を踏まえたうえで，東アジアモンスーン地域の生存基盤として，農業がなにゆえに重要なのか，その点を結論として考察することとしよう．

　まず取りあげたいのは，東アジアモンスーン地域に共通する多毛作化という特徴をこの地域の共通基盤として捉え直すことである．そのためには，たんに技術的な側面からその特徴を議論するのではなく，生存基盤の確保という基本的な命題に立ちかえって，それを考察することが必要となる．そして逢着するのが，ダーリンプルが指摘した「時間」という問題である．

　ダーリンプルは，これを従来の面積拡大や収量の増大による農業生産の拡大にかわる第三の生産拡大要因とし，その重要性を指摘した．すなわち，単位時間（年）当たりの生産増大の手段としての multiple cropping の意義を強調している．しかし，時間をそのような生産効率増大のたんなる尺度として

とらえることでは，いまこの地域が直面するさまざまな課題をのりこえていくことはできないのではなかろうか．経済の極端なグローバル化と貿易の自由化のなかで，東アジアモンスーン地域のどの国においても農業がかつてない危機にあるいま，「時間」概念を生産効率の問題からもっと切り離して検討し，それをこの地域の農業のあり方をめぐる議論に生かしていく必要があるように思われる．

　作付体系研究という側面から，当面，それを3つの「時間」，すなわち長期的，中期的，短期的時間にわけて考察してみたい．「長期的時間」は，作付体系の成立に関する歴史性の再認識とそれにもとづく将来の農業の姿を描く構想力にかかわる時間軸である．おそらくこの時間軸のとらえ方は輪栽式農法を発達させた西欧と，多毛作体系を発達させた東アジアでは異なっていたとみるべきであろう．時間を発展段階としてみるのか，あるいは悠久の流れとしてみるのか，歴史観にもかかわる重要な視点である．東アジアモンスーン地域の農業の持続性を展望するとすれば，その後者の立場に立って，世界でもっとも一次生産力の高いこの地域で起こった多毛作化の展開という時間の流れを念頭に農業の将来像を構想することが必要であろう．そしてこのことは，日本もまた東アジアの一員であり，その地域との協働なくして日本農業の永続性はありえないという考え方へと導いてくれるはずである．

　第二の「中期的時間」は，土地利用の帰結としての農業景観の形成に関わる時間軸である．多毛作体系を可能とするさまざまな自然基盤，そしてそれに人間が手を加えた人為的な生産基盤としての耕地やその周辺の生産施設は，それぞれが一体となって農業景観，あるいは農村景観を形成している．東アジアモンスーン地域のそれぞれの国家がもつ風景，風土，季節感など景観の文化要素ともいうべき価値に関わるものでもある．中期的時間は，こうして農業の多面的価値として提示されたさまざまな生態的，文化的，教育的価値に対応する時間軸としても規定することができる．高い生産力を実現した東アジアモンスーン地域は，農業景観の維持を通じて世界をリードする農業地域として農業あるいは農の営みの価値を称揚していく責務を負っているといえよう．

　そして第三の「短期的時間」は，温帯圏における夏作と冬作の結合，ある

第1編　環境・技術・制度の長期ダイナミクス

いは熱帯圏における乾季と雨季の結合のように，耕地のなかに実現される作物間結合，あるいは作物の前後作関係や作付順序として現れる時間軸である．この時間軸は，ダーリンプルが指摘した第三の要因としての時間概念と同様のものではあるが，さらに加えるならば，そのような生産効率の評価軸だけではない，その他の価値を包含する概念としても規定できるものである．作付順序がもたらす耕地の生態学的・生物学的機能，あるいは土壌のもつ物理的・化学的・生物学的機能を維持する役割のほかに，その順序自体が，景観の形成，農産物がもたらす季節感（観）の醸成，耕地生態系を生活環とする生物との共生など多様な機能を維持する役割を担っている．この短期的時間のもつ役割をさらに高度化し，有効化することこそが東アジアモンスーン地域が多毛作体系，あるいは複合農業体系として発展してきた道筋をこれからも維持していく方策であると言い換えることができる．

　東アジアモンスーン地域における生存基盤の持続性を展望するとき，以上のようなさまざまな時間軸という切り口から農業の生態的・文化的・社会的意義を再考する必要がある．その再考を通じて農業の多様性を保持することが東アジアモンスーン地域の人びとが共有しうる価値を生み出していく筋道となるのではなかろうか．

　もう一つの論点は，東アジアモンスーン地域の温帯圏と熱帯圏のあいだに見られた相違をどう捉えるかという問題である．作付体系の視点からこの課題を捉えるとすれば，農地という空間の利用に関わる相違というように表現できるかもしれない．温帯圏においては，作物の前後作の組み合わせ，すなわち農地という平面上での作物の自由な組み合わせによって多毛作化が実現された．いっぽう，熱帯圏では，そのような水平的な多毛作化のほかに，作物を垂直的に配置して立体的に作物を組み合わせる方向へも多毛作化が展開した．両者のあいだにはこのような違いのあったことが指摘できるであろう．そして，樹木作物を通常の農地にも取り込んでいくこの作付体系を成立させた要因として，熱帯圏におけるより豊富な太陽エネルギーと降雨，すなわち温帯圏よりもさらに「草木深し」となる環境があったことを指摘することができる．

　農地のこのような垂直的利用を資本の論理で貫徹しようとするのがプラン

テーション農業であったとすれば，それを生存の論理で貫徹しているのがプランテーション作物を取り込んだ小農による商品作物栽培であり，さらには上述のような在来のさまざまな農林複合農業であった．両者の違いはあれ，樹木作物によって農地空間を垂直的に利用しようとする農業が温帯圏とは異なった適応形態として存在し，それらがともに熱帯圏特有の自然基盤の上に成立していることをあらためて確認しておきたい．

本書のテーマに則していえば，東アジアモンスーン地域の農業は，以上に考察したように，生命圏の豊饒性と多様性を時間的・空間的に十分に発現させる方向へ発展させた人びとの営為の結実にほかならないということになる．豊かな生命圏で育まれる資源を，可能なかぎり十分にかつ持続的に利用しようとする人びとの営みが，時間的・空間的に多様な形態の土地利用と作付けのシステムを成立させてきたのが東アジアモンスーン地域であった．そしてその地域の生命圏と人間圏が限りなく重なる場，それがこの地域に成立した農業であったと結論づけることができよう．

5-2　生存基盤の持続性のために

農業は，他の二次産業や三次産業とは異なって，生物的な時間とともに歩まなければならない産業である．農業生産は，作物が生長する時間を無視して営むことができない．これまでそれを克服するために育種上の改良が重ねられてきたとはいえ，その生産が成就するまでには，少なくとも数ヶ月が必要である．農業はこの時間拘束から自由でない産業であることをまず確認しておかねばならない．

そして，農業における時間は，また優れて人間的（あるいは社会的）時間でもある．生物的時間をよどみなく流していくのは人為である．これら両者の時間の歯車を調節してきたのが農業者の営みであるとするならば，そしてその営みが上記のような長期から短期にわたるさまざまな時間軸で表現される価値を創造してきたとするならば，東アジアモンスーン地域の生存基盤を持続させるためにもっとも重視されるべきは，その時間の調節に大きく関わってきた人たちを支える仕組みを作り出していくことであろう．そのために

は，この地域の農業が生み出す多様な価値を共有する人びと，すなわちこの人口稠密な東アジアモンスーン地域に住む人びとの協働のもとで政策が創造され，実行される必要があるということにつきるのではないだろうか．

　日本の将来をアジアの一員として描く必要があることをこれまで主張してきた．本章で東アジアモンスーン地域と呼んできた地域は，高度な土地利用集約型の農業を実現した「アジア稲作圏」とも呼ぶことができる地域である．また，現在，「東アジア共同体」として地域統合が構想されている地域とも重なっている．その構想は，自由貿易の拡大を通じて人，モノ，カネ，情報の動きを加速させ，東アジア経済の一体化と発展を促そうとする枠組みである．しかし，今のところこの枠組みのなかで，東アジアに共通する農業の特徴を組み込んで地域統合を構想しようとする試みはなされていない．自由貿易の足を引っ張るお荷物が農業であり，農業はあくまでも農産物の貿易自由化という枠組みで取りあげられるにすぎない．農業の将来をどう構想していくかは，依然として貿易自由化に対抗する国内問題にすぎないという状況にある．

　このような状況を打開する糸口は，おそらく，各国が少なくとも維持していかなければならない最低ラインの農業の営みについては，各国が互いに尊重するという域内合意を醸成していくことではないだろうか．東アジアモンスーン地域は，これまで述べてきたように，時間的・空間的に農地を集約的に利用する農業システムを成立させてきた．しかし，たとえば最初に述べた日本の例のように，労働力の減少という要素賦存状況のもと，システム自体の継続が危ぶまれる事態が生まれている．また，かつて未開地が豊富にあったこの地域の熱帯圏でも，近年は，プランテーションの拡大や都市化・工業化の拡大，あるいは地球環境保全に向けた森林の保護などにともなって新たな農地の開拓が困難な状況が生まれている．

　今後も増大していくこの地域の人口を考えたとき，その生存に向けてこの地域の農業をどう構想していくのかが真剣に検討される必要があるだろう．真の意味での共同体を構築するのであれば，自由貿易による地域協力だけでなく，域内の人びとの信頼を醸成するための多面的かつ多様な形の協力を進めていく必要がある．自由貿易体制のなかで農業ももはや「聖域」ではあり

えないと言われる．しかし，高度工業化が進むほど，「自然」や「農業」に対する関心が高まってくるというパラドックスがあるかぎり，東アジアモンスーン地域がもつ自然基盤，そしてその基盤のうえに成立した東アジア農業の特性を地域共同体の「公共財」として位置づけていく余地は十分にあるように思われる．

　世界でもっとも豊かな植物の一次生産力をもつ東アジアモンスーン地域が「草木深し」のまま土地を遊ばせておくわけにはいかない．時間的・空間的な土地の有効利用を実現してきたこの地域における今後の生存基盤は，近代化に伴うさまざまな変化を踏まえながらも，土地と労働という二つの生産要素を集約化しつつ「草木深し」の自然基盤（生命圏）と共生する農の営みを持続させるところにもとめられるべきであると考える．

引用文献

Allen, G. C. and A. D. Donnithorne 1954. *Western Enterprise in Indonesia and Malaya*. London: George Allen and Unwin.

Brookfield, H., H. Parsons and M. Brookfield (eds) 2003. *Agrodiversity: Learning from Farmers across the World*. Tokyo: United Nations University Press.

Conklin, H. C. 1957. *Hanunoo Agriculture in the Philippines*. FAO Forestry Development Paper 12, FAO.

Dalrymple, D. G. 1971. *Survey of Multiple Cropping in Less Developed Nations*. Foreign Economic Development Service, United States Department of Agriculture.

Grigg, D. B. 1974. *The Agricultural Systems of the World: An Evolutionary Approach*. Cambridge: Cambridge University Press.

Inoue, Tamiji 1996. "Biodiversity in Western Pacific and Asia and an Action Plan for the First Phase of DIWPA." In I. M. Turner et al. (eds) *Biodiversity and the Dynamics of Ecosystems* (DIWPA Series vol. 1). International Network for DIVERSITAS in Western Pacific and Asia (DIWPA), pp. 13-31.

河野泰之・藤田幸一 2008．「商品作物の導入と農山村の変容」横山智・落合雪野編『ラオス農山村地域研究』めこん，395-429頁．

Kung, P. 1969. "Multiple cropping in Taiwan," *World Crops*, May/June: 128-130.

郭文韜 1989．「中国農業における精耕細作のすぐれた伝統」郭文韜他著・渡部武訳『中国農業の伝統と現代』農山漁村文化協会，117-235頁．

久馬一剛・若月利之 2001．「熱帯の低地土壌とその生産力評価」久馬一剛編『熱帯土壌学』名古屋大学出版会，157-197頁．

岡光夫 1988．『日本農業技術史 —— 近世から近代へ』ミネルヴァ書房．

Pimentel, D., L. E. Hurd, A. C. Bellotti, M. J. Forster, I. N. Oka, O. D. Sholes and R. J. Whitman 1973. "Food production and the energy crisis," *Science*, 182: 443–449.

Rambo, A. T. 2009. "Are the farmers always right? Rethinking assumption guiding agricultural and environmental research in Southeast Asia," *AsianPacific Issues, Analysis from the East-West Center*, 88: 1–11.

Rappaport, R. A. 1971. "The flow of energy in an agricultural society," *Scientific American*, 225(3): 117–132.

沢村東平 1950.「日本における輪作の系譜」『農業及園芸』25 (7): 575-579; 25 (8): 667-672.

──── 1957.「水田農業の作付方式に関する研究」『農業技術研究所報告』H20: 1-187.

高谷好一 1978.「水田の景観学的分類試案」『農耕の技術』1: 5-42.

田中耕司 1987.「稲作技術の類型と分布」渡部忠世・福井捷朗編『稲のアジア史1 アジア稲作文化の生態基盤』小学館, 213-276頁.

──── 1988.「稲作技術発展の論理 ── アジア稲作の比較技術論に向けて」『農業史年報』2: 5-26.

──── 1990.「プランテーション農業と農民農業」高谷好一編『講座東南アジア学2 東南アジアの自然』弘文堂, 247-282頁.

──── 2001.「穀作農耕における「個体」と「群落」の農法」『農耕の技術と文化』24: 89-113.

──── 2003.「根栽農耕と稲作 ──「個体」の農法の視点から」吉田集而・堀田満・印東道子編『イモとヒト 人類の生存を支えた根栽農耕』平凡社, 229-246頁.

──── 2009.「森林と農地の境界をめぐる自然資源とコモンズ ── 現代の環境政策と地域住民」池谷和信編『地球環境史からの問い ── ヒトと自然の共生とは何か』岩波書店, 296-313頁.

Tanaka, Koji 1995. "Transformation of rice-based cropping patterns in the Mekong Delta," *Southeast Asian Studies*, 33 (3): 81-96.

徳永光俊 1996.『日本農法の水脈 ── 作りまわしと作りならし』農山漁村文化協会.

徳永光俊 1997.『日本農法史研究 ── 畑と田の再結合のために』農山漁村文化協会.

宇田川武俊 1976.「水稲栽培における投入エネルギーの推定」『環境情報科学』5(2): 73-79.

Whittaker, R. H. and G. E. Likens 1975. "The Biosphere and Man." In Helmut Lieth, and Robert H. Whittaker (eds) *Primary Productivity of the Biosphere*. New York: Springer-Verlag, pp. 305–328.

Whittlesey, D. S. 1936. "Major Agricultural Regions of the Earth," *Annals of the Association of the American Geographers*, 26: 199–240.

Wood, D. and J. M. Lenné (eds) 1999. *Agrobiodiversity: Characterization, Utilization and Management*. Oxon: CABI Publishing.

安成哲三・藤井理行 1983.『ヒマラヤの気候と氷河 ── 大気圏と雪氷圏の相互作用』東京堂出版.

山田隆一 2008.『ベトナム・メコンデルタの複合農業の診断・設計と評価』(独)国際農林水産業研究センター.

第3章

乾燥オアシス地帯における生存基盤と
イスラーム・システムの展開

小 杉 　 泰

1 はじめに

　本章では，熱帯地域に連なる乾燥地域を取り上げ，環境・技術・制度について人類史的に考えることにしたい．この場合の乾燥地域とは，特に，今日では中東・北アフリカと呼ばれている地域を対象とする．この地域は，古代においていわゆる「四大文明」のうちの二つ，メソポタミア文明とエジプト文明を生み出した地域であり，後には，近代文明が西欧に誕生するのに先立って，長らく繁栄を続けたイスラーム文明を生み出した地域である．

　言うまでもなく，乾燥地帯が沙漠[1]だけでできているのであれば，人間は生息することができない．乾燥地域でも人間が暮らすためには，沙漠・半沙漠などの乾燥した環境とともに，水源が必要とされる．ここでは，いわゆるオアシスや，リーディーと呼ばれる涸れ谷（降水時だけ流れが生じる）のほかに，ナイル川やチグリス川のような大河も含めて，水源を「オアシス」と総称する．したがって，人間が住む乾燥地帯とは，乾燥した環境と水源を合わ

---

1) 一般には「砂漠」と表記されることが多いが，降水量や水源の希少性から言えば「沙漠」とするのが適切であろう．そして沙漠は，砂を中心とする砂漠である場合も，土漠と呼ぶのがふさわしい場合もある．このような地域を対象とする学会としては，日本沙漠学会が代表的である．

せた「乾燥オアシス地帯」と呼ぶことができる．そのような地域に人間の生活空間，さらに都市や文明圏が成立したのは，「精緻な灌漑システム」(加藤1995: 31-38) によるものであった．乾燥オアシス地帯は，ユーラシアの中央から西アジアへと，さらにアフリカ大陸の北部から西部へと，大きく広がっている．

　人類史の中では，これらの地域は7世紀に興ったイスラーム文明，12世紀に興ったモンゴル文明によって，大きな足跡を残している．この両者によって，「遊牧民」ないしは「遊牧文化」というものが人類史的な意義を持つものとなった．それだけではなく，遊牧民と遊牧文化は古代における文明の成立にも大きな役割を担ったと考えられるし，近代に至るまで，その存在はきわめて大きなものであった[2]．ところが，産業革命以降において定住文明が遊牧民を軍事的に圧倒するようになると，遊牧民の存在はほとんど忘れられ，人類史におけるその役割についても過小評価されるようになった[3]．そのことは，乾燥オアシス地帯を，生産性の低い，周縁的な存在と見なすことにもつながっている．

　本書では，近代的な発展を担ってきた技術や制度を「温帯型」のパラダイムに立脚するものとみなし，それが単線的に大きな生産力を求める傾向を持つことを批判して，生態・環境との共存を図り，人間の生存基盤を持続させうる「熱帯型」の発展径路を求めているが，その際に，乾燥オアシス地帯についても目配りすることは重要であろう．

　温帯型のパラダイムでは，遊牧民や遊牧文化は，きわめて低い地位しか与えられていない．その理由は，近代に入って以来地球全体に広がった工業化の道，すなわち「温帯型」の発展径路が，ユーラシアの東西に位置する文明圏，すなわち西欧と東アジアで発展してきたことに因っている．それは，ま

---

[2] 古代オリエントにおける遊牧民と都市の政治・経済関係については，谷 (1997)，特に「IV　都市と牧人集団」を参照．イスラーム時代については，後代の事例であるが，永田 (1984) が参考になる．

[3] 現代国家において，遊牧民あるいは遊牧生活が国民の生活の大半を占め，それが国家レベルでも肯定的にとらえられてきたのは，モンゴルとソマリアだけとされる．アラビア半島の「ベドウィン」については，サウディアラビアでさえも20世紀初めの建国運動以来，定住策を推進してきた．遊牧民の世界史的な意義については，杉山 (1997) を参照．

ず西欧を舞台として大きく発展し，次いで日本をはじめとする東アジアで発展を遂げた．この二つの地域はどちらも，近代以前から，農耕定住型の文明として遊牧民を「蛮族」や「夷」ととらえ，その排除をはかってきた．

西欧と東アジアの定住文明にとって，遊牧民は脅威であり，破壊的な存在として恐れられていた面が大きい．温帯型の文明パラダイムにおいて遊牧文化を取り込む視点がないのは，その意味では当然とも言える．「万里の長城」やローマ帝国時代に築かれた各地の城壁の存在は，それをよく体現しているであろう．

本章では，イスラーム圏を取り上げて，文明と遊牧文化が融合した場合に何が起こったのか，そこから現代文明に対するどのようなクリティークが含意されるのかを考え，さらに近年のイスラーム復興の中で模索されている「無利子による金融」や「知のイスラーム化（宗教と科学の統合）」などについて検討を加えていきたい．

2 イスラーム文明圏の眺望

はじめに，イスラーム文明とその特徴について全体像を俯瞰しておこう．

宗教としてのイスラームは，西暦7世紀に，アラビア半島のマッカ，マディーナで生まれた．イスラームの開祖であるムハンマドは，郷里のマッカで預言者としての活動を開始し，聖典であるクルアーンを唯一神から授かった教えを布教し始めた[4]．当時のマッカは，ムハンマドが属する商人部族のクライシュ族が支配しており，部族主義と多神教，商業による富を重んじていた．イスラームの教えは宗教としては珍しく，商業などの経済活動を是認し，人びとの欲望の追求を肯定するものであるが，それは商都におけるイスラームの誕生からも説明することができる．ただし，新しい宗教としてのイスラームは，当時のマッカ社会に蔓延していた富者の奢りや孤児，貧者の抑圧を強く戒めた．

---

4) ムハンマドおよび聖典クルアーンについての具体的な詳細および人類史における意義付けについては，小杉 (2002；2009b)．

ムハンマドはおよそ13年間の活動の末，中核的な信徒200人ほどを得たが，人間の平等を説くその教えはクライシュ族の路線と合わず，迫害が激しくなった．そのため，北方にあるヤスリブの町に移住し，ここに最初のイスラーム共同体およびイスラーム国家を建てた（町の名称も「マディーナ＝預言者の町」と改称）．イスラームでは，宗教，国家，政治，法を一体的に考える指向性が強いが，それはこの起源からも十分理解することができる（小杉1995）．

　マディーナ時代はおよそ10年続き，その間にムハンマドはマッカを制圧して，多神教を廃絶し，没年の632年までにアラビア半島を史上はじめて統一した．イスラーム以前のアラビア半島には大きな国家はほとんどなく，半島の住民の大半は遊牧を生業とする諸部族として生きていた．ここに初めて，国家の制度が確立され，軍隊が組織されて，イスラーム軍は半島の外に向かった．いわゆるイスラームの大征服によって，サーサーン朝ペルシアが滅ぼされて，今日のイラク，イランがイスラーム圏に入り，また，ビザンツ帝国領からは，地中海地域の東部・南部にあたるシリア，北アフリカ（かつてのカルタゴなど）がイスラーム圏に入った．

　宗教としてのイスラーム，あるいは国家と社会の組織原理は，ムハンマド時代に作られたが，アラビア半島時代のイスラームはまだ文明にはなっていなかった．文明化したのは，ペルシア帝国，ビザンツ帝国の版図を自らの手中にし，これらの地域の文明的な遺産を吸収することによってであった（小杉2006b）．古代のメソポタミア，エジプト，ペルシアの諸文明，さらにギリシア文明，ヘレニズム文明，ローマ文明，東方からは南アジアの文明を学び，これらを統合してイスラーム文明が誕生した．

　文明としてのイスラームが先行する諸文明の統合と融合によって形成されたことは，疑いを入れない．文明というものがすべて，独自性を持つとともに，他文明からの影響抜きには考えられないという観点からは，これは不思議なことではない．しかし，アラビア半島をそれまで満たしていたのは「ベドウィン」[5]であり，彼らはバダーワ（*badāwa* 遊牧生活，遊牧性，遊牧文化）に

---

5) この語は，遊牧民を表すアラビア語「バダウ」から西欧語に入った．「ベドウィン」は，アラビア半島や北アフリカのアラブ系の遊牧民を指すことが多いが，原義は遊牧民そのものを指す．

立脚して暮らしていた．彼らが新しい文明を生んだと考えるのは，原理的な問題点を含んでいる．そもそも，私たちが用いる「文明」は，語義も概念も定住・農耕を基盤とするものであるから，ベドウィンが文明を形成することはありえない．実際，その後のイスラーム文明にしても，都市を基盤として発展したのであり，遊牧民そのものが担い手となったわけではない．

アラビア半島から流出したムスリム（イスラーム教徒）たちが，支配者であったがゆえに征服地の文明を糾合しえた，と考えるのは一見もっともらしいが，合理的な推論ではない．歴史的に見ても，文明を有さない征服者は，彼らが征服した文明を吸収することが多く，先行する文明を糾合してイスラームが新たな文明を形成しえたことは，むしろ疑問を感じるべき事態であろう．なぜ，それが可能であったかを考えるならば，少なくとも，次の3点に着目する必要がある．

まず，イスラーム自体が遊牧民の宗教ではないという点である．かつての西欧では，イスラームを「沙漠の宗教」と見る考え方が強かったが，そのような誤解は近年ではほぼ払拭されている．イスラームは商業都市で生まれた都市的な宗教である，とするのが今日的な定説であろう[6]．しかし，単に都市的な宗教ではなく，その背景にある遊牧文化を取り込んでいたことを見逃してはならない．それが，新しい文明の型を作る上で大きな役割を果たした．

2番目に重要な点は，文明形成に成功したという結果から見れば，宗教倫理および組織原理としてのイスラームが，生誕地アラビア半島の生態環境的な出自の制約を超えて，広範な有効性を発揮する普遍的な要素を十分に持っていた，ということであろう．アラビア半島におけるイスラームは文明ではなかったが，そこで確立された人間の平等性などの原理は，新しい文明の原理として作用することができた．

3番目のポイントは，イスラームが宗教であるがゆえに，既存の文明や言語，民族などの障壁を超えて機能し，先行する諸文明の担い手たちをイスラー

---

[6] 日本において，この定説が確立されたのは，1988年から3年にわたった実施された大型研究プロジェクト「イスラームの都市性」によるところが大きい．同プロジェクトの成果については，板垣・後藤（1992）に詳しい．

ムの文明化に貢献する「主体」としえたことであろう．これは，被征服民の
ペルシア人やエジプト人がムスリムとなって，新たに獲得した自分たちの宗
教のために貢献したことだけを指すわけではない．

　政治をも統合するイスラームは，社会の安定性を重視するゆえに宗教的に
は融和策を取り，征服地における既存の宗教を保護する政策を取った．保護
された他宗教の人びとはその才能を生かして，文明としてのイスラームにお
おいに参加した．たとえば，8～10世紀におけるギリシア文化の翻訳作業に
は，最大の功労者とされるフナイン・イブン・イスハーク（877年没）を含め
多くのキリスト教徒やサービア教徒[7]などが参加していた．特に医学の分野
においては，ユダヤ教徒，キリスト教徒が活躍し，時代が下っても，たとえ
ばアイユーブ朝を創建したサラーフッディーン（1193年没）の宮廷医師がユ
ダヤ教徒であったことがよく知られている．

　イスラーム科学の形成に貢献した知の系譜を，米国の代表的なイスラーム
研究者であるサイイド・ホセイン・ナスルは，図3-1のように描いている．
南アジアから西アジア，地中海地域に至る先行諸文明がイスラームに流れ込
み，中国からも後にさまざまな影響が及んだのである．それらの文明的な資
産を統合して，イスラーム文明が形成された．こうしてみると，イスラーム
誕生当時のアラビア半島は，このあたり一帯の文明地図から言えば空白地帯
であったものの，古代オリエント，ペルシア，ローマ/ビザンツなどの文明
圏に近接しており，ここにイスラームが生まれたことは，科学や哲学などの
知の継承という点から決定的な意義を持つものとなった．

　大征服の時代は130年ほど続いたが，その間に拡張したイスラーム帝国
の版図は，東は中央アジアから西は大西洋岸まで達し，ヨーロッパにおいて
イベリア半島の大半を治めるに至った．749年に始まったアッバース朝は，
イスラームを組織原理として広大な版図を統治し，さまざまな制度を生み出
した．官と民の両方において，イスラーム法の整備が進み，「イスラーム世

7）　フナインは，ネストリウス派のキリスト教徒であった．イスラーム帝国は，ビザンツ帝国な
　　どで異端とされていたキリスト教諸派も保護した．サービア教徒として，数学・医学・天文学で
　　名を残したサービト・イブン・クッラ（901年没）などが著名．この宗教は中東固有の宗教の一
　　つで，クルアーンでも言及されている．

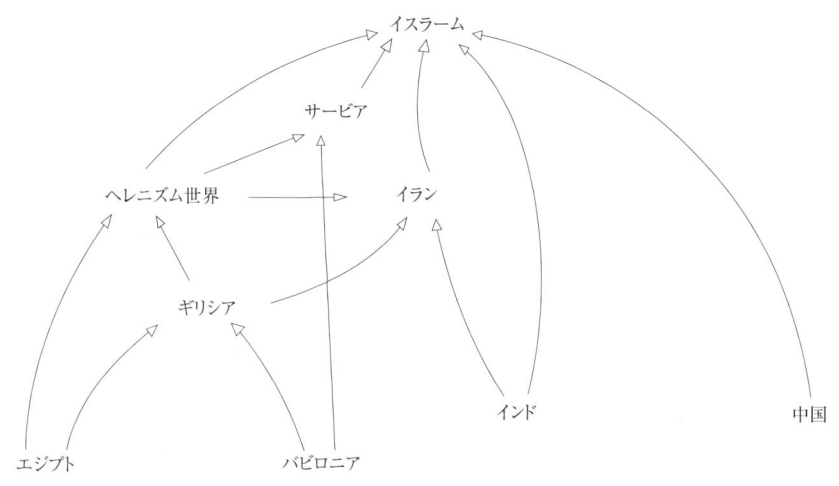

第 3 章
乾燥オアシス地帯における生存基盤とイスラーム・システムの展開

図 3-1 イスラーム科学形成の知の系譜
注：図の中の「サービア」は特定の地域ないしは文明圏ではなく，注 7 で言及したサービア教徒たちを指している．
出典：Nasr (1976, 10)．

界」が成立した（清水 2005；小杉 2006b）．

　8 世紀後半にバグダードの地に新都として，円形都城「平安の都（マディーナ・アッ＝サラーム）」が建設されたが，ここは東西を結ぶ交易路の中心となった．家島彦一は膨大な史料調査と綿密な現地調査を組み合わせて，アッバース朝時代に世界的な商業ネットワークが成立したことを実証的に論じている．特に，地中海交易圏とインド洋交易圏が結合されて，東は中国，東南アジア，西は地中海地域からサハラ交易圏までが結びつけられたことは，人類史的な意義を持った（家島 1991；2006）．筆者は，人類の一体化をグローバル化と呼ぶのであれば，家島が述べているような交易ネットワークによる一体化をその第 1 段階と見るべきと考えている．

　ちなみに，7 世紀に成立したばかりのイスラーム帝国（ウマイヤ朝）は，行政的にはまだ未成熟で，税制，貨幣の鋳造などにおいてもサーサーン朝ペルシアとビザンツ帝国の制度に依拠していた．イスラーム帝国におけるディー

95

ナール金貨，ディルハム銀貨は，名前の由来も含めて[8]先行する両帝国の貨幣制度を踏襲したものであるが，金銀の両貨幣を法貨としたことによって，金本位制を取っていたビザンツ地中海経済貨幣圏，銀本位制を取っていたイラン以東，中国にまで繋がる東イスラーム経済圏，さらにはカロリング朝以降銀本位制を採用したヨーロッパ経済を結び合わせることができた（加藤 1995：62）．はじめてディーナール金貨を鋳造し，アラビア語で刻印をおこなったほか，行政言語をアラビア語にしたのは，ウマイヤ朝第5代カリフ，アブドゥルマリクの代（在位685～705年）であった．

アッバース朝時代，特に8～10世紀にはバグダードを中心として，ギリシア語の科学・哲学文献のほとんどがアラビア語に翻訳された（グタス 2002）．巨大な翻訳活動としてその規模を比較すると，ギリシア語文献のアラビア語訳と，仏典の中国語訳が人類史上の双璧をなすと考えられる．アラビア語はイスラームが始まる以前に，すでに詩作の言語として高度な水準に達していたが，クルアーンによって宗教思想や宇宙論を語ることのできる言語となり，アッバース朝時代には科学・哲学を語りうる言語となった．

これ以降，およそ15世紀まではイスラーム文明とその諸科学が光輝を放った時代であり，ルネサンスへの影響を含めて，近代以前の西欧はイスラームからの貢献に多くを負っている．12世紀において，すでにイスラームの衝撃が伝わっていたことを実証的に論じた伊東俊太郎の『12世紀ルネサンス』（伊東 2006，ただし初版は1993年）は，もはや古典に属する．

イスラーム文明が貢献した分野として，特に，天文学，数学，光学，工学，医学，植物学，薬理学，農学などをあげることができる（アルハサン 1999；ターナー 2001；ダッラール 2005）．

このイスラーム文明は，ユーラシアの東西に位置する文明圏と比較した時に，遊牧的なるものに対する立場が全く異なっていた．次節では，そのことについて，少し考えてみたい．

---

8) ディーナールはディナリウス，ディルハムはドラクマから．両方とも語源はギリシア語・ラテン語であるが，ドラクマはペルシアで採用されており，それがイスラーム圏に継承された．通貨単位として現在でも，イラク，クウェート，ヨルダン，リビア，アルジェリアなどがディーナールを，モロッコ，アラブ首長国連邦がディルハムを使用している．

3 イスラーム文明の「三項連関」論

　比較文明学によれば，人間が人間となった後 ── 本書の定義に従って言えば，地球圏，生命圏に続いて，人間圏が成立した後 ── に，農業革命[9]，都市革命が起きた．狩猟採集生活によってかろうじて生存を維持していた人間は，農業の発明によって安定的に食糧を確保できるようになり，さらに農業技術の進歩によって，剰余生産をすることができるようになった．そこから，社会の成員すべてが農業に従事する必要がなくなり，社会の分節化が生じ，蓄積と建設によって都市が生まれ，国家が誕生した．それが最初に起こったメソポタミアでは，都市と国家は，都市国家として同時的に誕生した．

　伊東俊太郎は，都市革命の後に（近代において科学革命に至る以前に）「精神革命」がおこったとして，紀元前8〜4世紀をその時代と措定している（伊東 1985：66-69）．もし，そのような大きな変化を人類史的に認めるのであれば，この時代区分は狭すぎるように思われる．キリスト教の誕生を経て，その時代の最後にイスラームが誕生するところまでを含めて考える方がより整合的ではないだろうか．農業革命がそれを可能ならしめる農耕のテクノロジーを伴っており，都市革命が都市と国家の誕生という明示的な発展のメルクマールを伴っていたのと比べると，精神革命の場合は，必ずしも明確な技術の変化を伴っていない．その意味で，精神革命の時代がイスラーム以前に終わったと考える必要はないように思われる．特に，イスラームが「最後のセム的一神教」であり，やがて地球的に大きな広がりを持つこと，科学革命以前において先進文明として隆盛を示したことを考えると，イスラームまでを精神革命に含める方が合理的であろう．

　その一方で，農業革命，都市革命，精神革命と続くこの図式の中では，農業のテクノロジーと並ぶ牧畜のテクノロジーが軽視されている．牧畜は，農

9）　今日では，「農業革命」として「革命」的な転換がおこったという考え方に対して，長い時間を経て農業が拡散したという「農業プロセス論」が支持されるようになってきている．筆者の理解では，農業革命の革命性は，変化が生じたタイムスパンの短さではなく，根本的な変化に力点を置いてとらえるべきであろう．

耕社会においては，二次的なテクノロジーとして農業の下位に置くことが可能である．しかし，農耕と牧畜がほぼ並行的に発展したテクノロジーであるとするならば，牧畜技術によって可能となった遊牧生活という，定住・農耕と対照的な生活・生業様態にも十分目を向けるべきではないだろうか．遊牧は「遊動的牧畜」（松井 2001：11）であり，その限りでは牧畜の下位カテゴリーとみなしうるが，乾燥オアシス地帯においては，遊牧はそれにとどまらない決定的な重要性を持っている．遊牧は，牧畜の技術を基盤とするが，生態への適応や社会運営についてさらに上位の技術体系を包摂するものであり，農業に立脚する定住文明と対置させるべきものであろう．

アラビア語の「ハダーラ」という語は，通常は「文明」の意味で使われるが，原義は「定住」「農耕」を意味する[10]．その反対語であり，対概念となっているのは「バダーワ」である．これは，遊牧的なるもの，遊牧民の生業や暮らし方，その文化や世界観などを包摂する語である．その基盤には，農耕と並ぶテクノロジーとしての牧畜技術があるが，テクノロジーという点だけから「遊牧文明」と呼ぶわけにはいかない —— 私たちが通常用いる「文明」には遊牧生活は含まれない —— ため，バダーワはここでは「遊牧文化」と訳すことにする[11]．

バダーワ＝遊牧文化の特徴とは，何であろうか．すでに紹介した「文明＝ハダーラ」の語は，農耕，定住を含意している．文明を表すアラビア語として，古典でも使われてきた「ウムラーン」には，繁栄，建設の意味が含まれている[12]．また，「タマッドゥン」あるいは「マダニーヤ」は，都市性，都市化を意味している[13]．バダーワは，これらの「文明」の諸語が示す諸属性とすべ

---

[10] 現代語では，欧米で言う civilization との対応関係もあって，文明を意味する語としてハダーラが最も広く用いられている．ハダーラは都市性を包摂する（Yāghī 1997: 16-17）．

[11] 文明・文化の定義をめぐる議論は，かつてより百花繚乱であるが，筆者は応地利明の定義に賛同する．つまり，文化は特定の生態系の中で成立する「生活様式の体系」であり，文明とはそのような文化の中で「他の生態系＝他文化領域に進出・侵入する力を獲得した文化」である（応地 2009：400-401）．この定義に依拠するならば，文化と文明の関係は合理的に整理される．文化と文明を別なものとするのでないこの定義によれば，イスラーム文明が遊牧文化を取り込んだことも整合的に説明できる．

[12] ウムラーンは「農業を通じて栄え，人口が増加し，諸産業を成功」せしめるような基盤を指し（al-Bustānī 1992: 751），定住と農耕の要素が含まれる．

[13] 前出の「イスラームの都市性」研究プロジェクトでは，「都市性」の訳語として「都市＝マ

て対置されるべき性格を有している．

　定住・農耕について言えば，バダーワでは，「土地にしがみつく」ことを忌避，蔑視し，定住せず，農耕しない．もちろん，中東の乾燥オアシス地帯でも，遊牧民が定住したり，半農半牧生活に入ることは，歴史的にもあったし，現在も起こっている．しかし，それはバダーワの概念を拡張することにはならない．定住すれば，バダーワを放棄することになる．松井（1999：504）が報告している事例は，この点で興味深い．遊牧民が土地を購入することは飢饉などの事態に備えるセーフティネットとして有効であるが，その報告によれば，遊牧民たちは土地を購入しても，移動の自由を確保するため，自らは定住せずにそれを小作に貸し出すことを好むという．

　定住，農耕をしない以上，家やビルを建てることもありえないし，移動生活である以上，剰余の蓄積もおこなわない．テント，天幕が住居であるのがふつうであるが，住居の本体はむしろ絨毯であるとも考えられる．少なくとも資産価値が高いのは絨毯であり，絨毯やキリムなどの敷物は遊牧文化圏に固有の工芸美術品ともなっている．「ウムラーン」が含意する文明の特徴が，蓄積，建設，発展であるとすれば，バダーワはそのいずれも欠いている．蓄積せず，建設せず，発展しない．定住せず，蓄積と建設をしない以上，都市化もありえない．都市を不可欠の要素とする「タマッドゥン」「マダニーヤ」という文明の形は，バダーワにはない．

　その一方，蓄積や建設が時間を必要とするものであり，時の流れの中で発展するものであるとすれば，バダーワにおいては，時間の経過によって発展し，衰退するものはない．比喩的に言うならば，バダーワは時を超える．そのことは，言語にもよく示されている．遊牧民の言語は，原初的な形態をよく保つことが知られている．たとえば，7世紀のアラビア語は統語論から見れば，ハンムラビ法典の時代のセム語の特徴をよく備えているという（Burckhardt 1976: 40-41）．一般に，文明圏の言語は，発展に伴って名詞が増殖し，ある意味で豊かになるが，原初的な表現力は次第に失われる傾向が見

ディーナ」から新たに「マディーニーヤ（*madiniya*）」という名詞を作って用いた．これは，既存の語彙で都市性を意味するタマッドゥン，マダニーヤが「文明」の意味を持っているために，新しい造語を用いたことには語義の混同を防ぐ目的もあった．

第1編
環境・技術・制度の長期ダイナミクス

表3-1 文明（ハダーラ，ウムラーン，タマッドゥン）と遊牧性（バダーワ）

〈文明の特徴〉	〈遊牧性の特徴〉
定住する	定住しない（一定の領域を移動する）
農耕する	農耕しない（一部だけ農耕する場合がある）
余剰生産物を生み，蓄積する	生産物の蓄積をしない
恒常的な住居を建てる	住居の基本は絨毯，テント
財産を蓄積する	財産は移動可能なモノに限られる
支配者が現れ，社会が階層化する	平等が基本，族長は同位者のリーダー
都市を生む	都市や集落を作らない
成長・発展する＝ゆえに時に拘束される	成長・発展しない＝時を超える
言語は時代性を強く反映する	言語は時代を超える
水（≒農耕）はそれを支配する者が独占	水（≒生存維持）には共有財の側面

られる．

　バダーワは乾燥地域における生活様態としての遊牧と結びついており，そのような環境では水に対する認識も実際の取り扱いも異なる．水源が豊かな農業地域では，農業用水の支配権は権力そのものと結びついている．ナイル川流域に成立したエジプトの中央集権的な体制は，その好例であろう．しかし，乾燥地域では，水は農耕よりも生命の維持のためにあり，時にはバダーワに暮らす人びとにとっては共有財の性格を帯びる．それは，水の欠乏によって生存の危機に陥る危険性が誰にでもあり，その回避を相互に保証する唯一の方法が水の支配権を非排他的なものとすることだったと解することができる[14]．

　アラビア語における文明の諸語と，それに対比されるバダーワの特徴を並べると，表3-1のようになる．

　7世紀に生まれたイスラーム —— それはまだ文明ではなく，宗教倫理であり社会の組織原理であった —— は，文明の要素としての農耕，都市性とともに，バダーワの特性としての遊牧文化を統合した．文明地帯における都市と農村が対立的・対比的にとらえうるものだとすれば，さらに，都市と農村を合わせた定住文明は，バダーワの遊牧文化と対比的にとらえることができ

---

[14] ただし，ナイル川の場合でも，水そのものは「神からの恵み」と理解されていた．エジプトも，乾燥地帯の中で水源が人間の生存の基本条件である点は，より小規模のオアシスに依存している地域とかわりはない．

る．ユーラシアの東西の端における定住文明においては，内部において都市と農村が対置される一方，定住民と遊牧民の関係は「文明」と「野蛮」として対比された．そこに二重の二項対立があるとすれば，イスラームの場合は，都市，農耕／農村，遊牧文化 —— あるいはより抽象化して，遊牧性，都市性，農耕性（農民性）と呼ぶこともできる —— という三項をつなげている．これを差し当たって，イスラームの特徴としての「三項連関」と呼ぶことにしよう（小杉 2009a）．

なぜ，三項連関が生じたのか，ということは，イスラームの成立期の生態環境的な基本条件から説明することができる．前述のように，イスラームは，乾燥オアシス地帯のアラビア半島において，マッカとマディーナという二つの町で生まれ育った．

開祖ムハンマドが生まれたマッカは，商業都市であった．ムハンマド自身が属する支族ハーシム家を含めて，マッカの支配者にして住人のクライシュ族は，商業によって生活を立てていた．資本を持ち，キャラバン貿易に投資をする商人（タージル）であれ，その商業に従事するなりキャラバンの防衛の任に就いて報酬を得る者であれ，商業が基本産業であり，その倫理観が社会を規制していた．

クライシュ族は，マッカの先住者を駆逐して，五世紀にこの町の定住者となった．もともとは遊牧生活をしていたと考えられる．したがって，彼らの価値体系にはバダーワの要素も濃厚に残っていた．マッカがいつ頃から居住可能となったかは判然としない[15]が，水源が発見されて定住が始まって以来，一度も水源が農耕を可能にするほどの水量を生み出したとの記録はない．マッカは人間が居住することができる程度の「オアシス地帯」であるが，農耕には適さず，クライシュ族が商業を生業としたのはそのためであった．

他方，イスラーム共同体が確立されたマディーナは，農業が可能となる水源を有していた．マディーナの住民も多くが農民であり，ナツメヤシや小麦

---

15) 伝承およびイスラームの教義によれば，カアバ聖殿を建設したのはイブラーヒーム（旧約聖書のアブラハム）とその子イスマーイール（イシュマエル）であり，イスマーイールがマッカに最初に定住したとされる．そうであれば，ムハンマド時代に 25 世紀ほども先行することになる．この説の是非を考古学や史料によって検証することは困難である．

表 3-2　イスラーム初期に三項が生じた背景

	背景地	特徴
遊牧性	アラビア半島全体	遊牧生活を基盤とする．自由を尊び，拘束を嫌う．系譜に依拠する集団原理．
都市性	マッカ	商業都市．商業と商人文化の発展．遊牧的な移動能力を活用したキャラバン貿易．居住可能な水源．
農耕性（農民性）	マディーナ	農業都市．土地への執着，土着性の強さ．農耕可能な水源．

の生産が主産業であった．マディーナに移住した以降に，ムハンマドがナツメヤシの人工受粉をやめるように忠告したところ生産量が落ちた，というハディース（預言者言行録）が残っている．これについて，ムハンマドは「汝らの世事については汝らの方がよく知っている」と結論づけたとされる．このハディースは，法学において，預言者といえども世俗に関する事項に関する指示は絶対的ではない（法源として必ずしも採用する必要はない）とする典拠となっている．別な観点から見れば，預言者か一般信徒かという問題とは別に，マッカ出身者は商業に詳しく，牧畜にもある程度通じていたが，農業については疎かったという事情をこのハディースは示している．

とはいえ，マディーナを根拠地とし，その住民を弟子としたことによって，ムハンマド時代後期のイスラームは農業社会にも通じるものとなった．イスラームの二聖都は，生態環境と生業の観点から見れば，商業都市とオアシス農村の都市と位置づけることができる．

そして，二つの都市は，広大なバダーワの地域に囲まれていた．両都市の住民は，周辺の遊牧部族と関係を取り結んで暮らしていた．同盟や友好関係だけではなく，実際に血縁関係も持っていた．部族的な系譜意識，構成員の平等性や指導者としての族長，旅人の保護やもてなし，と言った文化的な共通性は，三者に共有されるものであった．これを表 3-2 にまとめた．

4 三項連関に立脚して，何が生まれたか

　バダーワ的な特徴として，イスラームが取り込んだもっとも重要な要素は，「時を超える言語」であり，それに立脚する法体系であろう．これは，他の文明圏と際だった違いを示す特徴となっている．現代におけるイスラーム金融について後述するが，端的に言って，7世紀に成立した聖典の章句に基づいて，現代において従来の資本主義とは異なる「もう一つの金融システム」を構築しようとする志向性が存在すること，しかも，それが経済活動として十分成立するほど広がったことを考えると，この特徴がいかに独自のものであるか見えてくるであろう．

　7世紀のアラビア語が統語論から見て，ハンムラビ法典（紀元前18世紀の古代バビロニア）と比定しうる原初的な性格を持っている，という説はすでに紹介した．口頭伝承による言語の伝統が，いかに「時を超える」かの一つの傍証である．いずれにしても，7世紀までのアラビア半島では，さまざまなアラブの部族が自分たちの言語を，系譜的な出自と合わせて，誇りにしていた．ほとんど書かれた史料のない時代であるが，優れた詩を語り合い，伝え合うことを通じて，6〜7世紀には部族や地方毎の言語変種（いわば方言）を超えた共通のアラビア語が成立していたと考えられる．俗にこの時代は「詩人の時代」と言われる．

　イスラームの聖典クルアーンは，「詩人の時代」のアラビア語を基礎として成立した．「クルアーン」という名称自体が「読まれるもの／誦まれるもの」「朗唱されるもの」を意味する．「書物」発明以前のユダヤ教の聖書[16]や仏教の経典が「巻物」であり，書物の発明を最大限に活用して「聖書」が成立したのと比べると，クルアーンはきわめて濃厚に「バダーワ（遊牧文化）」を反映していると言える．それは，ムハンマドが伝えたアラビア語のクルアーンだけを「クルアーン」と呼び，翻訳を一切認めなかったことにもよく示されて

---

[16] 「旧約聖書」という表現はキリスト教から見た言い方であり，ユダヤ教にとってはそれだけが（新約の部分を含まずに）聖書であるともされるが，実際には，ユダヤ教の聖典は一冊の「書」ではなく，いくつかの（巻物に）書かれたものの集合体となっている．

いる．このため，アラビア語が「聖なる言語」となり，さらにそれがイスラーム文明の「科学語」「文明語」となって，イスラームの広がりと共にアラビア語が広まる結果を生んだ．そのため，イスラーム化に従って，諸言語が多くのアラビア語的な要素（文字や語彙）を取り込むアラブ化が生じた[17]．

クルアーンは，イスラームが広がるのに従って，各地に広がった．多くの場合，口頭による伝承が基本であった．ただし，一冊の書物の形での聖典の結集（けつじゅう）は，ムハンマドの死後20年ほどでおこなわれており，アッバース朝時代に入ると，中国から取り入れた製紙法によって製紙業と写本産業，すなわち写本による出版文化が栄えた．正書法や写本の装飾技術は，クルアーンの写本と共に発展した．前近代のヨーロッパで，写本が修道院などで細々と生産されていたのに対して，イスラーム圏では産業として製紙，写本による出版が成立した．最盛期のバグダードの市場には，百軒もの紙屋・写本屋が軒を並べていたと記録されている（Bloom 2001: 48-50）．

ちなみに，前近代の写本が残されている分量でも，イスラーム圏は他の多くの地域を凌駕している．8～18世紀に生産されたイスラーム圏の写本を保存し，その内容を研究することは，イスラーム史のみならず，貿易などの経済活動や，それらに関わる契約や商業取引の実態などを明らかにするためにも喫緊の課題とされている[18]．

クルアーンには，ムハンマドにもたらされた啓示が社会と生活を律する「法」を内包していることが明示的に語られている．たとえば，「そしてわれ〔アッラー〕は汝を諸事についてシャリーアの上に置いた．それゆえそれに従いなさい」（跪く章一八）と述べられている．アラビア語での「シャリーア」は，通常「イスラーム法」と訳されるが，それはクルアーンに含まれている法規定，それを補足するムハンマドの言行に立脚している．ムハンマドの言

---

17) 母語までもアラビア語化した地域が今日のアラブ諸国であり，アラビア半島外のアラブ諸国はすべてイスラーム化とアラブ化の結果生まれた．母語までアラブ化するのは，文化現象ではなく，政治的支配との関係が深い．イスラーム化とアラブ化については，小杉（1997），佐藤（2000）を参照．

18) 写本の劣化のみならず，ボスニア紛争のような人災も歴史的な図書館に大きな被害を与えている．イスラーム写本の保存と研究については，近年ではフルカーン・イスラーム遺産財団（本部・ロンドン）が大きな役割を担っている．

行録を「ハディース」と呼ぶが，この語の原義は「語り」であり，ここにも口承による典拠というバダーワ的な特徴を看守することができる[19]．

アラビア半島から東西に広がったイスラーム世界は，ただちに，ムハンマド時代のアラビア半島では見られなかった社会的な慣習や現象に出会うことになった．クルアーンとハディースの内容はすべて，ムハンマド時代のアラビア半島の事例であるから，これを典拠として，実際の事例に対する法規定を考えるのは法学者たちの解釈行為となった．イスラーム法は現代に至るまで，典拠と解釈の営為の総体として存在している．

典拠の解釈方法や，典拠と事例を結ぶ推論の手法などを理論化したものは「法源学」と呼ばれる．他方，「法学」と呼ばれているのは諸規定の総和であり，個別の規定は一つ一つの事例に対する解釈と判断から成り，制定法のような条文が作られたわけではない．イスラーム法は「問題解決型の法」とも言われるが，逆に言えば必ずしも体系性ないしは体系的な一貫性を一義的に追究するものではない．一貫性はクルアーンという聖典の統合性によって確保されている，というのが前提である．

このようなイスラーム法の特徴は，原初的な言語を —— 今日から言えば，7世紀のアラビア語はきわめて原初的，古典的な言語であろう —— 維持することで「時代を超える」というバダーワ的な性格に依存しつつ，解釈によって法規定とその運用が柔軟になされるという，具体的に「時代を超える」方法によって，長らく維持されてきた．

アッバース朝時代に成立した世界的な貿易ネットワークを維持する法的・司法的な基盤がこれによって提供された．言うまでもなく，アラビア半島で生まれたクルアーンはすでに商業的倫理を内包しており，典拠からの解釈によって商業と経済活動を支える倫理と法規定を作り出すことは，それほど困難なことではなかった．

首都バグダードをはじめとする都市の繁栄について，広域貿易ネットワークの形成をめぐる労作の中で，家島彦一は次のように描いている ——「イスラーム都市の興隆を支えた強い力は，商人(タージル)として分類される市民層であった．

---

19) ハディースの文字化（記録）は，部分的には7世紀後半に始まっていたと考えられるが，口承で伝えられたものを取捨選択し，最終的にハディース集として集成したのは9～10世紀である．

彼らは活動の拠点を都市内の商業中心地＝市場に置いたが，その経済活動の範囲は，東側は中国から，西側は大西洋の岸辺に至る巨大な経済圏を舞台としていた．都市はいかなる商人にとっても開かれた場であって，西ヨーロッパ中世都市のように，自治的特権を主張して他者を排除したり，また特許状を要求して取引上の優位を確保するようなことはしなかった．つまり，世界経済の担い手としての商人とイスラム都市は不可分の関係にあったし，また彼ら商人はイスラム思想・文化の発達の上で強力な推進役でもあった」（家島 1991：236）．

　これは，遊牧性・移動性を前提とする地域の中に商業都市が存在する，という乾燥オアシス地帯に固有のあり方が生んだ都市の姿であり，またそれは，三項連関に立脚するイスラームにおいてはごく自然の展開であったであろう．自由な移動を前提とする都市が，多様な人びとを取り込むことも理の当然であった．このような「イスラム都市の住民構成は，旧住民に加えて，都市建設のために各地の都市から集められた手工業者，職人，労働者，軍人，農村その他からの移住者，奴隷，遊牧民からの定住者，宗教および教育関係のウラマーなどであって，出身地・階層・集団構成・伝統文化などの異なる様々な人びとが寄り集まって，新しい市民層を形成した．こうした市民層が商業および手工業の担い手であり，同時に各方面からの物品の輸入を必要とする最大の消費者たちであった．つまり都市には多重・多層の人間，異なる文化をもった人びとが集まり，多様な衣食住文化を発達させ，広域的な商業需要を高めたのである．また都市は，イスラム信仰と文化活動のセンターであって，そこに新しい文化産業を発達させた．中国からの紙・墨，香薬料，礼拝用絨毯，敷物，各種の織物・被衣，家具，装身具，陶器・磁器などを扱う店舗が，モスクに近い都市の中心部にある市場に配置された」（家島 1991：239）．

　都市の発展は，膨大な人口を養う必要性を生む．本章が「乾燥オアシス地帯」と呼ぶ地域では，チグリス川，ユーフラテス川やナイル川などの水源を要する農業地域が，いかに安定して農産物を供給できるかが重要であった．比較的安定していた「アッバース朝初期の時代の気象条件は，……イスラム都市と商業の発達に好都合な条件を提供した」（家島 1991：240）のであった．

アッバース朝時代に高度な農業技術革新が起きたことは，8〜10世紀の農作物の普及と農業技術の発展を論じたアンドリュー・M・ワトソンの著 (Watson 1983) に詳しい．そこでは，ソルガム，米，小麦，サトウキビ，綿花，柑橘類，バナナ，ココナツ，スイカ，ほうれん草，アーティショーク，サトイモ，ナス，マンゴーなど，多くが熱帯に出自を持つ農産物が農業革新によって西アジアから地中海地域に広がった様子が描かれている．これらの中でもとりわけ柑橘類の名称は周知のように，西欧語でもアラビア語起源のものが多い（レモン，オレンジ，ライムなど）．これは，それらの農作物が北進してヨーロッパに広まったことを物語っている[20]．

雨量の多い熱帯または亜熱帯の植物を，西アジア，地中海周辺の乾燥地域に導入することは容易なことではない．当然ながら，それを可能にするには灌漑技術の発展とその普及が必要とされた．その上，イスラーム軍が征服したばかりの西アジアの諸地域では，ダムの決壊，洪水などによってそれまでの灌漑システムがきわめて劣化していた．新しい作物は夏季に恒常的に灌漑する必要があったが，これを実現するために，被征服地に存在した灌漑技術を改良し，広範囲に適用した．典型的なものとして，イスラーム以前のペルシアで使われていたカナート（地下水路）がエジプトや北アフリカ，アンダルス（イスラーム・スペイン）に広まった (Watson 1983: 104-111)．カナートはゆるやかな勾配の非常に長い地下水路を通じて水源から用水を運ぶ仕組みで，地上の水路と違って蒸発が防がれるため，乾燥地域に非常に適した灌漑の方法であった．

アフマド・ダッラールはイスラーム科学の発展を論じる中で，機械工学について「初期のアラビア静力学の成果の多くは，現在機械工学と呼ばれるものの発展にとって非常に重要だった．この時期に考案された新しい装置や機械は数多い．少し例を挙げると，円錐弁の発明，高いトルクを伝導するための複雑な歯車の使用，吸い込み管つき複動ポンプの考案，機械でのクランク機構の使用，高精度な制御機械の発明などがある」と概括した後，「工学知識の応用に関する比較的詳細な指針が残っているのは，灌漑技術の分野であ

---

[20] ヨーロッパ諸語に入ったアラビア語起源の単語については，ワット (1984：187-199) が詳しい．

る」と述べている．「農耕中心だった古代近東の社会の慣習から多くの灌漑方法が継承され，ムスリムもまた集約的な農業快活事業を支援した．……多くの灌漑事業は巨大な規模でおこなわれたため，たいていの場合，それにともなって河川の流れを制御して調節するためにダムを建設し，揚水機を使って灌漑と給水のための水を運び，必要に応じて水を届けるために運河やカナート（地下水路）の広大なネットワークを建設した．大規模な灌漑事業や給水事業を管理するには，かなりすすんだ専門技術や管理技術が必要とされた」（ダッラール 2005：260-262）のであった．

さらに「とくに重要なのはカナート灌漑であり，これには標準化した技術を慎重に応用する必要があった．カナートとは，帯水層から特定の場所へ水を運ぶ，ほぼ水平に走る地下水路である．このシステムはイランと北アフリカで広くもちいられた．推定によれば，現代にいたるまで，イランでつかわれる水の70パーセントはカナートから供給され，カナートの総延長は16万キロを超えるとされる」（ダッラール 2005：262）のである．付言すれば，この点において 8〜10 世紀に確立されたイスラーム世界のカナート灌漑は今でも大きな意義を有しているし，さらに，現在の全地球的な水資源の危機やダム灌漑の限界に照らして，カナートを再生させることを真剣に考えるべき理由も認められる．フレッド・ピアスによれば「カナートには，大きな需要が生じるべき水文学的な特質がある．カナートは電動ポンプと違って自然に補充される分だけしか帯水層の水を汲みあげないから，自主調整ができる．その結果，もし正しく設計されて保全されれば，イエメンで呼ばれているように『尽きない泉』となりうる」（ピアス 2008：433）からである．

以上に論じたところから，イスラーム文明が三項連関に立脚した独自の文明を築く過程で，乾燥オアシス地帯に適合的な技術体系をも形成したことの一端に触れることができた．宗教としてのイスラームが，社会経済的には，商業性を基盤として，農耕性，遊牧性＝移動性を加味した倫理思想を提供し，それが巨大なイスラーム帝国の成立および商業ネットワークの形成と相まって，その運営・管理を可能ならしめるような科学・技術の体系や，社会運営の技術体系を作り出した．

5 生存基盤持続型のイスラーム的システム

　イスラームが社会生活の全体に指針を与えるような「トータル・システム」であるという議論は，これまでもなされてきたが，それが，生態環境や生業とどのような関係を持つのかという点，本書の関心から言えば「生存基盤を視野に入れた時にイスラーム文明がどのような特徴を持つのか」という点は，未だ十分明らかにされていない．イスラームにおける環境思想なども，近年研究が進み始めたばかりの分野である．
　そのような状態の一因は，研究史の偏りにある．20世紀後半においてイスラーム復興が顕在化するまでは，イスラームをめぐる諸問題は過去に関する歴史的な命題として論じられてきた．西洋近代の優位を前提とする視点からだけイスラーム文明を論じていれば，それが過去の栄光を語って終わらざるをえないのは当然である．近代文明の破壊的な帰結を目の当たりにして，比較文明的な視座から近代文明の相対化をはかったり，他の諸文明から近代的な物質文明を超える新しい観点を取り出そうとする試みがなされるようになったのは比較的新しく，ましてや生存基盤の持続が困難になってしまった温帯型パラダイムの限界性を前提に，イスラーム文明の可能性を再検討することは全く新しい課題である．
　今後，イスラーム的なシステムや制度を，単に過去のものとせずに，人類史的なレベルでのパラダイムの一つとして再考するとすれば，そこからどのような含意を汲み取ることができるであろうか．さいわい，20世紀後半のイスラーム復興は，イスラームの歴史的・文明的な遺産を現代的な文脈で再生しうるかという多くの実験を含んでおり，その意義は実証的なレベルでも検証することができる．
　イスラームのもっとも顕著な特徴は，宗教倫理，政治と国家，経済システム，社会制度などを一体的に運営しようとする指向性にある．それが現実的な水準で成功するかどうかは，それぞれの地域の中での実践のあり方にもかかわるし，また，14世紀の黒死病とそれに伴う人口減少が当時のイスラーム世界の経済に大打撃を与えたように，大きな偶発的要素に左右されること

もある．しかし，成否にかかわらず，イスラーム法の統合性を前提として社会，経済，政治などを一体的・連続的に運用しようとする指向性は，いずれのイスラーム社会にも見られる．さらに大胆な言い方が許されるならば，それがどこまで目指され，どこまで実現しているかを，当該地域の「イスラーム化」の質と水準を示すメルクマールと考えることもできるであろう．

　この先の議論は，問題提起である．そのようなイスラーム的な社会運営のあり方は，システムの性質上，生存基盤の維持を可能とするようなものであったのではないだろうか．イスラーム的な倫理と論理を「イスラーム法の諸規定」として実現するときに，法学者たちも人びとも，自然環境，生態，生業などの諸条件を考慮に入れて「問題解決型」の解釈をしてきたであろうし，そこでは，定住文明が遊牧民を排除するのとは対照的に，農耕性，都市性，遊牧性などの人間のさまざまな営みが勘案されていたと考えられる．イスラームは，もとより遊牧民の宗教ではなく，農民にも都市民にも，海を往く漁民にも冒険商人にも受け入れられ，洋の東西に広がった[21]．多様な人びとが住むかつてのイスラーム都市の様子を先に家島 (1991) からの引用で示したが，イスラームの広域的な広がり，すなわち受容された地域とそこに住む人びととの多様性が，イスラームが多様な環境，生態，生業に適合する教えと法規定を内包していることを示している．

　言うまでもなく，イスラーム文明が生存基盤持続型の性質を内包しているのではないかという仮説は，まず近代以前のイスラーム文明にあてはめて，実証的に論じる必要がある．本章で部分的に論じてきたように，それを示唆する素材はいろいろとある．しかし，歴史的な議論に賛同を得られる場合でも，近代以前の諸文明の生産力が環境破壊的な水準に至っていなかったから生存基盤の持続性と結びついていたのではないか，という疑問が出されるかもしれない．理の当然として，科学・技術や生産の水準が低ければ，経済や産業が人間の生存基盤を脅かす可能性は低くなる．その疑問が呈されるならば，イスラーム的なパラダイムに立脚した現代的な解決策が，熱帯型パラダ

---

21) 多様なイスラーム諸地域の人びとの姿は，シリーズ「イスラム世界の人びと」(全5巻) (上岡 1984；佐藤・冨岡 1984；永田・松原 1984；家島・渡辺 1984；三木・山形 1984) に描かれている．

イムの一環として，現代において提示される必要がある．したがって，本仮説は，歴史的なイスラーム文明と共に，現代におけるイスラーム文明再生の試みに照らして検証をおこなう必要がある．

　それは今後の課題であるが，ここでは，なぜ，このような仮説が出てくるのかという研究史的な背景について，もう少し述べておきたい．

　20世紀のイスラーム世界研究を貫いてきたテーゼは，簡潔に述べるならば，「イスラームは前近代において，きわめて高度な文明を築いた．ヨーロッパにおける近代文明の形成も，そこから学んだものの影響が大きかった．しかし，近代においてイスラーム世界は西洋に敗北した．それは，イスラームが自力では近代に到達しえないような内的な弱さ，あるいは近代性を阻むような要因を持っていたからであろう」というものであった．今さら繰り返すまでもなく，かつては同様のことが「イスラーム」の語の代わりに「アジア」や「仏教」「儒教」などを入れても言われていたのであり，ここには西洋近代の普遍性を自明視する西洋中心的な見方が色濃く表れている．また，東洋学が「進歩的な西洋と遅れたオリエント」という図式を学問の名によって生産してきたことは，エドワード・サイードが『オリエンタリズム』(サイード 1986)で明らかにして以来周知となっている．また，西欧だけが「近代／近代性」を内包していたのではないことはつとに指摘されており，日本や東アジアをめぐる研究もすでにかなり蓄積されている．

　それでもなお，イスラームの「後進性」をめぐる議論は尽きない．上に述べたテーゼは，今なお，繰り返されている．20世紀後半，特に冷戦の終焉以降，西洋とイスラームをめぐる「文明の衝突」論などが再燃する中で，欧米では再び西洋近代を擁護し，イスラームの反近代性を批判する議論が登場したし，また，イスラーム世界の中では一九世紀末以来の一貫した「イスラームと近代文明」の統合をめざす議論が，イスラーム復興によっていよいよ強まった．イスラームに反近代性や反西洋を見いだすオリエンタリズム的な見方も，イスラームと近代文明が適合しうるという見方も，「なぜ，イスラームは近代に達することができず，西洋に負けたのか」という設問をめぐる同じ議論の

続きである[22]．

　イスラーム世界を研究する者として，筆者も，このテーゼをめぐる議論には長年関心を持ってきた．しかし，日本から見ている以上，私たちの視点は欧米のものともイスラーム世界のものとも異なる．日本が欧米から学び近代化に成功してきた以上，近代が普遍性を擁していることも，逆に西洋のすべてが近代的ではないこと（地域的特性や文化の固有性も多分に含まれていること）も自明である．しかし，近代を学ぶ者は誰もが，近代性の優れた点を理解しつつも，「これだけがありうべき唯一の普遍性なのか」という疑問を抱かざるをえない．これが唯一の普遍だとすれば，たとえば，近代の科学・技術があまりに多くの戦争の道具を生み出し，20世紀の戦争がそれらの軍事技術を用いて人命を損ねてきたことに，深い疑問を抱かざるをえない．地球環境の破壊も，これが「唯一の近代の道」であり，それ以外の帰結がなかったとすれば，人類にとって近代がよかったのか，深い疑問を抱かざるをえない．

　実際には，西洋にとってすら，これだけが近代の道ではなかった．村上陽一郎は，近代科学の成立を論じる中で，図3-2のような模式図を示している（村上 2002：281）．全体の議論は，17世紀のいわゆる「科学革命」だけで近代科学が成立したわけではなく，さらに「聖俗革命」があってこそ，私たちが理解しているような科学が成立したことである．つまり，18～19世紀に啓蒙主義を通じて科学と宗教の完全な分離が生じたことが「聖俗革命」であり，これが「真理の聖俗革命，真理の世俗化，知識の世俗化」をもたらした（村上 2002：21-22）．図はさらに，このような展開も単線的に必然的に進行したのではなく，歴史の中で特定のコースをたどったことを示している．つまり，現代においてAの地点に立つ私たちは，17世紀からここまでまっすぐに進んできたように思いがちであるが，実際にはCの地点を含む17世紀は，地点Bを経由してA′の地点に進む可能性も内包していた．しかし，その後の歴史の展開は，可能性Bを捨て，従ってA′の可能性も消失させた．歴史が必然でない以上，村上の示す模式図は説得的である．

22）オリエンタリズムをめぐる知の状況は，Lockman (2010) に詳しい．

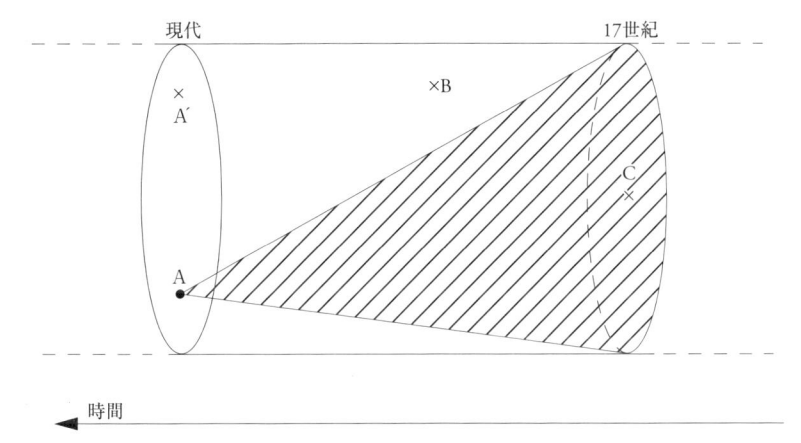

第 3 章
乾燥オアシス地帯における生存基盤とイスラーム・システムの展開

図 3-2 近代科学の成立過程（模式図）
出典：村上（2002：281）

　この議論を，16世紀までさかのぼって，イスラームやその他の文明圏に敷衍することもできるのではないだろうか．具体的には，さらに16世紀まで戻って，中国，インド，イスラーム世界に同じような水準の科学を見いだすならば，それをDの地点とするならば，近代西洋的なCのほかに，私たちは今では消えてしまったC´, B´, そしてA"を想像することが可能であろう．この命題を，天文学を素材として，もう少し詳しく述べてみよう．
　イスラーム天文学を詳細に検討したサリバは，16世紀初頭においてイスラーム世界，中国，西欧が科学水準においてほぼ同等であったにもかかわらず，その後2世紀の間に圧倒的な差がついたと指摘している（Saliba 2007: 248-249）．言いかえると，15世紀まではイスラーム天文学が発展を続け，トゥースィー（1274年没）やイブン・シャーティル（1375年没）がコペルニクス（1543年没）に直接的な影響を与えていた．西欧の天文学が独自の発展を遂げるのはその後である．サリバによれば，イスラーム天文学者とコペルニクスの関係を示す1957年以降の写本の発見やノエル・スワードロウ，オットー・ノイゲバウアーらのコペルニクスの数学的天文学をめぐる研究によって，「コペルニクスも，自分自身が構築した新しい基礎だけに基づいて，新しい天文学を案出した〔先行者から〕全く切り離された存在ではなく，最後

113

のマラーガ天文学者」(Saliba 2007: 209) として見ることが可能となったという．ここでいう「マラーガ」とは，1259年にトゥースィーが天文観測所を設置した場所で，観測施設のほか，多くの優れた科学者集団を擁し，膨大な写本を収めた図書館を持ち，イスラーム天文台の新しい基準を確立した研究施設である (Sayili 1981: 185-223)．コペルニクスはイスラーム天文学の継承者であった．実際，イブン・シャーティルの図とコペルニクスの図 (ターナー2001：139-140) を見比べれば，あまりにそっくりでコペルニクスがイスラーム天文学の写本を直接見たことは疑いを入れない（どこでコペルニクスがそれを見たかは，まだ実証されていない）．コペルニクスがマラーガ天文台 (＝イスラーム天文学) の系譜の最後を飾るとすれば，逆に，彼に直接影響を与えたイブン・シャーティルは「コペルニクス以前のコペルニクス・モデル」(ビクター・ロバーツによる表現) (Saliba 2007: 196) であった．

　ここでイスラーム科学と近代科学を比較する上で天文学を取り上げたのは，両者の関係が深いというだけではない．これが，まさに「コペルニクス的転回」に関わる問題だからである．この「転回」こそが，西洋を近代へと跳躍させる転換点であった．トビー・ハフは，いみじくも，なぜ，イスラーム天文学では，地動説が登場しなかったのであろうか，と問うている．アラブ人の天文学者たちは，すでにコペルニクスと同様の天文学的知識を有していた —— コペルニクスは彼らからそれを得た可能性が高い —— が，コペルニクス的転回には至らなかった．そこに両文明の違いを見るハフは，「コペルニクス的転回は，アラブ人たちがしたくないか，できなかったような，純粋に形而上学的な跳躍だったのである」(Huff 2007 (2003): 327) と言う．

　実のところ，「コペルニクスと同じ科学的水準を有していたイスラーム天文学が，なぜ天動説を脱却しなかったのか」という問いは，コペルニクス的転回によって近代科学へと進んだ，という西欧の経験を投射してイスラーム世界におけるその不在を問う設問であるが，特異な文化的背景を持っていたのは西欧の側であろう．そもそも，西欧において天動説と地動説をめぐる対立は，単なる科学的な論争ではなかった．天動説はカトリック教会がドグマとして支持していた説であり，それだからこそ，その打破はまさに革命的であり，歴史的な「転回」をもたらすものであった．

他方，イスラームには特定の科学的知見なり学説を正統とするような仕組みは存在しなかった．科学者たちが科学的知見と認めたものが科学であり，それに介入したり知見を操作したりする宗教権威は存在しなかったし，今も存在しない．ダッラールは「科学に関する宗教的な講話の目的は，全体としてみれば，科学を宗教に服従させることではなく，この二つを切り離すことだった」として「科学と宗教の分離」がイスラーム科学の発展に寄与したと述べている（ダッラール 2005：281）．要するに，天動説も，イスラーム世界では信仰箇条と何の関わりも持たなかった．イスラーム的な世界観においては，天動説も地動説も神が創造した天地の秩序のメカニズムを解明する天文学的な学説にすぎなかったのである．実際，17世紀以降のイスラーム世界は天文学の生産者であることをやめ，西欧の天文学を輸入する立場になったが，地動説の導入はいかなる宗教的な議論も生み出さなかった．

 その一方で，イスラーム世界において天文学が発展した背景には，具体的な宗教上の理由がある．イスラームでは，神への礼拝を捧げる際に，日に五回マッカの方角に向かう．このため，礼拝の刻限を決め，マッカの方角を知るために，天文的な知識が不可欠となった．イスラームの生活世界においては，太陽と月，星の運行を用いて礼拝の刻限と方向を定めることが重要であり，太陽が東から昇ることが「天動」のメカニズムなのか「地動」のメカニズムによるのかは主要な問題ではなかった．そこでの宗教と科学の関係は，社会的ニーズを満たすところに原点があった．

 西欧の事例を前提に，宗教（または宗教的ドグマ）と科学の関係を対立的にとらえ，それを無批判に他の文明にも想定することは正しくない．コペルニクス的転回は西欧で起こりこそすれ，イスラーム世界で起こりうるべきことではなかった．そのような転回が西欧で起こり近代科学が発達したとしても，その欠如が他の地域において近代を生み出さなかったと考えるのは，もはや有効性を失った単線的な発展観に基づくものであろう．

 西欧が他の諸文明にさきがけて近代に到達し，産業革命以降，強大な生産力と軍事力で他の諸地域を圧倒し，世界を統一したのは歴史的な事実である．比較文明論的に言えば，さまざまな文明が相互に影響し合いながら人類史を形成してきた最後に，科学革命と産業革命によって，文明が用いることがで

きる生産と破壊の力が最大化したということであろう．その段階における文明を西欧が担ったがゆえに，西欧的な近代が普遍性を持つものとされるようになった．

　しかし，その近代文明の結末が大きな危機を迎えている今日，その成り立ちを，他の文明の視点から再考することも重要であろう．前出の模式図（図3-2）に，さらに16世紀の非西欧的なDを想定し，そこにあった生存基盤持続型のシステムを延長した場合に，現代の文明について何が言えるのかを考えることは，単に歴史の中から消えてしまった可能性を想像することではない．さらに，重要なことは，中国やインド，イスラーム世界といった地域において，その歴史的・文明的資産を現代に再生することがありうるのかを問うことであろう．もしその可能性があるのであれば，中国やインド，イスラーム世界で「ありえたかもしれない」代替的な近代を考えることにも，現実的な意味が生まれる．そこで重要なことは，実在した前近代の文明の遺産の活用と，可能性としてのこれからの脱近代であろう．それを本書の問題意識に照らしてより正確に言うならば，温帯型の発展パラダイムからの脱却，および熱帯型の生存基盤持続型の発展径路の構築の展望ということになる．

6 現代におけるイスラーム復興

　19世紀から20世紀にかけてのイスラーム世界は，伝統的な王朝が次々と崩壊し，その領域のほとんどが西欧列強の植民地となった．伝統的なイスラーム世界は解体し，再びそれらの諸地域が独立国家となるときには，自由主義や民族主義，社会主義などの旗を掲げ，アジア・アフリカ連帯や非同盟運動を推進した．イスラームの紐帯が再び姿を現したのは，ようやく1969年に第一回イスラーム首脳会議が開催され，そこでイスラーム諸国会議機構（OIC）の設立が決議されたときであった（小杉2006a）．

　1970年代には，イスラーム復興を示す二つの大きな出来事があった．一つは，1979年のイラン・イスラーム革命である．これは，前年からの激しい弾圧にも関わらず高まった反王政運動の波と，指導者である高位法学者ホ

メイニーの登場によって，国際的にも大きな注目を集めた．20世紀の終わりも近くなって「宗教による革命」が起きたことに，世界は驚いた．これは，フランス革命以来の国民革命，ロシア革命以来の社会主義革命という二つの革命パラダイムを覆す事件であり，また，近代化によって宗教が衰えるという「世俗化」論に逆行する事態であり，さらに，第二次石油ショックによって国際経済にも大きな影響を与えた（小杉 2003）．

これに対して，もう一つの事件は，当時はほとんど注目を集めなかった．それは，1975年のドバイ・イスラーム銀行の設立である．これは最初の商業的なイスラーム銀行であり，その後にクウェートのファイナンス・ハウス，スーダンやエジプトでのファイサル・イスラーム銀行などの設立が続いたが，おおむね冷ややかな目で見られ，90年代の飛躍期に入るまで評価されなかった．イスラーム銀行は「無利子金融」を掲げたが，80年代に入ってからも，利子のない金融は言語矛盾とみなされ，欧米でも無意味な努力と揶揄されていた．イスラーム銀行が固有の顧客層を開拓し，商業的に成立することが確認されたのは90年代になってからであり，その後は，一般銀行もイスラーム金融部門を設けるようになった．現在では，65ヵ国以上に300行以上があり，イスラームに立脚した金融という考え方も，それほど奇異なものとは思われなくなった．

この二つの事件が重要なのは，それぞれ近代的なパラダイムに挑戦する内容を持っているからである．イラン革命は，クルアーンの教えに従って，初期のイスラーム国家をモデルとした国造りをすべきという理念に立脚して遂行された．革命運動の段階ではさまざまな勢力が反王政に結集したが，革命後はイスラーム国家建設をめざす路線がもっとも強くなった．イスラーム的な国家観は，イスラーム法とウンマ（イスラーム共同体）を基盤とする「政教一元論」（小杉 1994：16-20）に立脚する．これは，国民主権と政教分離を前提とする近代国家とは異なるモデルであり，それをどのように理解すべきかをめぐっては大きな論争がおこなわれた．近代西洋的な前提を与件とすると，イスラーム国家は「時代錯誤」「神権政」「原理主義」などのレッテルを貼られることが多い．

しかし，固有の文明や文化に立脚する政治がありうるとしたら，それを具

体的に実践し，試行することの意義は大きい．20世紀はアジア，アフリカにとって，近代化と西洋化，そしてナショナリズムの時代であり，そこには多くの挫折もあった．今日では，固有の文化と歴史を持つ地域を丸ごと近代化したり，あるいは西洋化しようとするのが不可能であることがわかっている．一言で言えば，温帯型の発展径路をその地域に固有の要素を考慮せずに移植することは，多くの国で十分な発展をもたらすことができず，付随してさまざまな社会的な問題を生み出した．そのため，固有の文化と適合的な近代を模索する必要がある．イランや類似のイスラーム世界での例は，その試みとして重要な意味を持っている．イスラーム金融にも，同じように，代替的近代化という意味がある．

イスラーム銀行は，リバー（利子）を禁ずるクルアーンの教えに従って，利子を取らずに近代的な金融システムを構築しようとする営為である．商都で生まれたイスラームは，商業を推奨するのみならず，宗教的な価値をも商業的な論理で推進しようとする性質を持っている．これは，宗教の教えが経済を規制するのではなく，経済的な発想を宗教的倫理の根底に据えるような特徴を持っている．これを筆者は「教経統合論」（小杉2001）と呼んでいるが，イスラーム銀行の設立はそれを現代社会に適用する運動とも言える．

無利子金融は，単に利子を禁ずるというだけのことではない．もし，そうであれば，それはかつて近代的な世界経済にイスラーム世界が巻き込まれた時点で敗北を喫した話題であり，今さら成功しようもないであろう．実際には，利子を取らない代わりに，利益の分配 —— 厳密には，損益の分配 —— をおこなうための契約方式を，イスラーム法上の種々の契約の中から掘り起こし，現代化する作業が重要であった．

その代表例として，ムダーラバ契約を取り上げてみよう[23]．これは，事業者と資金の提供者が協業する契約で，その起源として，6～7世紀にマッカのクライシュ族がこれを用いてキャラバン貿易をおこなっていたことが知られている．ムダーラバ契約という語はクルアーンには登場しないが，キャ

---

23) イスラーム金融においては，より普及している契約方式としてムラーバハがあり，類似の契約方式としてムシャーラカがある．また，最近では，スクーク（一般にイスラーム債と呼ばれるが，実態はイスラーム型証券）なども広がっている．詳しくは，小杉・長岡（2010）参照．

ラバン貿易については「クライシュ族の保護のゆえに，彼らの冬と夏の隊商の保護のゆえに」(クライシュ族章1〜2節) と言及がある．南のイエメンに下ってインド洋を越えてくる物産を仕入れる冬の旅と，それらの物産を北の地中海沿岸に持って行って交易する夏の旅が，マッカの商人たちに莫大な利益をもたらした．資本を提供する商人と実際に隊商の旅に出る事業者は，危険な旅で出資と事業を失うリスクを負っていたが，成功すると大きな利益を得て，それを両者の間で分配していた．現代のイスラーム金融では，この損益分配方式を，イスラーム銀行への投資および銀行からの投資に活用している．

ハイリスク・ハイリターンのキャラバン貿易が，遊牧民出身の商人部族の得意とするものであったことは論を待たないであろう．時を超えて7世紀のアラビア語の聖典を現代にもたらすのは，イスラームが持つバダーワ(遊牧文化)的な特徴であることは前述したが，現代に復興されている契約方式が14世紀前のキャラバン貿易に起源を持つことも，イスラーム文明に吹き込まれたバダーワ的性格を想起させる．

しかし，イスラーム金融が大きな重要性を有しているのは，単にバダーワ的な性格を反映している点ではない．利子を軸とする従来の資本主義的な金融に対して，異議を申し立てていることが肝要である．イスラーム金融や，さらに全体的なイスラーム経済の必要性を説くイスラーム世界の研究者たちが，ポスト資本主義をめざして理論化に励んでいる現状は，温帯的システムを超えて熱帯域に適合する新しいパラダイムを模索する者にとっても，多くの示唆を含んでいる．果たしてイスラーム経済は，乾燥オアシス地帯的な持続型生存基盤パラダイムを担って，人類に新しい方途を示すものたりうるのであろうか．

イスラーム革命，イスラーム銀行を事件として述べたが，さらにもう一つ，同時代的に進められてきた「知のイスラーム化」についても触れておきたい．これは，近代科学をイスラーム化しようとする運動である．思想的には70年代に始まり，組織的には，1977年に開催された第一回「知のイスラーム化」国際会議が大きな意義を持っている．主導者の一人として，ファールーキーは大きな役割を担った (al Fārūqī 1982; 1988)．その成果の一つとして1981年に米国に国際イスラーム思想研究所が設立された (Barzinji 1999: 18-19)．ま

た，エジプトとマレーシアにも，同研究所の支部が作られ両国は活発な活動の中心となった (Abaza 2002)．同時期にイギリスで活発な論陣を張ったサルダル (Sardar 1977; 1979; 1985; 1989) も重要な存在である．

この背景には，政治的な独立を獲得したイスラーム諸国が，科学や科学教育の面では後進的な状態のままにあるとの危機感があった．それと同時に，かつてイスラーム科学が隆盛した黄金時代があった以上，その復活は不可能ではないという信念が認められる．この運動の主導者の多くが欧米で自然科学，社会科学，科学史を学び，近代文明を理解した上で，そのイスラーム化を図る必要があるという認識を持った．「イスラームと近代文明」の統合というテーマは，多くのイスラーム復興運動に共通する．

知のイスラーム化が私たちにとって興味深いのは，イスラームが持つ宗教的な宇宙観，世界観と近代科学を統合しようとする点にある．村上陽一郎（村上 2002）が論じているように，西洋的な近代科学は 17 世紀の科学革命に続く 18〜19 世紀の「聖俗革命」によって誕生したから，聖俗分離ではない科学のあり方，宗教のあり方を希求する立場は，パラダイム転換という点で大きな意義を持っている．前近代のイスラーム科学の中に，聖俗分離とは異なる固有の世界観・科学観を探求する営為も，これまでさまざまな成果をあげている (Nasr 1968; 1976; 1978; Bakar 1998)．筆者は，それをイスラーム文明の固有性の一つと見て，「文理融合論」の新しい一類型と位置づけようとしている（小杉 2007）．

政治・社会・科学などの諸分野において，現代イスラームはこのような代替的な近代を求める大胆な提起をおこなっている．それらの考え方に注目し，これからのパラダイム転換に寄与しうる要素をさらに探索すべきであろう．

7 おわりに

本章では，中東・イスラーム地域における環境・技術・制度の長期ダイナミクスを考えるために，いわばマクロな人類史と比較文明学の視点から，イスラーム文明の特徴を考え，それが西洋近代文明の限界に直面している現代

において，どのような代替的な価値を提出しようとしているのか検討を加えてきた．1970年代以降に顕在化したイスラーム復興によって，三項連関的な特質を内包するイスラームの論理が現代にも通用するものとして，自己主張するようになったことは重要な展開である．

現代におけるイスラーム政治，イスラーム金融を中心とするイスラーム経済の試み，科学のイスラーム化という三つの事例に触れたが，いずれも政治，経済，科学の分野において聖俗分離を超える新しいパラダイムを提出しようとしている．筆者の見るところ，温帯型の発展径路に代表される近代の道は，社会と知識を分離的にとらえる点に大きな問題がある．近代西欧において，宗教と社会や政治，宗教と科学などが分離されたこと（さまざまな面での聖俗分離）が発展の基礎と考えられているが，それは他方で，社会と知の有機的連関を解体してきた．地球的環境問題にしても，過剰な生産にしても，生命倫理の危機にしても，根底にはこの問題がある．

現代的な諸問題を解決するために，学際的な研究，超領域的な学的協力，文理融合が必要であると説かれるのは，まさにこの社会と知の有機的連関の解体に対処し，それを乗り越えようとするからである．この問題を考える時に，過去半世紀ほどのイスラーム世界が宗教と政治，経済，科学の再統合を求める試行を繰り返してきたことは，非常に興味深いことであろう．本章ではその背景に文明論的な特徴を見て，乾燥オアシス地帯におけるイスラームの成立や三項連関について検討を加えた．さらに，乾燥地域を含む熱帯型のパラダイム創成へ向けて，議論を深めていきたい．

引用文献

Abaza, Mona 2002. *Debates on Islam and Knowledge in Malaysia and Egypt: Shifting Worlds*. London: Curzon.
'Abdllāh al-Bustānī 1992. *Al-Bustān: Mu'jam Lughwī Muṭawwal*. Beirut, Maktaba Lubnān.
アルハサン，アフマド・Y.，ドナルド・R・ヒル 1999．『イスラム技術の歴史』（多田博一・原隆一・斎藤美津子訳，大東文化大学現代アジア研究所監修）平凡社．
Bakar, Osman 1998. *Classification of Knowledge in Islam: A Study in Islamic Philosophies of Science*. (original edition in 1992) Cambridge: Islamic Texts Society.
Barzinji, Jamal 1999. "History of the Islamization of Knowledge and Contributions of the International Institute of Islamic Thought." In Amber Hoque (ed.) *Muslims and Islamization*

in North America: Problems and Prospects. Belstsville: Amana Publications.

Bloom, Jonathan M. 2001. *Paper before Print: The History and Impact of Paper in the Islamic World*, New Haven and London: Yale University Press.

Burckhardt, Titus. Tr. by Peter J. Hobson, *Art of Islam: Language and Meaning*. London: World of Islam Festival Publishing, 1976.

al-Bustānī, ʻAbdullāh 1992. *Al-Bustān: Muʻjam Lughwī Muṭawwal*. Beirut: Maktaba Lubnān.

ダッラール，アフマド 2005.「科学，医学，技術 ── 科学文化の発展」ジョン・エスポジト編（坂井定雄監修，小田切勝子訳）『オックスフォード　イスラームの歴史　1：新文明の淵源』共同通信社，212-283 頁.

al Fārūqī, Ismaʻil R. (ed.) 1982. *Islāmic Thought and Culture: Papers Presented to the 1979 Meeting of the American Academy of Religion*. Brentwood: International Institute of Islāmic Thought.

al Fārūqī, Ismaʻil R. 1988. *Islamization of Knowledge: Problems, Principles, and Prospects*. In Islam: Source and Purpose of Knowledge, Proceedings and Selected Papers of Second Conference on Islamization of Knowledge 1402 AH/1982 AC. Herndon: International Institute of Islamic Thought.

グタス，ディミトリ 2002.『ギリシア思想とアラビア文化 ── 初期アッバース朝の翻訳運動』（山本啓二訳）勁草書房.

板垣雄三・後藤明編 1992.『事典 イスラームの都市性』亜紀書房.

伊東俊太郎 1985.『比較文明』東京大学出版会.

─── 2006.『12 世紀ルネサンス』講談社（初版　1993 年）.

堀内勝 1979.『砂漠の文化 ── アラブ遊牧民の世界』教育社.

Huff, Toby E. 2007. *The Rise of Early Modern Science: Islam, China, and the West*. Second edition. (original edition in 2003) Cambridge: Cambridge University Press.

Lockman, Zachary 2010. *Contending Visions of the Middle East: The History and Politics of Orientalism*. Second edition. Cambridge: Cambridge University Press.

上岡弘二編 1984.『イスラム世界の人びと』東洋経済新報社.

加藤博 1995.『文明としてのイスラム ── 多元的社会叙述の試み』東京大学出版会.

小杉泰 1994.『現代中東とイスラーム政治』昭和堂.

─── 1995.「統治の目的」板垣雄三監修・湯川武編『イスラーム国家の理念と現実』（講座イスラーム世界 5）栄光教育文化研究所

─── 1997.「民族・言語・宗教 ── 中東・イスラームからの照射」濱下武志・辛島昇編『地域史とは何か』山川出版社.

─── 2001.「イスラームの『教経統合論』── イスラーム法と経済の関係をめぐって」『アジア・アフリカ地域研究』1：81-94.

小杉泰 2002.『ムハンマド ── イスラームの源流をたずねて』山川出版社.

─── 2003.「宗教と政治 ── 宗教復興とイスラーム政治の地平から」池上良正他編『宗教とはなにか』（岩波講座・宗教 1）岩波書店，241-272 頁.

─── 2006a.『現代イスラーム世界論』名古屋大学出版会.

─── 2006b.『イスラーム帝国のジハード』講談社.

―― 2007.「イスラーム世界における文理融合論 ―― 『宗教と科学』の関係をめぐる考察」『イスラーム世界研究』1(2): 123-147.
―― 2009a.「イスラーム文明の形成とその固有性をめぐって」『比較文明』24: 21-47.
―― 2009b.『「クルアーン」 ―― 語りかけるイスラーム』岩波書店.
小杉泰・長岡慎介 2010.『イスラーム銀行 ―― 金融と国際経済』山川出版社.
松井健 1989.『セミ・ドメスティケイション ―― 農耕と遊牧の起源再考』海鳴社.
―― 1999.「遊牧の文化的特質についての試論 ―― 西南アジア遊牧民を中心として」『国立民族学博物館研究報告別冊』20: 493-516.
三木亘・山形孝夫編 1984.『イスラム世界の人びと5 都市民』東洋経済新報社.
村上陽一郎 2002.『近代科学と聖俗革命〈新版〉』新曜社.
永田雄三 1984.「歴史上の遊牧民 ―― トルコの場合」永田雄三・松原正毅編『イスラム世界の人びと3 牧畜民』東洋経済新報社, 183-214頁.
永田雄三・松原正毅編 1984.『イスラム世界の人びと3 牧畜民』東洋経済新報社.
Nasr, Seyyed Hossein 1968. *Science and Civilization in Islam*. Cambridge, Mass.: Harvard University Press.
―― 1976. *Islamic Science: An Illustrated Study*. London: World of Islam Festival Publishing.
―― 1978. *An Introduction to Islamic Cosmological Doctrines*. revised edition. London: Themes and Hudson.
応地利明 2009.「文化・文明・「近代化」」『こころの謎 kokoroの未来』京都大学学術出版会, 391-428頁.
ピアス, フレッド 2008.『水の未来 ―― 世界の川が干上がるとき あるいは人類最大の環境問題』(沖大幹監修, 古草秀子訳) 日経BP社.
サイード, エドワード・W. 1986.『オリエンタリズム』(今沢紀子訳, 板垣雄三・杉田英明監修) 平凡社.
Saliba, George 2007. *Islamic Science and the Making of the European Renaissance*. Cambridge and London: MIT Press.
Sardar, Ziauddin 1977. *Science, Technology and Development in the Muslim World*. London: Croom Helm.
―― 1979. *The Future of Muslim Civilisation*. London: Croom Helm.
―― 1985. *Islamic Futures: The Shape for Ideas to Come*. London: Mansell.
―― 1989. *Explorations in Islamic Science*. London: Mansell.
Sayili, Aydin 1981. *The Observatory in Islam*. New York: Arno Press.
佐藤次高 2000.「アラブ・イスラーム世界の拡大」髙山博・辛島昇編『地域の成り立ち』山川出版社, 18-51頁.
佐藤次高・冨岡倍雄編 1984.『イスラム世界の人びと2 農民』東洋経済新報社.
清水和裕 2005.『軍事奴隷・官僚・民衆 ―― アッバース朝解体期のイラク社会』山川出版社.
杉山正明 1997.『遊牧民から見た世界史 ―― 民族も国境もこえて』日本経済新聞社.
ターナー, ハワード・R. 2001.『図説 科学で読むイスラム文化』(久保儀明訳) 青土社.

第 1 編
環境・技術・制度の長期ダイナミクス

谷泰 1997. 『神・人・家畜 ―― 牧畜文化と聖書世界』平凡社.
Watson, Andrew M. 1983. *Agricultural Innovation in the Early Islamic World: The Diffusion of Crops and Farming Techniques, 700-1100*. Cambridge, UK: Cambridge University Press.
ワット，モンゴメリー 1984. 『地中海世界のイスラム ―― ヨーロッパとの出会い』（三木亘訳）筑摩書房.
Yāghī, Ismāʿīl Aḥmad 1997. *Athar al-Ḥaḍāra al-Islāmiya fī al-Gharb*. Riyadh: Maktaba al-ʿUbaykān.
家島彦一 1991. 『イスラム世界の成立と国際商業 ―― 国際商業ネットワークの変動を中心に』岩波書店.
――― 2006. 『海域から見た歴史 ―― インド洋と地中海を結ぶ交流史』名古屋大学出版会.
家島彦一・渡辺金一編 1984. 『イスラム世界の人びと 4　海上民』東洋経済新報社.

第 2 編

地球圏・生命圏の中核としての熱帯

第 2 編
地球圏・生命圏の中核としての熱帯

第 2 編のねらい

　私たちは，地球圏と生命圏を人間圏に内在化させることにより，生存基盤を持続型へと鍛え上げることを目指している．換言すると，生産の効率化や経済発展を目指す人間圏の論理に基づく生存基盤から，循環と再生産が交錯する地球圏や生命圏の論理に配慮した生存基盤への転換である．序章に述べたように，三つの圏は，それぞれ独自の生成と発展の論理をもっている．これらを関係づけ，そして調和をはかることが求められている．

　それでは，地球圏と生命圏の論理とは何か，そしてそれらに配慮した生存基盤とはいかなるものか．

　地球科学や気候学では，物理化学システムとしての地球圏に関する研究が急速に進展している．その結果，地球規模や大陸・大洋規模の水や熱の循環過程やローカルな気象現象が，数十万年から一日までのさまざまな周期で変動していることが明らかになりつつある．さらに人類は，その英知を結集して，地球温暖化の解明や将来予測に取り組んでいる．また生物学や生態学では，個体から種，群集，生態系にいたるさまざまな生物集団の競合と共生に関する研究が進んでいる．欧米諸国を中心として始まった生物多様性保護への取り組みは，この数十年で，世界の諸地域に浸透した．

　私たちが目指しているのは，これらの知見を踏まえつつ，それを人間圏との関係性の中で再検討することにより，持続型生存基盤が兼ね備えるべき論理を見出すことである．そのために，私たちは熱帯に着目した．

　熱帯は地球圏と生命圏の中核である．熱帯に降り注ぐ太陽エネルギーは，温帯の約3倍である．この太陽エネルギーが地球圏の物質・エネルギー循環を駆動している．熱帯は，温帯より格段に大きい生物多様性をもつ．氷河期と間氷期が繰り返される中で，40億年におよぶ生命の歴史を支えてきたのは熱帯である．

　熱帯の地球圏と生命圏は，それぞれの中核であるがゆえに，世界の他の地域にはみられない多様性と変動をもつ．それらを完全に制御することは今日の人類が手にしている科学技術の能力をはるかに超える．だからこそ，熱帯における人間圏と地球圏や生命圏の関係性は複雑，多様かつ個別的であり，熱帯社会はそれぞれの状況に応じた技術や制度を発達させてきた．熱帯においては，人間にとって有益な自然環境と災害を引き起こす自然環境は渾然一体となって存在する．熱帯社会は，自然環境を峻別し，制御するのではなく，生存基盤として，地球圏や生命圏の過少性や過剰性をまず受け入れることにより成り立ってきた．私たちは，ここにこそ，地球圏，生命圏，人間圏

の三つの論理の調和へといたる突破口を見出すことができるのではないか，と考えている．

　本編は3つの章からなる．第4章「地球圏の駆動力としての熱帯」は，地球圏における水と熱の循環に焦点を当て，気候学や水文学の最新の英知を踏まえて，地球圏の空間的な不均質性と時間的な変動性を描く．地球圏の論理の探求に向けた試論である．第5章「生存基盤としての生物多様性」は，生命圏における生物の競合と共生に焦点を当て，森林生態学や昆虫生態学の長年の研究成果から，人間を含めた生物の多様性と共存の論理（いわば，生命圏と人間圏を調和させる論理）を明らかにしようとする．第6章「循環する水への適応─熱帯における技術多様性」は，アジア・アフリカ地域における多様な水の生態とそれに対応した生活と生業のための多様な技術を提示することにより，地球圏と人間圏を調和させる方向性を探る．

　温帯から熱帯へと立脚点を移すことにより，生存基盤が兼ね備えるべき地球圏と生命圏の論理が見えてくるはずである．

［河野泰之］

第4章

地球圏の駆動力としての熱帯

甲 山　治

1 地球圏の理解に向けて

1-1　生存基盤としての地球圏

　地球圏とは，地球を構成するすべての物理的階層（コア・マントル・地殻—陸水・海水—対流圏・成層圏・熱圏）における無機物を媒体とした物質・エネルギー循環のシステムである．私たちの日常生活には日射も土地も水も必要である．なぜこれらが私たちの日常生活の場にあるのか．日射のもとは太陽光だが，太陽光に含まれる光は波長が400nmから700nmの間の可視光が主である．それ以外に，可視光よりも波長のやや長い近赤外光（近赤外線）が比較的多く含まれているが，私たちの健康に被害をもたらす波長の短い紫外光（紫外線）の大部分はオゾン層で吸収される．地球表面に届く可視光を活用して，植物は光合成を行っている．地球誕生以来，絶えまなく続いている地殻運動の結果として，現在の大陸と海洋の分布があり，私たちが暮らす土地が形成されている．水は，地表面と海洋と大気圏を絶えず循環している．すなわち，私たちの日常生活の物理的環境は，今日の地球の現状を支えている物質・エネルギー循環システムに依存している．人類を含むあらゆる生命

129

活動は地球圏において維持されている．

　地球圏は論理をもつ．それは地球規模の規則性や変動性となって具現化される．それでは地球圏の論理とは何か．これを追求する自然科学は存在しない．例えば地球物理学は，雪氷学，測地学，地球電磁気・超高層物理学，水文学，気象学・大気科学，海洋物理学などに細分化されている．それぞれの分野は対象とする自然現象を切り出して解析しているにすぎず，地球圏全体を対象とする統合的な議論は十分に進んでいない．水・熱および物質循環を含めた現在の気候システムは，人間圏および生命圏との相互作用を含んだ系である．地球温暖化問題はその顕著な例である．そのため，地球圏の論理も変化しつつある．このような視点からの検討は未だ緒に就いたばかりである．本章では，「地球圏の論理」を読み解くうえで出発点となりうる考え方を，とりわけ熱帯と温帯の違いに着目して，主に気候学，気象学および水文学等の知見から掘り起こしていこう．

1-2　地球圏における熱循環と水循環

　気候システムとは，地球に入ってきた太陽エネルギーを地球圏の大気・水循環および海洋循環プロセスを経て宇宙空間に再放出し，地球全体として定常状態を保つためのメカニズムである．その過程において地球上の各地域に熱や水が配分される．私たちは，これを気温や湿度，降水量として表現される気候として認識している．まずは，この熱と水の配分過程をみていこう．

　地球全体でみると，地球の大気及び表面が吸収する太陽放射の熱量（日射量）と，地球大気から地球放射として出ていく熱量（赤外放射量）は等しく，熱収支は閉じている．しかし，地球が球体であるために，太陽から地球への熱供給は，地表面の単位面積当たりで考えると，赤道域で大きく南北の極域に向かって高緯度になるほど小さくなる．いっぽう，赤外放射量も赤道域で大きく極域で小さいが，その南北較差は日射量ほど顕著ではない（図4-1）．その結果，赤道域では入ってくる熱量が出ていく熱量より大きく，中緯度地帯では両者が均衡しており，極域では逆転する．このアンバランスを調整するのが大気と水の循環による南北間の熱輸送である．この熱輸送がなければ，

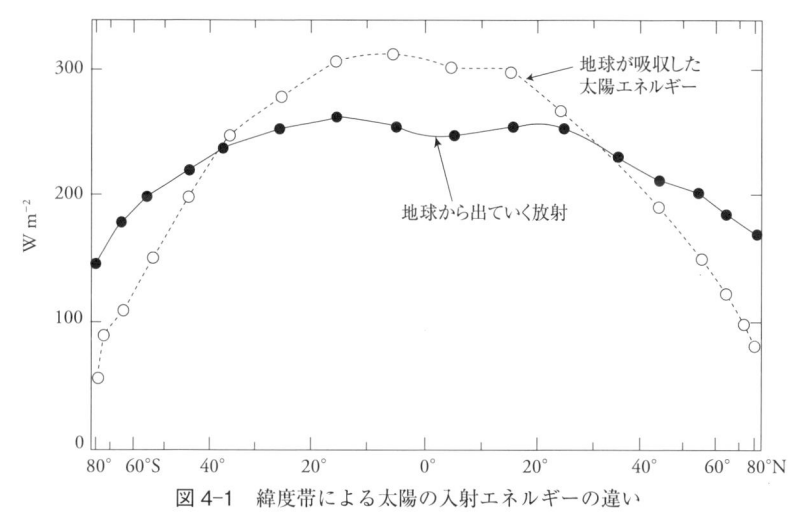

第4章
地球圏の駆動力としての熱帯

図4-1 緯度帯による太陽の入射エネルギーの違い
出典：小倉（1999）図7-1から引用．

　赤道域はより高温に，極域はより低温になるので，これは地球レベルで気温を平準化する働きをもつ．すなわち，熱帯が受け取る太陽エネルギーが駆動力となって，地球規模の大気と水の運動が引き起こされている．
　赤道域から極域への熱移動が主流である熱循環に対して，水循環はより複雑な過程である．水環境は東西の非対称が顕著である．例えば東南アジア大陸部からインド亜大陸にかけては多雨地帯であるのに対して，同緯度帯のアラビア半島からアフリカ・サハラにかけては乾燥地帯が広がっている．これらは，直接的には，海と陸の配置による熱的コントラストやヒマラヤ・チベットの山岳域，海流の影響を受けた結果だが，その背景には，地球の形状，地球の自転の影響（コリオリ力），海流，海陸の熱容量の違い，植生と土壌の影響などが複雑に相関しあっている．水循環は，南北と東西の両方向への循環を含み，かつ水環境の平準化と特異化の両面をもつメカニズムである．
　水循環は，また，熱循環を必然的に伴う．水は，固相（雪，氷など），液相（降雨，地表水など），気相（水蒸気）と状態を変化させながら地球圏を循環している．そのため，水循環は，温度（正確には温位）の形での熱輸送（顕熱輸送）に加えて，相変化にしたがって放出もしくは吸収される熱を介した熱輸

131

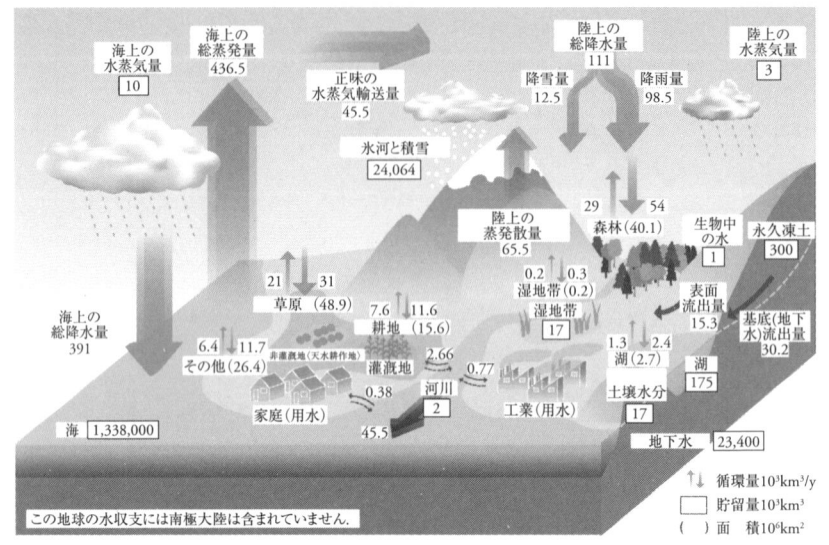

第 2 編
地球圏・生命圏の中核としての熱帯

図 4-2 地球上の水収支・水循環（口絵 1）
出典：Oki and Kanae (2006).

送（潜熱輸送）を伴う．このような熱循環と水循環の結果，地球上には多様な気候が形成されている．

1-3 地球圏科学に向けた学融合

　地球圏において，水は，海洋→大気→陸域（地表面→河川・地下水）→海洋と循環している．図 4-2 は，地球圏全体を対象として水循環を模式的に示したものであり，長期平均の貯留量と一年間の平均循環量が記されている．貯留量に注目すると，海洋における貯留が陸域における貯留よりも圧倒的に大きい．陸域における貯留の大部分は氷河と積雪である．いっぽう，循環量に注目すると，海洋では降水より蒸発のほうが多く，陸域では蒸発より降水のほうが多い．この過不足を調整するために，陸域から海洋へは河川および地下水流を介して水（液相）が移動し，それと同じ量の水蒸気（気相）が，海洋から陸域へ大気圏において輸送されている．すなわち陸域での降水は，地表

面からの蒸発散（蒸発と蒸散）に加えて，海洋から陸域へ輸送された水蒸気が源となっている．これは，同時に海洋で蓄えた熱を気化の潜熱として奪い，降水時に凝結熱として陸域に開放している．すなわち海洋から陸域へ，潜熱を輸送していることを意味する．

このように水循環は，大気と海洋と陸域の相互作用として成り立っている．このうち，「気象学」に代表される大気科学と「海洋学」に代表される海洋科学は，基礎となる理論が流体力学であるために早くから学融合が進んだ．海洋の循環には，大別すると風成循環と熱塩循環が存在する．このうち風成循環は，海洋上を吹く風の摩擦力を運動エネルギーとする海洋表層の循環である．風成循環と大気循環は緊密に相互作用しており，両者ともコリオリ力の影響を受ける．一方，熱塩循環は，風成循環に比べて桁違いにゆっくりしたペースで，深層も含めた地球の海洋全体を流れている．この循環が全海洋を一巡するには 1000 年から 2000 年程度の時間を要する．熱塩循環は，数十年から数百年を単位とする長期的な気候変動をコントロールする最も重要な要素の一つであると考えられる．

大気と海洋の融合研究の例としては，エルニーニョ・南方振動 (El Niño-Southern Oscillation, ENSO) が挙げられる．すなわち，大気に関してはインドネシア付近と南太平洋東部で，海面の気圧がシーソーのように連動して変化し（片方の気圧が平年より高いと，もう片方が低くなる傾向），海洋では赤道太平洋の海面水温や海流などが変動する自然現象である．大気に主眼を当てた場合には単に「南方振動」と呼ぶこともあり，一方，海洋に着目する場合には「エルニーニョ現象」と呼ぶ場合がある．エルニーニョ現象と南方振動は，当初は別々に議論されていたが，研究が進むにつれて，両者が強く関係していることが明らかになった．「エルニーニョ・南方振動 (ENSO)」の「発見」は，学融合の成果として広く知られている．

これらに加えて，近年，河川流出や土壌水分変動，地下水流動など陸域の水の動態を研究する「水文学」との学融合が進みつつある．陸域のうち，水や熱の大気との交換に寄与する地表面部分を陸面 (land surface) と呼ぶが，陸域と大気の相互作用に関する研究は，大気モデルと結合された陸面過程モデル (land surface scheme) の開発と解析が主流である．陸域は，大気や海洋と

比較して，面的な不均一性が大きく水動態が複雑である．したがって，陸面過程モデルの改良においては，陸面をどこまで精緻化するかが大きな課題となっている．古くは真鍋のBucketモデルに始まり（Manabe 1969），セラーズらのSiB（Simple Biosphere Model）およびSiB2（Sellers 1981; 1996），ディキンソンのBATS（Biosphere-Atmosphere Transfer Scheme）など（Dickinson 1983; 1984）の開発が進められてきた．Bucketモデルでは，陸面の属性を土地利用と土壌水分によって表現し，それらが可能蒸発量と蒸発効率を規定していると想定して陸域と大気との相互作用を解析している．SiB以降のモデルでは植生の影響を定量的に評価するようになった．さらにSiB2以降のモデルでは，植物の光合成過程を定式化し，気孔コンダクタンスをモデル内で表現することで，水と熱の動態に関連させながら，陸面における二酸化炭素の収支を推定することができるようになった．現在は，植生の遷移を組み込んだ陸面過程モデルの開発が進められるなどモデルの高度化が進んでいる．これらの陸面過程モデルは，気象予測の現場で活用されるとともに，気候の将来予測や過去の気候の再現に利用されている．

　このように，大気，海洋，陸域研究の学融合は大きな成果を生みつつあるが，これに対して，人間活動や生態系が大気，海洋，陸域の相互作用に与える影響についての研究はこれからの課題である．現時点では，陸面過程モデルにおける陸域の土地利用や植生，水環境の変化が与える影響として研究されているが，これはまさに人間活動や生態系の一部を取り出してモデルに組み込んでいるに過ぎない．今後は，これまでの地球物理学を基礎とした枠組みに，人間圏や生命圏からの視点や考え方を加える新たな学融合が，持続型生存基盤を議論する上で重要な意味をもつであろう．

2 大気と水の循環のメカニズム

　地球圏には，熱のコントラストを駆動力とする南北方向の循環と複雑な要因がもたらす「ゆらぎ」とでも表現すべき東西方向の循環がある．順を追って説明していこう．

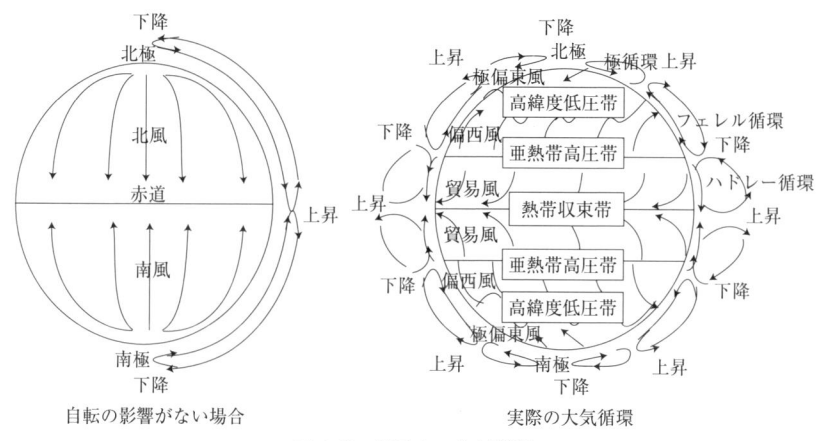

第 4 章
地球圏の駆動力としての熱帯

図 4-3　地球上の大気循環

2-1　南北方向の大気循環と水循環

　地表面における熱量の入出力は，赤道域で正，極域で負である．したがって赤道域の大気は暖められ，上昇気流を生み，極域の大気は冷やされ下降気流を生む．地球が自転せず公転活動のみを行う物体ならば，赤道域で上昇した大気は対流圏において極域へと移動し，そこで下降し，地表面近くを赤道域へと戻る循環が起こる（図 4-3 左図）．したがって地表面付近においては，北半球では北風が，南半球では南風が卓越することになる．
　しかし実際には，地球は自転しておりコリオリ力が働くために，大気の循環はこのように単純なものではない．コリオリ力とは，決まった軸のまわりに一定の角速度で回転している球体からその上空を動いている物体を観察したときに，物体の進行方向と直角方向に働く見かけ上の力のことである．回転する球体である地球では，回転速度と遠心力の緯度による違いによって説明することができる．北半球では進行方向の右側に向かう力，南半球では逆に左側へ向かう力を受ける．すなわち北半球では，北に向かうと東へ，東に向かうと南へ，南に向かうと西へ，西に向かうと北へと，軌道を修正する慣性力が働く．地球上におけるあらゆる物体の動きは，コリオリ力の影響から

135

逃れることができない．

　大気循環は，コリオリ力によって，北半球では右方向の，南半球では左方向の力を受ける．その結果，南北方向の循環は，東西方向の循環の影響も受けたのち，ハドレー循環，フェレル循環，極循環の3つに分かれる（新田他 2002）（図4-3右図）．ハドレー循環は，赤道域で上昇し，北緯および南緯30度付近で下降する循環である．ハドレー循環の上昇域である赤道付近では低圧帯（熱帯収束帯）が，下降域である南北緯度30度付近では高圧帯（亜熱帯高圧帯）が形成される．コリオリ力を受けるために，地表面近くでは南北緯度30度付近から赤道に向かって，北半球では北東風が，南半球では南東風が吹く．これを貿易風（trade wind）と呼ぶ．もともと trade は決まったコース，trade wind は決まったコースを吹く風という意味であったが，近世以降は商業的な取引を示す貿易と同義語になった．一方，極循環は，極域で冷やされた大気が下降し，地表面に沿って南北緯度60度付近の中緯度帯に向かう循環である．極や高緯度では気温が非常に低いため，冷たい空気が地表面付近に溜まり，極高圧帯を作る．この極高圧帯からは低緯度側に向かって風が吹き出すが，地球の自転の影響でコリオリの力が働いて西向きに曲げられ，東寄りの風となる．

　ハドレー循環と極循環は，温度が高い地域で上昇し，温度が低い地域で下降する．このような循環を直接循環と呼ぶ．これに対して中緯度帯に卓越するフェレル循環は，相対的に温度の低い地域で上昇し高い地域で下降する間接循環であり，地球全体で緯度帯に沿って平均をとることで現れる見かけの循環である．南北緯度60度あたりでは，いくつかの場所で北東方向に進んできた温帯低気圧が発達して強い上昇流があるので，その周辺に弱い下降流があっても地球全体で平均すると上昇流が卓越することになる．逆に南北緯度30度あたりでは，温帯低気圧の背後に下降流があり，地球全体で平均すると下降流が卓越する．その結果として，中緯度に間接循環であるフェレル循環がみられる．地球圏における大気による熱輸送は，この3種類の南北の大気循環によっている．

　それでは大気循環に伴う水の循環はどのようなものであろうか．図4-4は，各緯度帯で平均した年降水量と年蒸発量を示している．両者の差は，それぞ

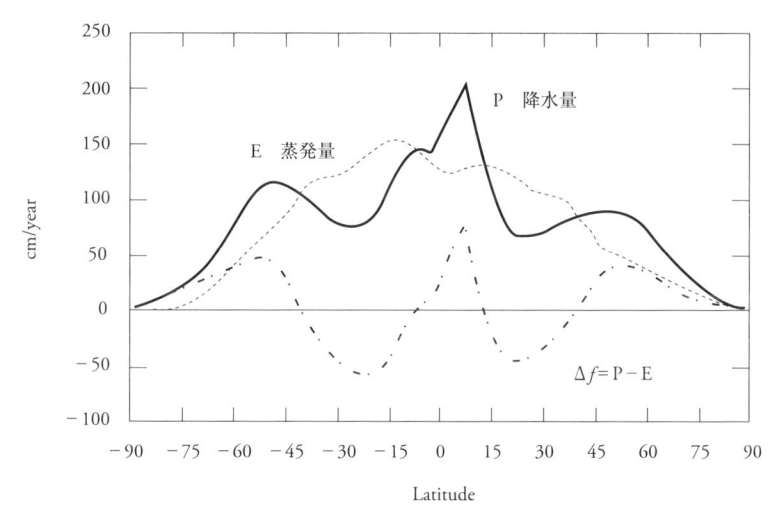

第 4 章
地球圏の駆動力としての熱帯

図 4-4　東西平均降水量 (P) と蒸発量 (E) の緯度分布
注：正が北緯を示す．
出典：Baumgartner and Reichel (1975).

れの緯度帯における水収支を示しており，正の場合には大気圏からの吸収源，負の場合には大気圏への供給源となっていることを意味する．熱帯収束帯や高緯度帯では降水量が蒸発量よりも大きく正となるのに対して，南北緯度 20〜30 度付近の亜熱帯高圧帯は 1,000mm を超える年蒸発量に対して年降水量はその 60％程度と，大気への水蒸気供給源となっている．また，南北緯度 40〜50 度付近に年降水量の第二の極大値があるが，これは温帯低気圧がもたらす降水に起因する．すなわち，亜熱帯高圧帯が供給する水蒸気が，一部は熱帯収束帯に輸送され積乱雲を，残りは中緯度に輸送され温帯低気圧を形成し，降水を生む．

2-2　東西方向の大気循環と水循環

　上述したように，赤道付近には熱帯収束帯が形成される．熱帯収束帯の位置は季節によって変動し，6 月から 8 月には最も北半球寄りに，12 月から 2 月には最も南半球寄りになる．熱帯収束帯では，両半球のハドレー循環によ

り，北半球から北東貿易風が，南半球から南東貿易風が吹き込み，ぶつかりあうために，偏東風が卓越する．一方，中高緯度では，極東風や貿易風とは正反対の偏西風が発生する．これは，赤道域にある大気は自転の影響で最も早い速度をもち，ハドレー循環によって赤道付近から高緯度側に移動した大気も周囲の大気と比べて相対的に速い速度をもっているためである．コリオリ力が働くために，北半球では赤道域から北に移動した大気が，右側である東向きの力を受けることで西風になると説明することもできる（南半球では左向きの力を受け西風になる）．しかし実際の地球大気ではハドレー循環は30度付近までしか到達していないことから，北緯および南緯30度付近の亜熱帯ジェットと呼ばれる偏西風は説明できるが，それより高緯度の西風は説明できない．これには到達できない理由が存在する．

　熱帯域と温帯域や極域のように，気温が高い場所と低い場所を比べると，低い場所での空気の密度の方が高い．両者の地上の気圧が等しい場合，鉛直に積算した空気の重さは同じなので，気温が低い場所では地上面の空気の密度は高いが，高度の上昇による気圧の下がり方は大きい．したがって，同じ高度の気圧は，ある高度以上になると，気温が低い場所のほうが高い場所より低くなる．その結果，気温の高い方から低い方に風が吹く．このような風を温度風という．ハドレー循環が30度付近までしか到達できない原因はこの力が働くためである．偏西風が吹く中緯度では西風に働くコリオリ力によって，南北方向の温度差によって生じる圧力を打ち消すことができる．赤道付近では暖かい空気と冷たい空気の境界上に西風を置いても，コリオリ力が小さいのでハドレー循環を止めることはできない．ハドレー循環の到達できる緯度は，おおよそ偏西風に働くコリオリ力と南北方向の温度差によって生じる圧力がつりあう緯度であり，それが地球大気では30度付近である．夏季は極域も相対的に暖かくなることから，南北の気温の差が大きい冬季にジェット気流が強くなる．

　中緯度帯では緯度円に沿った偏西風（ジェット気流）が卓越する．しかし偏西風は絶えず南北に波打っており，この波動のことを傾圧不安定波と呼んでいる（図4-5）．傾圧不安定とは，偏西風の速度が高度とともに急激に増加した場合に発生する東西方向に数千kmの波長をもつ不安定な波動である．偏

第 4 章
地球圏の駆動力としての熱帯

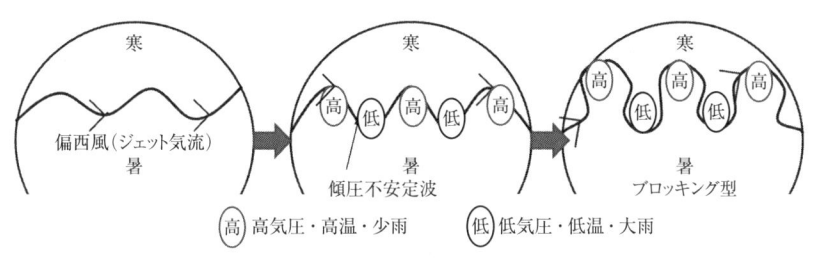

図 4-5　偏西風の蛇行と傾圧不安定

　西風（ジェット気流）の赤道側では，吸収する太陽放射エネルギーが赤外放射で出て行くエネルギーより大きいので，大気の温度は上昇しようとする．極側では逆に大気の温度は下がろうとする．その結果，南北の温度傾度は増大し，それを打ち消す偏西風の風速は強くなる．その温度傾度がある限界を越すと，大気はその状態に耐え切れず，緯度円に沿った流れは不安定になり，偏西風は蛇行して，温度の南北傾度を弱めようとする．大きくなった蛇行は大気の渦を形成し，上昇気流の渦は低気圧，下降気流の渦は高気圧となる．
　偏西風の蛇行は，山岳等の地形の影響を受け，さらに大きくなる．ヒマラヤ山脈など巨大な山塊が多い北半球ではその影響が顕著であり，偏西風は波打つように蛇行する．偏西風が南に蛇行した地域では極域からの寒気が流れ込み低気圧が，北に蛇行した地域では高気圧が発達する．中緯度帯の降水は，大部分がこのようにして発生した低気圧によってもたらされる．偏西風の蛇行が長期間にわたって固定されることをブロッキングという．ブロッキングが発生すると，中緯度帯の気圧配置が固定される．すなわち，北半球では，ある場所では偏西風の北側にある寒気が定常的に南下し，別の場所では南側にある暖気が定常的に北上する．その結果，通常とは異なった気圧配置が長期間続き，巨大な低気圧や高気圧が形成される．それが，寒波や豪雨，あるいは熱波や干ばつ等の異常気象を引き起こす原因となる．
　「ゆらぎ」とでも表現すべき東西方向の大気循環は，どのような水循環を生んでいるのか．図 4-4 では緯度帯ごとの水収支を示したが，その面的分布を示したのが図 4-6 である．この図は，ヨーロッパ中期気象予報センター（ECMWF）が提供している 1979 年から 2001 年までの全球再解析データを用

いて算出した地表面における年平均水蒸気フラックスを示している（Oshima 2005）．全球再解析データとは，天気予報のための解析処理にその後の観測データを加味して作成された，気候システムのメカニズムを理解するために有用な，より精度の高い全球データである．図中，正の値（図で黒く示されている地域）は，年蒸発散量が年降水量より大きく，年間で平均すると地表面から大気圏への水蒸気の流れが卓越し，大気圏への水分供給を担っている地域，負の値（図で白く示されている地域）はその逆に大気圏から水分を吸収している地域である．

図4-6に示された水収支の面的分布は，大きくは，先に述べたように，亜熱帯高圧帯が大気圏への供給源，熱帯収束帯と高緯度帯が吸収源となっていることを示している．同時に，東西方向の大気循環の蛇行の影響も読み取ることができる．すなわち，東南アジア島嶼部から東南アジア大陸部やチベット高原の南側にかけての地域は，巨大な水蒸気の吸収域になっている．これに対してその西側の中央アジアからアフリカ東部にかけて，南北に長く伸びる水蒸気供給域があり，両者は東西で明瞭なコントラストをなしている．南米・アマゾン河流域も，東南アジアと並んで，巨大な水蒸気吸収域である．

3 地球圏からみた熱帯と温帯の違い

熱帯の気候は年間を通じた高温によって特徴づけられる．熱帯の中心をなす熱帯多雨林気候は大きな降水量と高い湿度をもつが，降水や水蒸気の量に関しては，すでに述べたように大気循環の「ゆらぎ」の影響を受けるので，熱帯といえども湿潤な熱帯から乾燥した熱帯まで多様である．ここでは，大気循環と水循環における熱帯の特徴について検討していこう．

3-1　南北の温度差と偏西風が作り出す温帯の特徴

先に地球の低緯度付近と高緯度付近の温度差を緩和するために，暖気と寒気が南北に移動した結果，境目にある偏西風帯が蛇行するようになること，

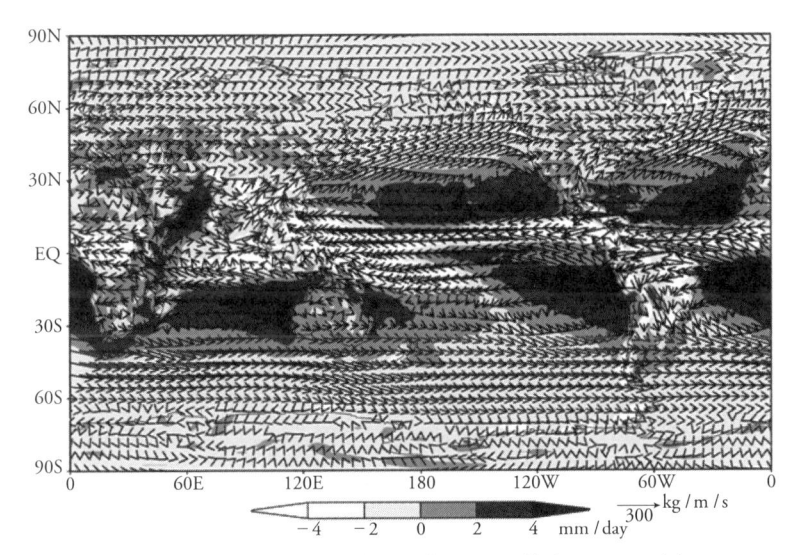

図 4-6　水蒸気フラックス年平均値とその発散（1979-2001 年）
出典：Oshima (2005).

またこれを傾圧不安定波と呼ぶことを述べた（図 4-5）．偏西風は対流圏上空を流れているので，地上では直接感じることはできないが，大気の循環に大きな影響を与えている．偏西風の蛇行が極側に膨らんだ所が気圧の峰（リッジ），赤道側に膨らんだ所を気圧の谷（トラフ）と呼ぶ．天気図の等圧線を地形図の等高線に見立てると尾根筋や谷筋と同じように見える．地上ではこの上空の気圧の峰の前面に移動性高気圧ができ，気圧の谷の前面に温帯低気圧が発達する．これらの上空の気圧の峰や谷，地上の移動性高気圧や温帯低気圧は上空の偏西風の影響を強く受けている．

　偏西風の蛇行は常に固定されているわけではなく，西から東へとうねりながら増幅と減衰を繰り返している．これに伴い，上空の気圧の峰や谷や地上の移動性高気圧や温帯低気圧も，蛇行に対応して西から東へと移動する．したがって日本が属する中緯度帯では，天気が西から東へと変わってゆく．特に偏西風の影響を強く受ける秋から春にかけて移動性高気圧が日本付近を通過すると，続いて温帯低気圧がやって来て，それが過ぎるとまた移動性高気

圧がやって来る.「三寒四温」の言葉通り,中緯度帯において3,4日周期で天気が変化するのはこのためである.

夏の太平洋高気圧や台風などの熱帯低気圧は中緯度とは違うメカニズムで発生する.太平洋高気圧は,中緯度高圧帯と呼ばれる大陸スケールの海陸の配置に起因する規模の大きな大気の鉛直循環において,大気の下降するところにできる高気圧である.一方,熱帯低気圧は,赤道帯に特有の大量の水蒸気をエネルギーにして発達する.

3-2　豊富な日射と水蒸気がもたらす熱帯の特徴

大気の鉛直構造は,下層ほど温度が高く,上層に行くほど温度が低い.これを気温減率といい,高度100m上がるごとに気温は約0.6℃下がる.しかし下層が日射で強力に加熱されるなど,何らかの原因でこの気温の傾斜に乱れが生じると,大気の対流が発生し雲が発達する.このような大気の状態を成層不安定(unstable stratification)という.大気が安定しているときは天候の変化は緩やかだが,成層不安定になると積乱雲が発達しやすくなり,集中豪雨や急激な温度・湿度・気圧の変化が起きやすい.熱帯の大気循環の特徴は,頻繁に成層不安定が発生することである.

地表面付近に周囲の空気よりも気温が高い空気塊が存在すると仮定しよう.この空気塊は膨張し密度が低いので上昇を始めるが,上昇する空気塊は断熱膨張のために乾燥断熱減率(1.0℃/100m)にしたがって気温が下がる.これは定常状態にある空気の高度による気温の下がり方(気温減率,0.6℃/100m)よりも大きいので,ある高度に達すると,気温は周囲の空気と同じまで下がり,その結果,周囲の空気との密度差もなくなり上昇が止まる.これが成層不安定のメカニズムである.入射する太陽エネルギーが大きい熱帯地域は,一年を通して気温と海水温が高い.地表面は日射ですぐに暖められ,それが地表面近くの大気の温度を高め,成層不安定を引き起こす.

空気は水蒸気を含んでおり,空気が上昇して水蒸気を保持できなくなる高さである凝結高度に達すると,雲の発生が始まる.雲が発生すると,水蒸気が凝結する際に潜熱を放出するため,気温の下がり方が湿潤断熱減率

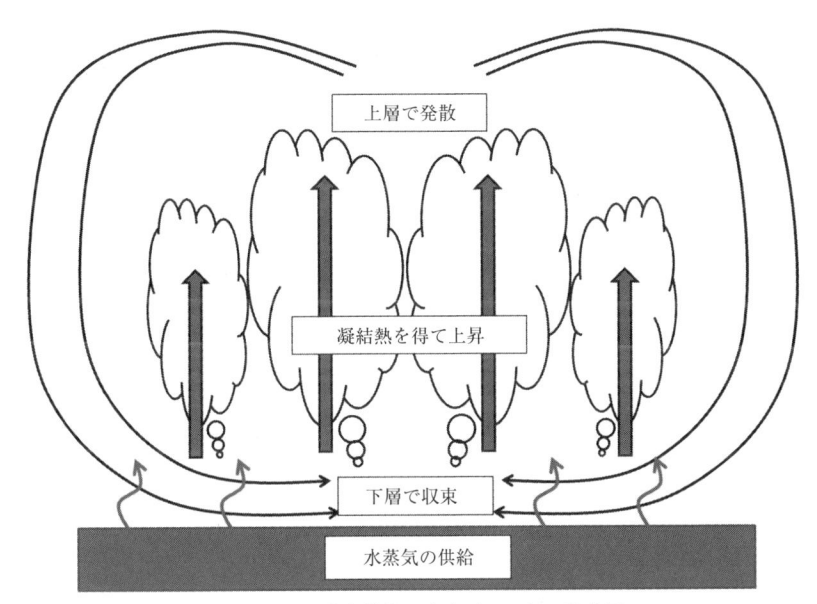

図 4-7　第 2 種条件付不安定（CISK）の模式図
出典：小倉（1999）の図をもとに作成.

(0.5℃/100m) に変わる．湿潤断熱減率は気温減率よりも小さいので，雲が発生するとその空気の気温は周囲よりも高くなり，空気は自らを暖めて上昇を続ける．このような大気の鉛直方向の運動を条件付不安定という．高温の海面から大量の水蒸気が蒸発し大気に供給されている熱帯では，高温湿潤な大気の成層不安定が条件付不安定と呼ばれる力学的不安定を引き起こす．その結果，積雲や積乱雲が急激に発達し，スコールのような高強度の短時間の降水が頻繁に発生する．

　条件付不安定は，一般的には，水蒸気から水に相変化したときに放出される凝結熱による加熱が大気の上昇に伴う冷却効果より大きいために，気温の上昇が大気の上昇運動を加速することによって発生する．これを第一種条件付不安定という．これに対して，小規模な対流をもとに，周囲を巻き込んでより大きな対流へと成長するものを第二種条件付不安定という（図 4-7）．低気圧の渦の周辺では，地表近くの風は反時計回りに回転しながら低気圧の中

心に向かって吹き込んでくる．周囲に湿潤な大気が分布している場合には，この空気の収束により地表面近傍の湿った水蒸気が大量に低気圧の中心に運ばれ，積雲対流が組織化され活動が盛んになる．積雲が活発に発生すると，大気中で大量に凝結熱が放出され，中心は暖められ，さらに下層の低気圧性循環が強まってくる．この典型的な例としては，熱帯低気圧が挙げられる．

3-3 熱帯降雨観測衛星 TRMM を用いた熱帯降水の特徴

　熱帯における大気と水の循環を解明することは，熱帯そのもののみならず，地球規模の気候システムの解明にとっても大きな前進となる．とりわけ地球温暖化問題が集中的に議論されるようになって以降，地上における観測網の整備やバルーン等を用いた大気圏の観測に多くの努力が傾注されてきた．雲の構造や降水の発生機構を解明するために，人工衛星に搭載するセンサーやその観測データを解析するアルゴリズムの開発も，これらの努力の一つである．

　熱帯降雨観測衛星 TRMM (Tropical Rainfall Measuring Mission) は，地球規模の降雨分布を把握するために，日米共同で開発された人工衛星で，1997年に種子島宇宙センターから打ち上げられた．TRMM 衛星には，降雨レーダ (PR)，TRMM マイクロ波観測装置 (TMI)，可視赤外観測装置 (VIRS)，雲及び地球放射エネルギー観測装置 (CERES)，雷観測装置 (LIS) という5つの観測センサーが搭載されている．なかでも PR は，自らが送信したマイクロ波が雨粒などに当たって戻ってくるエコーを測定することにより，降雨の3次元分布を観測可能にした．PR とその他のセンサーを組み合わせることにより，全球降水の3分の2を占める熱帯・亜熱帯域の降水の実態が立体的に観測可能となったことから，水循環メカニズムの解明に向けて，貴重なデータが提供されている．

　降水量などの面データは，これまで，地上に設置された観測所や海上に設置された観測ブイにおける地点気象データに，複数の人工衛星観測データを組み合わせて作成されていた．その代表的なものが，空間解像度2.5度，時間解像度は月単位で作成された Global Precipitation Climatology Project

(GPCP) の全球年降水量データである．これに対して，TRMM の開発は，南緯 35 度から北緯 35 度までの熱帯地域だけを対象としたものだが，直接観測による面データの作成を実現した．TRMM の空間解像度は 4.3km（2001 年 8 月の観測高度変更により 5km）であり，20 度以下の低緯度ではひと月に 30 回前後，33 度以上の高緯度でも 60 回前後と観測頻度が少ないが，データの特性を活かしつつアルゴリズムの改良を重ることで，様々な分野への応用が図られている．

TRMM 打ち上げからすでに 10 年以上が経過し，3 次元の熱帯降雨データが蓄積され，様々な知見が得られつつある．大気中の熱や水の循環に重要な役割を果たす，マクロスケールとミクロスケールをつなぐメソ降水システムには，短時間に激しい雨をもたらす対流性領域と長時間弱い雨の続く層状性領域が存在する．重らは両者の潜熱加熱プロファイルが大きく異なることから，PR データを用いて対流性・層状性降雨比を推定するとともに，潜熱加熱プロファイルから対流性降雨の変化を解析した (Shige et al. 2007)．これらの手法は熱帯大気の季節内振動等の，大規模循環の研究に活用されている．一方，広瀬・中村は PR データを用いて，アジアモンスーン域とその周辺域において，降雨の極大時刻等の時空間的変動を詳細に調べた (Hirose and Nakamura 2005)．その結果，熱帯では温帯に比べて夕方から夜間に降る降雨の割合が高く，その傾向は海上よりも陸上で顕著であった．これらは熱帯の降水システムの日周期性に，陸域が果たす役割の重要性を示唆している．その他にも，海洋上の台風・ハリケーン・サイクロンの 3 次元構造を捉えたデータが取得されており，JAXA/EORS で公開されているほか，それらの発達メカニズムの解明に向けた研究が行われている．

上記の研究領域は TRMM の運用によって新たに開拓された分野であり，これまで観測データの不足から遅れていた熱帯地域の大気・水・熱循環の理解を飛躍的に向上させたといえる．

4 生命圏および人間圏が水循環系に与える影響

地球圏における大気・水・熱の循環と生命圏，人間圏には相互作用がある．それはどのようなものなのか．どこまで解明されているのか．以下でみていこう．

4-1 陸面が大気・水・熱循環に与える影響

大陸スケールの大気・海洋・陸面の相互作用を大きく規定しているのは，海と陸の配置，とりわけチベット高原等の巨大な山塊の配置である（安成 1990）．しかしダイナミックに変化する要因も無視できない．土地被覆の形状に起因する地表面粗度は大気と陸面の摩擦の大きさを，土壌水分量や積雪量は太陽放射の反射率（アルベド）等の大気への応答を左右する．すなわち，土地利用が異なれば，地表面粗度やアルベド，潜在蒸発散量など，陸域と大気の相互作用を規定するパラメータが異なる．森林伐採や都市化など抜本的な土地利用の改変のみならず，天然林の人工林への転換や農地から牧草地への転換など，景観としてはさして大規模ではない土地利用変化でさえ，大気に影響を与え，気候を地域的に変える可能性がある．

大気に与える影響という観点からは，陸面のパラメータのうち，アルベドと土壌水分量がとりわけ重要であると考えられている．アルベドは熱エネルギーとなる太陽放射の吸収量に影響し，土壌水分量は蒸発散を通して地表面熱収支に影響を与えるからである．土壌水分量は植生とは独立したパラメータと考えられがちだが，土壌自体が植生によって形成・維持されていることや，地表面からの蒸発散には土壌面からの蒸発よりも植生からの蒸散が大きい場合が多いことを考えると，土壌水分量というパラメータが実質的には水・熱収支における植生の役割を包摂したものであると考えることができる．このような観点から，土壌の深さを用いて最大保水量を表現した Bucket モデルを，植生も含めた土壌—植生系モデルの一種と考えるべきであろう（安成 2007）．

陸域の土壌水分量が降水量に与える影響が徐々に明らかになりつつある．世界各地の気象・水文学者からなる GLACE Team (Global Land Atmosphere Coupling Experiment) は，いくつかの Global Climate Model を用いた感度実験を比較して，北アメリカやインド，中央アフリカ，サヘルといった湿潤地帯と乾燥地帯の境界や，湿潤熱帯やモンスーン地域を縁取る半乾燥地域の土壌水分量の多少が，その周辺域において直後の季節の降水量の大小に強く影響することを示した (Koster et al. 2004)．これは，湿潤地帯では蒸発散量を制限しているのは主として太陽からの放射エネルギーであり，降水量は土壌水分量の増減には依存しない．また，乾燥地帯はもともと土壌水分量が少なく，したがって蒸発散も小さい．これに対して半乾燥域において，土壌水分量が蒸発散量を規定するのみならず，降水量にも大きな影響を与えているためと考えられている．

4-2 モンスーンアジアにおける森林伐採と水循環

モンスーンアジアは，歴史的に人口稠密な地域である．今日も世界人口の半数以上がこの地域に居住している．この巨大な人口は，農村的なものであれ，都市的なものであれ，土地に依拠して生存している．この地域の自然環境は，程度の差はあるが，人為的に形成されたものである（第2章参照）．すなわち，大気・海洋・陸面の相互作用を考える場合の陸面は，まさに人間の長年の積み重ねとして形成してきたものである．このような人間活動が大気や水の循環に影響を与えているのは間違いない．これまでは，その影響を定量的に評価することは不可能だった．しかし近年，気候モデルが発達し，陸面のパラメータを操作して気候をシミュレーションすることにより，私たちの活動が気候に与える影響を定量的に把握することができるようになってきた．

タイを中心とする東南アジア大陸部（インドシナ半島）の熱帯林は，1950年代以降，大規模に伐採され，農地へと転換された．その結果，タイにおける森林面積の割合は1960年の60％から2000年の20％へと急激に低下した．いっぽう，モンスーン季（5〜10月）を通じた降水量に長期的な変化傾向

はみられないが，モンスーン季後半の9月の降水量は減少する傾向を示している．この減少の要因については，これまで明らかではなかった．鼎らは，1960年代と1990年代の森林植生を境界条件にして，領域大気モデルRAMS (Regional Atmospheric Modeling System) を用いてモンスーン季の月降水量を推定したところ，9月にのみ降水量が減少することを再現することができた (Kanae et al. 2001)．なぜ9月にのみ選択的に降水量が減少するのか．モンスーン季前半の6～8月にはインド洋からの南西モンスーンがインドシナ半島へ吹き込む．この気流が湿った空気を常に輸送しており，これがインドシナ半島に降水をもたらす．しかし9月にはモンスーン気流が弱くなる．そのため降水は，大陸スケールの大気循環の影響ではなく，よりローカルな対流・降水システムがもたらすものへと変化する．森林伐採と農地拡大による陸域の変化は南西モンスーンがもたらす降水には影響を与えない．しかし，ローカルな対流・降水システムは陸域の変化に敏感に反応するため，降水量が選択的に減少していると指摘している．

　中国においても，黄河流域を中心に，過去数千年の間に，森林が大きく伐採された．センらは，この植生改変の影響を，BATS (Biosphere-Atmosphere Transfer Scheme) を組み込んだ領域気候モデルIPRC (International Pacific Research Center)-RegCMによる異なる陸面条件を与えた気候感度実験から検証した (Sen et al. 2004)．その結果，森林から農地への土地利用転換による蒸発散量の減少が黄河流域における降水量の減少をもたらしていることが明らかになった．中緯度帯である東アジアは，低緯度帯の東南アジアと比較して，モンスーン気流が全般に弱い．そのため，モンスーンに由来する水蒸気収束の効果による降水よりも，陸面からの蒸発散に由来する降水が重要な働きをしていることを示唆している．

　このようにモンスーンアジアにおける大規模な森林伐採が，特定の季節の降水量の減少に関連していることが定量的に証明できるようになってきた．常緑性の森林は，乾季においても深い土層から地下水を吸い上げている．したがって森林伐採は，乾季の水循環により大きな影響を与えているものと考えられる．

4-3 灌漑と都市化

　森林伐採以外に大気に直接作用する人為的な影響としては，農地灌漑と都市化が挙げられる．都市域は，非透水性の舗装や人工排熱に起因するヒートアイランド現象などの影響から，特殊な気象条件を形成している．都市は，地表面に占める面積割合こそ小さいが，人口が多く情報や資本が蓄積していることから，水・熱循環研究においても重要な研究対象である．一方，灌漑農地は広域に分布しており，人間活動が大陸スケールの気候に与える影響の主たる要因と考えられる．農地の拡大は森林伐採とも関係しており，過去に行われた土地被覆変化を数十年スケールで解析する必要がある．

　大気に与える農地灌漑の影響を乾燥域，半乾燥域，湿潤域に分けて考えると，コスターらが指摘するように，北インドやインド・パキスタン国境といった半乾燥域における影響が大きいと考えられる（Koster et al. 2004）．しかし一方で，湿潤域である華中・淮河流域においても，6，7月の水田の地表面特性が梅雨前線の維持に影響しているという篠田・上田の研究もあり，世界各地における農地灌漑が季節性や日内変動に何らかの影響を与えている可能性は高い（Shinoda and Uyeda 2002）．

　また筆者らは，陸面過程モデルを用いて，灌漑システムにおける水管理や水資源計画，都市化が陸域に与える影響の評価などの研究を進めている．古くからの穀倉地帯である中国淮河流域における研究では，梅雨期前後の5月から8月において，灌漑用水によって陸面から大気に供給される水蒸気が梅雨前線の活動に与える影響を定量的に評価した（甲山他 2004）．日本の首都圏のような地域スケールにおいても新たな大気陸面相互作用研究が進められており（伊藤他 2006），陸面が大気と水の循環に与えるさまざまな影響が明らかになりつつある．

　また過去60年にわたり大規模な灌漑開発が進められてきた中央アジアのアラル海流域においては，灌漑開発と地域レベルの気温上昇の関係が明らかになった（Kitamura et al. 2007; 甲山他 2008）．この地域の特筆すべき特徴は，海洋から遠く離れた陸地であるにも関わらず，上流部にあたるパミール高原と天山山脈に降る降水が，流域の大河であるアムダリアとシルダリアを介し

て，大量の水を中・下流部に供給していることである．中流域で灌漑が導入され綿花栽培が拡大するにつれて，蒸発散の場所が最下流部のアラル海から灌漑農地へと変化するとともに，蒸発散の時期も綿花栽培時期に集中するようになった．これが，ローカルのみならず，大陸スケールの水循環にも影響を与えている可能性がある．現在のところ，これらの解析は気候モデルに頼らざるを得ないが，広域水循環においては微細な変化でも，特定の地域では地域住民の生存に大きな影響を与える可能性がある．

5 新たな「学融合」に向けて

近年実施された様々な地球観測プロジェクトを通して，学術的なデータが蓄積されており，地球システムにおける様々な相互作用関係を理解する手掛かりが得られつつある．例えば，気候が生態系を作り，生態系が気候を維持してきたという仮説も，今後は様々なスケールで実証されていくと期待される．さらにはもともと生態系の一員であった人類がそれらの関係を利用して生活してきたと考えると，まずは気候と生態系との相互作用，そして人類がどのように自然を改変・利用してきたかを，地球圏，生物圏，人間圏の関係性として理解する必要がある．生態系も人類も，それぞれに適応戦略を持っていることから，動的な生物圏および人間圏として捉え，それらと陸面・大気・海洋相互作用系との相互作用を考えることが次なる目標である．

今後コンピューターを用いたシミュレーション技術や，人工衛星を含む様々な観測技術が発展していくことが期待されるが，人類と自然の相互作用の理解はまだまだ不十分であると言わざるを得ない．今後は地域のことを長期的な視点から深く理解し，問題解決型のプロジェクトを推し進めることと，それらの研究成果を広く世界で共有するための枠組みを構築することが求められている．

引用文献

Baumgartner A. and E. Reichel 1975. *The World Water Balance: Mean Annual Global, Continental and Maritime Precipitation, Evaporation and Runoff.* München: Ordenbourg.

Dickinson, R. E. 1983. "Land Surface Processes and Climate-surface Albedos and Energy Balance." In S. Barry (eds) *Theory of Climate. Advances in Geophysics 25*, New York: Academic Press, pp. 305–353.

—— 1984. "Modeling Evapotranspiration for Three-dimensional Global Climate Models." In J. Hansen and T. Takahashi (eds) *Climate Processes and Climate Sensitivity*, Washington, DC: American Geophysical Union, pp. 58–72.

伊藤洋太郎・茂木耕作・相馬一義・萬和明・田中賢治・池淵周一　2006.「詳細な陸面過程を組み込んだ雲解像モデルを用いた練馬豪雨発生に対する都市の影響評価」『土木学会水工学論文集』50：385-390.

Kanae, S., T. Oki and K. Musiake 2001. "Impact of Deforestation on Regional Precipitation over the Indochina Peninsula." *Journal of Hydrometeorology* 2: 51–70.

Kitamura, Y., O. Kozan, K. Sunada and S. Oishi 2007. "Water Problems in Central Asia," *Journal of Disaster Research* 2(3): 134–142.

甲山治・田中賢治・池淵周一　2004.「中国淮河流域における農業形態の推定と陸面過程モデルへの適用」『土木学会水工学論文集』48：211-216.

甲山治・大石哲・砂田憲吾・馬籠純　2009.「長期水文・気象データおよび衛星データを用いたアラル海流域における水循環の解析」『土木学会水工学論文集』53：31-36.

Koster, R. D. et al. 2004. "Regions of Strong Coupling between Soil Moisture and Precipitation," *Science* 305: 1138–1140.

Manabe, S. 1969. "Climate and the Ocean 1: The Atmospheric Circulation and the Hydrology of the Earth's Surface," *Monthly Weather Review* 97: 739–774.

新田尚・木村龍治・安成哲三・伊藤朋之・住明正　2002.『キーワード気象の事典』朝倉書店.

小倉義光 1999.『一般気象学（第 2 版）』東京大学出版会.

Oki, T., K. Musiake, H. Matsuyama and K. Masuda 1995. "Global Atmospheric Water Balance and Runoff from Large River Basins," *Hydrological Processes*, 9: 655–678.

Oki, T. and S. Kanae 2006. "Global Hydrological Cycles and World Water Resources," *Science* 313: 1068–1072.

Oshima, K. 2005. "Seasonal Variation of the Atmospherichydrologic Cycle in Polar Regions and the Relation withannular Modes," Hokkaido University, Ph. D thesis.

Sellers, P. J., Y. Mintz, Y. C. Sud and A. Dalcher 1986. "A simple biosphere model (SiB) for use withingeneral circulation models," *Journal of the Atmospheric Sciences* 43: 505–531.

Sellers, P. J., D. A. Randall, G. J. Collatz, J. A. Berry, C. B. Field, D. A. Dazlich, C. Zhang, G. D. Collelo and L. Bounoua 1996. "A Revised Land Surface Parameterization (SiB2) for Atmospheric GCMs, Part I: Model formulation," *Journal of Climate* 9: 676–705.

Sen, O. L., Y. Wang and B. Wang 2004. "Impact of Indochina Deforestation on the East-Asian Summer Monsoon," *Journal of Climate* 17: 1366–1380.

Shige, S., Y. N. Takayabu, W. -K. Tao and C. -L. Shie 2007. "Spectral Retrieval of Latent Heating

Profiles from TRMM PR data. Part II: Algorithm Improvement and Heating Estimates over Tropical Ocean Regions," *Journal of Applied Meteorology* 46: 1098–1124.

Shinoda, T. and H. Uyeda 2002. "Effective Factors in the Development of Deep Convective Clouds over the Wet Region of Eastern China during the Summer Monsoon Season," *Journal of Meteorological Science. Japan* 80: 1395–1414.

安成哲三 1990.「熱帯とモンスーン」高谷好一編『講座東南アジア学第二巻　東南アジアの自然』弘文堂，51-74.

──── 2007.「地域・大陸スケールでの植生・気候相互作用」『天気』54：929-932.

第5章

生存基盤としての生物多様性

神崎　護・山田明徳

1　生物多様性とは

　地球上には，いったい何種の生物が存在しているのか，そしてそれらはどのように地理的に分布し，生息場所の物理環境と生物相互間の関係を保ちながら，生物群集を形作っているのだろうか？　これは"生物多様性"そのものに対する問いかけであり，生物学，分類学，そして生態学の重要かつ究極的な研究テーマの一つである．生物多様性という概念は，生物の多様性を総体的に示すものであり，進化の結果として存在するすべての生物の多様性を示すとともに，種内の遺伝的多様性や，地域間・生態系間に存在する動物相や植物相の異質性といった概念も含むものである．いわゆる生物学的多様性 (biological diversity) という言い方は1970年代から使用されていたが，生物多様性 (biodiversity) は比較的新しい造語で，E. O. ウィルソンらが編者となって1988年に刊行された *Biodiversity* という書籍のタイトルとしてはじめて使用された (Wilson and Peter 1988)．この本は現在190ヵ国以上が締結する生物多様性条約の端緒となった本であり，この言葉には生物の絶滅と多様性喪失をくい止めようとする，強い政治的なメッセージが込められている．

　ウィルソンは *Biodiversity* の中で，生物の多様性喪失は生物資源の喪失に結

153

びつき人類生存にとって脅威となることを強く訴えている（Wilson and Peter 1988）．彼が言うように生物多様性は生物資源の多様性とほぼ一体化した概念であり，生物多様性条約の基本理念は，生物多様性の保全とともに，生物資源から得られる利益の公平な配分が強調されたものとなっている．本章では，生物多様性の宝庫とも言われる熱帯で，なぜ多様性が高く，どのように多様性が維持されているのか，そしてなぜそれが人類の持続的な発展のための基盤として保全されなければならないのかを解説する．

2 多様性はいかにして形作られてきたのか

　生物多様性は，生物の進化の過程でどのようにして形作られてきたのだろう．海洋生物については化石資料が残りやすいために，生物多様性の長期の変動が良く復元されている．図 5-1 は，カンブリア紀以降の海洋生物の属数の推移をみたものである．古い時代ほど化石は残りにくいので，古い時代ほど属数が過小評価になっているという意見はあるものの，生物多様性が決して順調に増加してきたのではないという点で，ほとんどの科学者の意見は一致している．地球史の中で少なくとも 5 回の生物の大絶滅が起こり，生物多様性はそのたびに激減し，そこから急速に回復したことが指摘されている．このような大絶滅の前後で，優占的な生物のグループが入れ替わることも指摘されている．白亜紀末の恐竜の大絶滅後に，哺乳類が優勢になるのもこの例としてあげられる．

　現在の熱帯に分布する高等植物のほとんどを占める被子植物は，中生代白亜紀に多様化し，白亜紀末の大絶滅を生き残って，新生代にいたって急速に発展して陸上の景観を埋め尽くすようになったと考えられている．被子植物の多様性の増加は，昆虫の多様性の増加と並行して起こったこともわかっている．またあとで見るように，シロアリ類の進化も同じような推移をたどっている．現在私たちが目にする地球上の生物は，白亜紀末の大絶滅後に直接の由来を持つと考えられている．

　大絶滅によって多くの生物が絶滅し，生物はその分布域を縮小させたに違

第 5 章
生存基盤としての生物多様性

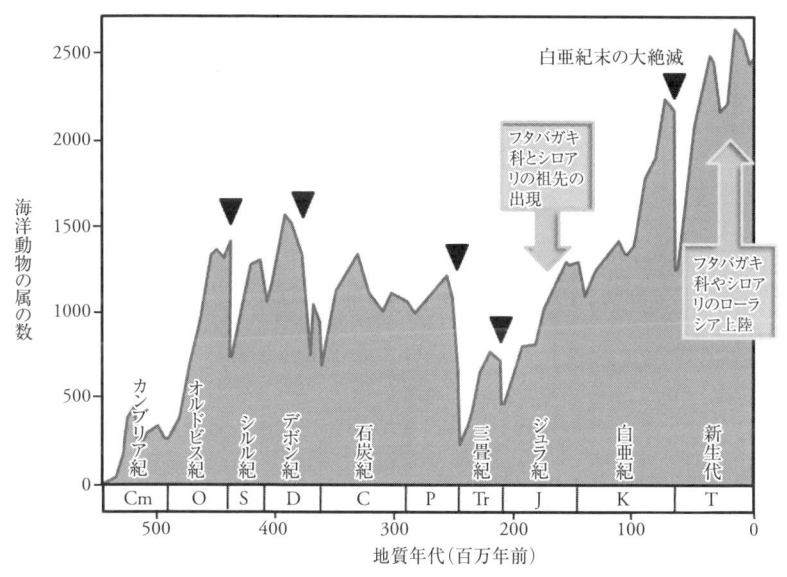

図 5-1　海洋動物の属数の変遷と想定される生物の大絶滅
注：フタバガキ科やシロアリ類はジュラ紀後期に出現した．これらは白亜紀に徐々に多様化し，白亜紀末の大絶滅後，今の熱帯雨林に近い森林（温暖湿潤林）が形成されてくる過程で急激に多様化した．新生代にいたって，ユーラシア（現在の東南アジアと南アジア）に上陸したと考えられている．フタバガキはその後東南アジアで爆発的な適応放散を遂げた．なお，図中に大絶滅の時期を▼で示した．
出典：Sepkoski (2002) などより作図．

いない．そして，その後の爆発的な種数の増加に伴って，一旦は縮小した分布域を拡大していったと考えられる．生物の分布域が現在飽和状態にあると結論することはできないが，いまの生物の分布をみると極圏から深海底にいたるまで，あまねく生物が覆う生物圏あるいは生命圏が形成されているといっても過言ではない．人間の生活は，おおむねこの生命圏の中に営まれている．

アマゾン川流域のほぼ全域は，現在熱帯雨林によって覆われている．しかし，約1万年前に終了した最終氷期の時代には，この地域は今よりも乾燥した気候下にあり，熱帯雨林の分布域は縮小し分断されていた．常緑性の植物や多くの動物はこの縮小・分断された熱帯雨林の中で生き残っていたと考えられており，このような分断された熱帯雨林が避難場所（レフュージア）とし

155

て機能していたと考えられている（図5-2D）．同種の生物集団が個体数の少ない小集団に分断されると，遺伝子の構成に小集団間で差異が生じてしまう（創始者効果）．さらに，分断された小集団間では交雑が起こりにくいので（生殖隔離の効果），種の分化が起きやすくなる．このような過程は，種多様性の増加に結びついたと考えられる．最終氷期以降の気候の温暖化と湿潤化にともなって，分断されていた熱帯雨林が分布を広げて，現在のアマゾンの熱帯雨林が出来上がった（図5-2E）．このため，現在の種の分布や種多様性の濃淡を説明する際には，過去のレフュージアの影響を無視できない（Whitmore and Prance 1987）．このような分断された熱帯雨林を生物の避難場所と捉える考え方は，レフュージア説と呼ばれている．このような現象は東南アジアとアフリカでも生じたと考えられている．さらに，最終氷期の影響は温帯以北の生物の分布パターンにも影響を与えている．この意味では，現在の生命圏は，約2万年前に最寒冷期を記録し約1万年前に終了した最終氷期以降に形作られてきた系といえるだろう．

　地球上の生物多様性には地理的な勾配が存在する．図5-3は，赤道から南北半球の緯度ごとに出現するシロアリの属数を示している．一般的に生物の多様性は熱帯地域でピークを持ち，両極に向かって減少していく．本書第4章において，地球圏としての熱帯の特徴は強烈な太陽放射と急速な水の循環にまとめられたが，このような熱帯の特徴は生物の高い多様性を生み出すのに必須の条件だと考えられている．しかし，熱帯域であっても乾燥した熱帯，たとえば砂漠での植物の多様性は高いわけではない．図5-4Aは，地表面からの蒸発や植物の葉からの蒸散によって1年間に大気中に放出される水分量（実蒸発散量）を横軸にとって，樹木種の多様性を縦軸にとったものである．この両者には高い相関関係が認められる．植物は強い太陽放射を受けて，大量の水分を蒸散できる場合に，高い光合成能力を発揮する．このため，実蒸発散量の大小は，植物による年間の光合成量の良い指標となる．すなわち，横軸に用いた実蒸発散量は光合成によって固定されるエネルギー量あるいは植物によって生産される有機物量（一次生産力）を反映した値となっている．つまり，この図は植物の多様性がその地域の生物生産力によって強く規定されていることを示している（多様性の生産力仮説）．植物遺体を食べるシロア

第 5 章
生存基盤としての生物多様性

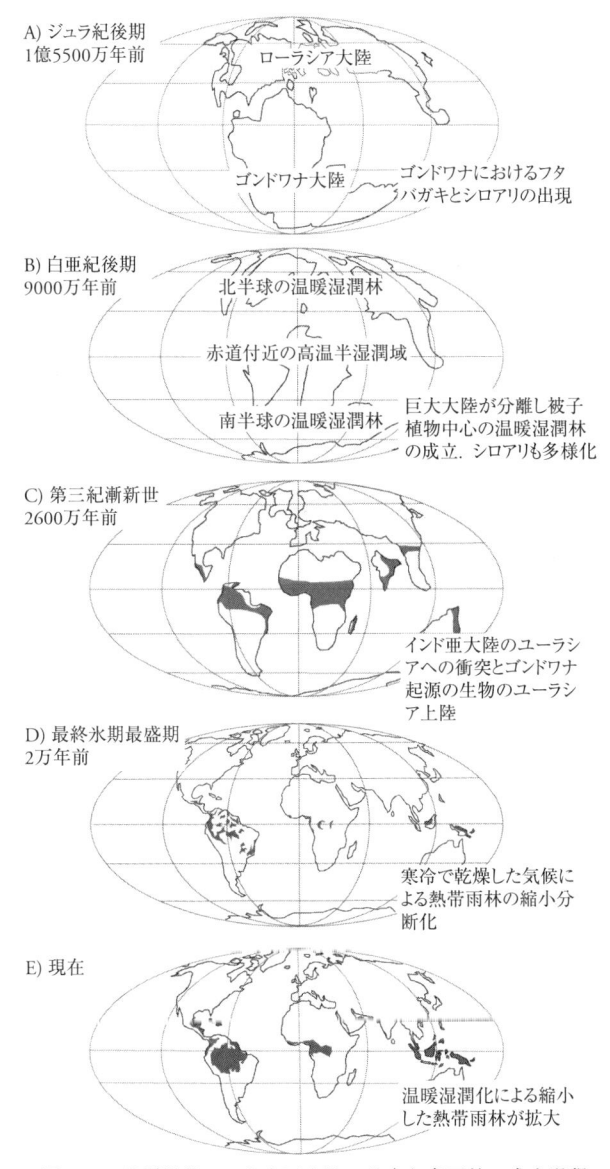

A) ジュラ紀後期
1億5500万年前

ローラシア大陸

ゴンドワナ大陸
ゴンドワナにおけるフタバガキとシロアリの出現

B) 白亜紀後期
9000万年前

北半球の温暖湿潤林

赤道付近の高温半湿潤域

南半球の温暖湿潤林

巨大大陸が分離し被子植物中心の温暖湿潤林の成立. シロアリも多様化

C) 第三紀漸新世
2600万年前

インド亜大陸のユーラシアへの衝突とゴンドワナ起源の生物のユーラシア上陸

D) 最終氷期最盛期
2万年前

寒冷で乾燥した気候による熱帯雨林の縮小分断化

E) 現在

温暖湿潤化による縮小した熱帯雨林が拡大

図 5-2　地質学的にみた主要大陸の分布と多雨林の成立過程
注：図中の塗りつぶし部分は多層で樹冠の閉じた熱帯雨林の分布を表わしている.
出典：Morley (2000), Davies et al. (2003) より作図.

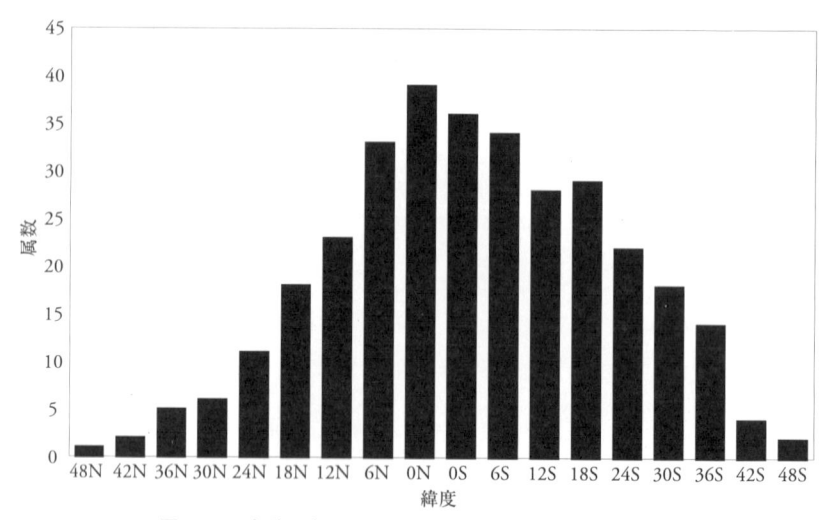

第 2 編
地球圏・生命圏の中核としての熱帯

図 5-3　赤道の南北におけるシロアリの属多様性の変化
注：緯度 6 度ごとにシロアリの属数をカウントしたもの．同一緯度では，南半球側の属数の方が多い傾向がある．
出典：Eggleton (1994) より作図．

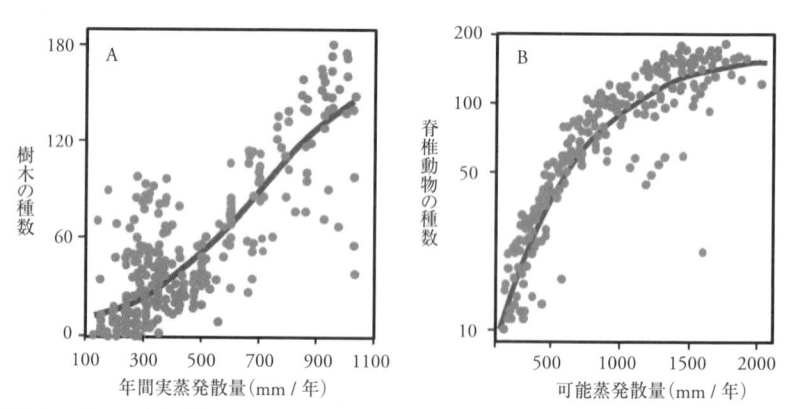

図 5-4　北アメリカ大陸において，A) 実蒸発散量と高い相関関係を持つ樹木の多様性と B) 可能蒸発散量と高い相関を持つ脊椎動物（コウモリを除く哺乳類 + 両生類 + 爬虫類）の多様性．
出典：Currie and Paquin (1987) と Currie (1991) より作図．

リの多様性も，やはり植物による一次生産量との間にある程度の相関関係が認められる（Eggleton et al. 1994）．

一方，多くの動物の多様性は，実際の蒸発散量ではなく，可能蒸発散量と高い相関を持つ（図5-4B）．太陽放射エネルギーが高ければ潜在的な蒸発量は高いので，可能蒸発散量とはほぼ太陽放射量に比例する値である．砂漠であっても，移動性の高い動物は餌や水を広い範囲を探索して集めるために，局所的な水の不足や生産力の低さはそれほど問題にならず，生育環境としての温度あるいは日射がより重要であることを示しているのだろう．

3 熱帯の生物多様性

3-1　フタバガキ科の進化と多様性

熱帯を代表する2つの生物群，フタバガキ科の樹木とシロアリ目の昆虫を例にして，生物多様性について考えてみよう．フタバガキ科は，ゲノム解析をもとにしたAPG植物分類体系では，アオイ科，パンヤ科，ベニノキ科，ジンチョウゲ科などとともに，アオイ目に分類され，特にマダガスカル固有のサルコラエナ科に近いとされる．アジア，アフリカ，南米の熱帯地域に分布し，3亜科，15から19属，470から580種を含んでいる（Maury-Lechon and Curtet 1998）．属，種数に大きな幅があるが，これは1995年にフタバガキ科内で新属が記録されるほど，多様性の全貌がまだ明らかになってはいないという事情を反映している．アフリカ，南米，アジアの3つの分布域のうち，アフリカでの現生種は30から49種と見積もられていて，南米ではわずかに2種しか報告されていない．これに対して，東南アジアからニューギニアにかけては，541種，さらに南アジアで58種と，アジアでのフタバガキの多様性はきわめて高い（Maury-Lechon and Curtet 1998）．しかし，化石資料によると，フタバガキ科の起源はアフリカと南米だと考えられている．

ジュラ紀後期に地球上の陸地がゴンドワナ大陸とローラシア大陸の二つに分かれ，テチス海によってこの二つの大陸が隔てられていた頃，ゴンドワナ

大陸にフタバガキの祖先が存在していたと考えられている（図 5-2A）．その後ゴンドワナ大陸が分離して大陸移動によって移動していくのに伴って，現在東南アジアとアフリカと南米に分布するフタバガキ類は分断隔離され，それぞれ独自の進化の歴史をたどってきた（図 5-2B, 5-2C）．現在，東南アジアで繁栄するフタバガキ亜科は，ゴンドワナが分離移動して，現在の陸地のパターンが形成されていく過程で，アジアに何回かに分かれて到達した（Maury-Lechon and Curtet 1998）．アジアへ到達したのは，第三紀（パレオジン）にインド亜大陸とユーラシアが衝突した際だという説（図 5-2C），あるいはそれ以前に現在のインド，インドシナ，チベット，中国北部などがゴンドワナとローラシアをつなぐ環状の群島を形成していて，この群島伝いに到達したとする説もある．このようなゴンドワナ起源の生物がローラシアあるいはユーラシアへ移動したというケースは，フタバガキ科だけでなく，後で述べるシロアリを含めてたくさんの生物のグループにおいて認められている（Morley 2000）．

　その後東南アジアの特に島嶼部において，モンスーン気候に適応した落葉性を中心としたフタバガキのグループと湿潤気候に適応した常緑のフタバガキのグループが，この地域の気候変動と海水面変動に伴う島の連結と分断の歴史の中で，さまざまな環境条件に適応して進化し多様に分化していった（Morley 2000）．第三紀漸新世から中新世前期にかけて生じたこのような適応放散の結果，さまざまな立地環境に適応したフタバガキ科樹種が，東南アジア熱帯を中心に分布し，高い多様性を誇っている．なぜアジアの熱帯だけで，フタバガキが適応放散し，なぜアフリカ，南米では適応放散が生じなかったのか．菌根類との共生関係を構築できたことが東南アジアでのフタバガキの成功の原因であるという説もあるが，その理由はいまだに解明されていない．

　アジアの中でフタバガキの種多様性が最も高いのは，ボルネオ島（267 種），半島マレーシア（156 種），スマトラ島（95 種）など東南アジアの島嶼部である．他の地域との共通性が低い，すなわちその場所に固有の種や属が多いのは，他の地域との分断の歴史の長いスリランカ（分布 44 種中固有種 43 種）や南インド（分布 13 種中固有種 11 種）である．氷期・間氷期に海水面変動によって周辺との分断と結合を繰り返したボルネオ島（267 種中 158 種）もまた固

有率が50%を超える．これに対してベトナムからインドにいたる大陸部での出現種数はおおむね50種以下で，しかも固有性は低い（Maury-Lechon and Curtet 1998）．このように，熱帯雨林の成立する島嶼部が，フタバガキの多様性のセンターとなっている．

　東南アジアの熱帯林を特徴づけるフタバガキだが，湿潤熱帯とモンスーン熱帯に分布する種は，それぞれの環境に特化しており，両者はタイとマレーシアの国境付近を境にして地理的にほとんど重なっていない．フタバガキの仲間には樹高80mにも達する巨大高木あるいは超高木となる種が多く，低地熱帯林の主要な構成種となっている．また，湿潤熱帯の河口域の湿地林や泥炭湿地林という特殊な環境に適応した種や，標高1000m近くまでの丘陵地に適応した種もある．フタバガキが進出できないのはマングローブ林の成立する汽水域と標高1000m以上の山地だけで，フタバガキは東南アジアにおいて実にさまざまな環境に進出している（図5-5）．

　マレーシア，サラワク州の低地熱帯雨林で調査した例では，52ヘクタールで1200種近くの樹種が出現したのだが（Lee et al. 2004），このうち87種がフタバガキ科樹種であった．これだけの多数の樹種がいったいどのように森林の中に詰め込まれているのだろうか．種の分布を細かく調べてみると，各樹種がお互いに地形的に分布域を重ねないように配置されていることがわかる．図5-6Aはフタバガキ科のリュウノウジュ属の2種間に見られるこのような背反的な分布の例である．

　このような地形的な樹種間のすみわけは，サラワクのフタバガキ科だけでなく，タイのブナ科（図5-6B）やクスノキ科をはじめさまざまな地域のさまざまな分類群で認められる．つまり，樹木種の多くは特定の地形部分に分布の中心をもち，その分布中心は樹種によって異なっている．樹種ごとに水利用や養分利用に関係する形態や機能が異なり，樹種間で生育適地が異なるからこのようなすみわけが生じる．これは決して熱帯だけにみられる現象ではなく，温帯にも亜寒帯にも認められる現象である．

　生育場所の分割は，たくさんの種類がひとつの森林のなかで共存することを可能にする重要な要因だと考えられる（神崎2007，伊東他2006も参照）．生態的な地位（これをニッチと呼ぶ）が種間で異なり，他の種類に対して優先的

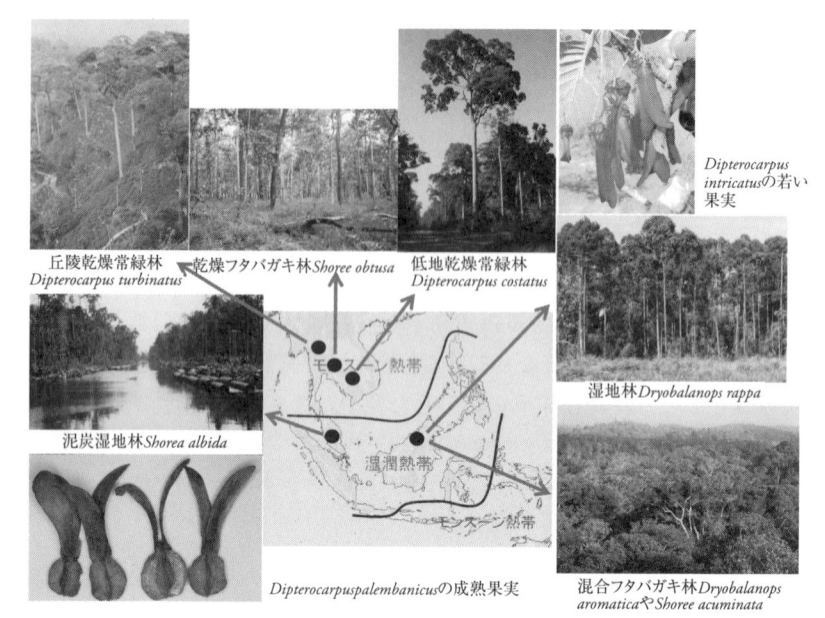

第 2 編
地球圏・生命圏の中核としての熱帯

図 5-5 東南アジアのさまざまな立地に適応放散したフタバガキ科樹種
注：島嶼部では低地，丘陵林，湿地林，泥炭湿地林などに進出．大陸部でも低地，丘陵の常緑林と落葉林に進出．フタバガキの名の由来となった 2 枚の羽をもった果実の例 2 種をあわせて表示した．

に利用できる環境や資源をそれぞれの種が持つことで絶滅のリスクが減り，多種の共存が可能になるという考え方で，多様性に関するニッチ分割説と呼ばれる．生育場所の分割を強調する場合には，生育場所分割と呼ばれる．熱帯雨林は，実にさまざまな樹木が存在するために，一見，混沌とした世界のように思われるかもしれない．しかしその内部ではニッチ分割による明瞭な構造も存在するのである．種多様性が維持されている背景にはこのような生物間に存在する住み場所をめぐる構造化が重要なようだ．

3-2 シロアリの進化と多様性

つづいてシロアリの例を見てみよう．シロアリは地球上に広く分布する土壌昆虫で，特に熱帯では植物遺体の重要な分解者として知られている．日本

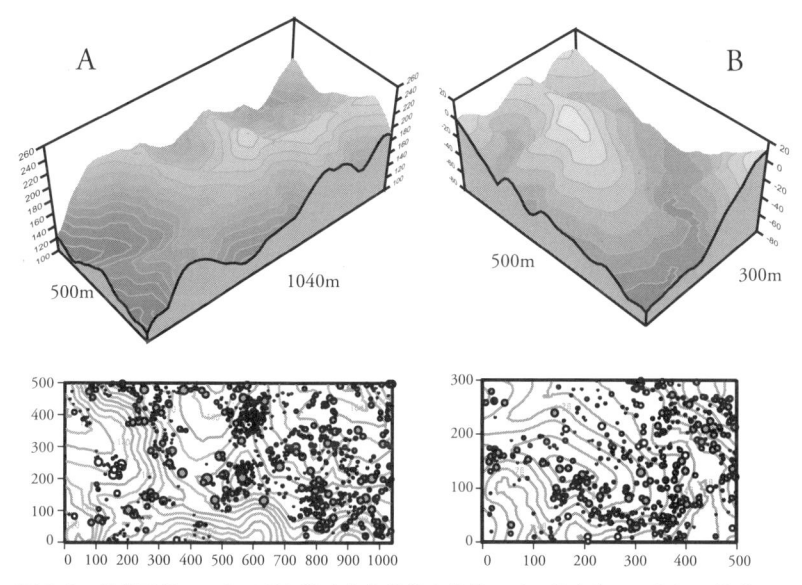

第 5 章
生存基盤としての生物多様性

図 5-6 熱帯雨林のフタバガキ科 (A) と熱帯山地林のブナ科 (B) にみられる地形に
よるニッチ分割 (口絵 2)
注：左図はマレーシア・ランビル国立公園の 52 ha 調査区内での幹直径 10cm 以上の個体の分布 (赤丸：
Dryobalanops aromatica, 青丸；*Dryobalanops lanceolata*)．右図はタイ・ドイインタノン国立公園の 15 ha
調査区内での幹直径 10cm 以上の個体の分布 (赤丸：*Quercus eumorph*a, 青丸：*Lithocarpus vestitus*)．
出典：それぞれ，Itoh et al. (2003) と Noguchi et al. (2007) のデータをもとに作図．

語を含む多くの言語で"白いアリ"という意味の名前で呼ばれているが，実際にはアリとは系統的に遠く離れており，化石記録や遺伝子解析などから中生代にゴキブリの仲間から進化したものと考えられている．分類学的にはシロアリ目（科とする意見もあるがここでは目とする）に含まれる 7 科からなり，現在までに 280 属 2600 種余りが知られている (Abe et al. 2000)．

シロアリ目に含まれる 7 科のうち，シロアリ科は熱帯を中心に分布し，230 属余りを含むきわめて多様な科である．熱帯林やサバンナなどでみつかるシロアリの大部分はこのシロアリ科に属するものである．シロアリ科の特徴は，営巣場所と採餌場所が離れた"セパレートタイプ"と呼ばれる生活様式をもっていることである．シロアリ科以外の科では，枯死材の中に営巣し，かつその材を少なからず餌とする"ワンピースタイプ"やセパレート

163

タイプとワンピースタイプの中間タイプがみられる．セパレートタイプはワンピースタイプや中間タイプより適応的であることが理論的に示されており（Higashi and Abe 1997），シロアリ科の生活様式と熱帯のシロアリ目の中でこの科が支配的な地位を占めるに至ったことは深く関係していると考えられる．シロアリ科はさまざまなものを食料資源として利用することでも知られ，巣内で担子菌類（いわゆるキノコ）を栽培しそれを食べるキノコシロアリ（キノコシロアリ亜科のすべての種，図5-7）や，ミミズのように土壌有機物を食べる土食シロアリ（複数の亜科の一部の種）などを含んでいる．このように高度に特殊化・進化したシロアリ科は一般に高等シロアリと呼ばれ，それ以外の下等シロアリとは区別されている．

　図3でみたように，シロアリの属の多様性はシロアリ科の分布の中心である低緯度地域（熱帯）で高く，高緯度地域（温帯）に向かって徐々に低くなる．シロアリの多様性は低地熱帯雨林でもっとも高く，わずか1haの調査地内から50種を超えるシロアリが見つかることもある（Eggleton et al. 1996; 1999）．また，アフリカや南アメリカの熱帯雨林で見つかるシロアリ科の中には，そこに形成される安定した土壌環境に特化した土食シロアリの固有種や固有属が多く含まれる．一般的にシロアリは分散能力が低く，ワンピースタイプが流木を介して海を渡ることを除けば，広い海峡を渡ることはない．したがって，シロアリ科の進化と多様化において，現在の生息場所である熱帯雨林が重要な役割を担ってきたと考えられている．

　デービスらは，過去の大陸分布と熱帯雨林の形成過程，シロアリの化石記録や現在の分布パターンから，シロアリの進化と多様化の歴史についての仮説を提示している（Davies et al. 2003）．彼らは，世界の主要な大陸がまだひとつの巨大な超大陸パンゲアを形成していたジュラ紀中期頃に原始的な下等シロアリが現れ，パンゲアの中南部がゴンドワナ大陸として分断されたジュラ紀後期になってこのゴンドワナ大陸にシロアリ科が誕生したと説明している（図5-2A）．確かに，シロアリ科の多様性が最も高いのはゴンドワナの中核を成していた現在のアフリカ大陸と南アメリカ大陸であり，シロアリ（シロアリ科）の緯度に沿った属多様性も南半球の方が高い（図5-3）．シロアリ科，とりわけ土食シロアリは，白亜紀後期の被子植物の進化とともにアフリカと

第 5 章
生存基盤としての生物多様性

写真 5-1　スミオオキノコシロアリ（*Macrotermes carbonarius*）
注：上段はキノコシロアリの一種であるスミオオキノコシロアリが採餌している様子，中段はそのシロアリの巣，下段は巣内部の菌園
出典：タイ王国，サケラート環境研究ステーションにて撮影．

南アメリカに形成された温暖湿潤林で多様化した（図 5-2B）．その後，ゴンドワナーローラシア大陸間に形成された環状群島やインド亜大陸の移動に沿って，これらのシロアリの一部がパンゲアの北部に起源するローラシア大陸の南東部（現在の東南アジア）へ到達し（図 5-2C），現在の分布と多様性のパターンが成立したと考えられている．また，アーネンらはシロアリ科のキノコシロアリ亜科に関する遺伝子解析を行い，キノコシロアリもまたアフリカの熱帯雨林で進化し，そこからアフリカのサバンナや東南アジアに分布域を広げてきたことを報告している（Aanen and Eggleton 2005）．このように熱帯雨林はシロアリ科が進化・多様化した場所であるとともに，現在の多様性の中心地でもある．

　シロアリは熱帯のさまざまな生態系に分布しており，サバンナや丘陵地でも多くの種が見つかる．その中でも熱帯林は，シロアリの種多様性が高いだけでなく，存在量もきわめて多い生態系である．社会性昆虫であるシロアリは一般的に局所的に集中して生息しているが，平均すると，熱帯林では 1m^2 当たりに数千頭ものシロアリが密集していることになる（Abe et al. 2000）．このように多様で豊富なシロアリは餌資源と生息場所の分割によって熱帯林に詰め込まれているものと考えられる．シロアリは新鮮な植物遺体からそれに由来する土壌有機物まで幅広く餌資源として利用しているが，それぞれの種に限ってみれば，ある一定の範囲のものだけを餌資源として利用している（このような食べものからみた特性を食性と呼ぶ）ものがほとんどである．例えば，枯死した草本を中心に食べる種，木本の落葉や細かい落枝などを食べる種，枯死した太い幹を食べる種，土壌有機物を食べる種などが認められる．これは，ひとつの種が利用する餌資源が種間競争によって狭い範囲に限られているというより，進化と多様化の過程でそれぞれの種が特定の餌資源を利用するように分化してきたと考える方が妥当であろう．なぜなら，ある特定の餌資源を利用するためには，シロアリ自身がそれに合った形態（堅い材を囓り取るための強力な顎など）や消化器官などを兼ね備える必要があるだけでなく，シロアリは反芻動物のように多かれ少なかれ腸内に共生する微生物に依存しているので，餌資源によって異なった微生物と共生する必要があるからである．その一方で，シロアリの群集構造（シロアリ全体の種数や各種の存

在量)は時間的に大きく変化する可能性があり(Eggleton et al. 1996; Inoue et al. 2001),最も優勢な種でさえ短期間に入れ替わることもあるようだ.したがって,あとで述べるように,シロアリ群集はきめ細かい餌資源の使い分けによって多様性を維持するいわゆる平衡的な群集であると同時に,優勢種が入れ替わってしまうような非平衡的な群集ともみなせる.種多様性の維持には,このような相反する二つの群集の特性が関与していると思われる.

　生態系における分解者という側面から,シロアリは餌資源の種類によって"機能群"に分けられている.おおまかには,地上の落葉や落枝,枯死材などを餌とする材・リター食シロアリ,地下の土壌有機物などを餌とする土食シロアリの二つのグループがある.キノコシロアリは材やリターなどを利用して菌園(共生キノコの栽培器)を作るので,材・リター食シロアリのひとつである.材・リター食シロアリは分解過程初期段階に関与する一方で,土壌有機物の少なくとも一部分は林床の材やリターが分解作用や風化作用を受けて土壌中へ流入したものであるので,土食シロアリは分解の後期段階に関与しているといえる.したがって,シロアリによる餌資源の分割はそれが関与する分解段階のちがいを意味し,多種多様な植物遺体由来の有機物を餌資源としているシロアリは,熱帯林の植物遺体分解のあらゆる段階に関与していることになる.また,材・リター食シロアリの"食べ残し"が土食シロアリの餌資源となっているとも考えられるので,これら両者の間に材・リター食シロアリが優先する潜在的な競争関係があってもおかしくはない.実際,材・リター食シロアリが少ない熱帯林では土食シロアリが多くなることが報告されており(Yamada and Inoue et al. 2007),後述するような熱帯林内の光強度に沿った樹木の階層構造のようなものが,植物遺体の分解段階を軸としてシロアリの機能群間にも存在するのかもしれない.

　社会性昆虫のひとつであるシロアリは大きな集団で営巣するので,どこに巣をつくるかという問題もシロアリにとっては重要である.熱帯林ではシロアリの巣が樹上から地中まで三次元的にいたるところに分布しており,多種のシロアリが巧みに営巣地を分割している.熱帯におけるシロアリの多種共存は大陸と島嶼間でも認められ,大陸の熱帯林ではセパレートタイプが優占し,島嶼ではワンピースタイプが優占する傾向がある.これはすでに述べた

ように，セパレートタイプを代表するシロアリ科が大陸で進化し海峡を越えて分布域を拡大できない一方で，枯死材に営巣するワンピースタイプは流木を介してその分布域を島嶼へと広げた結果だと考えられている．

3-3　多様性をめぐる二つの対極的な考え方

　これまで見てきたフタバガキ科樹木のような光合成によって有機物を生産する生産者，あるいはシロアリのような植物遺体の分解者の多様性のパターンで共通していることは，出現する種あるいは属が，気候によっても変化するし，微細なスケールの環境条件や餌資源の違いに応じても変化するということである．逆にいうと，あらゆる環境に出現して，高いパフォーマンスを示すような種が存在しないということである．生物が作る社会の中ではそれぞれの生物が特定の生育地や生息地に適応した形態や生態特性を進化的に獲得して，大なり小なりスペシャリストとして一定の生態的な地位を獲得しているといえる．前2節ではこのような樹木における生育場所やシロアリにおける餌資源の種間の分割が多様性を維持するのに重要だと主張してきた．このようなニッチ分割が成り立つような資源や生息場所にはさまざまなものがある．植物にとっては，すでに述べた土壌の中に不均質に存在する水やさまざまな栄養塩類といった資源，あるいは後でのべる群落の上層から下層にかけて変化する光が重要な軸となっている．植物を食べる動物にとっては，さまざまな防衛手段で摂食から逃れようとする植物のどの部分を食べるのかという餌資源の選択が重要な軸になっている．シロアリの場合は，植物遺体のどの部分をどの分解段階で餌として利用するかが，資源分割にとって重要である．

　それでは，種ごとにニッチが異なることだけで，生物の多様性は維持されているのだろうか．サラワク州の52haの調査区画のなかに，1200種近くの樹木種が分布している事実を，ニッチの違いだけで説明できるのかどうかは，生態学者の中でも意見が分かれるところである．また，シロアリの群集構造が短期的に大きく変動することはニッチ分割が完全には起こっていないことを示唆する．ハベルが提唱した群集中立説（Hubbell 2001）は，ニッチ分割の

ような考え方と対極的にある説である．彼の考え方は，種の生態特性には基本的に優劣がなく，特定の環境にスペシャリストとして特化していなくても，多数の種が絶滅と種分化を繰り返しながら，非平衡的に共存しえるという説である．このため，この説は，非平衡説とも呼ばれる．ニッチによる多種共存の説明は，現在の生息環境の空間的な異質性に対応して，生物群集側も適応進化して，ちょうどテンプレートに個々の種がはまり込んだような平衡的な状態を想定している．それに対して，群集中立説では，群集を構成する種は常に入れ替わりつつあり，非平衡状態にあると考える．このような2つの群集観は，相対立するものではないかもしれない．ハベルが考える適応度に種間の優劣が無いという状況は，種間にニッチ分割が存在することによって可能になるとも考えられる．それぞれの種は特定の環境で高い適応度を発揮するが，環境全体をとおして平均化すれば，すべての種の適応度には優劣が無くなると考えることも可能だ．また，時間スケールの違いも重要かもしれない．長期的には種の絶滅や，新たな種の分化は頻繁に起きている．しかし，短期的にはそれぞれの種には明確なニッチ分割のパターンが認められると同時に，偶然の要素や歴史的な要素も強くはたらいている．それが，実際の生物の多様性が維持されていくプロセスの実態だと思われる．

4 多様性と機能と安定性

4-1 多様性と生産・分解過程

　地球上に植物が1種類だけ存在するような世界を想定してみよう．そんな世界では，スギとブナの違いは存在しないし，りんごとみかんの違いも存在しない．人類の生存をささえることも到底不可能だろうし，たった1種でカバーできる地球上の空間もきわめて限られたものになるだろう．環境変動による影響もより強く受けることになるのは必至である．その意味では，生物多様性が生態系の機能や安定性に果たす役割は自明の理である．ここで多様性と機能についてさらに考えてみよう．

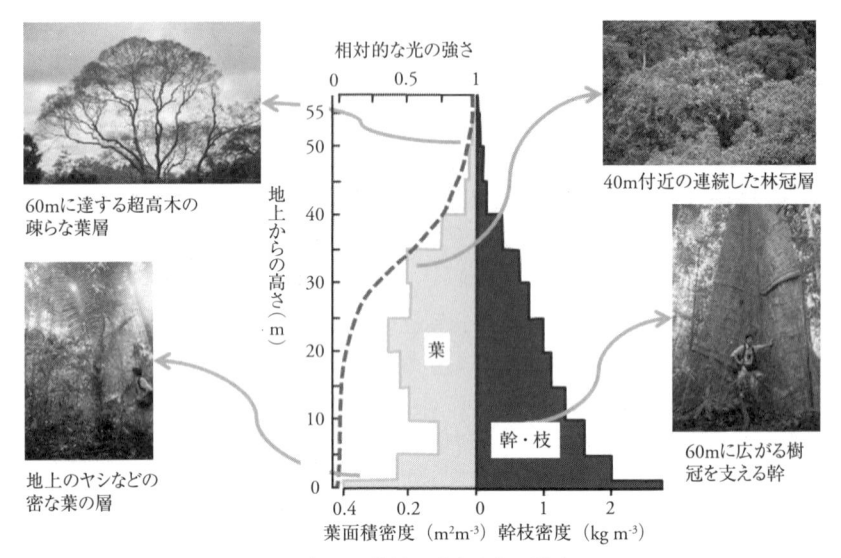

第 2 編
地球圏・生命圏の中核としての熱帯

図 5-7　熱帯林の垂直方向の構造

注：葉がまばらに展開する 40m 以上の超高木層の下に，葉の密生する林冠層が展開し，その下部には亜高木層や低木層が展開し，光は森林外部の 1％程度にまで減少してしまう．
出典：Kira (1978) をもとに作図．

　熱帯雨林はきわめて背が高い．半島マレーシアの熱帯林で調べられた例では，最大の樹高は 60m に達し，40m から 60m の高さには，まばらに生えている超高木あるいはエマージェントと呼ばれるような巨大な木がドーム状の樹冠を広げている．この階層では，葉はまばらにしかついていないので，森林表層の光の強さの 80％程度の光が 40m の高さに達する（図 5-8）．20m から 40m では，水平方向に連続して葉の展開する林冠層がひろがり，この中に高木性の樹木が多数生育している．光はこの部分で急速に葉に吸収され，20m 付近では森林表層の 5％程度にまで減少してしまう．20m よりも下の層では，葉は少なくなるが，それでもたくさんの樹木がひしめき，種の多様性も高い．下層の葉によって光はさらに吸収され，地上付近の光の強さは，森林表層の 1％程度にまで減衰してしまう．熱帯雨林では，このような森林の下層においても，非常にたくさんの樹種が存在するのが特徴で，それが熱帯雨林全体の種の多様性を高くしている（Pitman 2002）．

熱帯の日射量は大変に強い．この日射を森林内部に展開している葉が光合成に利用して減衰させていくことで，最上層から下層に向かって光合成に利用できる光の量と質は大きく変化していく．樹木自身が作り出すこのような光の不均一性は，光資源の違いにそれぞれ対応した光要求性の異なる樹種を生み出す結果になっている．これが，結果的に熱帯雨林の樹木の種多様性を高くするのに貢献するもう一つのニッチ分割の軸だと考えられている（甲山 2004）．

熱帯雨林の植物自身の呼吸によって消費される分をも含めた総光合成量は1年間に1haあたりの有機物の乾重で100tにも及び，これは大量の肥料や水を人工的に供給するような農地の生産力と比較しても非常に高い値になっている．水の供給が豊富であることは，木が吸水して葉に水を供給することを容易にして，樹高自体を高くすることを可能にする．また，強風が吹かないという熱帯の気象条件も，高い樹高を可能にしている．このようにして利用可能な空間は広がり，そこに上層から最下層に至るまでさまざまな樹種が葉を展開して光合成を行っている．高い生産力は，垂直方向に何層にもわたって展開した葉によって，光エネルギーが最大限利用しつくされているから達成できるのだ．熱帯雨林を構成するどんな樹木であろうと，1種類だけでこのような光の利用効率の高い，しかも自立した持続的な森林をつくることは難しいだろう．樹種の多様さはあきらかに高い生産性を維持することに貢献している．

熱帯雨林の生産力はきわめて高いのだが，その土壌は必ずしも高い生産性を持つ肥沃な土壌というわけではない（太田 2001）．高い生産力は，さまざまな物質の循環速度が速いことによって支えられている．土壌中の余分の栄養分は少ないため，植物の遺体がすぐに分解されて植物に再吸収されないと，高い生産力を維持できないのである．資本力のない会社が自転車操業をしているような状態だと考えればわかりやすい．植物遺体の迅速な分解は，熱帯雨林の成立に不可欠の条件なのだ．

植物遺体の分解にとってもっとも重要なものはカビやバクテリアなどの微生物である．高温多湿な熱帯雨林はこれらの微生物が活動するのにきわめて好適な環境であり，林床に落下した植物遺体は微生物によってあっという間

に分解されてしまう．ただし熱帯の他の生態系，サバンナや，季節性のある熱帯林（熱帯季節林），丘陵地などでは，乾燥や低温などの影響で微生物の活性は熱帯雨林ほど高くない．

　例えば熱帯季節林では乾季になると植物遺体が乾燥し，その分解者である微生物の活性が著しく減少する．それではこのような環境下では，分解速度はどのように維持されているのだろうか．マレーシアのボルネオ島サバの熱帯雨林とタイの東北地方サケラートの熱帯季節林を比較した場合，後者には3ヵ月程度の乾季があり，年間降水量も後者の方が少ない．単純に考えれば，サバに比べてサケラートでは微生物による植物遺体分解量が少ないことになる．しかし，サケラートにおいてはもうひとつの重要な分解者であるシロアリによる分解量がサバより10倍も多く，微生物による分解量の1/6程度にまで達することがわかっている（Yamada et al. 2005）．サケラートではシロアリの中でも材・リター食シロアリの1つであるキノコシロアリによる分解量が抜きん出ており，土壌有機物を餌とする土食シロアリによる分解量は少ない（図5-8）．サバでも同様な傾向があるが，それぞれの分解量はサケラートのおよそ1/10になっている．

　熱帯雨林と季節林の気候的なちがいはおおまかに言えば年間降水量のちがいであるので，より一般的には熱帯林における降水量の減少は微生物による分解量の減少と相関していると考えられる．微生物もシロアリも同じ餌資源を利用しているので，両者の間には，有り余るほど存在しているように見える植物遺体をめぐる競争関係があるかもしれない．サバとサケラートの例は，微生物の分解量が少ないサケラートにおいてシロアリがより多くの餌資源を獲得した結果だとみることもできる．より多くの熱帯林で降水量とシロアリによる分解量をみてみると，やはり降水量の減少に伴ってシロアリによる分解量は増加している（図5-9）．熱帯林における植物遺体の迅速な分解は，微生物とシロアリの植物遺体獲得競争の結果，シロアリが環境によって変化する微生物による分解量を補填することによって成り立っていると言ってもいいかもしれない．

　植物遺体の主要な構成物質であるリグノセルロースを分解する能力は，カビやバクテリアなどの微生物がほぼ独占的に持っている．シロアリ自身もあ

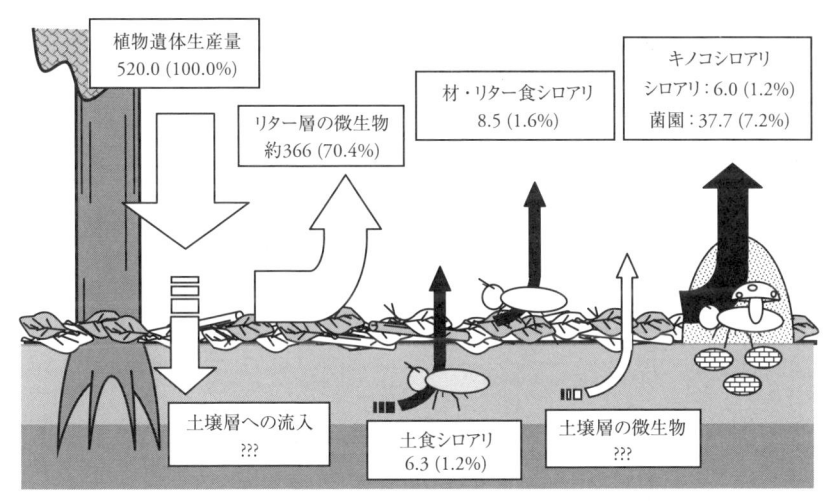

第 5 章
生存基盤としての生物多様性

図 5-8　東北タイ・サケラートにおける微生物とシロアリによる植物遺体の分解

植物遺体生産量 520.0 (100.0%)
リター層の微生物 約 366 (70.4%)
材・リター食シロアリ 8.5 (1.6%)
キノコシロアリ　シロアリ：6.0 (1.2%)　菌園：37.7 (7.2%)
土壌層への流入 ???
土食シロアリ 6.3 (1.2%)
土壌層の微生物 ???

注：数字の単位は 1 年間 1m^2 当たりの炭素換算量重量 (g) で，上向きの矢印はそれぞれの分解者による分解量（呼吸による炭素無機化量）を示し，括弧内は枯死植物生産量に対する割合を示す．シロアリ全体では枯死植物生産量の 11.2% を分解している．
出典：Yamada et al. (2005) より作図．

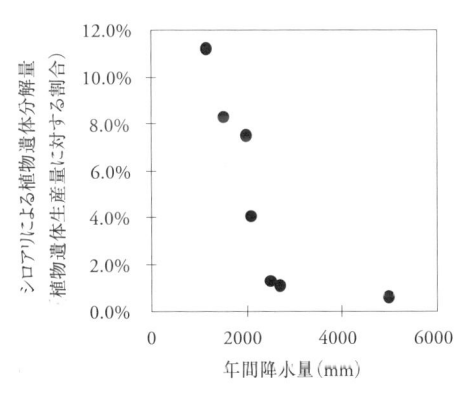

図 5-9　各地の熱帯林における降水量とシロアリによる分解量の関係

注：東南アジア，アフリカ，南米の 7 地点の熱帯林における降水量とシロアリによる植物遺体分解量（図 5-8 を参照）．年間降水量が多い熱帯林ではシロアリによる分解量は少なくなる．
出典：Yamada and Inoue et al. (2007) より作図．

173

る程度の能力は持っているが，シロアリは植物遺体を餌として利用する上で共生微生物に多かれ少なかれ依存している．外部環境が微生物の活動にとって好ましくない状態であっても，シロアリは腸内や巣内に微生物にとって好適な環境を作りあげることで共生微生物を利用し，枯死植物を分解している．そのもっとも顕著な例はキノコシロアリによるキノコの栽培であろう．キノコシロアリは巣内を常に28-30℃に保ちつつ，二酸化炭素の排出と酸素の取り込みを同時に行い，効率的にキノコ栽培を行っている（Korb 2003）．そしてこのシロアリは，キノコの菌糸塊やキノコによってほどよく分解された菌園を実際の餌として利用している．キノコシロアリが作る地上巣（シロアリ塚）は非常に洗練された仕組みにより温度調節とガス交換を行うことで知られている．サバンナのような太陽光が巣に直接当たる環境では過剰な熱を放出するための通気システムを備えた塚を作る種が生息し，また熱帯林のような樹木により太陽光が遮られている環境では厚く断熱性の高い外壁をもった塚を作る種が生息している．

　キノコシロアリは丘陵地のような環境では気温の低下などによりほとんど生息していない．その代わりに，外気温にそれほど影響されない土壌中に営巣する土食シロアリが山地林などにも豊富に生息し多くの植物遺体を分解している（Yamada and Inoue et al. 2007）．また，アフリカの熱帯ではキノコシロアリはサバンナを中心に分布し，熱帯林には東南アジアほど多くのキノコシロアリが分布していない．しかし，ここでも，東南アジアに比べて格段に多様で豊富な土食シロアリが東南アジアの熱帯林でキノコシロアリが分解している量と同程度の枯死植物を分解している（Yamada et al. 2005; Yamada and Inoue et al. 2007）．したがって，熱帯林では多様な樹木が生産する豊富な植物遺体が分解者に幅広いニッチを供給し，多様な環境に生息し多様な餌資源を利用するシロアリが，熱帯における迅速な植物遺体の分解を維持することで，生産者と分解者の多様性を相互に支えていると言っていいだろう．

　群集，あるいは生態系において，多数の種が形作る系は一般的に効率が良いシステムと言えるかもしれない．しかしこのことは，寄せ集め的に生物を集めても，それが最良に近いシステムになることを意味するものではない．実験的に植物を組み合わせて栽培することで，生産力が上昇するかどう

かを検証しようとする実験が行われているが，種の組み合わせによって単独で栽培するよりも生産力が上昇することもあれば減少することもある（甲山 2004）．熱帯雨林に見られる生物の組み合わせは進化の歴史の中で形作られてきたもので，その組み合わせは熱帯雨林を支えうる環境の中でこそ高い機能を発揮できる．決して，種数が多い少ないということ自体が，系の特性を決めているのではなく，系の持つ物理環境のポテンシャルを最大限利用できるように進化した生物集団が存在するから，高い機能が発揮されると考えるべきだろう．

　生物の共存あるいは一般用語としての共生という言葉が，多様性の背景にある生物間の関係性を示す言葉としてよく用いられる．しかし，共存・共生という言葉は，生物がお互いに譲歩しあって共存しているという誤解を引き起こす．共存・共生の背景には，熾烈な生物間の資源の奪い合いという現実があり，その結果，高度なニッチ分割が実現して多数の種の共存が可能になっているという点を強調しておきたい．

4-2　多様性と安定性

　多様性の高い生物群集は，たくさんの種類を内包しているので，外部からのさまざまな撹乱に対して適応力を持つ種をあらかじめ用意しており，撹乱に対して安定性の高い群集だと考えられがちである．しかし，ひとつの群集内部における生物の高い多様性は，かならずしもその群集の安定性を意味するわけではない．熱帯雨林はおそろしく多数の生物で構成されている．それはすでに見たように，生産力が非常に高く，分解速度も速いといったように機能面でも優れている．しかしその一方で，外部からの撹乱に対してきわめて脆弱でもある．森林火災，あるいは強度の乾燥といった熱帯雨林がほとんど経験してこなかったような撹乱に対して，熱帯雨林はきわめて脆い．熱帯域の農業は多くの場合火入れを伴うのだが，そのような火の使用によって，熱帯雨林構成種は急速に衰退してしまう．エルニーニョによる過度の乾燥と森林火災の発生も，熱帯雨林に対しては大きな脅威となっている．また，野火や人間活動による森林伐採や植林，森林の断片化などによってシロア

リの多様性も減少することが報告されている (Davies 1997, 2002; Eggleton et al. 1996, 1999).

　このように，生物多様性の高いことがあらゆる環境変動に対して高い安定性を保つというわけではない．熱帯雨林を成立させ得るような環境は，水資源，エネルギー資源に富む，比較的生物の生活しやすい環境である．そのような環境での生物の進化においては，物理的に厳しい環境を生き残ることが淘汰圧となってきたのではなく，生物同士の資源をめぐる間接的な競争と，食う食われるといった直接的な生物同士の関係が主要な淘汰圧となってきた．これは，熱帯雨林以外の生態環境では，凍結や乾燥といった物理環境が淘汰圧となる状況と比べるときわめて対照的である．進化の過程で経験したことのない人為的な撹乱に対して，熱帯雨林はきわめて脆弱であることを強調しておきたい．このような熱帯雨林の脆弱性は，最終氷期に熱帯雨林の分布が縮小し，分断隔離されたという事実からも明白である．しかし幸いなことに，氷期という乾燥化，低温化の時代にあっても，熱帯雨林の成立を許すような環境が，綿々と地球上に存在しつづけたおかげで，現在でもわれわれは熱帯雨林の存在を享受できているといえるだろう．

5　生存基盤としての多様性

5-1　資源としての多様性

　なぜわれわれは生物多様性を残していかなければならないのだろうか．その動機は，人により，立場により，そしてその人の生業によってさまざまであるはずだ．しかし，もっとも形而上学的な動機は，生物，生命に対する倫理観であるだろう．地球温暖化で絶滅の危機に瀕しているシロクマの現状に心を痛める人は多い．現在人間と同じ時間に同じ地球上で生きている生物に対して抱く共感，あるいは生命に対する倫理観は，アプリオリに人の心の中に存在するのかもしれない．これは地球上のすべての生物が，進化の系統樹によってひとつのものとして繋がっているという事実に由来するのかもしれ

ない．田辺が本書で述べている連鎖的生命とはまさにこのことではないだろうか（本書第13章参照）．

　生物多様性を保全する理由を生物が持つ機能に見出すことも可能だ．たとえば森林が持つ土壌浸食防止や，水資源の安定供給に果たす役割は，農業生産や国土保全に寄与している．昆虫や鳥の多様性を維持することが特定の害虫や害獣の大発生を防ぐ効果を持つことも指摘されている．このような効果は生物や植生の持つ環境サービスと呼ばれている（本書第8章も参照）．

　さらに生物の資源としての価値，遺伝子資源としての価値を含めて，生物が人間に対して供給してくれているサービスを生態サービスあるいは生態系サービスとよぶ（Millennium Ecosystem Assessment 2007）．このように生物が供給してくれるサービスの中で，その多様性が決定的に重要なのは，資源としての価値ではないかと考える．

　生物は進化の歴史の中でさまざまな形態と機能を獲得し，さまざまな二次代謝産物を作り出してきた．繁殖のための栄養分とカロリーに富む種子，栄養繁殖のためのイモやムカゴ，動物によって種子を散布させるための果実，花粉媒介者を引き付けるための蜜と花粉，樹木が防衛のために分泌する樹脂類，他の生物に対抗するための化学防衛物質や多感作用物質．生物が進化の過程で創り出してきたこれらの形態，機能，代謝産物の中から，人間は利用可能なものを探し出し，利用方法を編み出し，場合によっては栽培化，家畜化していった．

　実際に人間が食料として口にする生物の数は8万種にもおよぶといわれる（小堀 1997）．しかし，人類のほとんどは，栽培化された穀物や野菜，家畜化された動物，養殖された水産物を食料として消費し，実に限られた数の栽培植物種，家畜種，養殖魚種によって食料資源のほとんどをまかなっている．その意味からすると，生物多様性の資源としての重要性はそれほど高くないのではないかと錯覚してしまう．しかし，これらの生物資源も，もとは野生の動植物から有用な資源を発見し，その利用方法を開発しながら，栽培化，家畜化していったものだ．熱帯とその周辺に起源を持つこのような栽培植物は，イネ，サトイモ類，ヤマイモ類，トウモロコシ，サトウキビ，コーヒー，ココア，ゴムノキ，アブラヤシと数え上げれば切りが無い．遺伝子操作の導

177

入が進みつつあるものの，栽培化した植物の品種改良には，母種の種内変異や近縁種の導入が今でも重要である．

さらに私たちの身の回りを注意深くみれば，主要作物以外にも熱帯から産出される生物資源がさまざまな形で生活を支えていることに気がつく．熱帯雨林から産出されるラタン（籐）でつくられる家具は，日本の家ではどこでも見られるものだが，ラタンの栽培はまだまだ少なく，多くは熱帯雨林からの採取に頼っている．熱帯雨林のフタバガキを材料とする合板も家具や建具として家のどこかに使われているはずだ．熱帯産の素材としては目につかないが，チューインガムに使用されるチクル（キョウチクトウ科の大木から採取する樹脂），食品用色素として使われるラック（熱帯で飼育されるカイガラムシから採取），ニスや塗料に使われるコパール（ナンヨウスギ科樹木から採取）やダマール（フタバガキ科樹木から採取）などの樹脂類など，量的には少ないが私たちの生活に深く浸透している（渡辺 2002）．私たちの生活はこのように熱帯の生物多様性の直接的な恩恵を今でも受けている．

生物多様性の中から有用な生物を抽出し，栽培方法，利用方法を開発していく努力は今も続いている．ベーカーは *Plants and Civilization* のなかで，1970年当時に将来有望な植物資源としていくつかあげている（ベーカー 1975）．西アフリカ原産のアカテツ科のいわゆるミラクルフルーツ（*Synsepalum dulcificum*）は，味蕾に働きかけて，甘味を感じさせる味覚修飾物質ミラクリンを含むことで知られ，現在市場をにぎわせている（ワールド・ミラクルフルーツ協会のウェブサイト http://www.w-agri.biz/wms/）．大量に生産消費される中国原産のマタタビ科のキーウィー（*Actinidia chinensis*）は，1970年当時にはまだニュージーランドへの導入が始まったばかりであったが，今では日本でもごく普通の果実となった．ツゲ科のホホバ（*Simmondsia chinensis*）の果実から採れる特殊な蝋成分は，美容用のホホバオイルとして，ネット上を賑わせている．

野生生物が生産する天然化合物の継続的な資源化の努力は，特に医薬品の開発において重要だ．3000種以上の抗生物質は主に土壌中の放線菌から得られているし，漢方薬には5000種以上の植物が利用されているという（小堀 1997）．熱帯域に特有なマラリアは，現在でも根絶できていない熱帯特有

の疾患のひとつである．クロロキン，プリマキン，メフロキン，ドキシサイクリン，アルテミシン，ピリメサミン等抗マラリア剤が次々に作られたが，いずれにも耐性を持つ多剤耐性マラリアも出現してしまった．唯一の有効な治療法は，キニーネによる治療だが人体へのリスクもきわめて高い．このため，抗マラリア剤の継続的な開発が不可欠となっている．1980年代から表面化したエイズに対する治療薬としてその可能性が注目されている物質のうちの2つは，東南アジアのテリハボク属 (*Calophyllum*) の樹木と，アフリカのアンシストロクラドス属 (*Ancistrocladus*) の木本性つるから抽出されたものである．

　環境の変化，消費者の指向の変化，技術の発達などにより，生物資源のあらたな開発の必要性は次々に生じ，生物多様性は潜在的な資源としての重要性を永久に持ち続けるだろう．エイズを始めとした新たな疾病の拡大と薬剤耐性をもった病原菌の発生は，その端的な表れである．少なくともこの意味で，生物多様性の保全は人類にとって不可欠の生存基盤として保障される必要がある．しかしながら，生物多様性は，人類のさまざまな活動によって急速に失われつつあり，地球史の中で6回目の大絶滅が進行しているという考えが浸透しつつある (Novacek 2001)．多くの植物園や動物園，研究機関は野外の野生生物を凍結状態や飼育栽培のもとで保存（域外保全）する努力を続けている．同時に自然状態での生物多様性の保全（現地保全）には，多様性の高い熱帯や海洋における保全地域の設定とその確実な管理が重要である．このような保全の活動には直接的なコストがかかる．さらに，生物多様性を維持するために現行の農業生産や開発を抑制することによる損失も加味しなくてはならない．しかし，人類の生存基盤としての長期的なベネフィットは，これらのコストを凌駕すると考えるべきだと主張したい．

5-2　保全のパラダイム

　熱帯林を含めてさまざまな森林を構成する樹木の生物体は，水分を除いた残りの約半分が炭素で構成されている．このため，森林の伐採は植物体中に含まれている炭素を最終的には二酸化炭素として大気中に放出することにな

るので，地球温暖化のひとつの原因となっている．例えば，1990年代に人間活動によって発生した二酸化炭素のほぼ8割は化石燃料の燃焼，そして2割が森林消失に由来すると考えられている（IPCC 2007）．森林を保持することは，そのまま二酸化炭素の発生抑制につながる．森林のこのような環境サービスは，国際的な炭素排出規制の中で炭素吸収源としてカウントされる対象となっている．また，開発途上国における森林造成によって大気中の二酸化炭素を吸収し大気から隔離した分を，炭素排出権として先進国に売却し，先進国内での排出量から相殺できるようにする，排出権マーケットも実現している．この炭素排出権マーケットは，持続的な生存という目的のために，増大する人間活動を制御していくひとつの手法として，画期的なものといえるだろう．この排出権マーケットは，植林再植林クリーン開発メカニズム（略して植林再植林CDM）という形で，主に熱帯域での植林によって固定された炭素を商品として動き始めている（小林 2005）．

　残念ながら生物多様性の保全という意味では，この植林再植林CDMは貢献できていない（本書第8章も参照）．なぜなら，この仕組みがめざしているのは，大気中の二酸化炭素を隔離することで，炭素隔離の速度が重視され，多くの場合成長速度の速い樹種の，単純な植林地が造成されるからである．しかし，生物多様性保全に有効な仕組みが近年検討されている．「森林消失と劣化の防止による炭素発生抑制（reducing emission from deforestation and degradation in developing countries）」と呼ばれる仕組みでREDDと略されている．森林管理の仕組みを強化することで，減少しつつある森林のさらなる消失や劣化を防ぐことに対して，一定の経済的な見返りを与える仕組みである．この目的も炭素隔離で，最終的には排出権マーケットの中に組み込まれていくと考えられる．しかし，植林再植林CDMとは異なり，現存している熱帯林減少を食い止めることが評価されるので，熱帯林の生物多様性保全にも大きく貢献することが期待される．

　さらに生物多様性と直結する仕組みとして，遺伝資源の利用に関する規制の強化と，受益者負担の概念がある．遺伝資源へのアクセスと利益配分（ABS: Access and Benefit-Sharing）といわれるこの概念は，冒頭に述べた生物多様性条約締結の目的の一つである．コスタリカの生物多様性研究所（Instituto

Nacional de Biodiversidad: INBio）は，同国内の遺伝子資源情報を世界的薬品会社メルク社へ提供する見返りに，同研究所の活動に関する管理費用を受けるという協定を 1991 年に締結した．生物多様性を基盤とする遺伝子情報を利用する側が遺伝子資源の保護・保全に必要なコストを負担する発想は，生物多様性保全には不可欠の思想だと考える．INBio ではこのような協定を多くの企業と締結して，生物多様性の保護に活用するという戦略を続けている（INBio のウェブサイト http://www.inbio.ac.cr/en/default.html）．生物多様性保全の資源的価値を生かして，地球上の生物多様性の包括的な保全の枠組みを今後作っていくためには，遺伝子資源を保持する熱帯各国が正当な見返りを受けるシステムを構築することが必須なのだ．高い生物多様性を保持する熱帯域は，地球上でも特に重要な多様性保全のセンターとなるべきである．同時に，これらの国々は豊富な生物資源を持つ地域として今後重要性を増していくだろう．石油，レアメタルと同じく地球上に不均質に分布する生物多様性は，戦略資源としてさまざまな政治・経済的な問題を引き起こしてきた．生物多様性を背景とした生物資源を適正に保全し，開発利用し，利益を配分するシステムを，われわれ人間社会が作り出すことが，今世紀の重要な課題のひとつとして位置付けられる必要がある．

引用文献

Aanen, D. K. and P. Eggleton 2005. "Fungus-growing Termites Originated in African Rain Forests," *Current Biology*, 15: 851–855.

Abe, T., D. E. Bignell and M. Higashi (eds) 2000. *Termites: Evolution, Sociality, Symbioses, Ecology*. Dordrecht: Kluwer Academic Publishers.

Baker, H. G. 1964. *Plants and Civilization*. London: Macmillan and Co.（阪本寧男・福田一郎訳『植物と文明』東京大学出版会，1975 年）．

Collins, N. M. 1989. "Termites." In H. Lieth and M. J. A. Werger (eds) *Tropical Rain Forest Ecosystems*. Amsterdam: Elsevier Science, pp. 455–471.

Currie D. J. 1991. "Energy and Large-scale Patterns of Animal- and Plant-species Richness," *American Naturalist*, 137: 27–49.

Currie D. J. and V. Paquin 1987. "Large-Scale Biogeographical Patterns of Species Richness of Trees," *Nature*, 329: 326–327.

Davies, R. G. 1997. "Termite Species Richness in Fire-prone and Fire-protected Dry Deciduous Dipterocarp Forest in Doi Suthep-Pui National Park, Northern Thailand," *Journal of Tropical*

Ecology, 13: 153–160.
Davies, R. G. 2002. "Feeding group responses of a Neotropical Termite Assemblage to Rain Forest Fragmentation," *Oecologia*, 133: 233–242.
Davies, R. G., P. Eggleton, D. T. Jones, F. J. Gathorne-Hardy and L. M. Hernández 2003. "Evolution of Termite Functional Diversity: Analysis and Synthesis of Local Ecological and Regional Influences on Local Species Richness," *Journal of Biogeography*, 30: 847–877.
Eggleton, P. 1994. "Termites Live in a Pear-shaped World: a Response to Platnick," *Journal of Natural History*, 28: 1209–1212.
Eggleton, P., D. E. Bignell, W. A. Sands, N. A. Mawdsley, J. H. Lawton, T. G. Wood and N. C. Bignell 1996. "The Diversity, Abundance and Biomass of Termites under Differing Levels of Disturbance in the Mbalmayo Forest Reserve, Southern Cameroon," *Philosophical Transactions of the Royal Society London B*, 351: 51–68.
Eggleton, P., R. Homathevi, D. T. Jones, J. A. MacDonald, D. Jeeva, D. E. Bignell, R. G. Davies and M. Maryati 1999. "Termite assemblages, forest disturbance, and greenhouse gas fluxes in Sabah, East Malaysia," *Philosophical Transactions of the Royal Society London B*, 354: 1791–1802.
Eggleton, P., P. H. Williams and K. J. Gaston 1994. "Explaining Global Termite Diversity: Productivity or History?" *Biodiversity and Conservation*, 3: 318–330.
Higashi, M. and T. Abe 1997. "Global Diversification of Termites Driven by the Evolution of Symbiosis and Sociality." In: *Biodiversity*. T. Abe, S. A. Levin and M. Higashi, (eds) New York: Springer Verlag, pp. 83–112.
Hubbell, S. P. 2001. *The Unified Neutral Theory of Biodiversity and Biogeography*. Princeton: Princeton University Press.
Inoue, T., Y. Takematsu, F. Hyodo, A. Sugimoto, A. Yamada, C. Klangkaew, N. Kirtibutr and T. Abe 2001. "The Abundance and Biomass of Subterranean Termites (Isoptera) in a Dry Evergreen Forest of Northeast Thailand," *Sociobiology*, 37: 41–52.
IPCC 2007. "Working Group I Report The Physical Science Basis." *IPCC Fourth Assessment Report* IPCC. http://www.ipcc.ch/ipccreports/ar4-wg1.htm (2010年2月2日アクセス)
Itoh, A, T. Yamakura, M. Kanzaki, T. Ohkubo, P. A. Palmiotto, J. V. LaFrankie, P. S. Ashton and H. S. Lee 2003. "Importance of Topography and Soil in Local Dominance and Distribution of Two Sympatric *Dryobalanops* Species, Emergent Trees in a Bornean Rain Forest," *Ecological Research*, 18: 307–320.
伊東明・大久保達弘・山倉拓夫 2006.「地形から見た熱帯雨林の多様性」正木隆他編『森林の生態学 長期大規模研究からみえるもの』文一総合出版, 219–241頁.
神崎護 2007.「森林の多様性と動態を読み解く」太田誠一編『森林の再発見』京都大学学術出版会, 259–284頁.
小林紀之 2005.『地球温暖化と森林ビジネス「地球益」をめざして 第3版』日本林業調査会.
Korb, J. 2003. "Thermoregulation and Ventilation of Termite Mounds," *Naturwissenschaften*, 90:

212-219.

甲山隆司 2004.「種の共存と種多様性」甲山隆司他編『植物生態学』朝倉書店, 262-295 頁.

Kira, T. 1978. "Community Architecture and Organic Matter Dynamics in Tropical Lowland Rain Forests of Southeast Asia with Special Reference to Pasoh forest, West Malaysia." In P. B. Tomlinson and M. H. Zimmermann (eds) *Tropical Trees as Living Systems*. Cambridge, UK: Cambridge University Press pp. 561-590.

Lee, H. S., S. T. Tan, S. J. Davies, J. V. Lafrankie, P. S. Ashton, T. Yamakura, A. Itoh, T. Ohkuda and R. Harrison 2004. "Lambir Forest Dynamics Plot, Sarawak, Malaysia." In E. Losos and E. G. Leigh (eds) *Tropical forest diversity and dynamism: findings from a large-scale plot network*. Chicago: The University of Chicago Press. pp. 527-539.

Maury-Lechon, G. and L. Curtet 1998. "Biogeography and Evolutionary Systematics of Dipterocarpaceae." In S. Appanah and J. M. Turnbull (eds) *A Review of Dipterocarps: Taxonomy, Ecology and Silviculture*. Bogor: Center for International Forestry Research. pp. 5-44.

Millennium Ecosystem Assessment 2005. *Ecosystems and Human Well-being: Synthesis*. Washington, DC: Island Press（横浜国立大学 21 世紀 COE 翻訳委員会訳『生態系サービスと人類の将来 —— 国連ミレニアムエコシステム評価』オーム社. 2007 年）.

Morley R. J. 2000. *Origin and Evolution of Tropical Rain Forests*. New York: John Wiley and Sons.

Noguchi, H., A. Itoh, T. Mizuno, K. Sri-ngernyuang, M. Kanzaki, S. Teejuntuk, W. Sungpalee, M. Hara, T. Ohkubo, P. Sahunalu, P. Dhanmmanonda and T. Yamakura 2007. "Habitat Divergence in Sympatric Fagaceae Tree Species of a Tropical Montane Forest in Northern Thailand," *Journal of Tropical Ecology*, 23: 549-558.

Novacek, M. J. (ed.) 2001. *The Biodiversity Crisis: Losing What Counts*. New York: The New Press.

太田誠一 2001.「熱帯林の土壌生態」久馬一剛編『熱帯土壌学』名古屋大学出版会, 264-299 頁.

小堀洋美 1997.「生物多様性の危機」堂本暁子・岩槻邦男編『温暖化に追われる生き物たち』築地書館, 54-82 頁.

Pitman, N. C. A., J. W. Terborgh, M. R. Silman, P. V. Núnez, D. A. Neill, C. E. Cerón, W. A. Palacios and M. Aulestia 2002. "A Comparison of Tree Species Diversity in Two Upper Amazonian Forests," *Ecology* 83: 3210-3224.

Sepkoski Jr., J. J. 2002. "A Compendium of Fossil Marine Animal Genera," *Bulletins of American Paleontology*, 363: 1-560. データは Online data base http://strata.geology.wisc.edu/jack/（2010 年 2 月 2 日アクセス）より.

Yamada, A., T. Inoue, D. Wiwatwitaya and M. Ohkuma 2007. "A New Concept of the Feeding Group Composition of Termites in Tropical Ecosystems: Carbon Source Competitions among Fungus-growing Termites, Soil-feeding Termites, Litter-layer Microbes, and Fire," *Sociobiology*, 50: 135-153.

Yamada, A., T. Inoue, D. Wiwatwitaya, M. Ohkuma, T. Kudo, T. Abe and A. Sugimoto 2005. "Carbon Mineralization by Termites in Tropical Forests, with Emphasis on Fungus-combs,"

Ecological Research, 20: 453-460.
渡辺弘之 2002.『熱帯林の保全と非木材林産物 —— 森を生かす知恵を探る』京都大学学術出版会.
ワールド・ミラクルフルーツ協会 http://www.w-agri.biz/wms/（2010 年 2 月 2 日アクセス）
Whitmore T. C. and G. T. Prance (eds) 1987. *Biogeography and Quaternary History in Tropical America*. Oxford: Clarendon Press.
Wilson E. O. and F. M. Peter (eds) 1988. *Biodiversity*. Washington DC: National Academy Press.

第6章

水の利用からみた熱帯社会の多様性

河野泰之・孫　暁剛・星川圭介

1 水問題へのアプローチ

　水は生物の生存に欠かせない．人類も例外ではない．地球が「水の惑星」と呼ばれているのは，地球の内部，表面，そして地表を覆う大気中に，合計で14億 km^3，地球表面にまんべんなく積み上げると約2,700mに達するという，とてつもない量の水が存在することのみを意味しているのではない．水は，侵食と堆積，潮流と波動により陸地や海域を形作ってきた．熱を吸収・放出することにより，水温，地温，気温を平準化している．さまざまな水環境を創出し，それに適応した多様な生物種と生態系を生んできた（本書第5章）．そして，豊穣な人類の生活を支えている．人類の生存基盤としての地球は，水の存在なくして成り立ちえない．

　このような働きを水がなしうるのは，水が循環しているからである．水は，主として太陽エネルギーを駆動力として，液体，固体，気体と相変化を繰り返しながら地球表面と大気圏を循環している．その量は，一年間で，平均約50万 km^3 と推定されている（本書第4章）．この量は，地球に存在する水の量の0.04％でしかない．循環する水の量は，存在する水の量と比較すればごくわずかだが，この循環が地球を生命の生存基盤たらしめるのに十分な量

であることは，38億年に及ぶ生物の歴史と100万年を超える人類の歴史が証明している．

　人類の歴史において，循環する水は，生活と生産の源であり続けてきた．同時に，洪水や土砂流出などの自然災害を引き起こすことから，人類の生存にとっての脅威の源でもある．これまで，限定された地域社会の課題と考えられてきた過少な水や過剰な水に起因する問題が，近年，地球レベルの課題であると認識されるようになってきた．

　地球温暖化による降水の空間分布と季節パターンの変化や降雨強度の増大が予測されるなか，過剰な水に対する対策は人類共有の課題であるという認識が広まりつつある．ルーベンカソリック大学災害疫学研究センターがとりまとめた自然災害に関するデータブックによると，100人以上の被災者が報告されるような大規模な洪水の全世界での発生件数は，1974年から1983年までの10年間には442件であったのに対し，1994年から2003年までの10年間には1,354件と，約3倍に増加している (Guha-Sapir et al. 2004)．このような状況を受けて，世界各地の水害の危険性を共通の尺度で評価しようという試みが進展している (原他 2009)．

　1992年にリオデジャネイロで開催された地球環境サミットが契機となって，1996年に世界水会議 (World Water Council) が設立された．世界水会議は，世界銀行などの国際機関や国際水資源学会などの協力を得て，第1回マラケシュ (1997年)，第2回ハーグ (2000年)，そして第3回京都 (2003年) で開催された世界水フォーラムで重要な役割を果たし，安全・安心な水の不足は人類共有の課題であり，その解決のためには世界規模の対策を講じる必要があるとの認識を国際的に普及してきた (Goldman 2005)．このような動きを受けて，日本と米国は，2002年に開催された「持続可能な開発に関する世界首脳会議」(ヨハネスブルグ・サミット) において，安全な水と衛生を世界の貧しい人々に提供し，流域管理を改善し，水の生産性を向上させるための共同の取り組みである「きれいな水を人々へ」イニシアチブを発表した (外務省外交政策 2002)．

　民間セクターも水問題に積極的に取り組むようになってきた．世界の200に及ぶ多国籍企業の連合体で，トヨタ自動車やソニーなど日本の代表的な

民間企業も加盟している「持続可能な開発のための世界経済人会議」(World Business Council for Sustainable Development) は，「水なくして持続可能な開発なし」を骨子とする報告書 "Water for the Poor" を2002年に発表した．そこでは，グローバルなネットワークを持つ民間企業と途上国政府との連携による水危機の克服が提案されている (Goldman 2005)．

このように，水問題への取り組みは，急速に国際化・地球規模化している．地球規模での水循環のメカニズムが科学的に解明されつつあることも，水問題に対して世界が協力して取り組む雰囲気を醸成している．しかし，ここで注意しておかなければならないのは，今このように世界が注目している「水」は，実際には，近代的な河川工学や灌漑工学が対象とすることのできる水に限定されている点である．この水は，極端に過剰でも過少でもなく，また極端に変動するものでもない．いわば，循環する水のうち，人類にとって制御しやすい水である．換言するならば，良質の水資源をいかに効率的に利用するかが，河川工学や灌漑工学の最重要課題となっている．ところが，アジア・アフリカの熱帯地域を見渡すと，そこには極端に過剰な水や過少な水，あるいは季節的，経年的に大きく変動する水に依拠して生活し，生産している社会がある．熱帯における持続型生存基盤を構想するためには，温帯で卓越する制御しやすい水を対象として発達してきた近代土木を，より多様な水循環や水環境に依拠する生活や生業を前提として鍛えなおす必要がある．

本章のねらいは，もう一度，熱帯の日常生活や生産活動の現場に立ち戻り，今日の世界の水に対する取り組みや近代的な工学技術が見落としている水に焦点を当てて，循環する水と社会との関係を見なおすことである．この試みは，地球規模で人間圏を地球圏や生命圏と調和したものへと鍛えなおす一つの出発点でもある．

第2編
地球圏・生命圏の中核としての熱帯

2 水の多様性

2-1 地球の水循環

　本章の立脚点は，地表面に存在する私たちの生活と生産の場である．人類は，これまでも，そしてこれからも，この場を離れて生存していくと考えるのは夢物語でしかない．この生活と生産の場で，私たちが利用し，私たちに脅威を与えている水がどのようなメカニズムでそこにあるのかを考えることから始めてみよう．地球レベルで循環する水と私たちの生活や生産にとっての水の調和をはかること，すなわち地球圏と人間圏の調和が，持続型生存基盤の必須の条件だからである．

　長期間の平均値で考えると，地球の年降水量が約50万 km^3 であることは先に述べた．このうち，11万 km^3 （22％）が陸地に，39万 km^3 （78％）が海洋に降る（本書第4章）（図6-1）．地球の表面積は5.1億 km^2 で，陸地はその29％，1.5億 km^2 を占める．したがって，平均年降水量は，陸地で740mm，海洋で1,100mmと，陸地のほうが30％ほど少ない．降った雨は，海面や土壌表面からの蒸発や植物体からの蒸散によって大気圏に移動する．この蒸発散量の総量は，長期平均をとれば，降水量の総量と等しい．ただし，蒸発散量の空間分布は降水量とは少し異なる．海洋からは気象条件が許す限り蒸発が起こっているのに対して，陸地からの蒸発散は，気象条件のみならず，土壌水分条件が制約している．乾燥した地表面からは，当然ながら，蒸発は起こらない．その結果，陸地の蒸発散量は総蒸発散量の13％の 65,000km^3 でしかない．この降水量と蒸発散量の空間分布の差異が，陸地から海洋への水の移動，すなわち河川流出となる．

　したがって，陸地に降る降水は，降ったその地点で，あるいは内陸を移動した後，蒸発散により大気圏へ戻っていく成分と，河川や地下の滞水層を通って海洋に流出した後，蒸発する成分に分けることができる．ストックホルム国際水研究所（The Stockholm International Water Institute）名誉教授のマリン・ファルケンマーク氏は，前者をグリーンウォーター（green water），後

188

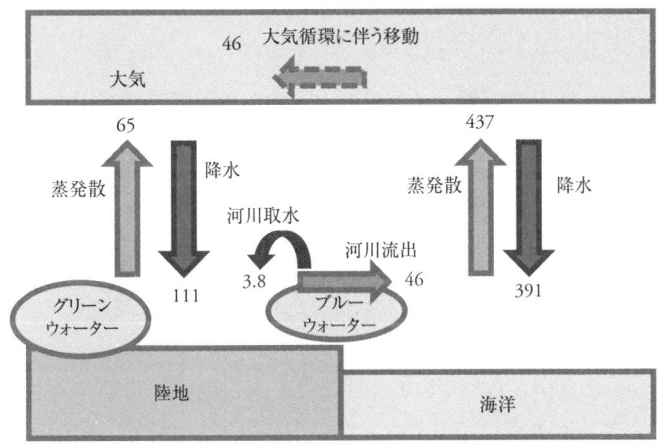

第 6 章
水の利用からみた熱帯社会の多様性

図 6-1　地球の水循環とグリーンウォーター・ブルーウォーター
注：Oki and Kanae (2006) を簡略化

者をブルーウォーター (blue water) と命名した (Falkenmark and Rockström 1993)（図 6-1）．前者は，湿地に滞留し，土壌水分として蓄積され，植物相や動物相を涵養している水である．私たちが日常的に接する景観に埋め込まれているが，水の姿そのものは見えにくい．これに対して，後者は河川を流れる水であり，私たちが明確に認識できる水である．水循環と水利用をつなぐ一つのカギとなる区分である．

陸地から海洋へ流出する水の大部分は河川を通る．沖らは全世界の河川流出量を年間 45,500km^3 と推定している (Oki and Kanae 2006)．これは世界のすべての河川の個々の流出量を積算した数値ではない．世界の水文観測網は，残念ながら，そこまで整備されていない．この数値は，陸地と海洋における降水量や蒸発散量の推定値から，陸地および海洋全体としての水貯留量は経年的に変化しないという仮定のもとに算出したものである．国際連合食糧農業機関は，河川流出量を再生可能淡水資源 (renewable freshwater resources) と定義し，その量を年間 43,700km^3 と推定している (FAO 2008)．両者には若干の違いがあるが，陸地への降水量の 40％が河川を経由して海洋へ流出するブルーウォーター，残りの 60％がグリーンウォーターと考えて間違いない．

189

ブルーウォーターとグリーンウォーターが，基本的には一年を単位として循環しているのに対して，ずっと長い時間単位，すなわち数百年から数千年で繰り返される地球の温暖化や寒冷化とそれに伴う降水分布の変動を時間単位として循環している水がある．深層地下水である．豊雨期の降水が土中深く浸透し，地表面への毛管上昇が断ち切られたために蒸発せず，多孔性の地下岩盤からなる帯水層に蓄えられたものである．古いものでは100万年以上前に蓄えられたものもあるという (Pearce 2006)．「化石水」と言われるゆえんである．乾燥地帯の主たる水源として古くから利用されてきた (岡崎 1988)．世界の地下水埋蔵量は正確には分かっていないが，最新の報告では 2,300 万 km^3 と見積もられている (Oki and Kanae 2006)．数百年，数千年というきわめて長い水循環の産物でありながら，一年を単位として循環する水のわずか50倍の量でしかない．深層地下水を持続的な水資源と考えることができない由縁である．

このように，私たちの生活や生産の場にある水は，地球の水循環から見ると3つに分けて考えることができる．土壌水分や浅層地下水，動植物体内の水分などの陸地に降り陸地から蒸発散するグリーンウォーター，陸地に降り河川を経由して海洋へ移動するブルーウォーター，そして深層地下水である．前二者が一年を単位として循環するのに対して，後者はずっと長い時間単位で循環している．

2-2 近代土木による水制御

上述した地球の水循環は，地球を一つのシステムと見立てて，空間を単純化して積分し，かつ長期平均値を示したものである．しかし，実際の水循環は空間的に偏っており，時間的に変動する．この偏りや変動が，資源としての水の特徴を規定している．

空間的な偏りや時間的な変動には，経験的に予測可能なものと予測不可能なものがある．乾燥地域と湿潤地域といった空間分布や，乾季と雨季といった季節分布は，経験的に予測可能である．この偏りや変動は，気温分布とともに世界の気候区分に反映されており，地球上に多様な水環境とそれに対応

した生態系や生活・生業システムを生み出している．いっぽう，エルニーニョとラニーニョのような数年を単位とする変動，渇水年と多雨年のような経年変動，雨季期間中のドライスペル（数週間の無降雨期間）の出現のような季節内変動，さらに集中豪雨のような突発的な現象は，必ずしも正確には予測できない．かつ，その変動は，予測可能な変動を大きく超える．数年に一度，あるいは数十年に一度しか発生しないので，私たちの生活や生産がこの変動に十分に対応しているとは限らない．空間的に偏りがあり時間的に変動する循環する水と，生活や生産の場が必要とする水のギャップを調整することが利水と治水の役割である．

　近代的な河川工学や灌漑工学は，河川流，すなわちブルーウォーターを制御することにより利水と治水を実現してきた．堅固な堤防により河道を固定して堤外地（河道）と堤内地を分離し，恒久的な取水口を設置して河川から取水する，利水と治水がパッケージとなった技術体系である．どの程度堅固な堤防を築造するかは，それを建設するための費用や労力の負担と流域社会が許容することのできる洪水の頻度によって決まる．日本においては明治時代中ごろ以降，近代的な土木技術が普遍的に利用されるようになり，常習的な水害は特殊な場合を除けばほぼ完全に克服され，何十年も水害に遭わない状況が各地につくりあげられた（大熊 1988）．これは，日本社会が多額の公共投資を負担して洪水被害のリスクを軽減してきた成果だが，同時に，日本の立地環境が，特殊な場合を除けば，極端に大きな変動を生まない気象・水文的条件のもとにあることを意味している．それでも，洪水被害リスクがゼロになったわけではない．

　水需要が確実に期待できる河川流量（基底流量）より大きくなると，流量を季節的に調節するための貯水池を建設する．貯水池の建設は古代にさかのぼる．スリランカ北部のドライゾーンでは，小規模な河川を締めきったためたため池を築造し，水田灌漑に利用してきた．ため池の築造は紀元前3世紀にさかのぼり，それが古代王権の礎となった（中村 1988）．2〜3ヵ月の雨季が年に2回あるスリランカで水田水稲作を営むためには，河川流量の季節的な調節が必須であった．日本でも，奈良時代になると，降水量が比較的少ない畿内や瀬戸内地域でため池灌漑が普及した．秋から冬にかけて蓄えられた用水を

本田準備と移植に利用するためである．8世紀初頭に創築され，約一世紀後に空海によって改修された日本最大のため池である讃岐平野の満濃池は，当時，500万m^{3}の貯水量をもっていたと見積もられている（満濃池土地改良区 2001）．

20世紀になって近代土木技術が普及すると，これらのため池よりはるかに大きなスケールをもつ貯水池が建設されるようになった．その結果，これまでの季節的な流量調節に加えて，多雨年の余剰流量を貯留し渇水年に放水する経年的な流量調節が可能になり，また，まれに発生する大規模洪水の被害を軽減できるようになった．貯水量が1億m^{3}を超える大ダムは，1950年には世界で581あり，その3分の2は北米にあった．その後，第二次世界大戦からの復興と植民地から独立した国々の国土開発が急速に進んだ1950年から80年までの30年間に，新たに1,824の大ダムが世界で建造された．その内訳は，アジア33％，北米28％，ヨーロッパ21％，中南米9％，アフリカ6％である（Avakyan and Iakovleva 1998）．大ダム建設が世界各地に普及したことを示している．

このように，今日の世界の主要な河川は，水源を確保するために，近代土木技術を駆使して流量が調整されている．世界全体で，大小合わせて6万を超える貯水池が建設され，その貯水容量は合計で6,500km^{3}に達している．その60％に相当する3,830km^{3}が一年間に取水されている．これは，世界全体で平均すると一人当たり年間625m^3，一日1,700ℓに相当するが，その量は北米の一日4,600ℓからアフリカの700ℓまで，地域によって大きく異なる（表6-1）．

この河川取水が，近代的な河川工学や灌漑工学が対象としている「水」の大部分を占めている．この「水」は，市場経済によって商品化され，また重要な政治課題として資源化され，世界の主要な灌漑農地（70％）を潤すとともに，都市（10％）や工業セクター（20％）の用水として，近代的な社会経済システムの基盤を担っている．大ダム建設による河川流量の制御は河川生態系を根本的に改変するが，このような制御なくして世界の大規模灌漑農地や大都市は成り立たない．しかし，大ダムの建設は，建設適地が枯渇してきたために頭打ちの傾向にある．河川取水量は，年間流量の8.8％を占めるにし

表 6-1　河川からの取水とその利用

地域	世界	アジア	アフリカ	南米	カリブ海諸国	ヨーロッパ	北米	オセアニア
河川流量 (km^3/年)	43,659	11,594	3,936	13,477	93	6,603	6,253	1,703
人口 (百万人)	6,124	3,705	821	484	39	729	316	31
取水量 (km^3/年)								
生活用水	381	172	21	47	3	63	70	5
工業用水	785	270	9	26	1	223	252	3
灌漑用水	2,664	1,936	184	178	9	132	203	19
合計	3,830	2,378	215	252	13	418	525	26
河川流量に占める取水量の割合 (%)	8.8	20.5	5.5	1.9	14.4	6.3	8.4	1.5
用途別の割合								
生活用水	10	7	10	19	23	15	13	18
工業用水	20	11	4	10	9	53	48	10
灌漑用水	70	81	86	71	68	32	39	72
人口一人当たり取水量 (m^3/年/人)								
生活用水	62	46	26	98	80	86	221	148
工業用水	128	73	11	54	33	306	799	85
灌漑用水	435	523	225	368	234	182	644	609
合計	625	642	262	520	347	574	1,664	842

注：河川流量や取水量は 2001 年，人口は 2000 年のデータである．
出典：FAO (2008) より算出．

か過ぎないにもかかわらず，土木工学的な流量調整による取水量の増加は，今後，さして望めない (Clarke and King 2004)．地球レベルの水循環という巨大なメカニズムに対峙するとき，近代土木のみを切り口とすることの限界が示されている．

2-3　熱帯社会の水環境

　近代土木による利水と治水は，社会の需要や必要に応じて水を切り分けて管理することを基本方針とするものである．利水においては，必要な時に必要な場所で必要な量の用水を確保するために，有用な水と無用の水を切り分け，有用な水を確実に確保する対策を施す．治水においては，水害を引き起こす可能性のある水を排除するために，有害な水と無害な水を切り分け，有害な水を確実に排除する対策を施す．この方向性こそが，今，世界が共有

第2編
地球圏・生命圏の中核としての熱帯

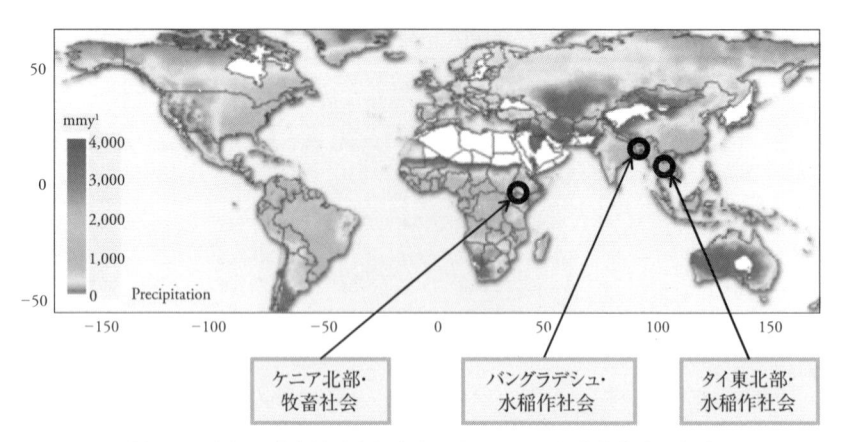

図6-2 世界の降水量分布と本章で取り上げた熱帯社会（口絵7）
出典：International Water Management Institute に加筆．

している知恵であり，これからもさまざまな国際協力スキームにおいて実行されるであろう世界規模の対策の基本方針とされようとしている．温帯における水資源開発の経験によって鍛え上げられてきたこの基本方針が，これから水資源開発に本格的に取り組もうとしている熱帯においても有効なものかどうかを再考するために，まず熱帯社会が前提としている水環境を検討しよう．

　熱帯の気象・水文条件の特徴の一つは，地域間差異が大きいことである（図6-2）．世界最高の多雨地帯は南アジアのアッサム地方であり，年間降水量は10,000mmを超える．一方で，アフリカ大陸のサハラ砂漠南縁のように，年間降水量が100mm前後の地域もある．驚くべきことは，これらの極端な多雨地帯にも極端な少雨地帯にも人々が居住し，それぞれの環境下で持続的に生業を営んでいることである．アッサム地方の直下流に広がるベンガルデルタには，雨季に数メートルも冠水するハオール地方があり，近代土木によって洪水や冠水を防ぐ手立てはない．それにもかかわらず巨大な人口が居住している．ケニア北部の乾燥地で草地植生が出現するのは，一年間のうち雨季の1ヵ月程度である．残りの期間は数年に一度の豪雨時に根付いた木本植生があるのみである．植生がほとんど見られないこの土地でも人々は生

活している．この多様性が熱帯の水環境の大きな特徴である．

　もう一つの特徴は，降雨の不安定性である．温帯の降雨ではモンスーンに代表される大陸規模の降水メカニズムが支配的なのに対して，熱帯の降雨では，陸地と海洋の相互作用や山地地形による気流の乱れなどのローカルな降水メカニズムが支配的である．降雨をもたらすメカニズムの空間単位が小さく時間単位が短いために，わずかな気流・海流や大気中の水蒸気量の変化の影響を受けやすい．降雨の季節性も，温帯と比較すると熱帯は不安定である．すなわち，地球規模の気候システムのわずかなゆらぎに対して熱帯の水循環は敏感に反応する．かつ，その反応の現れ方が時間的，空間的に一様ではない（本書第4章）．

　地球温暖化は地球の水循環を活性化すると言われている．しかし世界各地における過去数十年間の降水量の観測結果は必ずしもこの傾向を示していない．増加傾向のみられる地域とみられない地域，あるいは増加傾向のみられる季節とそうでない季節が混在している．モンスーンアジアの長期統計を用いて，年間降水量を年間降水日数と一降水日当たりの降水量に分離すると，日本から中国にかけての温帯では，年間降水日数が減少し一降水日当たりの降水量が増加する傾向，すなわち豪雨と干天の増加傾向が広域で共通してみられる．これに対して熱帯の東南アジア諸国では観測地点によって傾向が異なり，広域で共通した傾向を見出すことができない．熱帯における降水パターンの長期変化の不均一性を示している（遠藤他 2007）．

　このように多様で不確実な水循環のもと，アジア・アフリカ諸国の生活や生産の場では，人々は有用な水と無用な水，有害な水と無害な水を切り分けることなく暮らしている．水を，有用か無用かや，有害か無害かで切り分けること自体が困難である．多雨は農作物に被害を及ぼすが，豊かな漁労をもたらす．少雨は，水稲の生育には悪影響を与えるが畑作物の豊作をもたらす．水循環は，本来，変動する．その変動は必ずしも正確には予測できない．変動の様相は地域によって異なる．したがって外来の利水・治水技術を単に移転することでは対応できない．そのことを前提として成り立つ社会がどのように水循環に適応しているのか，以下では牧畜を生業とする社会と水稲作を生業とする社会を取り上げてみていこう．

3 生業の多様性と水利用

3-1 水を探る

　今日，牧畜民が暮らしている地域は，モンゴルから中央アジアを通り，アラビア半島から北アフリカ，そしてサハラ砂漠の南に位置するサヘル地帯までの乾燥ベルトに一致している．このような地域の多くは年平均降雨量が600mm以下で，いわゆる天水農耕の限界を越えた乾燥した自然環境である．牧畜は，人間が直接に利用できない植物資源を家畜に食べさせて，そして人間が家畜からミルクや血，肉などの畜産物を得て生計を成り立たせている．人類はこの生活様式を獲得することによって乾燥地域に生活の場を広げたといわれる．牧畜民にとって水は命であるが，その水利用の特徴は，乏しい水を安定的に確保することよりも，循環する水を探り，最大限に活用することにある．東アフリカ乾燥地域に暮らす牧畜民を例にみてみよう．

　アフリカ大陸の東部にリフトバレーとよばれる大地溝帯が南北に走っている．その東側には広大な半沙漠が広がっている（図6-2）．赤道直下に位置するため，年間を通して日照時間は変わらない．日中の気温は40℃を超える．土壌が水分を蓄えても，蒸発が激しいため，すぐに乾燥する．年降水量は標高によって顕著に変化する．標高700〜800mに位置する第三紀中新世紀（Miocene）に形成された死火山の溶岩地帯では平均500mm程度だが，その周辺に広がる標高500m前後の平坦な半沙漠地帯では200mmに満たない．4月から6月までが大雨季，12月から1月までが小雨季で，それを挟んで小乾季（2〜3月）と大乾季（7〜11月）があるが，必ずしも期待通りに雨季にまとまった雨が降るわけではない（図6-3）．降雨は，広域に降る雨はなく，短時間に局地的に降る集中豪雨が大半である．河川は，普段はまったく表流水がなく，集中豪雨のときにのみ洪水流が発生するワジである．数年にわたる大旱魃が不規則的に発生する．住民が年間を通して利用できる地表水は，100km四方で一ヵ所のみの湧水，コラレの泉だけである．

　溶岩地帯の植生は，アカシア属やコルディア属の低木，デュオスベルマ属

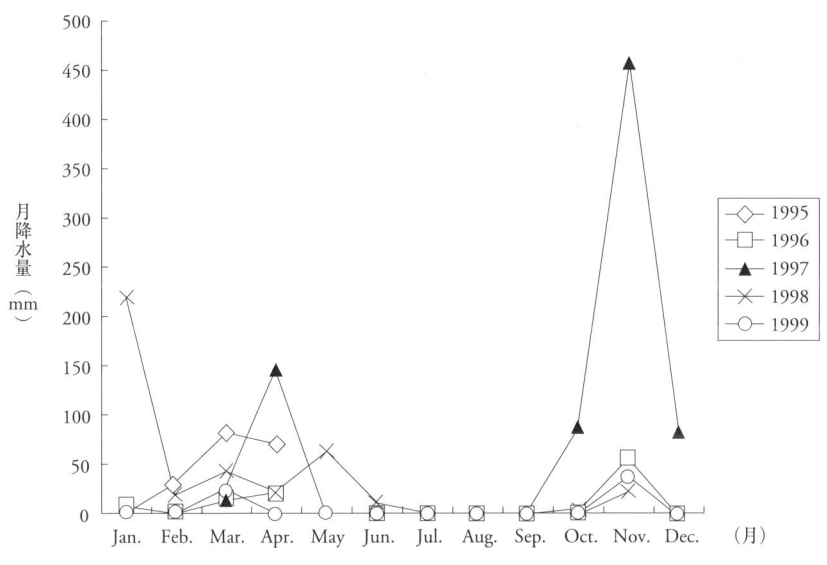

図6-3　ケニア北部牧畜社会の降水量の季節分布と経年変動
出典：筆者作成.

の灌木，そしてイネ科草本が混生する灌木草原である．半沙漠地帯には，アカシア属やコミフォラ属の低木と，デュオスベルマ属やインディゴフェラ属などの灌木が分布する．長期の乾燥に耐えるために，低木は太く長い棘を，灌木は細長い根を発達させている．一年生草本は雨季の短い期間にのみ現れる．まとまった降雨から2週間ほどすると，パッチ状の草原が出現する．木本は数年に一度の多雨年に蓄積された土壌水分によって発芽，成長する．この地域の降水は，大部分が土壌水分となる．表土に蓄積された水分は草地植生を涵養するが，せいぜい1〜2ヵ月で枯渇し，草は枯れる．深土に蓄積された水分は木本植生を涵養する．域外への流出はまれに発生する集中豪雨のときのみである．

　この地に，レンディーレとよばれる人々が暮らしている．彼らの居住地域はレンディーレ・ランドとよばれている．このような乾燥地域では，人間が直接利用できる動植物資源が乏しく，狩猟採集で生きていくことは不可能である．農作物を育てることもできない．水循環から考えるならば，持続的に

植生を維持することさえ限界的である．レンディーレはこの水環境のもとでどのように生きているのか（孫 2002）．

　限界的とはいえ，植生はある．この植生に依存して生活するためには家畜を飼育せざるをえない．第1のポイントは家畜の選択である．家畜は，草本植生を食料とするグレーザー（grazer）と木本植生を食料とするブラウザー（browser）に大別される．ウシは前者の代表である．レンディーレ・ランドの草本植生は，溶岩地帯にわずかに分布するのみである．半沙漠地帯に出現する草本植生は，年2回の雨季期間中のみであり，かつ，干ばつ年にはない．これに対して木本植生は，年間を通じて利用できる．そこでレンディーレは，ブラウザーであるラクダやヤギを，少数のウシとともに飼育して暮らしている．ラクダは，乾燥につよく，樹木の葉や小枝を食料とし，一回の給水で多量の水分を補給できるので長い給水間隔に耐えることができ，長距離を移動できる．

　第2のポイントは移動である．レンディーレ・ランドには，コラレの泉以外にも，通常年や特定の季節に利用できるさまざまな水源がある．半沙漠地帯のワジの川床の井戸は，干ばつ年を除けば涸れることはない．集中豪雨の後には，溶岩地帯の岩と岩の隙間に雨水が溜まり，季節河川が現れる．レンディーレは，雨雲や夜空に光る稲妻を見て雨の降る場所を特定し，家畜を連れて頻繁に移動する．半沙漠地帯にも集中豪雨の後に水溜りができるが，2〜3日で完全に蒸発する．雨季の植物の葉や茎は豊富な水分を含んでおり，家畜にとって貴重な水補給である．乾季には水源が限定される．レンディーレは，乾季の間，ラクダを連れて，放牧地と泉の間を2週間おきに往復する．その移動距離は200kmにも及ぶ（図6-4）．

　第3のポイントは生活組織である．彼らの居住形態は，集落と放牧キャンプのセットからなる．乾季は，水と食料を求めて遠距離移動しなければならない．遠距離移動は，年配者や子供には困難である．したがって，井戸などの限られた水源の近傍に位置する集落には年配者と子供が残り，若者たちのみで放牧キャンプをつくって広域を移動する．一方，雨季には，家畜は食料から十分な水分をとることができ，人間は家畜から豊富なミルクを得られるので，移動の頻度が減る．そこで，若者は年配者や子供と合流する．レン

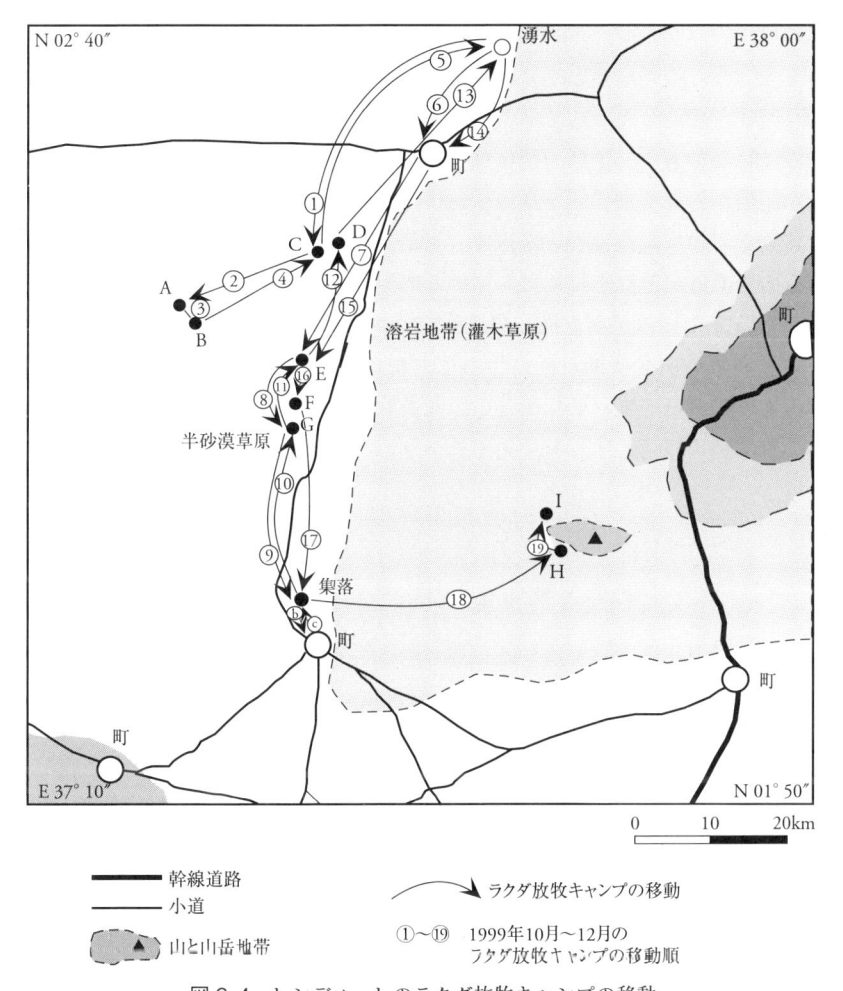

第 6 章
水の利用からみた熱帯社会の多様性

図 6-4　レンディーレのラクダ放牧キャンプの移動

出典：筆者作成.

ディーレ自身の生活のための組織は，水循環の変動に対応した季節性をもっている．

　第 4 のポイントは互助的な社会関係である．ときに，数年にわたって雨がまったく降らない大干ばつが発生する．1984～86 年の大干ばつに際しては，

199

草本植生のみならず，木本植生さえ枯れてしまい，レンディーレは多くの家畜を失った．この危機を乗り越えることができたのは，近傍の集団との互恵的な関係が機能したからである．干ばつの間，近傍の遊牧民の放牧地に避難することができた．干ばつ後は彼らから家畜を補充することができた．

水循環から見て限界的な地域における放牧は，家畜種の選択と水源を求めた移動などの生業技術のみならず，生活習慣や地域社会との関係に支えられたものである．それを可能にしているのが，放牧地や水場の慣習的な共同利用である．これらが水を探って成り立つ生活と生業を維持している．近年，定住化政策や開発援助計画によって，町周辺への人口集中現象がみられるが，人々にとって唯一の生業といえる遊牧を維持・発展させるためには，在来の資源利用技術とそれを支える社会制度に対する理解はますます重要であろう．

3-2 水を貯める・使いまわす

水稲作は湿潤な環境に適した生業である．東アジアから南アジアにかけての地域で，年間降水量が少なくとも1,000mm，多くは1,500mmを超える地域に分布している．多くの水田は，デルタや谷間など，大小さまざまな流域レベルで，自然の傾斜にしたがって表流水が集まる場所に位置している．これは，水稲作を成り立たせるために必要な水量は，実際には降水量よりも大きいことを意味する．

農業は最大の水利用セクターであり，河川取水量に占める灌漑用水の割合は，世界平均では70%，さらに水田水稲作が卓越するアジアでは81%に達する（表6-1）．アジアの人口一人あたりの生活用水の取水量は年間46m^{3}と，北米の21%，オセアニアの31%でしかない．しかし，人口一人あたりの灌漑用水の取水量は，乾燥地で穀物やワタを栽培するために大量の用水を必要とする北米やオセアニアと大差はない．アジアの水稲作を支えているのは灌漑用水である．

熱帯アジアにおいて，この傾向を決定づけたのは1960年代半ば以降の「緑の革命」である．化学肥料に敏感に反応する短程性の高収量品種の栽培は，

人為的な水田の水管理を前提とするものであった．必要以上の深水や渇水による水分ストレスが発生した場合に高収量品種が受けるダメージは，在来品種よりも顕著である．当時，東アジア諸国では，80％以上の水田が灌漑されており，水稲作の平均収量は1ha当たり4〜5tに達していた．これに対して，熱帯アジアの灌漑面積割合は30〜40％と小さく，平均収量も1〜2tであった．この状況が，水稲生産量を増加させるために灌漑排水整備が不可欠であるという考えを補強した（Takase and Kano 1969）．

その結果，1960年代以降，熱帯アジアにおいても灌漑排水整備が急速に進んだ．とはいえ，今日でも，東南アジアの水田面積に占める灌漑面積の割合は過半に達するかどうかという程度である．石井は，稲作技術には，灌漑排水を整備してイネの生育に適した水文環境を実現する工学的適応と，降水量の季節分布や地形によってもたらされる水文環境に適合したイネの品種や栽培方法を選択する農学的適応という二つの方向性があることを指摘し，これが単に栽培技術の違いを意味するのみならず，東南アジアにおける農民と国家の関係をも規定していることを看破した（石井1975）．水循環との関係から言えば，前者は循環する水の切り分けであり，後者は水循環に適応した水利用である．

メコン川中流域に広がるコラート高原は，標高100〜200mの隆起準平原である．メコン川支流沿いにわずかに分布する沖積平野を除くと，灌漑開発が困難な侵食面である．19世紀末までは大部分が森林に覆われていた．ところが，20世紀になるとラオ人を中心とする開拓移住が盛んになり，現在では総面積の約40％が水田に開墾されている．そのほとんどは河川やため池といった安定した水源をもつ灌漑施設を備えていない，いわゆる天水田である．年降水量は1,000〜2,000mmであり，水稲作を営むうえで，限界的である（図6-2）．したがって，不規則な降雨によって，低位部では洪水の，高位部では干ばつの被害を受けるために，コメ生産は不安定である．

循環する水を切り分ける灌漑技術は見えやすい．これに対して，水循環に適応する天水利用技術は，多くのものが人々の日常的な行動に埋没していて技術として見えにくい．その技術は，循環する水と作物と人々の関与の相互作用なので，標準化が困難であり，かつ，その効果も確実性に乏しい．しか

し，それを掘り起こし，さらに改良することが，持続型生存基盤実現への一つのアプローチである．それでは，人々はどのようにして天水田水稲作を維持してきたのか．

　まず，農家レベルでの水管理である．人々は，高位部から低位部へと連なる傾斜地を所有している．この所有地に降った降水は，地形の傾斜にしたがって，高位部から低位部へと地表面を流れる．この流出を水田用水にするために，低位部を水田に開墾し，高位部には森林を残して，そこからの流出を低位部に集中させる承水路を掘る．水田もプロットによって田面の高さに違いがある．高位部に近いプロットから，より低位部のプロットへと田面水は畔を浸透して移動する．その結果，低位部のプロットほど多くの水が集中する．この水を逃さないために，高い畔を築く．最低位部のプロットの畔はときに1m近い高さをもつ．所有地に降った降水はすべて貯めて水田用水に利用する技術である．

　このような水管理の結果，低位部のプロットでは深い湛水が長期間継続する．排水不良田のような水環境である．逆に高位部近くのプロットが湛水するのは降雨直後のみである．ひとつの所有地内であるにもかかわらず多様な水環境が形成される．この水環境を利用する技術が，品種の選択と作付時期の調整である．

　熱帯モンスーン気候下にあるコラート高原では，雨季と乾季の区別が明瞭である．雨季から乾季への転換時期は10月下旬から11月上旬にかけてであり，あまり経年的に変動しない．湿った空気から乾燥した空気へと突然入れ替わり，人々は乾季の訪れを実感する．これに対して，乾季から雨季への転換時期は不規則であり不明瞭である．いったん始まったと思った雨季が，2～3週間無降雨が続くドライスペルによって往々にして中断する．このような降水の変動性のもとで，できるだけ長い栽培期間を確保するためには，イネの出穂時期を雨季が終了し水田の土壌水分が枯渇する時期に調整することが望ましい．ところが土壌水分が枯渇する時期はプロットによって異なる．当然ながら，低位部のプロットほど遅い．そこで人々は，日長時間に反応して出穂する何種類もの感光性品種を用意し，低位部のプロットでは晩生種を，高位部近くのプロットでは早生種を栽培する．晩生種の草丈は長く，

深水にも耐えることができる．

　このような農学的適応を駆使しても，干ばつ年には高位部近くのプロットを見捨てて，低位部のプロットに用水を集めざるをえない．逆に多雨年には，低位部のプロットが冠水被害を受け，高位部近くのプロットは被害をまぬがれることもある．コメ生産は降水の過不足の影響から逃れることはできない（河野他 2009）．その頻度は，村落によって異なるが，タイ国コンケン県のある村落では，25 年間で，壊滅的な洪水被害 3 年，中程度の洪水被害 1 年，壊滅的な干ばつ被害 3 年，中程度の干ばつ被害 1 年と，ほぼ 3 年に 1 年の割合で，中程度以上の被害が発生している．

　タイ東北部の天水田地帯では，流域レベルで水を使いまわす技術もみられる．

　コラート高原の小河川は，乾季には流出がない．また雨季はじめの降水も大部分が土壌に吸収される．土壌が飽和する雨季半ば以降には，数十ミリメートル程度のまとまった降水があるたびに多量の出水があるが，干天が続くと小河川は枯れてしまう（図 6-5）．

　こうした不安定な河川流出を利用するためにコラート高原で用いられてきたのが，タムノップと呼ばれる河道締切型の土堰堤による灌漑である（福井・星川 2009）．タムノップは，洪水流を堰上げて水田に流し込む．どれだけの水量が水田に戻るかは洪水の流量次第である．河道から水田にあふれ出た水がどこまで広がるかも，地形任せであり制御することはできない．タムノップの近傍を潤すだけのこともあれば，数 km 離れた隣村の水田にまで達することも珍しくない．タムノップ灌漑が機能するのは，年に数回の洪水のときのみであり，それがいつ発生するかを予測することはできない．安定的な河川流出に恵まれ，必要な時期にほぼ確実に取水が可能な日本の河川灌漑システムとは大きく異なる（図 6-5）．

　それでもタムノップに効果があるとされているのは，コラート高原の降雨が極めて局所的であること，そして雨季にも干天が継続するドライスペルに襲われることと関係している．あるタムノップはおおむね 8 月以降の雨季に機能するという．1985 年には，8 月上旬を皮切りに 3 回，洪水が発生し灌漑することができた．タムノップ近傍に降水がなくても，上流で十分な降雨

第 2 編
地球圏・生命圏の中核としての熱帯

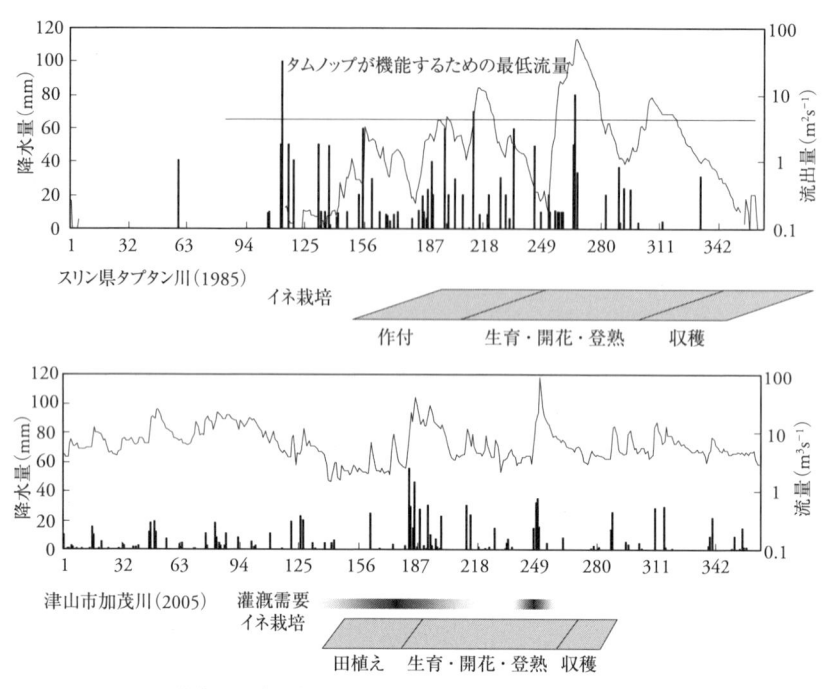

棒線：日降水量(mm)，折れ線：日平均流出量(m^3s^{-1})

図 6-5　河川流出と灌漑需要の熱帯と温帯の比較からみるタムノップの機能

注：流域面積は，タプタン川が 390km^2，加茂川が 230km^2．降水量データは，流量観測点の上流ではなく近傍の地点のものを利用しているため，降水量と流量のパターンは必ずしも一致しない．本図が，流出解析を目的としたものではなく，流量観測地点周辺の水文環境の分析を目的としているためである．
出典：筆者作成．

があればタムノップは機能する．流域内でいつどこに降るか予測することのできない局所的な降雨を水源とすることができる点にこそ，タムノップ灌漑の特徴がある．すなわちタムノップは，不安定性や不確実性を前提とし，一般的には人々の生活や生産に被害をもたらす洪水を積極的に活用する技術である（Hoshikawa and Kobayashi 2003）．

これらの技術を駆使してさえ，農民は飯米さえ自給できない年がある．水循環の変動に起因するこのような生産の不安定性に対応するために，農民は，豊作年の余剰を蓄えておき，それを村落内や村落間でお互いに融通することにより，彼らの生活を持続的なものにしている．

3-3 洪水と生きる

　3つの大河川，ガンジス川，ブラマプトラ川，メグナ川によって形成されたバングラデシュのデルタ地帯は，洪水の常襲地帯である（図6-2）．毎年のように繰り返される河川の溢流や内水氾濫は，近代土木をもってしても制御することはできない．雨季には，三大河川の分流，支流である大小様々な河川が耕地上に広がっていき（安藤 1994），農村部全体が大きな「川」に変身してしまう（内田他 1995）．最大水深が5～7mに達する巨大な氾濫原では，強風にあおられた大波が自然堤防に押し寄せる（田中他 1990）．このような土地では，当然ながら，5月から10月ごろまで続く雨季の期間中，農業を営むことができない．河岸侵食も深刻な問題である．ブラマプトラ川支流のロハジョン川は過去80年間に最大500m，平均すると毎年6mずつ河岸が侵食されてきた（内田他 1995）．河岸に居住していた人々は，なすすべもなく，住宅も農地も失い，新たな堆積地を開墾し，生活の基盤を再構築しなければならない．それにもかかわらず，デルタ地帯の人口密度は1km^{2}当たり約1,000人と世界有数である．「洪水との共生」(Living with the flood)という言葉が示すように，農民にとって洪水は制御・管理するものではなく，適応しながら「共に生きる」べきものである（内田他 1995）．洪水とともに生きるとはどういうことか．

　ハオール地帯はバングラデシュ東北部に広がる．ベンガル語の「海」に由来するハオールという名が示すように，雨季には自然堤防を除いて完全に水没する地域である．しかしこの地域はバングラデシュでも数少ないコメ生産の余剰を生む地域である．自然的，社会的な人口の増加にしたがって耕地を外延的に拡大してきた過程で，農民たちが経験的にその土地の水文環境を把握し，それを彼らができる範囲で制御し，その土地に適した作付体系を編み出してきたからである．

　田中ら（1990）によると，ハオール地帯に位置する一農村では，村人は土地の高低にしたがって農地を7つに区分している．農地は，まず大きく，高みの土地カンダイラ・ジョミと低みの土地ボロ・ジョミに区分される．前者は雨季にも水没しない土地で，高低にしたがってさらに2区分される．後

者は雨季には水没するため乾季にしか利用できない土地で，こちらもさらに4区分される．そして両者の中間に位置する土地がある．村人は，それぞれの区分の水文環境に応じて，栽培時期や栽培作物，品種，作付方法を選択，調整している．その結果，農地面積が770haでしかないこの村で約70種類の作付体系が確認された．同時に，水環境を微調整するためのさまざまな灌漑技術が用意されている．代表的なものが足踏み式の舟型揚水機ドンによる人力灌漑と長大な堰堤ジャンガルである．減水期に貯水するジャンガルからは，農地の水位を観察しながら，必要に応じて取水される．作付面積でみると過半を占める乾季のボロ・ジョミでの稲作を実現しているのはこのような灌漑技術である．

このようなきめ細かく柔軟な作付と水利用の技術体系は，決して標準化されることはないが，「洪水と生きる」生存基盤を支えている．

4　持続型生存基盤における水

循環する水に，牧畜を基盤とする社会，および水稲作を基盤とする社会がそれぞれどのように適応しているかをみてきた．前者の降水量が陸地の平均降水量の半分から4分の1，後者の降水量は1.5〜10倍以上と，両者の水環境は大きく異なる．しかし，循環する水への適応という観点からは，両者の共通点を見出すことができる．

まず，牧畜社会でも水稲作社会でも，人々は，水の存在形態を注意深く観察して認識し，それぞれの社会における水の生態の多様性を前提として生活や生業を成り立たせている点である．ケニア北部の牧畜社会では，グリーンウォーターの生態を把握することが生存の基本条件となっている．彼らは，稲妻を見て水を探る．土壌水分が涵養する草地や木本植生を求めて長距離移動を繰り返す．タイ東北部では，可能な限り降水を水田に貯留し，またブルーウォーターである洪水をグリーンウォーターに転換することにより，域外へ流出してしまうブルーウォーターを最小限に抑えている．バングラデシュのデルタ地帯でも洪水が涵養する土壌水分を農地区画ごとに見極めるこ

とが農業生産を支えている．ブルーウォーターやグリーンウォーターという水の区分を超えた，より詳細な水の生態の多様性に関する理解と知識が，彼らの生活を支えている．

　生業の選択においても水循環が生み出す水の生態の多様性が考慮されている．牧畜と水稲作というレベルのみではない．草本を食料とするグレーザーか，木本を食料とするブラウザーかという家畜種の選択や，日長時間に反応して出穂時期が決まる感光性品種か，栽培期間が固定されている非感光性品種かという水稲品種の選択にも，それぞれの地域の水の生態の多様性が反映されている．また水循環を多層的に利用している点にも共通性を見出すことができる．牧畜では，草本植生は雨季の1〜2ヵ月の水循環の変動，木本植生は数年を単位とする水循環の変動によって涵養されている．そして，特異な生活組織に支えられた高い移動性が，これらの植生の有効利用を可能にしている．水稲作社会でも，雨季と乾季という季節パターンによって作付体系と栽培期間が決まり，降水の季節内変動を平準化するために，流域レベルや所有地レベルで水循環を調整し，反復利用を促進している．とはいえ，いずれの社会においても，数年に一度の大干ばつや大洪水を水循環の調整によって乗り越えることはできない．そのとき機能するのが，牧畜では放牧地と家畜，水稲作ではコメを対象とした，集落内や集落間，そして地域集団間の互助的な社会関係である．

　今日の世界規模の利水と治水の基本方針が，ブルーウォーターを対象とした，有用な水と無用な水，有害な水と無害な水の切り分けにあると述べた．温帯社会では，循環する水の切り分けによって，灌漑用水と生活用水，工業用水を入手し，安定した生存基盤の確立を実現してきた．しかし，熱帯の生活や生産の場における水と人との関係は，この基本方針とは異なる．人々は，ブルーウォーターもグリーンウォーターも含めて，それぞれの地域における水循環をより深く認識し，水の生態の多様性を前提とした生存基盤を築いてきた．人々は，水循環に介入するが，その効果は限定的である．水の需給は，水循環の変動にしたがって変化せざるをえない．それにも関わらず水と人との関係は決して非持続的ではない．循環する水を切り分けるのではなく，多様な水と多層な水循環をきめ細かく柔軟に組み合わせて活用している．そし

て緊急時には社会的なネットワークという自立的なセーフティ・ネットを兼ね備えている．

　地球レベルの水循環は巨大なメカニズムである．人類の生存は，それと調和することなくして成り立ちえない．どのように調和するのかを，それぞれの地域の循環する水の生態の多様性を踏まえて再評価，再検討することが持続型生存基盤へのアプローチである．

引用文献

安藤和雄 1994．『ベンガルデルタ農業における稲作の研究』京都大学博士論文．

Avakyan, A. B. and Iakovleva, V. B. 1998. "Status of Global Reservoirs: The Position in the Late Twentieth Century," *Lakes and Reservoirs: Research and Management*, 3: 45-52.

Clarke, R. and J. King 2004. *The Atlas of Water*. Brighton: Myriad Editions（沖大幹監訳，沖明訳『水の世界地図』丸善，2006 年）．

遠藤伸彦・松本淳・山本奈美・福島あずさ・赤坂郁美 2007．「世界における降水量と降水特性の長期変化」『地学雑誌』116(6)：824-835．

Falkenmark, M. and J. Rockström 1993. "Curbing rural exodus from tropical drylands," *Ambio*, 22: 427-437.

Food and Agriculture Organization (FAO) *AQUASTAT* http://www.fao.org/nr/water/aquastat/dbase/index.stm（2010 年 1 月 28 日アクセス）

福井捷朗・星川圭介 2009．『タムノップ ―― タイ・カンボジアの消えつつある堰灌漑』東京：めこん．

外務省外交政策 2002．「日米による「きれいな水を人々へ」イニシアチブの発表について」http://www.mofa.go.jp/Mofaj/Gaiko/kankyo/wssd/clearw_i.html（2010 年 1 月 28 日アクセス）

Gleick, P. H. 2003. "Global Freshwater Resources: Soft-Path Solutions for the 21st Century," *Science*, 302: 1524-1528.

Goldman, M. 2005. *Imperial Nature: the World Bank and Struggles for Social Justice in the Age of Globalization*. New Haven: Yale University Press（山口富子監訳『緑の帝国 ―― 世界銀行とグリーン・ネオリベラリズム』京都大学学術出版会，2008 年）．

Guha-Sapir, D. G., Hargitt, D. and Hoyois, P. 2004. *Thirty Years of Natural Disasters 1974-2003: The Numbers*, Louvain-la-Neuve: Presses Universitaires de Louvain.

原雄一，梅村幸一郎，加藤健一郎 2009．「世界主要 114 流域における水害脆弱性指標の開発」『水文・水資源学会誌』22(1)：10-22．

Hoshikawa, K. and Kobayashi, S. 2003. "Study on Structure and Function of an Earthen Bund Irrigation System in Northeast Thailand," *Paddy and Water Environment*, 1(4): 165-171.

International Water Management Institute. *World Water and Climate Atlas* http://www.iwmi.cgiar.org/WAtlas/Default.aspx（2010 年 1 月 28 日アクセス）

石井米雄編 1975.『タイ国 —— ひとつの稲作社会』創文社.
河野泰之・宮川修一・渡辺一生 2009.「1つの村の水稲収量図から社会の変化を読み取る —— 東南アジアの農業発展」水島司・柴山守編『地域研究のためのGIS入門』古今書院，77-88頁.
満濃池土地改良区 2001.『満濃池史』満濃池土地改良区.
中村尚司 1988.『スリランカ水利研究序説 —— 潅漑農業の史的考察』論創社.
岡崎正孝 1988.『カナート —— イランの地下水路』論創社.
Oki, T. and Kanae, S. 2006. "Global Hydrological Cycles and World Water Resources," *Science*, 313: 1068-1072.
大熊孝 1988.『洪水と治水の河川史』平凡社.
Pearce, F. 2006. *When the Rivers Run Dry*. Boston: Beacon Press（古草秀子訳『水の未来』日経BP社，2008年）.
孫暁剛 2002.「北ケニアのレンディーレ社会における遊牧の持続と新たな社会変化への対応」『アフリカ研究』61：39-60.
Takase, K. and Kano, T. 1969. "Development Strategy of Irrigation and Drainage." In ADB (eds) *Asian Agricultural Survey*, Tokyo: University of Tokyo Press, pp. 516-551.
田中耕司・安藤和雄・内田晴夫，ムハマッド・セリム 1990.「バングラデシュ・ハオール農村の水文環境と稲基幹作付様式の展開」『東南アジア研究』28(3)：303-320.
内田晴夫・安藤和雄，ムハマッド・セリム，アルタフ・ホセイン 1995.「農村水文学 —— バングラデシュの農村インフラ整備への新しいアプローチ」『東南アジア研究』33(1)：66-81.

第 3 編

森林からの発信
―バイオマス社会の再構築―

第3編

森林からの発信

第3編のねらい

　人間圏を人間の活動する空間領域と規定すれば，人類は生産手段をもち周囲の生命圏や地球圏の生態ならびに自然環境を改変することによって人間圏を拡大しながらも，なおその生存基盤を主として生命圏に依存してきた．その領域空間拡大の過程で，生命圏への働きかけが過度になり，生態環境への影響が深刻になると同時に，特に産業革命以後には化石資源の利用を通じた地球圏への働きかけが増大した結果，地球温暖化などの自然環境の劣化も顕在化している．

　植物は，光エネルギーと水，そして極くわずかの栄養塩から省エネルギー的なプロセス（光合成）によって有機物を生産して生命活動を営み，一次生産者として生命圏の食物連鎖の基盤をなし，生態系の保持に貢献している．なかでも樹木は，陸域において唯一多量に有機物を蓄積した生命体である．その集合である森林は炭素を貯蔵し，地球圏における炭素，水循環の主要な構成要素の一つとして働き，生命圏からみれば生物多様性を保持する必要不可欠なエコシステムであると同時に，人間圏の視点からは再生産可能なバイオマス資源の貴重な供給源である．森林は生命圏に在って，その生存基盤としての位置を占めると同時に，これら三圏にわたる物質・エネルギーおよび資源循環の一翼を担っている．

　21世紀になって化石資源の枯渇が現実となりつつあり，バイオマス変換の技術革新をテコに地域社会・経済の再構築が必要とされている．われわれの生存基盤を化石資源から再びバイオマス資源に移すと共に，人間圏，生命圏，および地球圏の関係性と相互作用を明らかにして，三圏の持続性確保に向けた取り組みが必要である．植物バイオマスを基盤とする産業の創出と新たなバイオマス社会構築の可能性について検討すべきときである．

　ここでは，人間圏に立脚し，生命圏と地球圏との関係性を捉える場，フィールドとして「森林」を選んだ．とくに，熱帯アジア地域の産業造林地に焦点を当てることにより地域が抱える多様な課題を抽出して，その解決策を検討することに努めた．熱帯地域の産業造林と地域環境の調和ある共存は，直近の重要課題の一つである．これまでの熱帯林の環境研究が主として熱帯雨林などの天然林を対象としていたのに対し，本編の特色は人間の生産活動の場である造林地を対象としている点にある．

　すなわち，日射や降雨の豊富な熱帯地域における持続的な産業造林は，森林再生の試金石であり，地球温暖化と化石資源枯渇に対処する切り札として期待される．また，持続的，循環的な木材資源の生産基盤として地元住民の経済活動や福祉にも貢献しうる．一方，土地集約的な短伐期植林，栄養塩の継続的な収奪に伴う土壌劣化など持続性に関する「生産の課題」，単一樹種による大規模植林地における生物多様性減少な

どの「生態系の課題」，地域住民との土地所有権，生活保証や経済振興といった「社会・経済の課題」，木質資源の効率的な材料・エネルギー変換やバイオリファイナリーなど新たな加工技術に関わる「利用の課題」など，解決すべき様々な課題を含んでいる．

ここでは，「バイオマス」を再生産可能な生物の総量と定義する．熱帯には豊かなバイオマスを原型のまま，低次利用する伝統的社会が存在する．一方，化石資源の枯渇に伴い先進国では新たなグリーンエネルギーの創出を目指し，より高度にバイオマスのポテンシャルを最大限に引き出す高度バイオマス社会への動きが加速している．本編では熱帯地域のバイオマス社会が抱える多様な課題について取り上げ，豊かなバイオマスに依存する社会の過去，現在，そして未来を多面的に考察する．

すなわち，近年東南アジア諸国において急速に拡大しているパラゴムノキ，アブラヤシなどの農作物プランテーションやアカシアなどの早生樹の大規模産業植林地をフィールドにして熱帯における三圏の相互作用や持続性評価に関して相互補完的に述べる．その中で熱帯造林木の持続的な生産・利用技術と二酸化炭素の吸収固定機能（第7章）や生物多様性の評価など環境保全を図るための調査（第8章），地域社会のバイオマスとの関わりについての歴史的変遷（第9章），バイオマスによる新産業創出とこれを基盤とした持続的社会の構築に関する展望（第10章）を考察し，俯瞰的，総合的な視点から熱帯バイオマス社会の再構築について論じる．

［川井秀一］

第7章

熱帯林生命圏の創出

川 井 秀 一

1 人工林は何故必要か —— 森林再生の重要性

　生命圏の最も大きな特徴は「再生産 (reproductivity)」であり，持続，循環的なサイクルを維持していることである．もう一つの生命圏の特色は炭素を有機物として貯留し，その炭素や水などの循環を通じて地球圏と人間圏に繋がっていることである．生命圏の再生産可能な有機物の総量をバイオマスと呼んでいる．化石資源もまた太古において生物が生産，蓄積した有機物ではあるが，地球圏に在り，もはや再生産が効かないのでバイオマスには勘定しない．地球上のバイオマスの総量は1兆8000億トンと見積もられている．このうち森林バイオマスの蓄積は1兆6500億トンに達し，総量の90％以上を占めている（佐々木2007）．

　植物は有機物生産の基盤をなしているので，その意味で生命圏への人間の働きかけによって植物生産をする農業と林業は環境のエントロピーを減少させる数少ない生産業と言える．しかし，近代農法では農薬，化学肥料や耕作機械によるエネルギーの投入量が比較的大きい．これに対して林業の場合，我が国における林業施業に関するライフサイクルアセスメント（LCA）データをみると，下草刈り，枝打ち，除伐などの保育作業における環境負荷量は

極めて小さく，伐倒から集材，造材，運材にいたる伐採作業と作業路開設に伴う環境負荷量が90％以上を占める．原木丸太 $1m^3$ の生産に要する消費エネルギー量を炭素換算しても炭素排出量はわずか $0.005Mg\ C/m^3$ であり，原木丸太に吸収・蓄積されている炭素量の2～3％程度に過ぎない（服部 2009）．エネルギー投入量が小さく，また有機物を多量に蓄積できる点が林業の最も大きな特長である．持続型社会はこのように大気中の炭素を吸収・蓄積し，環境エントロピーを小さくする生産業を基盤にすることによって初めて構築可能になる．他の多くの製造業と呼ばれる産業は資源・エネルギーを環境から抽出・濃縮し，そしてこれを消費する観点からは環境のエントロピーを増大させ，炭素を排出する産業と言える．

　森林には様々な働きがある．陸域生態系として自ずから持つ働きを「森林の作用」と言う．森林の作用のうち，われわれの生活にもたらす多様な効用を「森林の機能」あるいは「森林の環境サービス」と呼んでいる（蔵治 2008）．森林の作用の多くは，その機能とうまく調和している．たとえば，森林の作用のうち生命圏に関わるものとしては，有機物の生産・消費・分解にわたる循環のプロセスを通じて多くの生命を維持し，エコシステム（生態系）を保全していることがあげられる．また地球圏に関わるものとしては，大気ならびに土壌を通じた炭素・水の循環，さらには栄養塩の循環などの物質循環をあげることができる．これらの森林の作用は生物多様性の保全，水土の保全など生命圏と地球圏の環境保全機能として知られている．いずれも人間の生存基盤の持続性確保に無くてはならないものである．他方，森林には木材を生産する機能があり，人間圏との関係性が最も直接的で影響が大きく，かつ重要である．人間からの働きかけで木材資源として用材が，またエネルギーとして薪炭材が森林から採取されている．木材資源・エネルギーは，樹木や森林が持続的に再生産されている限り大気の（二酸化）炭素の総量を増やさない，いわゆるカーボンニュートラルの資源である．化石資源の枯渇と地球温暖化が危惧されるなか，これらの重要な解決策として森林・木材の炭素貯蔵機能が注目されている．このような森林の様々な機能は必ずしも同時に発現するものではなく，機能間でしばしばトレードオフの関係にあることが認められる．また，森林の構成や樹種，人間からの働きかけや管理の度合いに

よって森林の作用や機能が強化され，あるいは劣化する．

　人間圏の成立，拡大に伴い，森林は農牧草地への土地利用の転換や資源・エネルギーとして収奪の対象となった結果，一貫して減少を続けた．産業革命以後この傾向はとくに顕著になっている．たとえば，FAO（国際連合食糧農業機関）の直近のデータによると，2005年の世界の森林面積は39億haであり，依然として陸域の30％を占めるものの，今なお年間890万ha（1990-2000年）から730万ha（2000-2005年）の森林が減少している（FAO 2008）．中でも南米，アフリカ，東南アジア等の元来蓄積の大きい熱帯雨林を有する国での減少が目立ち，東南アジア諸国の中ではインドネシアの減少が著しい．

　このため森林の消滅を防ぎ，荒廃地の植林によって森林を再生することが緊急の課題になっている．人工林は年間280万ha（2000-2005年）の割合で増加しつつあるが，まだ森林面積の3.8％（1.4億ha）に過ぎない．森林再生の鍵は産業造林にある．人間圏からの働きかけや管理が可能な生産林を増やすことが森林再生に対して直接的なインセンティブを与え，人口爆発に伴う木材資源・エネルギーの需要を賄うことを可能にするからである．またこのことは現存する原生（保存）林や保全林を維持するための実際的な方策でもある．今後，解決すべき様々な技術的，環境的，また社会的な課題があるものの，経済問題と環境問題の折り合いを図る近道であり，生命圏と地球圏に調和する人間圏のあり方を提示すると考える．

2　何故，熱帯地域か

　熱帯林は全森林面積の47％，亜熱帯林（9％）を含めると過半を占め，現存するバイオマスの蓄積面からみると最も大きな存在である．また，熱帯地域は，新規の産業造林地として，大きな木材資源の収量を期待できる．低緯度地域のいわゆる熱帯域は，中高緯度に比べ太陽の輻射エネルギーが4倍程度大きく，熱帯域の大気の動きは全球大気運動のエンジンとなっている（本書第4章参照）．このため日照，気温，降雨量等の強度が全球でもっとも大きい．このことは植物バイオマスの生産にとっても好ましい環境といえる．ユー

カリ，ポプラ，ラジアータマツなど温帯域にも成長に優れた植林樹種があるが，一般に温帯林や寒帯林に比べて熱帯林の成長は極めて早い．日本の代表的な植林樹種であるスギ（*Cryptomeria japonica* D. Don.）の年平均生長量は地域や樹齢により変動するものの，幹材積（地際から末梢までの幹部の体積）でおよそ 4～8m^3/ha である．枝葉や根を含めた全バイオマスの年間生長量は 7～14m^3/ha 前後と見積もることができる（林野庁 2001）．一方，近年になって始まった熱帯地域での大規模産業植林の場合をみると，たとえばアカシアマンギウム（*Acacia mangium* Willd.）の年平均成長量は，幹材積で 20～50m^3/ha であり，スギの場合の 5 倍以上の値に達している．このように熱帯地域の林業は，その生産性において温帯や寒帯地域に比べて産業として優位性をもっている．

一方，生態系としての熱帯林をみると，有機物の生産・消費・分解等のプロセスが多段階で，複雑多岐であり，そのため生物の多様性が豊かである．また，大気や土壌間との炭素・水分等の物質・エネルギーの交換が激しく，変動が大きい．このため，その変化の大きさから生態系の脆弱性がしばしば指摘されている．加えて近年になって人間圏からの攪乱も激しさを増しており，天然林の減少と劣化によって生物多様性の維持保全が脅かされている．とくに世界の森林面積の 47％を占める熱帯地域の天然林（熱帯雨林および熱帯季節林）は，バイオマスの蓄積が最も大きく，種の多様性が最も豊かであり，森林生態系として決定的に重要である．それ故に人間圏からの干渉を最も激しく受け，消滅と劣化の進行が最も大きい森林となっている．森林生態系の消失を伴う森林減少，さらには森林生態系が提供する多様な機能・環境サービスの低下を伴う森林劣化を食い止めることが大きな課題である．熱帯産業造林は，このような人間圏からの生命圏，とりわけ天然林への干渉を緩和して生態系の保全に寄与することができる．また，荒廃地の森林再生によって緑を回復し，木材資源の天然林への依存からの脱却を促し，さらには地球温暖化抑制にも貢献できる可能性を秘めている．しかし，天然林の劣化を抑制し，違法伐採を防いで生態系保全を実現するには，地域住民の参画を含め，人間圏からの注意深い管理が必要であるのはいうまでもない．

森林の炭素吸収貯蔵機能が地球圏の温暖化抑制に大きな役割を担うこと

は気候変動に関する政府間パネル (Intergovernmental Panel on Climate Change, IPCC) の報告書にも認められるが，これについては第6節で詳しく述べる．

3 天然林から産業造林の利用へ

東南アジア地域では，チーク，マホガニーなどの限定された有用樹種の人工林を除けば，豊かな植生を背景にこれまで天然林から用材，薪炭材，薬用植物，食物等の林産物が採取されてきた．しかし，近年の天然林の減少・劣化と環境の重要性に対する認識の高まりに伴い，木材の供給は天然木から造林木に急速に移行しつつある．1900年代初頭から本格化したパラゴムノキ，アブラヤシなどのプランテーション（農業）作物の植栽は，その後これらの樹木の廃棄立木のリサイクル利用のための木材加工技術の発達を促し，前者については製材から集成材，各種木質パネルにいたる様々な木質材料の重要な原料供給源となっている．

インドネシアにおいても1966年に森林コンセッションが開始され，天然林の減少に拍車がかかる反面，アカシアマンギウム，メライナ (*Gmelina arborea* Linn.)，カメレレ (*Eucallyptus deglupta* Bl.)，ファルカータ (*Paraserianthes falcata* Backer) に代表される早生樹による植林の試みが盛んになっている．これら早生樹種の物理的，力学的性質をはじめ，木質材料への加工利用特性についても多くの研究がみられる (王他 1989, 1990; Firmanti et al. 2005)．1980年代からは産業造林政策がカリマンタン島，スマトラ島を中心に推進され，1990年代にはアカシアやファルカータなどの早生樹の産業造林が本格化している．アカシア材は紙パルプあるいは木質ボード用のチップ用材として，ファルカータ材は製材や単板積層材 (LVL) などの木質材料用材として供給されている．いずれも10年未満の短伐期林業である．

2000年代以降になって単一樹種，短伐期，一斉大規模造林以外の産業造林の試みも始まっている．すなわち，マレーシアサバ州においてアカシアハイブリッドの植林が，またインドネシア西カリマンタン丘陵地においては在来優占樹種である広葉樹（フタバガキ科）の植林が開始されている．前

者はアカシアマンギウム (*A. mangium*) とアカシアアウリカリフォルミス (*A. auriculiformis*) の自然交配種を用いているが，枝打ち，除伐，間伐などこれまでの熱帯造林には見られない集約的な施業を施し，製材・合板用材を目指した造林を行っている．後者はフタバガキ科が優先する天然林の択伐施業の後，線条皆伐・再植林を実施しており，FSC 認証を取得している．いずれも 15〜20 年の中伐期施業の産業造林である．

4 炭素ストックの動的解析

　森林の炭素蓄積機能は，大気の二酸化炭素削減と木材生産の両面から重要である．天然林でも人工林でも，一般に，森林の蓄積量は極若齢の段階では緩やかであるが，その後成長の旺盛な時期を経て，やがて成長が鈍化する，いわゆる S 字型の成長曲線を描く．スギの場合のように適切な施業管理によって 100 年以上成長が持続する樹種もあるが，アカシアのような熱帯の植林木は一般に成長が極めて早く，10〜20 年で成熟して成長が停止するものが多い．このように地域，樹種，管理方法によって成長曲線の時間スパンは大きく異なるが，その基本的な形はあまり大きく変わらない．

　天然林でも，また人工林の場合も成熟段階において炭素蓄積が最大となるが，この段階では成長による炭素吸収量と枯死・分解による炭素放出量とがバランスし，炭素蓄積の増分はゼロになる．人工造林（の多くは経済林であるが）において成長が鈍化する段階で伐採・再植林をする場合，炭素蓄積は最大にはならない反面，比較的大きな炭素の蓄積増分を期待することができる．生物多様性の維持機能を重視する保存林の場合には炭素蓄積量が大事であり，一方，木材生産機能を重視する経済林（生産林）では蓄積増分が重要である．後者の場合，増分に見合う伐採をして，これを最大限有効に活用する加工利用技術を開発し，生産と利用の持続性を確保することになる．そのためには年々の炭素蓄積量（ストック）と蓄積増分の動的な解析把握が必要である．単位面積当たりの森林バイオマスの蓄積，増分，エネルギー投入量などを正確に把握することが基本となる．

樹木に蓄積されている炭素量は，樹木の体積（材積）から算出される．用材利用の場合には，材積は幹の材積（幹材積）で表すほうが実用的である．一方，地球温暖化抑制など大気の二酸化炭素吸収源としての役割に関わる場合は，蓄積炭素量は幹材積の他に枝葉，根の要素を考慮し，以下のように算出される．

  (1) 枝葉の量（拡大係数）
  (2) 根の量（地下部・地上部比）
  (3) 材積当たりの重量（容積密度）
  (4) 重量に占める炭素量の割合（樹木重量中に炭素が占める割合は 0.5）

したがって，炭素量は次の式により求められる[1]．

炭素量 =（幹材積）×（容積密度）×（拡大係数）×（1 +（地下部・地上部比）×0.5

5 大規模熱帯造林地の森林バイオマスの推定と評価

インドネシアにおいては大規模産業造林が 1990 年代以降に本格化し，2006 年にはスマトラ，カリマンタンを中心に 280 万 ha に及ぶ造林がなされている．造林木の多くはアカシアやファルカータなどの早生樹種である．インドネシア南スマトラ州丘陵地において無秩序な開発や過伐によって荒廃地化し，草地となった地域にムシ フタン ペルサダ社（PT Musi Hutan Persada, MHP 社）が 1990 年よりアカシアマンギウムの産業造林を開始している（図 7-1 および写真 7-1）．30 万 ha のコンセッション面積のうち，植林面積は 19 万 ha に及んでいる．MHP 社では，成長がよく，形質も優れている精英樹を残し，種の収穫，苗床への播種，ポットへの移植，林地の地拵え，植栽，下草刈り，伐採まで一連の施業・管理によって年間 240 万 m^3 の紙パルプ用チップを生産している．伐採に際して直径 8cm 未満の末梢，枝葉，根は林地に残し，樹皮付きの幹材を搬出している．6 年〜8 年の短伐期林業を実施し，いまでは第 3 世代の造林地となっている．

---

1) 炭素量を二酸化炭素の重量に換算するには，上式に 44÷12（≒3.67）を乗じる．

第 3 編

森林からの発信

図 7-1　森林バイオマスの調査フィールド　インドネシア南スマトラ州

　MHP 社の造林地内のスバンジリジ地区（ユニット V, 総面積 9300ha）を調査フィールドとして，森林バイオマス生産について調査測定し，その持続性評価を試みたケーススタディを紹介したい（Widyorini et al. 2008）．ユニット V にランダムに設定された 51 のパーマネントサンプルプロット（PSP, 1 プロットの面積は 0.05ha）の，2000 年〜2005 年に植栽された第 2 世代の樹木（1 年生から 6 年生まで）を対象とするインベントリを用いて，時系列解析を実施した．植栽密度は 1100 本/ha であり，植林初期段階での下草刈りのほかは，除伐・間伐等の施業は施されていない．インベントリデータは各 PSP のすべての樹木（60 本）を対象とした毎年の胸高直径と樹高の計測データからなり，これを元に平均年生長量を算出し，さらに単位面積当たりの幹材積ならびにバイオマス生産量を推定・評価した．

　胸高直径と樹高は樹木の生長量に直接関係するので樹齢と正の相関を示す．伐期となる 6 年生の胸高直径は 16.0〜20.6cm，樹高は 16.7〜22.1m に達する．各 PSP の各年毎の幹材積プロットを基に算出される単位 ha 当たりの平均年生長量は，3 年生の立木で最大を示し，その後減少に向かう（図 7-2）．

第 7 章
熱帯林生命圏の創出

写真 7-1　南スマトラ州のアカシア大規模植林（ムシ フタン ペルサダ社（MHP 社））

5 年生立木の年生長量は 48.6 m³/ha/yr であり，5 年間の年平均成長量は 36.8 m³/ha/yr に達する．このような年成長を示すので幹材積は樹齢に対して S 字型曲線を示し，およそ 8〜10 年で成長が止まって成熟林となる．5 年生アカシア林の幹材積は約 188m³/ha と見積もられる．アカシア材の容積密度は 0.5Mg/m³，したがってその幹材重量は 94Mg/ha である．各年の樹齢毎の植林面積から林地ユニット V 全体の材積を見積もることができるが，この値は植栽と伐採が伴うので年毎に変動し，その動態を把握することが重要になる．

さらに，ユニットの立木バイオマス蓄積を，枝葉幹根の比に関するアカシア立木の文献を参考に，葉：枝：樹皮：幹：根の百分率をそれぞれ 8：15：10：55：12 として炭素量換算で算出すると（Sunarminto 2000），5 年生のアカシア林のバイオマス蓄積量は炭素量換算で 72Mg C/ha と算出される（図 7-3）．したがって，二酸化炭素量換算で 264Mg CO_2/ha となる．熱帯天然林（原生林）のバイオマス蓄積量は 254〜390Mg C/ha と評価されているの

223

第 3 編
森林からの発信

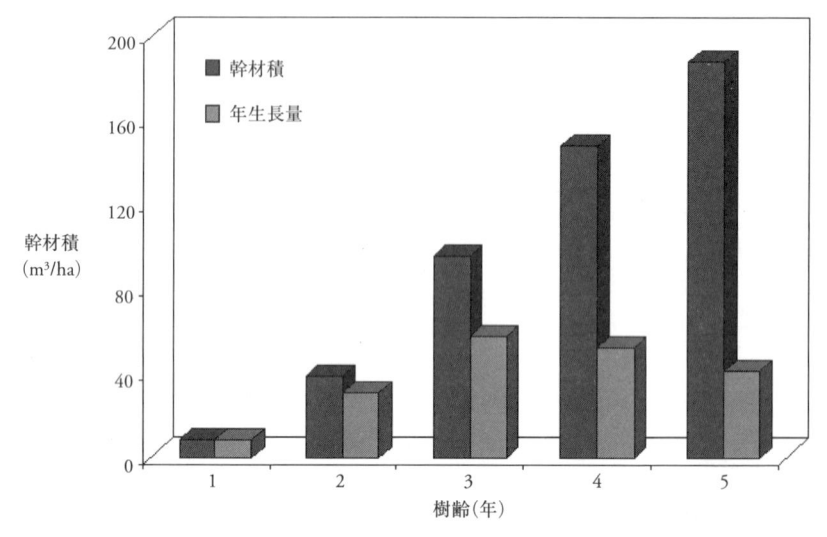

図 7-2　アカシアマンギウムの生長量

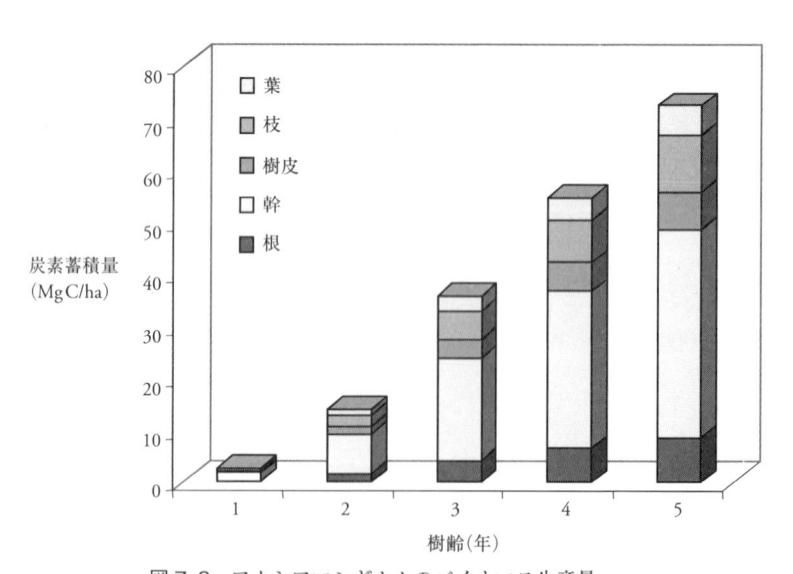

図 7-3　アカシアマンギウムのバイオマス生産量

で (Lasco 2002), アカシア林の蓄積はその1/4程度である. しかし, 一方, アラン・アラン (*Imperata cylindrica*) など草地や荒廃地のそれは 1.6〜20 Mg C/ha と見積もられているので, その10倍近い蓄積をもっていると推定される. 世界の森林39億haの地上部木質バイオマスは4220億トンと推計されているので, 森林1ha当たりの炭素蓄積は平均60トン (Mg C) と見積もられる. 植え付けから5年を経過したアカシア林の蓄積はこれを約20%ほど上回る程度の炭素蓄積と評価されるが, 注目すべき点は産業造林であるアカシア林の場合, 6年生の立木を伐採して人間圏へ搬出してこれを資源として利用している点である. 成熟した天然林と異なり, 適切な森林管理により蓄積を減少させることなく持続的な木材生産と供給を可能にしている. ただし, このような森林バイオマスの生長量はもとより気温, 降雨量の影響も受ける. とりわけエルニーニョ現象による少雨の影響は植え付け直後の樹木の成長に大きな影響を及ぼす可能性が高い.

　林地全体の炭素循環については, 落ち葉や枯れ枝などのリター量と共に土壌内の炭素の動きの検討が必要である. 林地のリター量は樹齢の増加と共に増加し (Subarudi et al. 2003), これに伴い土壌有機物が増加する傾向が認められている. 加えて, 伐採収穫時には枝葉根, 末梢等の残渣は林地に残されるが, 裸地状態での表層土壌からの有機物の分解・消失は極めて激しく, その大半の有機物は大気へ還流するものと推定される.

6　森林・木材の炭素貯蔵機能

　地球温暖化抑制に関わる京都議定書が2005年2月に発効し, 二酸化炭素吸収源としての森林の役割機能が再評価されている. たとえば, 京都議定書に定めたわが国の二酸化炭素 (CO_2) 排出削減の達成目標は6% (1990年比) である. その内訳は森林による二酸化炭素吸収が3.8%, 省エネ対策による排出源抑制が2.2%であり, 前者の依存がはるかに大きい.

　この結果, 森林の減少防止, 新規あるいは再植林および木材製品の利用促進のための対策が議論されている. 森林による吸収量の確保には, 新たな

植林や再植林のほか，現存する森林の下草刈り・徐伐・間伐などの森林整備が算定条件になっている．吸収源クリーン開発メカニズム（clean development mechanism, CDM）としての新規植林・再植林（CDM 植林）のほか，2007 年 12 月の気候変動枠組み条約第 13 回締約国会議（COP13）では，途上国の森林減少・劣化に由来する排出量の削減活動（reducing emissions from deforestation and degradation in developing countries, REDD）が正式に承認された（小林 2008）．

森林と共に木材製品が炭素を貯留していることは，あまり実感として知られていない．乾燥木材の製品重量の約半分は炭素から構成されている．例えば，床面積 100m^2 の木造住宅に使われている木材製品の平均材積は 20m^3 と見積もられるので，スギ・ヒノキ材等の針葉樹木材の密度を 400kg/m^3 とすると，4Mg C の炭素が貯留されている勘定になる．これは二酸化炭素換算で 15Mg CO_2 に相当する．住宅に使われる木材製品の炭素貯留効果は極めて大きく，わが国の場合森林全体の炭素蓄積の約 2 割に相当する．

しかし，京都議定書では伐採木材製品（harvested wood products, HWP）の取り扱いについて暫定的にデフォルト法を採用している．このため，第 1 約束期間（2008〜2012 年）では木材製品の炭素貯留効果が認められず，森林からの木材伐出を二酸化炭素排出と見なすために，木材利用に十分なインセンティブが働かない仕組みになっている．第 2 約束期間でこれを是正すべく現在検討がなされている．

大気中の二酸化炭素を削減するためには，森林面積の拡大や劣化した森林の回復などにより森林の炭素蓄積量を増加させることが経済面から最も有効な手段であり，実現の可能性が高い．図 7-4 は森林および木材中の炭素の蓄積とフローの基本概念を示したものである（日本木材学会 2008）．森林は，伐採（H）などを行わずに放置されると最終的には二酸化炭素の吸収と排出が均衡するので，蓄積量が一定，すなわち蓄積増分がゼロ（$\Delta C_F = 0$）となり，二酸化炭素を削減する働きが無くなる（NEE = 0）．持続的林業の場合，生長量を下回る伐採を行い，森林蓄積量は減少せず（$\Delta C_F \geq 0$），二酸化炭素削減が続けられると共に，持続的に木材が生産される（H > 0）．このようにして生産された木材製品が増加すること（$\Delta C_D + \Delta C_{IM}$ or $\Delta C_{EX} > 0$）は，生産林が大気中から吸収し，貯蔵した二酸化炭素を引き続き人間圏に貯留するので，

第 7 章
熱帯林生命圏の創出

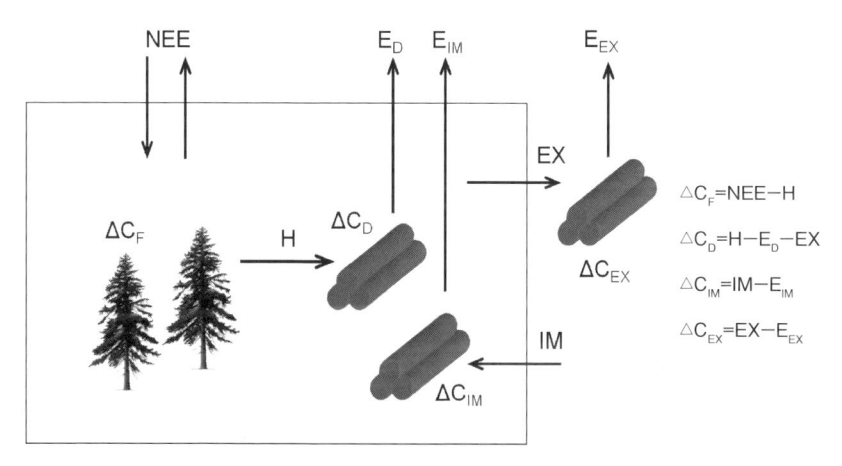

$\triangle C_F = NEE - H$
$\triangle C_D = H - E_D - EX$
$\triangle C_{IM} = IM - E_{IM}$
$\triangle C_{EX} = EX - E_{EX}$

国境: ———
注: NEE: 森林の正味炭素吸収量, H: 伐採炭素量, △C: 炭素蓄積変化量, E: 炭素排出量, EX, IM: 輸出（入）炭素量, 添え字 F, D, EX, IM: 森林, 国内の国産材, 輸出（入）材
出典: 外崎（2008）．

図 7-4　森林と木材中の炭素の蓄積とフローの基礎概念

大気中の二酸化炭素の削減に寄与している．

したがって，二酸化炭素の削減には，森林と木材製品の炭素貯蔵（C_F + C_D + C_{IM} or C_{EX}）の和を最大にすると共に，森林の蓄積量増加と木材製品の増加をバランスよく行うことが大切である．このように大気中の二酸化炭素を減らすためには，健全な森林の面積を拡大し，その蓄積を増加させることや，木造建築物の長期耐久使用や材料リサイクルの拡大によって木材製品の蓄積量の増大を推進することが有効である．そのためには木材製品の炭素貯留効果を適正に評価する必要がある．

デフォルト法では木材製品の蓄積変化がゼロ（$\triangle C_D + \triangle C_{IM}$ or $\triangle C_{EX} = 0$），すなわち，生産量と排出量が同じで蓄積変化が無いと仮定し，森林の蓄積変化のみを勘定している．この場合，建築物など長寿命製品の増加や木材製品の蓄積増加が正当に評価されない．また，デフォルト法は，山に残される切り捨て間伐材を森林蓄積として評価する一方，間伐材の伐出・利用を排出と見なすので，国産材の積極的な利用に対して負のインセンティブを与えると

いう大きな矛盾を抱えている．

現在，デフォルト法に替わる木材製品の炭素貯留の勘定方法として，大気フロー法，（シンプルディケイ法を含む）生産法，蓄積（ストック）変化法などが提案されている．いずれの勘定方法もそれぞれ長所と短所があり，木材輸出国と輸入国の利害が複雑に絡み，評価手法の選択は必ずしも容易ではない．このなかで蓄積変化法は，国内のすべての木材（国産材＋輸入材）のストック変化を直接反映し，木材製品として炭素貯蔵を増加させることにインセンティブを与えるので，木材製品の利用を促進する評価手法として望ましい．しかし，途上国において過度の伐採や違法伐採が進み，輸出に回されることが懸念される．輸出国において適正な森林管理が担保される仕組み作り，広義の森林認証制度や長期的利益に配慮した政策が必要になる．

森林資源の劣化を抑制し，持続的な林業ならびに木材資源の自立・循環利用を推進するためには，長期的視点から省資源のための木材製品（住宅）の長寿命化，リユースやマテリアルリサイクルの技術開発をはかり，（森林＋木材）ストックを最大にすることが最も大事である．

鉄やアルミニウムなど金属材料に比べて極めて少ないエネルギーで製造できる木材製品は省エネルギー効果が高く，製造時に大量にエネルギーを使う他材料製品を代替することによっても炭素の排出抑制に貢献できる（ウッドマイルズ研究会 2008）．さらに廃棄時にバイオマスエネルギーとすることにより化石資源の節約にも役立つ．図7-5はLCAの視点からみた住宅工法別の二酸化炭素（CO_2）排出量を示したものである．木造の場合，木材，鋼，及びコンクリートの主要三素材の単位平方メートル当たりのCO_2排出量が，鉄骨造やコンクリート造に比べておよそ1/2であり，（廃棄時を除く）ライフサイクルCO_2の排出量がおよそ2/3となることがわかる．図には住宅棄却時のCO_2排出量が積み上げられていないので，厳密な意味では住宅のライフサイクルすべてを網羅したものではないが，一般に木造住宅の棄却に要するエネルギーは鉄骨造やコンクリート造に比してはるかに小さいと考えられるので，この点を考慮すれば，木造住宅の優位性はさらに大きくなる．

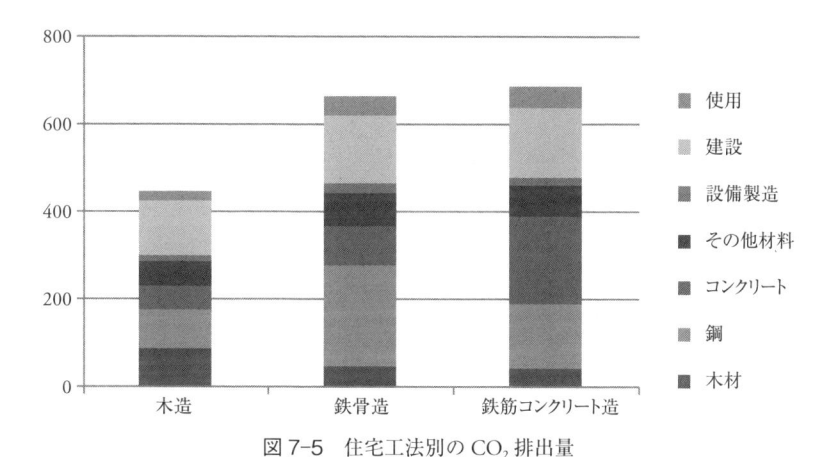

図 7-5　住宅工法別の CO_2 排出量
出典：日本建築学会 (2003).

7 持続性の検証と評価
── 森林バイオマス生産の持続性構築に向けて

　産業造林地における森林バイオマス「持続」の基本は生産を上回る伐採・消費を抑えることにある．このためには森林が生産するバイオマスを時空間的に捉え，その質・量の空間的精査，時系列的な把握が不可欠である．経済林として造林された林地において蓄積（ストック）を維持し，その増分のみを安定的に利用することが持続性確保の必須条件である．例えば，第5節において考察した MHP 社ユニット V におけるアカシア造林地（実植林面積 8340ha）の 2006 年時点での森林バイオマスの蓄積は 83.2 万 m^3 であり，一方，その年の伐採面積は 1549ha，原木伐出量は 19.1 万 m^3 である．6 年伐期とすれば，およそ 1/6 に相当する林地の伐採と植林により持続性確保が可能であるが，原木の供給は需要の変動に影響されるほか，樹木生長量も年毎に変わるので，バイオマスの蓄積とその年間変動を長期的な視点で観測，解析し，安定を図ることが必要になる．さらに，熱帯早生樹の植林に見られる短伐期の産業造林では，土壌の劣化や栄養塩の循環なども長期的な視点からの観測が必要であり，世代間にわたる生産の持続性に関する評価検証が求められる．

熱帯地域の大規模産業造林の歴史は新しく，未だ不明の点が多い．パルプチップ材のほか，用材生産のための造林手法確立も急務となっている．

　このような生産の持続性に加え，生態環境の持続性を維持するには広域にわたる森林の機能に応じたゾーニング，すなわち生命圏生態系の維持保全機能を重視する保存林，バッファーゾーンとしての二次林（保全林），さらには人間圏の資源エネルギー供給機能を重視する持続循環型生産林を適切に配置し，人間活動と生存基盤としての環境との調和を図る技術の開発，制度の構築が課題となろう．これらについては本書第8章において詳述する．人間圏との調和を図るためのバイオマス利用のあり方，地域コミュニティとの調和ある発展，社会林業との共存も産業造林の持続性確保のうえで重要な課題である（本書第9章参照）．

　近年資源獲得競争の結果，スマトラ島・マレー半島・カリマンタン島・ニューギニア島西部など，熱帯域の沿岸低地に分布する泥炭湿地に開発が及んでいる．焼畑などの農地への土地利用変換，山火事，違法伐採による森林消失や劣化のほか，アブラヤシプランテーションやアカシア植林などの大規模な開発が進行している．この際，排水により土壌に好気的条件が成立するため土壌有機物が急速に分解・消失し大気中の CO_2 増加の大きな要因となるとともに，泥炭湿地の基底にあるパイライト（FeS_2）などの硫化鉄鉱物が酸素と反応して土壌の酸性化をもたらす．熱帯域の泥炭湿地林では，このような大規模開発の結果，有機物の急速な消失と酸性化により土壌が著しく劣化し，荒廃地化した土地が放棄される例がしばしば見られる．伝統技術や適正技術の活用を図りながら，地域の風土，文化，産業に根ざした林産資源確保のあり方を検討すべき時である．

引用文献

Food and Agriculture Organization (FAO) 2008. *Global Forest Resources Assessment 2005*.

Firmanti A., E.T. Bachtiar, S. Surjokusumo, K. Komatsu and S. Kawai 2005. "Mechanical Stress Grading of Tropical Timber without Regard to Species," *Journal of Wood Science* 51(4): 339-347.

服部順昭 2009.「木造住宅部材等の環境負荷ツールによる評価」京都大学生存圏研究所特別講義資料（2009年2月17日）．

小林紀之 2008.『温暖化と森林　地球益を守る』日本林業調査会, 240-251 頁.
蔵治光一郎 2008.「森と水　森林管理の現場から：第 2 回　森と水に関する科学的知見
　　── どこまで解明されたのか」『現代林業』502: 40-43.
Lasco, R.D. 2002. "Forest Carbon Budgets in Southeast Asia Following Harvesting and Land Cover Change," *Science in China*, 45: 55-64.
日本建築学会 2003.『建物の LCA 指針　環境適合設計・環境ラベリング・環境会計への応用に向けて（第 2 版）』丸善.
日本木材学会 2008.「提言書ならびに補足説明 ── ポスト京都議定書における「伐採木材製品の取り扱い」について」http://www.jwrs.org/events/HWPsymp/（2009 年 3 月 9 日付）
王潜・佐々木光・Razali A. Kader 1989.「サバ産植林木間伐材の性質」『木材研究・資料』25: 45-51.
王潜・林知行・佐々木光・長谷泰弘 1990.「サバ産植林木 LVL の複合梁フランジとしての利用（第 1 報）LVL 化による材質の信頼性向上」『木材学会誌』36(8): 624-632.
林野庁 2001.『森林・林業基本計画（平成 13 年 10 月）』.
佐々木恵彦 2007.「第 1 章　はじめに ── 生物圏における森林の役割」佐々木恵彦・木平勇吉・鈴木和夫編著『森林科学』文永堂, 1-15 頁.
Sunarminto, B. 2000. "Effect of litter non-productive biomass on supporting availability of soil nutrients," *Technical Notes* (Research and Development Division, PT. Musi Hutan Persada), 1(4):10.
Subarudi, D, Djaenudin, Erwidodo, and O. Cacho 2003. "Growth and carbon sequestration potential of plantation forestry in Indonesia I. *Paraserianthes falcataria* and *Acacia mangium*," *Working paper CC08, ACIAR project ASEM* 1999/093.
外崎真理雄 2008,「伐採木材製品（HWP）評価手法」日本木材学会ウェブサイト（2008 年 11 月 27 日アクセス）http://www.jwrs.org/events/HWPsymp/HWPmethods_20081126.pdf
Widyorini, R., S. Kawai, B. Subiyanto, E.B. Hardiyanto, A. Firmanti, R. Gunawan, T. Suryanti, and A. Wicaksono 2008. "Evaluation of Tree Growth and Biomass Production of Acacia Plantation Forest in Tropical Area," *Proceedings of the 92th RISH Symposium,* pp.37-39, Cibinong, Indonesia, 23 February.
ウッドマイルズ研究会 2008.「ウッドマイルズ研究ノート」18.

第8章

大規模プランテーションと生物多様性保全
── ランドスケープ管理の可能性 ──

藤 田 素 子

1 なぜ，プランテーションか

　熱帯地域は生物の宝庫として知られており，なかでも熱帯林は生物多様性が高い．しかし近年，東南アジア各国の熱帯地域では天然林が消え[1]，かわりにアカシア，パラゴムノキ，アブラヤシなどの大規模なプランテーションが激増している[2]．これらのプランテーションからの産物であるパルプ材，ゴム，油ヤシは商品価値が高く，地域社会の重要な産業基盤になっている．さらに最近では，温暖化の一因である化石燃料の使用を止め，バイオマス由来のエネルギーに切り替えるという世界的な動きにより，それらの需要はより高まると予想される（本書第7章，第10章を参照）．本編のタイトルである「バイオマス社会の再構築」が，これまでの化石資源中心の社会に対する解決策になる可能性はあるが，一方で熱帯林の大規模プランテーション化はそこに生息する生物に甚大な影響を及ぼし，生物多様性を大きく減少させ

---

1) インドネシアにおける天然一次林の面積は1990年には7,042万 ha，2005年には4,870万 ha に減少した（FAO 2005）．
2) インドネシアにおけるプランテーションの面積は1990年に221万 ha，2005年には340万 ha に増加した（FAO 2005）．

るという負の側面がある．高度バイオマス社会では，化石エネルギー社会以上に人間による生態系への関わりかたが強くなっていくだろう．特に天然林を伐採して大規模プランテーションを造成する場合にはその影響は無視できず，生物多様性が脅かされる危険がある．本書第5章でも強調されているとおり，生物多様性の減少は人類の生存基盤を脅かすものであり，持続可能な高度バイオマス社会を築くうえでは，大規模プランテーションで生物多様性をいかに維持するかという問題を避けて通ることはできない．つまりプランテーションという環境は，いわば経済活動と環境保全とのバランスが要求される現代社会の縮図である．生物多様性保全のホットスポット[3]ではなく，むしろ生態系に与える負の影響が甚大であるプランテーションは，産業と生物多様性保全の妥協点を探るために，今後重点的に研究されるべき場所である．本章ではそのような試みのひとつとして主に鳥類に着目し，大規模プランテーション化などの土地利用変化が鳥類多様性に及ぼす影響を紹介する．それとともに，プランテーションの周辺や内部にもとの熱帯林を残すなど，景観[4]レベルでの管理（ランドスケープ管理）を行うことによって鳥類多様性の減少が抑制されることを示し，大規模プランテーションにおけるランドスケープ管理の可能性を検討する．

　生物多様性の保全を行ううえで，景観レベルで多様性の変化を見ることにどのような意義があるのだろうか．たとえばインドネシア，スマトラ島の国立公園における保護区の割合は島の森林面積の約25%，低地林に限ればわずか3%と非常に限定されている．低地林は開発する労力に無理がなく，古くから人の生活と密接にかかわってきた場所が多いゆえの数字である．断片的に分布し孤立することの多い保護区は，面積が小さい場合，十分な生物の

---

[3]　ホットスポット（hotspot）は生物多様性が高く，保全上もっとも重要な地域．国立公園や保護区が熱帯地域のホットスポットの役割を果たすと主張する研究もある（Sodhi & Brook 2006）．

[4]　景観とは，上空から俯瞰した森や草原や農地などの広さ，形および配置，それを結ぶ水系のネットワークなどを指し，その生態的な機能も含めたひとつのシステムを意味する（鷲谷・矢原 1996）．ひとまとまりの森林や草原をひとつの生態系として扱うのに対し，複数の生態系を構成要素として持つ，より大きな空間スケールの高次のシステムである．一般に使われる「景観」は地上からの見てくれのみを指す点で，やや限定された意味をもつ．ランドスケープとほとんど同義であり，その管理について論じる際には「ランドスケープ管理」といわれることが多い．

個体群を維持することができない．そのため，近交弱勢[5]が発現して，局所絶滅[6]に至ることもある．このことは，分断化された保護区ではなく，ある程度まとまった面積の保護区設定の重要性を示唆している．ダイアモンドらは，1932年から1952年にかけてインドネシアのボゴール植物園（86ha）で繁殖していた62種の鳥類のうち，1980年に29種が局所絶滅に至ったことの主な原因として，1936年に植物園が他の森林から孤立したことを挙げている（Diamond et al. 1987）．局所絶滅に至った種は，1950年代の時点で個体数が少なかった種と，周辺環境にほとんど出現しなかった種である．たとえば，1950年代に植物園に生息していた種のうち，個体数が多く50羽以上であったすべての種は1985年にも植物園内に生息していた．一方，個体数が10羽以下の種の半数は1985年には植物園内に生息しておらず，そのすべてが植物園の周辺環境における出現も少なかった．植物園の内部環境には目立った変化はなかった．このことから，ボゴール植物園における高い絶滅率は，植物園内の個体数が減少した場合に周辺環境から新しい個体が移入することができなかった（局所絶滅した）ためと考えられる．この研究は，生物多様性保全には孤立した林の内部よりも周辺の土地利用や景観を考慮することが重要であるという景観生態学的研究の必要性を明らかにした例である．

　なぜ生物多様性を保全する必要があるのかについては本書第5章で述べられているように，「生態系サービス」という考え方が近年知られるようになっている（Millennium Ecosystem Assessment 2005）．生態系サービスとは，生態系の機能や，生態系を構成している生物から人間が得ているさまざまな便益をいう．大きくは土壌の形成や植物による一次生産，養分循環などの「支持サービス」，食糧や水などの「供給サービス」，気候制御や病気の蔓延を防ぐ「調整サービス」，風景に感じる安らぎ，宗教や文化の精神的な背景といった「文化的サービス」の4つに分けられる．この概念はこれまでの自然保護思想とは異なり人間を中心に考えるもので，人間が環境と切り離せない存在であり，生態系の恩恵を得て生かされている．そのつながりを良好に保つことで人類の将来が担保されるというものだ．多くの実証的研究から分かって

---

[5] 遺伝情報の近い個体同士の繁殖を繰りかえしたために劣勢の個体が多く生まれること．
[6] その地域の個体群が絶滅すること．

きたことは，生物多様性が高い生態系では生態系サービスの供給も多いということである．生物多様性を保全することで人間が受ける恩恵ははかりしれず，人類の生存基盤のひとつであることは間違いがないだろう．

2 熱帯の土地利用変化と生物多様性

　保全という考え方がなかった20世紀半ばまでは，生産性が上がることをもっとも重視して開発を進めてきた．そのことによって多くの種が絶滅に追い込まれ，はじめて人は生物多様性という概念に気づいた．それは農業革命，産業革命に次ぐ大きな意識革命だともいわれる（タカーチ2006）．東南アジアの熱帯林は質の良い南洋材を産出するために選択的に伐採され，その後二次林のまま残されるかプランテーション化するのが一般的である．伐採もプランテーション化も生物多様性を減少させるといわれるが，その影響がどう異なるのか，一例を紹介したい．

　マレーシア半島部ヌグリスンビラン州のパソー（Pasoh）保護区周辺の土地利用変化をみてみよう．パソーの森林区域は1970年代まで，胸高直径45センチメートル以上の有用樹を選択的に伐採（択伐という）していたが，その後周辺地域は開発されアブラヤシやパラゴムノキのプランテーションが増加する．それに伴って天然林は1979年の65.6%から1996年には29.4%まで減少した（図8-1, Okuda et al. 2003）．一方アブラヤシは176km^2 から741km^2 に，パラゴムノキは889km^2 から1215km^2 に増加している．パソー保護区はこのアブラヤシやパラゴムノキの中に孤立している2400haの保護区である．ここで，研究者グループは伐採されたことによる生物多様性への影響を詳細に調査した．伐採後の森林は林齢が単一で，高木が少なく低木や亜高木の密度が高い（Okuda et al. 2003）．そのため鳥類の種数および個体数ともに伐採されていない天然林よりも低くなった（Wong 1986）．ウォンは餌資源としての植物量と節足動物量を二つの林分で調べたが，なかでも植物種数が多いほど鳥類が多く，植物の多様性が他の動物の多様性を支えていることがわかった．ここでの鳥の生態研究によると，多くの鳥類種にとっては生存に十分な面積

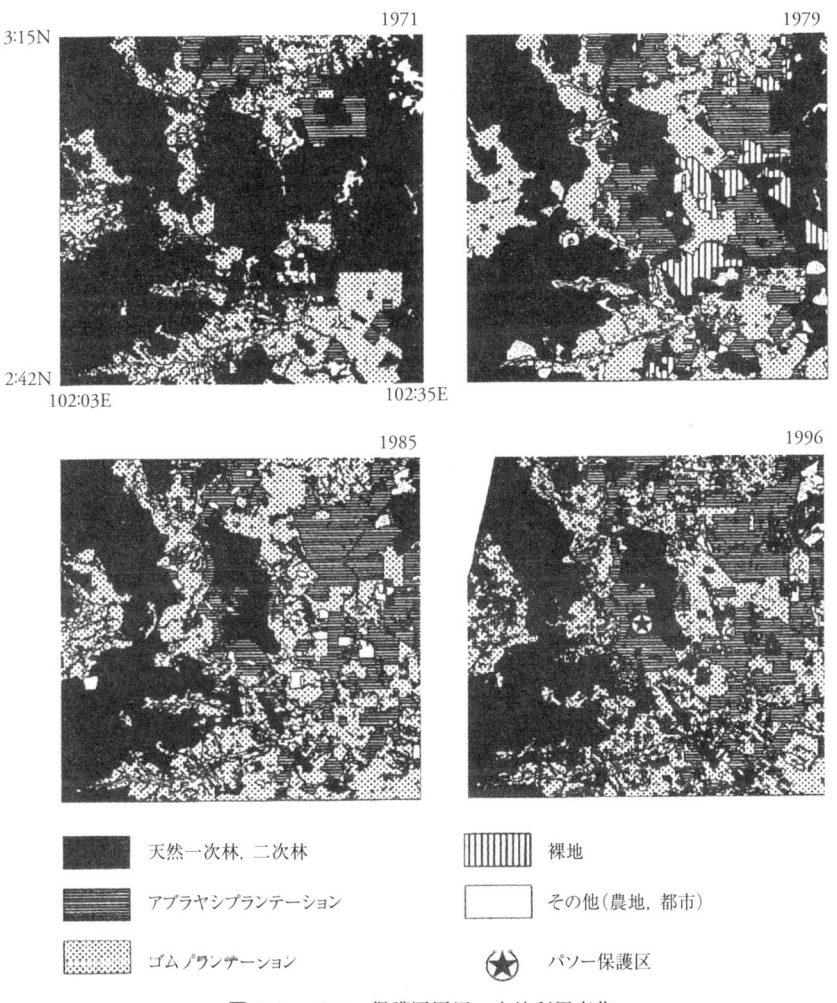

第 8 章
大規模プランテーションと生物多様性保全

図 8-1 パソー保護区周辺の土地利用変化
出典：Okuda et al. (2003).

がないと指摘されている (Francis and Wells 2003)。たとえばあるチメドリの仲間は保護区内に推定 200 個体以上おり十分な個体数を維持しているが，他の多くの種は個体数密度が低く，100ha あたり数ペアということもある。体が大きな猛禽類やサイチョウ類になると保護区全体でも数ペアしかおらず，

237

第 3 編

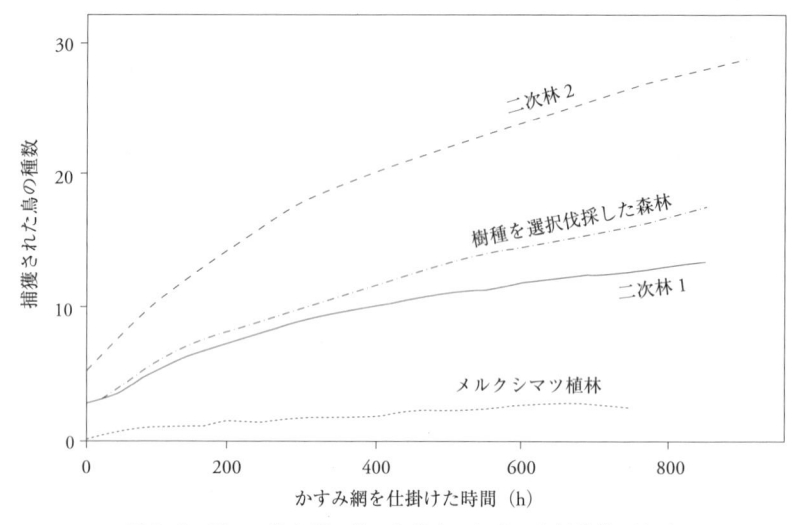

森林からの発信

図 8-2　ジャワ島中部の様々な植生における鳥類種数の違い
注：30〜50％の林冠木が選択的に伐採された林や，1998 年に皆伐された後にできた 3〜4 年生の二次林 1 と 2 は，1952 年に植えられたメルクシマツの植林地より鳥の種数が多い．
出典：Sodhi et al. (2005) を改変．

絶滅が心配される．

　他の地域でも同様の傾向があり，ジャワ島中部のリンゴアスリの森林は 1998 年に大規模な伐採が入ったため，伐採前と比べて 10 種の鳥類が生息しなくなった (Sodhi et al. 2005)．生息できた種はジェネラリストと呼ばれる雑食性の種が多く，伐採に対する適応力が高いと考えられている．このリンゴアスリにはメルクシマツ Pinus merkusii の植林地もあるが，比較調査の結果，マツ植林地の鳥類種数は天然林の約半分で個体数も少なく，鳥類の生息地としては適さないことが判明した（図 8-2）．またボルネオ島ダナムバレーで糞虫の種多様性を比較した研究によると，天然一次林のほうが伐採した森林よりも多様性が高く，アカシアやカカオなどのプランテーションは最も多様性が低い (Davis et al. 2001)．このように，プランテーションでは伐採後の二次林よりも生物多様性が低下する現象が指摘されている．その理由はおそらく，二次林には複数の樹種が生息し，高木や低木が複雑な構造を作っているが，単一樹種だけを植えるプランテーションはもとの天然林とは全く異なる単純

な構造を持つためであろう．実際，プランテーションに生息する生物群集は二次林や天然林に生息する生物群集の組成とかけ離れていることも報告されている (Chung et al. 2000)．

このように急激で影響の大きい土地利用変化に対し，林業や農業に携わる人々がどのような対策を講じてきたのか，いくつか例を挙げてみたい．択伐による天然林の劣化が植物の多様性を減少させ，持続的な林業になり得ないことが明らかになるにつれ，持続的な森林利用を目的として「低インパクト伐採」という方法が現れた．そのさきがけがマレーシア，ボルネオ島サバ州に位置するデラマコットである (Lagan et al. 2007)．ここでは年間の規定伐採量を超えない徹底的な計画管理や林床への影響を減らす搬出方法の工夫，50年以上の長期伐採サイクルの実現など，その先進的なシステムが評価されFSC認証を取得したため，ここで産出される木材の価値は非常に高い．デラマコットには絶滅危惧種である大型哺乳類のオランウータン，アジアゾウ，バンテンが生息していることも明らかにされ，生物多様性の高い森林を保っている (松林 2008)．このような取り組みは，熱帯林における持続的な木材生産と生物多様性を保全する画期的な方法として，注目を集めている．

また，プランテーションであっても生物多様性保全を模索する試みもあらわれている．パプアニューギニアの天然林のなかに作られた1万2000haの在来[7]ユーカリ植林地で鳥類相を調べた結果，成熟したユーカリ植林地ならば森林性鳥類の生息地になりうるという研究例もある (Pryde 2008)．メキシコのコーヒー農場でも，シェードとなる木のある有機コーヒー農場をつくることで，従来のコーヒー農場よりもアリの多様性が高い農場の実現に成功している (Perfecto and Vandermeer 2002)．

これまでの事例から，一般に択伐した天然林やプランテーションでは元来の植生よりも生物多様性が低下するものの，管理方法によっては生物多様性の減少を抑えられる可能性があることがわかる．しかしプランテーションは

---

[7] 在来種は外来種に対して用いられる言葉．外来種とは，自然分布範囲や分散能力範囲外に，人為によって直接および間接的に持ち込まれ生育している種を指す．その中でも，自然生態系に定着し生物多様性を脅かす種を侵略的外来種といい，従来その地域で生息する在来種を駆逐する問題がある (巌佐他編 2003)．

天然林の代わりにはなりえず，依然としてより多くの生物が生息できる天然一次林や二次林が必要であることも事実である．プランテーションでは生物多様性保全を目的として天然二次林などを保護区に設定することがあるが，「植林をしない場所」という認識でしかなかったり，有用樹の伐採などが行われていたり，目的に適っていない場合も多い．つまり，保護区をどのように配置してどの程度残したらよいのかを明らかにし，評価や改善について提案することが求められている．たとえば前述のデイヴィスらは結果の解釈について重要な指摘をしている (Davies et al. 2001)．ひとつの森林などの景観要素[8]でみると，異なる生息地（森林と草原など）の境界に適応した種が増えるため，観察される種数が高くなることがある．これをエッジ効果[9]とよび，林縁などに多くみられる現象である．これは林縁が保全されるべき環境であるというよりも，撹乱の多い環境である林縁に適応した特定の種のみが見られるためである．それゆえ，森林内部に生息する生物は，林縁を増加させても生息することができない．地域全体の生物多様性保全を考える際にはエッジ効果を考慮し，たくさんの小面積林分ではなく，ひとつの大面積林分を保全するなどが有効である．このような景観要素の配置パターンや森林の構造など，どのような条件が揃えば生物多様性保全に有効であるかを明らかにして管理をすることで，プランテーションを含む地域であってもある程度の生物多様性を保全することができる．次節では，温帯地域で発展してきた景観生態学的な管理方法を紹介し，熱帯地域への適用について考えてみたい．

3　温帯地域における生態系管理

　温帯地域でも都市化にともなう森林の減少が問題となり，生物多様性に与える影響や管理手法が及ぼす影響についての研究が盛んに行われてきた．た

---

[8] 景観要素は，景観を構成するひとまとまりの森林や，草原，池などを指す（ターナー他 2004）．
[9] エッジとは，ある景観要素の境目およびその周囲をいう．異なる景観要素との接点であるため，生態系の内部とは環境が異なり，生息できる生物も異なる．境目からどれくらいの距離をエッジというかは，景観要素や対象とする生物によって変わる．

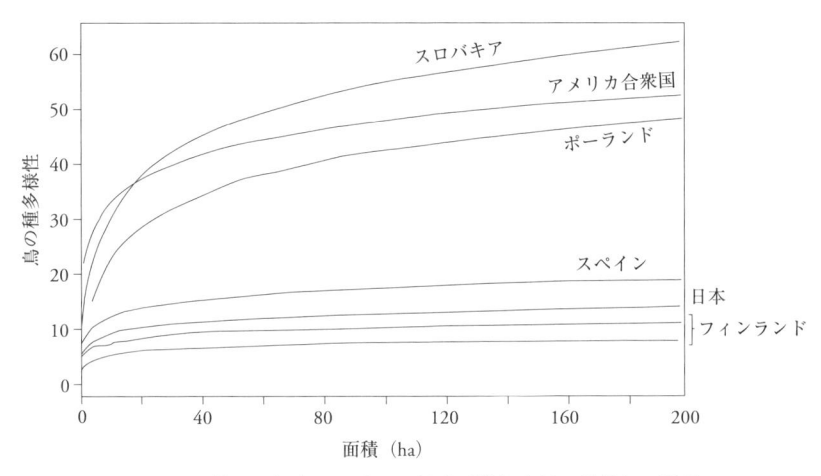

第8章
大規模プランテーションと生物多様性保全

図8-3 様々な都市における，緑地面積と鳥類の種数との関係
出典：Fernandez-Juricic and Jokimaki (2001) を改変．

とえば都市域では森林が分断化[10]し，アスファルトやコンクリートでできた住宅地の海の中に，孤立した森林が島のように残されているようにみえる．一面に広がった耕作地や水田の中にも，森林が残されていることがある．そのような森林を分断林という．元々連続していた森林が分断化すると，それまで生息していた生物が姿を消し，それほど多くなかった種が優占するなど，生物群集の組成が変化する．ヨーロッパ，アメリカ，日本など温帯での分断林（主に公園）の面積と鳥の種多様性の関係をまとめると，鳥の多様性を保つためには少なくとも 10〜35ha は必要であることがわかった（図8-3, Fernandez-Juricic and Jokimaki 2001）．ただしその地域に潜在的に生息する鳥類の種数（ファウナ）が多いほど広い面積が必要で（図8-3），更には保全したい種の特性の違いによっても面積は異なる．例えば，地上に巣を作る種は小面積の森林には生息できず，大面積の森林が必要である．

そのほかの重要な要因として，景観を構成する要素である生息地の連続性をあげることができる．たとえば街路樹が公園と公園をつないでいるだけ

---

[10] 生息域がより小さな，非連続的な塊に分断されること（ターナー他 2004）．

でも，鳥の生息率は上がる．生息地が連続している例は河川沿いの林などがあり，コリドーと呼ばれることが多い．また，景観要素の不均一性も生物多様性に影響する．里山の生物多様性が高いのは，様々な生息環境がコンパクトにまとまっていることが理由のひとつであり，景観要素が不均一であると多様性は高くなる．地形の起伏がある場合や，河川がある場合などの地形的な要因も重要である．森林の状態，つまりオープンな疎林か，階層構造[11]の発達した森林か，単一樹種の植林かによるところも大きい．一般的には植林よりも自然状態で発達した森林のほうが，また階層構造が発達しているほうが生息する種数は多い．このように様々に発展してきた研究を統合することによって，より実践的な生物多様性を維持できる管理方法への提案が可能になる (Fisher and Lindenmayer 2007)．このようなアプローチのひとつとして，これまで述べてきた鳥瞰的な景観要素の指標，すなわち，自然植生の面積や構造，エッジ効果，生息地の連続性，景観要素の不均一性などの景観生態学的な指標を用いた生態系の管理方法[12]をランドスケープ管理ということにする．

　ランドスケープ管理の研究は冷温帯地域の都市部や農村部で行われることが多かった．熱帯地域でもこのような管理方法が有効ではあるが，その適用性については検討の余地がある．熱帯と温帯の生態学的な違いを考えてみよう．まず，熱帯地域は生物の種が非常に豊富である (本書第5章を参照)．同じ期間，同じ方法で森林性鳥類の調査をした場合，日本では60種程度なのに対し，インドネシアでは150種にものぼる (藤田，未発表)．単位面積あたりの樹木の種数を比較すると，熱帯には温帯の10倍以上の種がみられる (井上 1998)．また，熱帯では多くの種の個体密度が低いことがあげられる．つまり地域の潜在的な種数 (フロラ，ファウナ) が多くなると，その地域の高い生物多様性を維持するための生息地の面積は大きい必要がある．温帯の例

---

11) 階層構造とは，ここでは垂直方向の森林内の構造を指す．様々な高さの樹木が生息していれば階層構造が発達しているといい，林冠層と貧弱な低木層のみを持つような森林は階層構造が発達していない．
12) 生物多様性保全におけるもうひとつの重要なアプローチは，種ごとの生態的特性 (種間相互作用の有無，絶滅しやすさなど) をみることである．景観パターンと種ごとの特性が密接かつ複合的に作用して種多様性の増減が起こると考えられている (Fisher and Lindenmayer 2007)．

(図 8-3) をみると，鳥類種数の少ない日本やフィンランドでは 20 ha くらいの森林面積で種数は飽和し，十分生息地になりうるが，多くの鳥類種がみられるスロバキアやポーランドは，面積が大きくないと観察された種数が飽和しない．しかも，種数の多さゆえに分類群によっては未記載種や生態が不明な種が多く，過小評価にならざるを得ない．熱帯地域においては生物間相互作用が非常に複雑に張り巡らされていて，ひとつの種の消失が与える他種への影響は温帯地域よりも大きいと考えられる．これらの点については現在活発に研究が進められてはいるが，圧倒的な自然の解明には膨大な時間がかかる．全て解明されるのを待つよりも「予防原則」に従い，熱帯地域の生物を扱うときは過小評価になることを考慮し，調査や解析結果で示されたよりも多くの生息地を保全し，余裕をもった管理を行うのが現実的である．

4 スマトラ島アカシア植林地での鳥類多様性

本章のテーマである熱帯の大規模プランテーションにおける生物多様性の問題を，スマトラ島にあるアカシアマンギウム植林地において鳥類を題材にして考えてみたい．スマトラ島は，インドネシアのなかでボルネオ島と並び最もプランテーションへの転換が進んでいる島である．場所によっては，天然林を皆伐してプランテーション化していることもある．南スマトラ州では過剰な土地利用圧（主に焼畑）が原因となり，1970 年代にはチガヤの草原が卓越していたため，森林化を目的としてアカシアなどの早生樹を植林した．調査地は企業が 26 万 ha の広大な土地を管理しており，6 年〜 8 年周期で皆伐[13]と植林を繰り返している産業造林地である．やや起伏のある丘陵林であり，数万 ha の保全二次林のほかに，沢や河川沿いを中心に網目状に小面積の二次林が残存している（写真 8-1）．保全二次林とは，生物多様性保全のためアカシアを植えない森林で，住民により樹種を選んで伐採が行われてきた二次林である．高さ 40 m ほどの高木が散在し林床は明るく藪が多いが，

---

13) すべての木を伐採すること．

写真8-1　インドネシア，スマトラ島アカシア林植林地の景観（口絵3）
注：中央から帯状に奥まで残存林がある．

比較的状態が良い．しかし2006年の森林火災によって焼失し，枯死した高木や草本，低木の繁茂が目立つ荒廃した保全二次林も存在する．このような景観はスマトラ島の低地で増えつつある．いったいどのように景観要素を配置すれば地域の鳥類にとって適切な生息地になりうるのだろうか．多くの鳥類種が生息する保全二次林やアカシア林の鳥類種数を調べると，若齢（0～1齢）アカシア林では32種，成熟（4～5齢）アカシア林では36種，保全二次林では56種の鳥類が観察された．アカシア林は保全林に比べて種数が低く，特に若齢のアカシア林で低い傾向が認められた．

保全二次林は鳥類の種数が多いので，この地域の種の供給源[14]になると期待される．供給源からの距離によって鳥類の組成が異なるとすれば，どの程度の距離であれば鳥類の移動が妨げられず，種の減少が少なくてすむだろ

---

14) ある種の個体数の増加率が高く，他所に移住する個体がいる生息地．

うか．様々な環境に出現した群集[15]の種組成[16]の違いで調査地点を分類すると，大きく3つのグループに分けられる．ひとつめのグループには比較的状態の良い保全二次林が分類され，林冠の閉じた樹高の高い森林を好む鳥類種が特徴的に出現した．ふたつめのグループには，荒廃した保全二次林や保全二次林に近い位置にあるアカシア林が分類され，明るい疎林を好む種が特徴的に出現した．最後のグループには保全二次林から遠い位置にあるアカシア林が分類された．興味深いことに，荒廃した保全二次林は状態のよい保全二次林よりもむしろアカシア林の種組成に近く，最重要保全地域にはなりえなかった．特に大型鳥類であるサイチョウの仲間は営巣場所として大木の洞を利用することや，イチジク属などの果実を食べることから，樹高が高く複雑な階層構造をもった森林を必要とするため，荒廃した二次林では個体群を維持できない可能性がある．この3つのグループのうち鳥類の種数が最も多いのは状態の良い保全二次林で，荒廃二次林や二次林に近いアカシア林においても比較的高い種数を保っていることがわかる（図8-4）．一方，二次林から遠いアカシア林では種数が低いものの，近辺に残存林がある場合は多くの種が観察された．これらの結果は河川沿いなどに小面積で残存している二次林も，コリドー[17]として鳥類の重要な生息地になる可能性を示唆している．

　以上の調査研究から，保全二次林や残存林を鳥類の供給源として良い状態で維持した場合，それらの林分から最大2km以内の成熟したアカシア林であれば，明るい疎林を好む鳥類の生息地になる可能性があることが推測される．とはいえアカシア林で鳥類を保全するには限界があり，二次林に出現した56種のうち，成熟したアカシア林にも出現した種は27種と半分にすぎなかった．これらの調査結果や一般的な知見を総合して，鳥類多様性の維持に貢献するアカシア林のランドスケープ管理方法を提案するならば，大面積の状態の良い保全二次林を円に近いまとまった形[18]で維持し，河川沿いの

---

15) 観察されたすべての種．
16) 観察されたすべての種の在・不在データ．
17) コリドーは回廊ともいう．隣接する両側とは異なる，細長い生息地であるコリドーが連続していることで，生物の移動が妨げられることなく，生息地が保全できる（ターナー他 2004）．
18) 種の供給源となる二次林の形状が円形に近いほど境界（周長）が短く，エッジ効果が現れにくい．

第 3 編
森林からの発信

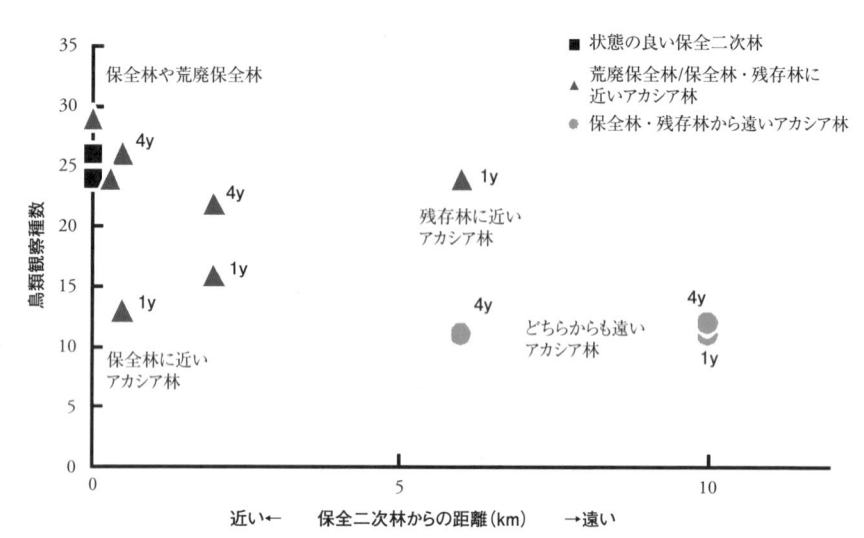

図 8-4 保全二次林からの距離と観察された鳥類種数の関係

注：凡例は種組成の違いからソフトウェア TWINSPAN (Hill, 1979) を用いて調査地点を分類したもの．1y は若齢アカシア林，4y は成熟アカシア林，それ以外は保全二次林．黒い四角は比較的状態の良い保全二次林で，クビワヒロハシやクロサイチョウなど，林冠の閉じた樹高の高い森林を好む種が特徴的に出現した．グレーの三角は荒廃した保全二次林や，保全二次林に近い位置にあるアカシア林で，シキチョウやヒメカッコウ，バンケンなど，明るい疎林を好む種が特徴的に出現した．薄グレーの丸は保全二次林から遠い位置にあるアカシア林で，ムナオビオウギビタキが特徴的に出現した．調査は 10 分間で目視および声で確認された全種を記録．1 地点あたり 13 〜 24 回の調査を行った．

小面積二次林をつなげ，鳥類の移動ルートを確保することである．保全二次林や残存林は 2km 以上離れていないことが望ましいが，距離に関しては継続調査により信頼性を高めることが可能である．

この研究結果は他のアカシア林やアブラヤシプランテーションにも応用できるが，当然のことながらその地域環境でのフィールド調査が必要である．たとえばボルネオ島はスマトラ島より土壌が貧栄養であり，アカシアを植えても成長が悪い．そのような場所ではアカシアの鳥類生息地としての機能は低く，残存林や二次林の重要性がより高くなるかもしれない．また，生物多様性は森林の構造（低木や草本の量や，樹木の幹の太さ，樹木種数の多さなど）による影響を受ける．パラゴムノキやアブラヤシのプランテーションは概して林床の管理を頻繁に行っているため，アカシアよりも低木・草本が少ないことが多い．そのため，生息できる生物種の特性もアカシアとは異なる．マ

レーシア・サバ州の研究では，アカシア林の甲虫の種組成は伐採された森林のそれに近いのに対して，アブラヤシは全く異なる種組成をもつことが明らかにされている (Chung et al. 2000)．そのような場合は，残存林周辺のプランテーションが生息地となる可能性を期待して小面積の残存林を残すよりも，大面積の二次林を良い状態で保全するほうがより多くの種を保全できるのかもしれない．

5 植林地における生物多様性の保全にむけて

　本章では，熱帯地域におけるプランテーション化などの土地利用変化が生物相にどのように変化をもたらすかという研究事例をもとに，プランテーションにおける生物多様性を維持したランドスケープ管理の試みについて紹介した．結論をいえば，プランテーションそのものは多様な生物の生息地にはなりえず，単一の樹種を植えれば生物多様性は激減する．つまり，プランテーションでその地域に本来あるべき生物多様性を保全するには，天然に残されている一次林や二次林に頼らざるを得ない．プランテーションにおけるこういった自然植生の維持の仕方は，植林される樹種や地域によっても当然大きく異なるが，ここではふたつのポイントを提示したい．

　その一つは，自然植生の面積や構造，エッジ効果，生息地の連続性などの景観に配慮することである．非常に単純化すると，大面積の二次林を保全することができない場合，河川沿いなどにパッチ状の二次林を残すべきである．特に熱帯地域では元来多様性が高く生物間の相互作用も複雑なため，全てが解明されるのを待つよりも予防原則に従い，推定よりも多くの生息地を保全するほうが安全である．その二つは，どのような生態系が望ましいのかを明確にすることである．プランテーションなどの人為的な土地改変によって生物多様性が減少することが多い一方で，日本の里山のように人為的介入が少なくなることで植生の遷移がすすみ生物多様性の減少が顕在化することもある．その閾値や望ましい生態系のあり方は地域や住民によって大きく異なる．維持するべき生態系は社会状況・環境条件に応じて判断する必要があ

り，熱帯においてもその地域のフィールドワークから考え，実践することが必要である（本書第9章を参照）．特に今後は，生物多様性のもつ意義や異なる生態系における生物の働きなど，具体的なメカニズムを解明していく必要があるだろう．

これまで，経済活動と生物多様性保全の妥協点を探るひとつの試みとして，熱帯大規模プランテーションにおける生物多様性保全について考察した．現段階では，プランテーションは天然林の代替にはなりえないが，プランテーションと天然林を適切に配置すればある程度の種の保全は可能であるため，努力する価値は高い．生物多様性のホットスポットとして，法的に保護区にできるエリアは非常に狭い面積に限られているため，プランテーションのように普遍的にみられ，人為的な影響の強い景観において生物多様性保全をしていくことが重要である．プランテーションだけでなく，熱帯地域の農業景観，焼畑景観や都市景観においても，生物多様性保全の実現にはこのような景観生態学的な手法が有効であると考える．

景観生態学的な土地の管理（ランドスケープ管理）は，実行してこそ意義がある．大規模植林地の大きな利点の一つは，成功すれば一括した管理が可能になることである．しかし，現状ではそのような場所は少なく，違法伐採や住民とのトラブルによって意図したような保全林が維持されていない場合も多い．社会的な要因を考慮しないかぎり生態系の保全はかなわないことは，熱帯か温帯かにかかわらずどの地域にも共通である．

引用文献

Chung, A., P. Eggleton, M. Speight, P. Hammond, and V. Chey 2000. "The Diversity of Beetle Assemblages in Different Habitat Types in Sabah, Malaysia," *Bulletin of Entomological Research* 90: 475–496.

Davies, A., J. Holloway, H. Huijbregts, J. Krikken, A. Kirk-Spriggs, and S. Sutton 2001. "Dung Beetles as Indicators of Change in the Forests of Northern Borneo," *Journal of Applied Ecology* 38: 593–616.

Diamond, J., D. Bishop, and S. Van Balen 1987. "Bird Survival in an Isolated Javan Woodland: Island or Mirror?" *Conservation Biology* 1: 132–142.

Food and Agriculture Organization (FAO) 2005. *Global Forest Resources Assessment 2005: Progress towards Sustainable Forest Management*, Food and Agriculture Organization, United Nations.

Fernandez-Juricic, E. and J. Jokimaki 2001. "A Habitat Island Approach to Conserving Birds in Urban Landscapes: Case Studies from Southern and Northern Europe," *Biodiversity and Conservation* 10: 2023-2043.

Fisher, J. and D. B. Lindenmayer 2007. "Landscape Modification and Habitat Fragmentation: a Synthesis," *Global Ecology and Biogeography* 16: 265-280.

Francis, C. and D. Wells 2003. "The Bird Community at Pasoh: Composition and Population Dynamics." In Okuda, T., N. Manokaran, Y. Matsumoto, K. Niiyama, S. Thomas, and P. Ashton (eds) *Pasoh Ecology of a Lowland Rain Forest in Southeast Asia*. Tokyo: Springer-Verlag, pp. 375-390.

Hill, M. O. 1979. *TWINSPAN—A FORTRAN Program for Arranging Multivariate Data in an Ordered Two-way Table by Classification of the Individuals and Attributes*. Ithaca: Cornell University.

井上民二 1998.『生命の宝庫・熱帯雨林』日本放送出版協会.

巖佐庸・松本忠夫・菊沢喜八郎編 2003.『生態学事典』共立出版.

Lagan, P., S. Mannan, and H. Matsubayashi 2007. "Sustainable use of tropical forests by reduced-impact logging in Deramakot Forest Reserve, Sabah, Malaysia," *Ecological Research* 22: 414-421.

松林尚志 2008.「熱帯雨林の塩場と哺乳類」安田雅俊・長田典之・松林尚志・沼田真也著『熱帯雨林の自然史 —— 東南アジアのフィールドから』東海大学出版会, 100-127頁.

Millennium Ecosystem Assessment 2005. *Ecosystems and Human Well-being: Synthesis*. Washington, DC: Island Press.

Okuda, T., M. Suzuki, N. Adachi, K. Yoshida, K. Niiyama, Nur Supardi Md. Noor, Nor Azman Hussein, N. Manokaran, and Mazlan Hashim 2003. "Logging History and its Impact on Forest Structure and Species Composition in the Pasoh Forest Reserve: Implications for the Sustainable Management of Natural Resources and Landscapes." In Okuda, T., N. Manokaran, Y. Matsumoto, K. Niiyama, S. Thomas, and P. Ashton (eds) *Pasoh Ecology of a lowland rain forest in Southeast Asia*. Tokyo: Springer-Verlag, pp. 375-390.

Perfecto, I. and J. Vandermeer 2002. "Quality of Agroecological Matrix in a Tropical Montane Landscape: Ants in Coffee Plantations in Southern Mexico," *Conservation Biology* 16: 174-182.

Pryde, L. 2008. "Native Timber Plantations in Papua New Guinea: A Sustainable Forestry Option?" In, *Towards Sustainable Land-use in Tropical Asia,* Washington, DC: The Association for Tropical Biology and Conservation.

Sodhi, N., M. Soh, D. Prawiradilaga, Darjono, B. Brook 2005. "Persistence of Lowland Rainforest Birds in a Recently Logged Area in Central Java," *Bird Conservation International* 15: 173-191.

Sodhi, N. and B. Brook 2006. *Southeast Asian Biodiversity in Crisis*. Cambridge: Cambridge University Press.

Takacs, David 1996. *The Idea of Biodiversity: Philosophies of Paradise*, Baltimore: The Johns

Hopkins University Press（狩野秀之・新妻昭夫・牧野俊一・山下恵子訳『生物多様性という名の革命』日経BP社，2006年）．

Turner, Monica G., Robert H. Gardner and Robert V. O'Neill. 2001. *Landscape Ecology in Theory and Practice: Pattern and Process*, New York: Springer-Verlag（中越信和・原慶太郎監訳『景観生態学：生態学からの新しい景観理論とその応用』文一総合出版，2004年）．

鷲谷いづみ・矢原徹一 1996．『保全生態学入門 —— 遺伝子から景観まで』文一総合出版．

Wong, M. 1986. "Trophic Organization of Understory Birds in a Malaysian Dipterocarp Forest," *The Auk* 103: 100–116.

第 9 章

歴史のなかのバイオマス社会
―― 熱帯流域社会の弾性と位相転移 ――

石 川 　 登

1 なぜ，バイオマス社会に着目するか

　本章の目的は，熱帯の豊かなバイオマスとともに生きてきた人々の暮らす生活環境の変化を歴史的に理解することである．ついては，東南アジア島嶼部ボルネオ島マレーシア領サラワク北部の熱帯雨林社会を事例としながら，森林と人々の関係を植生の長期的遷移の歴史のなかで考察する．
　サラワクの熱帯雨林においては，非木材森林産物採取や焼畑耕作を中心とする伝統的な森林利用から，択伐による森林資源の収奪を経て，最近では，皆伐後のプランテーション開発によるアブラヤシやアカシアなどのバイオマス生産が進行している．こうした森林利用の歴史を理解するにあたっては，世界市場における資源需要の変遷と，技術や商品ネットワークの発達，そしてそれに対応した森林資源の利用や再生産方法の変化の理解が重要である．西洋植民地化以前の森林産物の海洋・河川交易，植民地化のもとでの華人による鉄木やラミン材等の伐採，日系および華人企業による合板生産のための天然林の大規模伐採，そして現在，食用ならびにエネルギー資源としてのポテンシャルをもつアブラヤシ，そして紙パルプや集成材生産のための木質バイオマスの植栽事業へと，人と森林の関係は常に外部世界とのつながりのな

かで変容してきた．バイオマス社会の変遷をみることを通じて，私たちは，森林に代表される生命圏にたいする人間の関与のかたちの変化，技術の変化によるその規模の拡大，そして生命圏の変質に対する在地社会の対応を歴史的に理解することができる．熱帯雨林社会の人々は，自らが生きる地域の生命圏の一部として持続的に生態的共生状態を保ってきた．しかしながら，森林資源の商品化と非在地植生の植栽によるバイオマス再生産のためのシステム導入のもと，技術革新を通した人間の生命圏への働きかけの可能性と規模は増大する一方で，在地の社会生態基盤の脆弱化が進んでいる．ボルネオのひとつの流域社会を例としながら，熱帯雨林の在地社会が生命圏との関係のなかで維持してきた「弾性」(resilience) が限界をむかえ，不可逆的な位相転移 (regime shift) へと漸進する社会生態史の一局面を記述することが本章の目的である．

「採取」から「収奪」へ，そして「再生産」へ

　筆者の対象調査地は，東マレーシア領，サラワク州ビンツル省にある流域社会である．川上から河口までの300kmほどの流域全体を文化人類学的なフィールドワークの対象としている．1999年の調査開始時には，上流に向かうエクスプレス・ボートには人があふれていた．エアコンで猛烈に冷えた船内で，船内設置のビデオの大音響につつまれながら船外をみやる乗客たちの目には，川沿いに続く合板工場，貯木場，丸太輸送のバージ船，住民たちのロングハウス，そしてマングローブから内陸性の植生への移り変わりが映しだされていた．しかしながら，2002年には沿岸部と内陸を結ぶ「舗装道路」が完成し，内陸部の地元コミュニティを結んでいたエクスプレス・ボートは永久運休となった．巨大なエンジンを搭載した船舶の航行を嫌って姿を消していたワニが久しぶりに戻り，子供たちの川遊びや日々の水浴場所は少々限られるようになったが，ロングハウス（長屋形式の建物）の住民はランドクルーザーやミニ・バンに乗って河口の町ビンツルまで日帰りすることも可能となった．

　このような生活世界の転換は，液化天然ガスとならんで主要産業となってきた木材産業がサラワク経済の舞台から徐々に退場の方向に向かい，アブラ

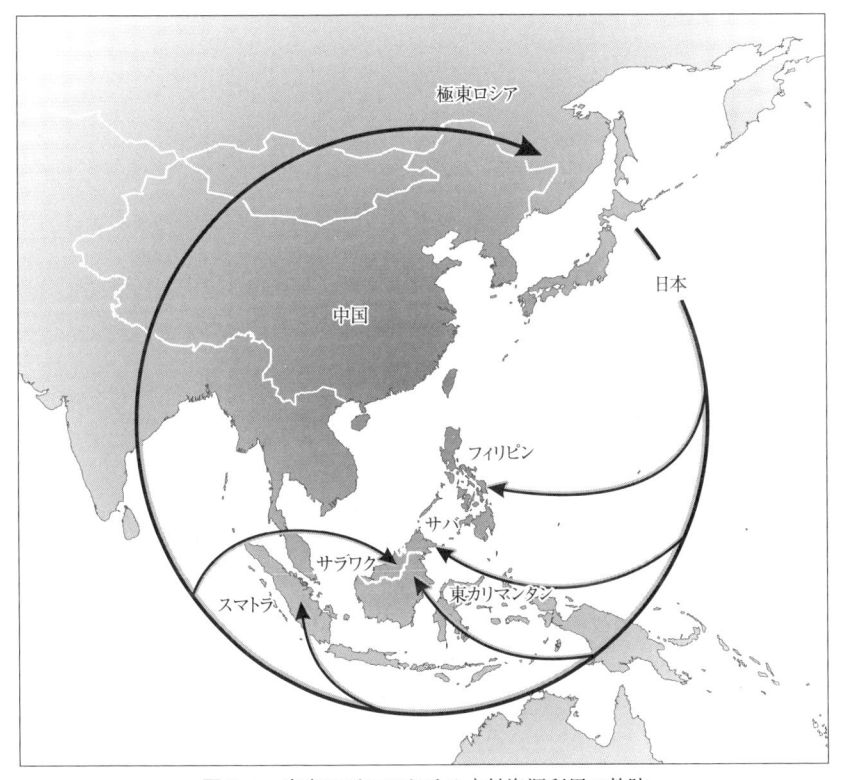

第 9 章
歴史のなかのバイオマス社会

図 9-1 東南アジアにおける木材資源利用の軌跡
出典：筆者作成．

ヤシやアカシアを中心とするプランテーション産業が伸長してくる時期と合致している．流域社会を中心に発達してきた森林利用と道路ネットワークを基盤とするプランテーションは，まさにバイオマス資源利用の二つの潮流として，東南アジア島嶼部の歴史的変化を表現しているのである．

図 9-1 は，東南アジアにおける木材資源利用の軌跡の概要である．まず 1960 年代のフィリピン東海岸にはじまり，サバ，カリマンタン，スマトラ，そしてサラワクへと，木材産業の東南アジアに残した足跡が時計回りに示されている．ラワン材という言葉が人口に膾炙しているように，フィリピンから産出された南洋材の材質の良さは今でも関係者の語り草となっている．こ

253

第3編
森林からの発信

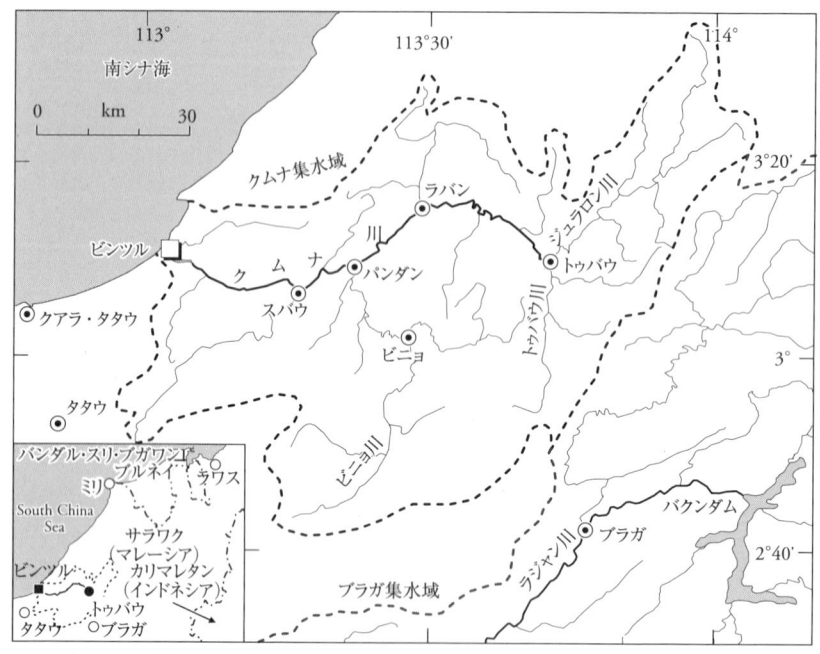

図9-2 東マレーシア・サラワク州北部とクムナ川流域

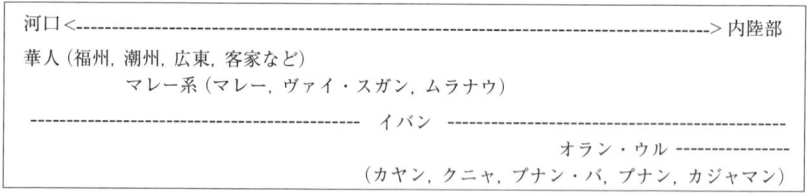

```
河口 <----------------------------------------------------------------> 内陸部
華人（福州, 潮州, 広東, 客家など）
        マレー系（マレー, ヴァイ・スガン, ムラナウ）
    ------------------------------ イバン ------------------------------
                                    オラン・ウル ----------------
                                （カヤン, クニャ, プナン・バ, プナン, カジャマン）
```

出典：筆者作成.

図9-3 クムナ川流域における民族集団

れに対して，西海岸部の木材の材質は低く，現在サラワク州でおこなわれている伐採は東南アジアにおける木材資源収奪の最終段階と位置づけることができる．いまや合板生産などにかかわる木材関係者たちのビジネスの対象は，サラワクから極東ロシアの針葉樹林やニュージーランドの植林地へと拡大している．この資源利用の軌跡は，流域社会の生活空間を基盤とした「採取」（非木材森林産物）から，森林の「収奪」（木材），そして更に森林の植生自体の全

第 9 章
歴史のなかのバイオマス社会

表 9-1　ビンツル地区の人口

	マレー	ムラナウ	イバン	オラン・ウル	華人	その他
ビンツル	9,405	12,034	27,452	2,300	22,443	8,984
スバウ	433	974	12,343	2,157	1,231	1,774
タタウ	419	1,365	11,773	3,020	1,343	1,783
民族別人口						12,241
計	10,257	14,373	51,568	7,477	25,017	122.338

出典：Bintulu Resident Office Report (2001)

面的転換を通した「再生産」（アブラヤシ，アカシア）に至る人間圏と森林生命圏の関係変化を私たちに提示するものである．

　筆者の調査地の流域社会においても，アブラヤシ・プランテーションとアカシア造林開発が急ピッチで進行中である．眼前にある産業用バイオマスの利用形態は，森林の遷移史のなかの一コマであるが，本章ではサラワクにおける森林資源の利用を可能なかぎり長期で，かつ大きな枠組のなかで考えることをめざしている．については，ブルック植民地から英領植民地，さらに現在の国民国家マレーシアという三つの政体にわたる 150 年ほどの時間軸のなかで，森林とそこに住む人々の関係を記述していく．空間的な枠組としては，人類学者が従来扱ってきた単一の「村落」，「民族集団」，「文化圏」，そして生態学者の「パッチ」，更には「ランドスケープ」よりも大きな空間として，内陸から河口にいたる「流域社会」全体を考察の対象とする（Ishikawa 2004; Padoch and de Jong 1990）．

　考察する空間は，サラワク北部沿岸の都市ビンツルと内陸を結ぶクムナ川を中心に形成された民族社会である．マングローブの優勢な河口部から内陸部の狭小なせせらぎまで，本流と多くの支流が一つの水系を形成している．サラワクの河川に共通することとして，クムナ川には数多くの民族がロングハウスに居住している．川筋には，河口から華人，マレー系，イバン，カヤン，クニャ，プナンなどサラワク州で公式に認定されている民族集団の多くが張りついている．この流域社会をサラワク州の民族社会の一つの縮図，もしくはミクロコズムと考える所以である（図 9-2，図 9-3，表 9-1）．

　クムナ川流域社会では，生計維持のための様々な活動がおこなわれてきた．

それらは，焼畑耕作による陸稲生産や水稲耕作，森林におけるサゴヤシからのデンプン採取，野生動物の狩猟，森林産物採取，漁労，木材関連企業での就労にいたるまで多種多様である．流域のほぼ全域にひろく分布するイバンのロングハウスを除けば，都市部と河川交易の要所に居住する華人とマレー系，内陸部のオラン・ウルと総称されるカヤンやクニャ，さらに森林の優勢な内陸部で狩猟や採取に従事してきたプナンなどの民族集団が，緩やかなグラデーションをもって居住してきた．そこでは，それらの民族集団が生態学的遷移帯（eco-tone）と相関しながら生活世界の棲み分けをおこなってきただけでなく，外部世界からの需要に応えながら，森林資源の商品化を支えてきた．

クムナ川流域は，生態学的遷移帯の連鎖系，集水域を共有する人々が民族性を越えてアイデンティティを共有する生活空間（Rousseau 1989 参照），さらには川下に起源をもつ国家権力の遡上のための社会的フィールド（Ishikawa 2008 参照）として，二つの意味で社会的インターフェースであり続けた．すなわち，人間圏と生命圏のインターフェース，そして河川で結ばれた「山地」と「低地」のあいだに形成された地球圏的（geospheric）インターフェースという性格である（Ishikawa 2008 参照）．このような空間は，スルタンのもとでの海域・河川交易，植民地のもとでの商業資本ネットワーク，そして国民国家の開発政策や多国籍企業体によって形成された商品連鎖（commodity chain）を通して，外部市場と流域社会のバイオマスを結ぶコンタクト・ゾーンとなってきた．現在進行中の資源利用の収奪から再生産への移行は，流域社会というコンタクト・ゾーンが，森林生命圏への依存と多様な民族の共生を通じた資源の流通から，産業資本と国家による資源収奪へ，そしてグローバル資本による生命圏の統御を通じたバイオマスの再生産の試みにいたる歴史の一局面を示している．

2　バイオマス社会の歴史的展開

本章では，熱帯雨林に見られるような「高いバイオマスをもつ生活空間」

#第 9 章
##歴史のなかのバイオマス社会

を，一つの理念型として「バイオマス社会」と呼ぶ[1]．このような社会が存在するところは，地球の気候区分に従えば，赤道を中心に北回帰線と南回帰線に挟まれた帯状の地域となる．これは，最寒月平均気温が18℃以上，年平均降水量が乾燥限界以上，そして最少雨月降水量が60mm以上の地域ということになる．南北両回帰線に挟まれた地域は日射量が多いため年中温暖となり，それによって上昇気流が生じるために低気圧地帯（熱帯収束帯）となる．この低気圧によって豊富な雨量が得られ，その直下には熱帯雨林が形成される．

ケッペンによって「熱帯雨林気候区」と名付けられた地域には，地球上で最も高い太陽エネルギーと豊富な水の循環に支えられた森林を優勢なランドスケープとする小人口社会が形成されてきた．以下では，バイオマス社会における資源化の時系列的遷移を植民地資料『サラワク官報』(The Sarawak Gazette) の地区行政記録から明らかにしていきたい．については，先ず本章の中心的論点を明らかにしておく．

以下で試みることは，熱帯バイオマス社会の構造的変化の検討である．ある社会システムが存続しているとき，それは一つの社会がさまざまな状況変化に対応し，振り子状の弾性を示している状態にある．このような振り子状の社会変化は，関係の束がポジティブ，ネガティブ両方の機能連関をもちながら，最終的には平衡状態を目指す（本書第6章参照）．しかし，こうしたシステムの弾性を超えるような新しい状況変化があると，システムは後戻りのできない質的な変化をとげる．こうした変化は，位相転移もしくはレジーム・シフトと呼ばれるものであり，不可逆的な変化である．バイオマス社会におけるこのような位相転移は，制度や技術を含む，生命圏と人間圏の関係の包括的な転換をともなう．本章では，以下の6つのポイントを中心に，このような弾性と位相転移の問題を北部サラワクのクムナ川流域社会を事例としながら考える．

---

[1] 本章でも，「バイオマス」を生命圏における「再生産可能な有機物の総量」という意味で用いている（本書第7章参照）．

> 1. サラワクのバイオマス社会は，隔絶された辺境ではなく，きわめて商業的ならびに資本主義的な空間であり，グローバルな商品連鎖のなかで，人々は生存戦略を変化させながら現在に至っている．
> 2. このようなバイオマス社会においては，森林産物の交易や木材伐採現場における賃労働に環境依存型生業（焼畑や狩猟採集）を接合させた弾性的な生計ポートフォリオを通して，生存基盤が比較的容易に確保されてきた．
> 3. 小人口社会の低い人口圧のもと，生物多様性とバイオマスが維持され，その結果，人間圏での定着農業による資源ストック確保の要請は低いものとなった．
> 4. バイオマス社会では，市場経済への接合を通した生存戦略の多様化により，農業が唯一主要な生計維持活動となることはなかった．すなわち，「多生業空間」としてのバイオマス社会が形成された．
> 5. サラワクのバイオマス社会は，人々の高い移動性，低い人口圧，そして生業の土地利用圧の低さを成立の基盤とする．これはバイオマス社会の弾性の基礎であると同時に，プランテーション型バイオマス拡大のための必要条件ともなる．
> 6. バイオマス社会は，外部社会がもたらす変化に対して弾性的に反応する．しかしながら，その振り子的な反応が臨界点を超えた際には位相転移につながる．サラワク北部内陸部のバイオマス社会は，前植民地期から1990年ごろにいたるまで，経済，技術，制度の変容に弾性的に適応してきたが，20世紀末からの植栽型のバイオマス再生産システムの導入ならびに労働市場への外国労働者の移植によって不可逆的な位相転移の局面に入った．

マレー海域世界の森林産物：蜜蝋からジュルトンまで

　北部サラワクの流域社会には，内陸部ジャングルで自給自足経済を営んできたという人口に膾炙する「焼畑民」のステレオタイプは当てはまらない（Dove 1994参照）．1871年から詳細な行政報告を掲載した植民地官報『サラワク官報』や19世紀にサラワクを訪れたヨーロッパ人が残した詳細な旅行

第 9 章
歴史のなかのバイオマス社会

写真 9-1 材木とアブラヤシを積載したトラック

記は，クムナ川流域社会がマレー人貿易商 (nakada) や華人商人 (taukay) の商品経済ネットワークに組み込まれていたことを示している．たとえば，クムナ川が内陸部で支流ジュラロン川と交差する地点にあるトゥバウ・バザーは，1880 年代以前から，サラワク沿岸部と内陸部の大河ルジャン川を結ぶ交易の要所として機能していた (Low 1884: 33)．当時取引されたものは，蜜蝋[2]，樟脳，インド・ゴム[3]，サゴ・デンプン粉[4] などを中心とした森林産物であり，これらは初期のブルック植民地経営のもとでも重要な輸出品目と

---
2) 蜜蝋 (Beeswax) はミツバチの巣を構成する蝋．主成分はハルミチン酸ミリシル．精製・漂白したものは白色〜帯黄白色で，ろうそく (蜜ろうそく)，ワックス (つや出し剤)，クリーム，化粧品，漢方薬，クレヨン，粘土などの原料として利用される．
3) インドゴムノキ (Indian rubber tree, 学名：*Ficus elastica*) は，クワ科イチジク属の常緑高木．
4) サゴヤシは成熟して収穫可能となるまでに 15 年程度を要するが，継続的に幹の中にデンプンを蓄積し続けるので，必要に応じて十分に大きく育ったサゴヤシを切り倒し，デンプンを収穫するという形での利用がおこなわれる．サゴヤシの有利な点は，多年生であり年間を通して収穫できるということで，これによって安定した食料供給が可能となる．

259

なっていた (Low 1884: 323-324).

　地元民との森林産物の交易は，伝統的にはブルネイ・マレー商人によっておこなわれた．主要産物であった蜜蝋と樟脳は「あまりに豊富なために，海から貿易商が内陸部を訪れるまでは，内陸のダヤックたちはこれを採取することはなかった」と報告されている (Low 1884: 323-324). 内陸部の「カヤンのロングハウスは樟脳とグッタペルカ樹脂[5]の交易によってきわめて繁栄しており，彼らはこれらを綿布，ガラス，ベネチア・ビーズ，ゴング，銅器などと交換し」(Beccari 1986: 282-283),「プナン・バのロングハウスの住民も，はやくからマレー人商人との交易をとおして森林の外の世界との接触をもち，ブルネイを本拠地とするマレー人貿易商との森林産物交易により銅や銀の装飾，金糸，陶磁器などの威信財を得ていた」(Nicolaisen 1983: 197).

　このようなマレー商人による交易は，1880年代以降ブルック植民地政府の経済政策のもとで保護された華人の商業ネットワークに置換され，ヨーロッパ市場の需要に応じた商品が取引されるようになる（表9-2）．蜜蝋，樟脳，グッタペルカ，インド・ゴム，蜜蝋などの従来の森林産物は，ラタン（籐），ジュルトン樹脂[6]，ブリアン（鉄木）[7]に移行していく (Knappen 2001; Potter 1997 参照).

　林産物の収集はヨーロッパ市場と密接に結びついており，華人商人や内陸部のダヤックたちは敏感に市場価格に反応している．ジュルトンなどの樹脂の需要急騰は，植民地政府による電信ケーブルの世界規模の拡大に対応したものであり，第一次世界大戦に始まる戦場での弾薬輸送のための籠製品の需要は，サラワクの内陸部にラタン・ブームをもたらした．たとえば『サラワク官報』の地区行政報告によれば，20世紀初頭にはサラワクの多くの河岸が「延々と続くラタンの束で覆われる」こととなる (SG 1903: 204).

---

[5] マレーシア原産のアカテツ科の樹木およびその樹液から得られるゴム状の樹脂．空気中では酸化されやすいが水中ではほとんど変質しないという性質と絶縁性の高さから，1850年代から高分子化合物が利用されるまで海底電線の被覆材となった．

[6] ジュルトン (*Dyera costulata, syn. D. laxiflora*). 樹脂はチューイング・ガムの主原料として用いられた．

[7] ボルネオテツボク：belian ウリン (*Eusideroxylon zwageri*).

第 9 章
歴史のなかのバイオマス社会

表 9-2　1895 年度輸出関税収入

(単位　海峡ドル)

品目	額
鉄木，その他材木	2,142.17
蜜蝋	893.73
燕の巣	1,934.49
樟脳	258.9
カッチ	4.2
海産物	735.66
グリア	0.2
グッタ・ペルチャ，野生インド・ゴム	13,849.28
ガンビール	2,419.15
胡椒	3,216.54
籐	6,017.46
サゴ (生)	895.08
サゴ (粉)	16,641.20
植物性タロー	630.71
その他	10.69
合計	50,249.46

出典：SG (1896: 80)

1903 年にはトバウ・バザーは，ブラガから運ばれた 1 万束のラタンがあふれかえっていた．このような大量なラタンの到着は，先日ブラガのバザーが焼失したことによるところが大きい．ここよりビンツルに向けてこれらのラタンは流され，その代わりにきわめて大量な銀貨が支払いのために上流部に運ばれ，下流の市場では貨幣の不足が生じている (SG 1903: 204)．

　市場価格の変化や獲得のしやすさによって，内陸部の住人は森林資源利用のかたちを変えていた．たとえば，1904 年は「ラタン，サゴ，グッタペルカの市場価格はいままで体験したもののなかでも最安値をつけ」，多くのダヤック住民はジュルトン樹脂の交易へのシフトを始めている (SG 1904: 81)．
　インド・ゴムやグッタペルカなど数ある樹脂のなかでジュルトンが森林資源史のなかでもつ意味は大きい．すなわち，サラワク植民地政府がはじめてその植栽，生産，材質，そして流通の法的規制にのりだしたという点で，他の森林産物と大きく性格を異にする．まず 1910 年代には政府通告を通して，不法植栽，樹液の抽出，販売，所有，そして混ぜ物混入による樹液の低質化 (adulteration) が厳しい取り締まりの対象とされた (SG 1917: 7)．ちなみに，

許可証なしにジュルトンの樹液を抽出したものは通常6ヶ月の入獄，不法な所持および売買は6ヶ月の入獄に加えて鞭打ち6回の刑に処されている（SG 1918: 21）．

　サラワクのバイオマス利用の歴史のなかでジュルトンは初の栽培森林産物となったわけであるが，住民も政府管理のもとにおかれ，植えられたジュルトンを政府の許可なしに伐採したり，焼畑のために火をかけた者には厳しい罰則規定が用意された．

> ラバンの人々はプンフル（数村落の長）であるムルダンが彼らの耕作地に与えた損害について不満を表明している．私［ビンツル地区行政官］はティアップ官吏を派遣し，ジュルトンや他の果樹の状態を調べさせた．前回の検査では11の開墾地に79本のジュルトンが植えられており，ダヤック住民たちは焼畑耕作をそこで以後おこなうことが禁止された．第二回目の検査では，しかしながら実際に植えられたジュルトンの本数は300本を超えていたこと，そして，すでに200本以上が焼畑により焼失したことが判明した．プンフル・ムルダンは，ジュルトンの大木3本と小木5本が生えている土地を焼畑に用いる計画をもっており，これらの樹木の代償として政府に40ドルを支払うこととなった（SG 1922: 233）．

　クムナ川流域社会においてジュルトンは1920年代まで主要森林産物であり，ラタンの代替として住民の重要な現金収入となった．C. プリングルによれば，1876年から1910年の間に，サラワクの国庫収入のうち常時3分の1以上が第一次森林産物の輸出関税収入で占められていたが，1910年を境にして，その割合は減少していく．これに替わってジュルトンなどの樹種の植栽による樹脂生産が植民地政府の重大な関心事となっていく．

樹脂から木材へ：鉄木とラミン

　森林資源利用におけるグッタペルカやジュルトンなどの「樹脂」から現在の製材や合板につながる「木材」への移行は，クムナ川流域社会では，鉄木の加工にはじまる．ブリアン・アタップ（belian 鉄木 attap 屋根）と呼ばれる木片は，鉄木を屋根材用に加工したものであり，1920年代からクムナ川流域における「第二の貨幣」と呼ばれ，地域経済の根幹となった．

第 9 章
歴史のなかのバイオマス社会

クムナ川流域からのブリアン・アタップは，この 1 ヶ月で 829,910 片にのぼり，連日上流部から輸出用のブリアンがバザーに到着している．残念ながら，それらの質は低下している．これは上流部の華人商人がカヤンの人々が持ち寄るブリアン・アタップの品質をチェックせずに買い入れ，これを川下のバザーに送ることによって生じている．私が近々上流部に赴く際には，この状態を是正したいと考えている．もし仮に華人商人が，ジュルトンの買い付けの際におこなったのと同じ検査をおこなえばと考えるが，実際はいかなる質の木片も受け入れ，品質の悪い物の上に良いブリアンを重ねた束を出荷している (SG 1926: 270)．

1927 年には，クムナ川流域河口ビンツルで初の製材所がマレー人によって開設され，翌年には福州華人も鉄木の製材ビジネスに参加している (SG 1926: 279; SG 1927: 18)．のちにサラワクの木材関連産業（製材，合板，アカシア植林）すべてにおいて支配的位置を確立する福州華人への初の言及である．1930 年代初頭には，福州華人による製材活動はトゥバウなどの内陸部へ拡大し，地元住民のカヤンに「福州人はいたるところでブリアンの伐採をおこない，地元民のための鉄木は早晩無くなる」との危惧をいだかせている (SG 1935: 188)．この時期には，中国華南地方からの福州人とサラワク第二省からのイバンの人々のクムナ川流域への移民が増加し，流域のランドスケープは大きく変わっていく (Pringle 1970)．新しくこの地に入植したイバンの男子労働力は，福州華人の経営する製材所に吸収され，ここに流域史のなかではじめて組織的な労働力動員をとおしたバイオマス利用が大きく進む．地域住民も焼畑や伝統的な森林産物の採取に加えて，製材所での賃労働に従事するようになる．資源利用がラタン，グッタペルカ，ジュルトンなどの森林産物から木材に特化しているプロセスのなかで，鉄木は住民による採取の対象となったが，製材所での加工のための労働力の組織化が必要という意味でクムナ川流域の社会関係を大きく変えるものとなった．1930 年代は，樹脂などを中心とした伝統的な森林産物と鉄木やラミン[8]などの木材が市場に共存していたという意味で，森林資源史における一つの過渡期と考えられる．

---

8) ゴニスチラ（ジンチョウゲ）科 *Gonystylus* 属の広葉樹．

> ブリアン・アタップ，丸太，ダマール樹脂[9]の市場の需要は良好であり，価格も満足すべきものとなっている．ビンツル地区の上流の住民にとって賃仕事を見つけることはきわめて容易な状況である（SG 1935: 188）．
>
> 地区行政官代理の報告によれば，ビンツル地区には潤沢な就労の機会があり，かつてない繁栄を享受している．内陸部の原住民は森林産物の価格高騰に利し，300人のマレー人は飛行場工事で職を得，スバウの製材所とサラワク木材貿易会社はフル稼働である．ジュルトンの価格は満足のいくものであり，エンカバンの値も下落していない（SG 1935: 214）．

1930年代は，森林産物交易と新たな木材伐採活動によって，流域社会は繁栄の時代を迎えた．サラワク植民地政府の地区行政官は，「ビンツル地区はながらくなかった好景気を享受」しており（SG 1935: 214），「同地区では，6月末の時点で人頭税の不払いが皆無であり，これは原住民の経済的繁栄を示唆するものである」（SG 1935: 146）という報告を残している．川下の製材所は，川上からの木材の過剰な供給により保管している丸太の品質低下を危惧する状態にいたっている．

> サラワク木材貿易会社の伐採オペレーションにより，処理能力を超えた丸太が貯木場に集荷されている．地区行政官によれば，パンダンにおいては1800本の丸太が集積されており，すでに3000本は製材所に送られたとのことである．このストックは，一年間に可能な製材生産の能力を超えた量であり，保管中の害虫によるダメージが憂慮される事態となっている（SG 1936: 96）．

その後サラワクにおいては，日本の軍事侵攻と戦後のイギリス直轄植民地化を経て，1950年代から1970年代にわたり，ラミンやフタバガキ科の樹種が，川下の製材および丸太材の輸出をおこなう木材企業の資源として重要な位置を占めるようになっていく．クムナ川ならびにジュラロン川等の支流においては，まず河川近隣の湿地林（kayu paya）が伐採の対象とされた．これらの樹種は重機を用いることなしに，ダヤックならびにマレー系労働者によって択伐され，人力によって河川まで搬出され，筏に組まれるかバージ船

---

[9] ナンヨウスギ科ナギモドキ属 *Agthis dammara* L. C. Rich.

によって川下の貯木場に集材された．湿地帯における伐採，搬出，貯木場での丸太の仕分け，製材所における製材にあたっては組織的な労働力動員が必要となった．これらのジャングルに生まれた労働市場はバイオマス社会の住民の現金収入の供給源となっていった（Morrison 1993 参照）．

> 熟練工と非熟練工を雇用する困難は政府のみならず，全ての私企業が体験していることである．サラワク油田会社と木材関連会社の数社は，多数のダヤックを非熟練工として雇用しようとしたが，うまくことは運ばなかったようである．注目すべきは，ビンツル地区の木材会社が他の行政区からのダヤックを多数雇用しているのに対して，同区のダヤックたちはサラワク油田会社の職をもとめてミリに殺到している．なぜダヤックが近隣ではなく，遠隔地での就労を好むのかは私にとっては不可思議である．森林産物の市場価格に加えて，木材価格も 1951 年を通じて高騰している（SG 1952: 106）．

> ビンツルの製材所は依然として週に 3 日ないし 4 日のみの操業状態である．工場の所有者は一様に地元のマレーを村落から雇用する難しさを嘆き，代わりに内陸部の多数のカヤンやクニャが雇われている．タタウのホクホウ製材所では，大多数の労働者はカヤン，もしくはムカ出身のムラナウである（SG 1959: 250）．

流域社会の工業化：製材工場とプランテーション

　クムナ川流域の森林資源利用は，川下から川上へ，そして川の近くの湿地帯から山地へいう二つのベクトルをもって進行した．1930 年代に始まった木材伐採は，河川を運搬路としたために，基本的にはスバウ，パンダン，ラバン，そしてトゥバウへとクムナ川を遡上するものであったが，ジュラロン川などの上流域では狭小な川幅と乾期の水量不足が伐採の遡上を阻止していた．

　樟脳や蜜蝋からはじまり鉄木にいたる森林産物と同様に，河川を中心に営まれてきた木材バイオマス利用形態が抜本的に変わるのは 1980 年代中頃のことである．東南アジアにおける丸太の原木輸出の禁止により日本国内の合板生産が立ちゆかなくなったことを受けて，生産拠点を東南アジアの熱帯雨林に移管する動きのなかで，ビンツルのクムナ川河口の工業地帯に日系の合板工場や木材関連企業が進出，内陸部と河口は連結されるようになる．

第3編
森林からの発信

　クムナ川河口の都市ビンツルは現在 13 万人の人口をもつが，30 年前には人口わずかに 5000 人に満たない漁村であった．しかしながら 1978 年に液化天然ガスが発見され，マレーシア LNG 社の国営プラントが建設されたのを皮切りに，一挙にサラワク随一の工業都市として発展し，熟練工および非熟練工を吸収する労働市場が形成された．ビンツルは，現在ではサラワク北部ではミリに次ぐ都市となっている．1980 年代には液化天然ガス輸出のための港湾整備がおこなわれ，州都クチンをしのぐ船舶輸送の拠点となった．この後，政府主導のもと各種工場誘致が進み，マレーシア LNG 社および国営石油会社ペトロナスのプラントにくわえ，天然ガス火力を利用した多くの軽化学工場が操業中である．液化天然ガスのプラントから供給される電力を利用した工場群に加えて，ビンツルの産業を支えるのが合板生産工場，アブラヤシ・プランテーション，アカシア植林の三事業である．

　ビンツル地区では 1985 年頃から木材伐採が盛んとなり，1990 年代には本格的な合板生産が始まる．今世紀初頭の時点で，日系，サラワクの福州系華人，西マレーシア，フィリピン，台湾，インドネシアの華人資本による製材，合板，練炭，チップならびに MDF (Medium Density Fiberboard 中密度繊維板) などの生産工場がビンツルのクムナ木材工業団地に誘致され，製材工場，合板工場に加えて単板工場，家具工場などが操業しており，原材料として月間 20 万 m^3 の原木丸太が内陸部の伐採現場から搬入されるようになった (*Sarawak Tribune* 2000/2/23)．これらの木材関係企業がクムナ川沿いに生産拠点を形成しているのに対して，アブラヤシ・プランテーションならびにパルプ産業の植林は，ミリとブラガ，さらにはバクン水力発電所につながる幹線道路沿いに拡大している．これらの事業は，西マレーシアの企業，木材産業からの転換を推進するサラワクの地元企業，華人系ならびに日系企業の資本投下のもとで展開されている．このような状況のもと，現在少なくとも 5 万人にのぼるインドネシア人が木材関連工場，アブラヤシ・プランテーション，そしてアカシア植林現場で就労しているといわれている．

　製材工場は，従業員数十人から数百人といった中小規模のものが大部分であるが，大型の合板工場の場合，2〜3 交代制の 24 時間操業で，1000 人から 3000 人のインドネシア労働者によるフル稼働体制をとっている．インド

ネシア人労働者がサラワクで就労するためには，雇用主がビンツルの出先機関を通してクチンの労働事務所に労働許可を申請する．労働許可は一年毎に更新の必要がある．労働許可取得後は移民局に労働ビザ申請し，ビザは6ヶ月毎更新で最長2年間まで延長可能である．インドネシア人労働者は，多くの場合2年契約が原則であり，その後毎年延長を繰り返しで最長5年まで連続就労が許されるケースもある．ちなみに，インドネシア人がサラワクに入国する場合，労働ビザを保有しなければ男性で1週間，女性で2～3日間の滞在しか認められず，延長は不可能である．中小規模の製材工場の場合，最初はエージェントを介してインドネシアからの労働者雇用をおこなうが，その後は労働者の間の口コミで知人や親族を呼び寄せることも多い．

ビンツルの合板工場におけるインドネシア労働者の多くは西カリマンタン州サンバス地方の出身者であり，これにジャワ島中部と東部のジャワ人，そしてスラウェシ，フローレスなど東インドネシア出身者がこれに続く．合板工場に特に多くの女子労働者を供給しているサンバス地方からは，地元のエージェントによれば，1ヶ月平均で600人ほどの出稼ぎ労働者がビンツルなどの大手合板工場での就労のために入国している（石川 2008; Ishikawa 2010）．

川下の工場と同様の労働力の国際化（インドネシア化）は，川上の内陸部におけるアカシア植林地でも進んでいる．ここでは，1998年に開発が始まったブラガ近隣のアブラヤシ・プランテーションの事例を紹介する．

民間資本が開発したこのプランテーションは，5301haの広さをもち，2007年8月現在での労働者の総数は657人，そのうち632人（96.2％）が外国人労働者である．そのほとんどすべての労働者が3年契約のインドネシア人労働者であり，民族あるいは出身地としては，サンバス，ブギス，ジャワ，マドゥラなどの多民族構成をとり，ティモール，ビマなど遠隔地からの就労もみられる．

アブラヤシの収穫現場で働くのは全てインドネシア人である．その就業内容は，果実の収穫，運搬用トラクターの運転，農薬散布，下草刈り，施肥など多岐にわたるが，1ヶ月の平均収入は450リンギ前後である．わずか数％を占めるに過ぎない地元のイバン人とクニャの人々は，大型トラックの運転

第 3 編
森林からの発信

写真 9-2　クムナ川流域のアブラヤシ農園（口絵 4）

手，メカニック，売店店員などの仕事をしている．
　このプランテーション内の搾油工場では，スタッフと呼ばれる職員が 25 人，工場内での契約労働者が 30 人である．工場内の労働は 2 シフト制で，平均月収は 600 リンギである．労働者の 90％はインドネシア出身で，サンバス・マレー人とジャワ人が多数を占める．25 名のスタッフは，技術職や管理職・総合職が中心で，全員マレーシア人であるが，サラワク州内の都市部や半島部出身者が大多数を占めている（写真 9-2）．
　現在，クムナ川流域ではアブラヤシに加えて，49 万 ha のアカシア・プランテーション開発が進んでおり，その内訳は保全区域が 15 万 ha，地元住民の権利が確立した土地（NCR）が 11 万 ha，アカシアの植栽面積は 23 万 ha となっている[10]．

---

10)　ちなみに，東京都面積は約 20 万 ha．

3 バイオマス社会の弾性

　これまでに叙述してきた，ブルネイ・マレー人や華人の商業ネットワークや木材生産システム，さらにはアカシア植林によるバイオマス生産に包摂されるに至る歴史のなかで，クムナ流域の住民たちは，きわめて柔軟に多様な生計活動を繰り広げてきた．以下では，サラワク北部のバイオマス社会が一世紀を超えて示してきた社会的弾性について，「フロンティア型資源利用」「文化制度化された労働移動」「焼畑耕作と労働移動の親和性」という三つの角度から考えていきたい．

フロンティア型資源利用：焼畑耕作と移動性
　クムナ川流域社会に限らず，ボルネオの内陸部の住民は，きわめて移動性の高い資源利用をその生活の根幹としてきた．焼畑に代表される環境依存型の農業においては，第一次森林もしくは回復した第二次森林が焼畑耕地として用いられ，充分な休閑期間をもって耕作のローテーションが保たれた．「土地が熱くなった」場合，すなわち，人口圧の上昇，もしくは土地利用圧の上昇による収量の低下，加えて近隣の森林の動植物資源の枯渇は，ロングハウスの分裂もしくはロングハウス毎の新天地への移動の誘因となった．このような焼畑耕作地の拡大とロングハウス自体のフロンティア型移動は，まさに人口密度の低い熱帯の高バイオマス社会のみが許容できる資源利用の形態である．

　クムナ川流域の森に生きるダヤックの人々の生活のエトスは，定着型の農業を基本的に嫌うものである．たとえば，イバンの人々は水田耕作の方が米の収量があがること，そしてロングハウスのまわりでどこが水田耕作に適しているかを承知している．しかしながら，彼らの口からでるのは「男の仕事ではない」「森を拓くことこそが私たちの生き方だ」という言葉である．

　焼畑は，土地の私的所有を原理とし，生産性を追求した土地利用と異なり，双系的な親族ネットワーク（キンドレッド）をとおした個人のあいだの用益権運用にもとづく．そうした焼畑耕作のありかたは，移動性の高いバイオマス

社会の住民の生業戦略ときわめて適合的であった．高いバイオマス，低い人口圧，そして低い土地利用圧という三つの条件のもとで焼畑農耕および市場経済の双方と高い親和性をもつ制度の存在を指摘してみたい．イバン語でブジャライ（*bejalai*），クニャ語でプスライ（*peselai*）などと呼ばれる文化的制度としての「旅」である．

文化制度化された労働移動

　サラワクのみならず，ひろくボルネオの諸社会のなかで見られる「旅」の慣行は，これらのバイオマス社会の外界との接触を契機として制度的変化をとげてきた．イバンの人々のブジャライ（*bejalai*）慣行を例にとってみよう．ブジャライとは *jalai*（マレー語の *jalan*：道，旅）の派生語であり，成人として社会的に認められるための通過儀礼の旅を意味する．この慣行は，敵の首級を挙げることを目的とした青年男子の森の彷徨からはじまったが，徐々に森林産物の採取を目的した若者集団の旅へと変化する．本章ですでに見たように森林を歩き，市場価格の良い森林産物を得る．これをマレー人や華人商人に卸して得た現金でミシン，祭祀用の銅製ゴング，銀製装飾品などを購入しロングハウスに戻った若者は成人として認められるというわけである．欧米や日本の市場にいたる商品連鎖にボルネオの森林社会が連結し，マレー人や華人の商業ネットワークの伸長過程で，首狩りの旅から森林産物採取の旅に変化したブジャライは，木材産業の登場とともに，伐採現場や製材所での賃労働へとさらに変容していく．

　表9-3は，川上から川下までの木材関係の賃労働の主な種類，賃金，労働従事者の主な民族性を示すものであるが，いかに多くの職種が人々の収入源となっているかが明らかである（Taylor et al. 1994参照）（写真9-3）．

焼畑耕作と労働移動の親和性

　森林産物の猟歩や木材キャンプでの就労をとおして現金を得てロングハウスに戻った男たちにとり，焼畑は在地における生業活動復帰のためのコストの少ない受け皿となってきた．森林産物の商品連鎖や木材関連の労働の組織化の進行のなかで，バイオマス社会は，多様化した生存戦略により，農業を

第 9 章
歴史のなかのバイオマス社会

表 9-3　伐採キャンプにおける職種・賃金・民族集団

仕事の種類	賃金	就労する民族集団
伐採	3-4 リンギ (RM) / トン	イバン
丸太搬出	3.5RM / トン	イバン，オラン・ウル
丸太剥皮	2-3RM / トン	ダヤック，インドネシア人
ロリードライバー（上流部）	3-4RM / トン	華人，イバン，カヤン
ショベル付き重機運転（上流部）	800-1000RM / 月	華人，イバン，カヤン
ロリードライバー（下流部）	2.8RM / トン	華人，イバン，カヤン
ショベル付き重機運転（下流部）	1200RM / 月	華人，イバン，カヤン
丸太計数	600RM / 月	華人，ダヤック
丸太測量（類別タグ付け）	600RM / 月	華人，イバン，カヤン，マレー
丸太測量（主任）	1000RM / 月	
丸太測量（コンセッション保有会社派遣）		
主任	1100RM / 月	華人，ダヤック
アシスタント	800RM / 月	華人，イバン，カヤン，マレー
丸太測量（コントラクター派遣）		
主任（貯木場担当）	1500RM / 月	華人，イバン，カヤン，マレー
一般	800RM / 月	華人，イバン，カヤン，マレー
ショベル付き重機運転（貯木場）	1200RM / 月	華人，イバン，マレー
料理人		イバン，カヤン，マレー
主任料理人	800RM / 月	
一般	600RM / 月	
機械修理工		
主任スーパーバイザー	2500RM / 月	華人
主任機械修理工	2000RM / 月	華人
秘書	1200-1300RM / 月	華人
一般機械修理工	600-800RM / 月	混合
マネージャー（貯木場）	3000RM / 月	華人
上級現場監督（アシスタント・マネージャー）	2000RM / 月	華人，イバン
現場監督（マンドール）	1500RM / 月	
伐採区画担当マンドール		
ロリートラック担当マンドール		
林道担当マンドール		
林道地ならし	1200RM / 月	イバン，カヤン，マレー
ダンプトラック運転	800RM / 月	イバン，カヤン，マレー
掘削重機運転	800-1000RM / 月	イバン，カヤン，マレー
売店管理		
主任	1000RM / 月	
一般	800RM / 月	
一般労働者（清掃 / 水道タンク管理等）	600RM / 月	ダヤック
会計		
主任	1000RM / 月 以上	華人
一般	600-800RM / 月	イバン，ダヤック
パブリック・リレーション		
区長	500RM / 月	
村長	300RM / 月	
筏作り（貯木場）	2RM / トン	ダヤック
食堂管理	800-1000 / 月	華人，ダヤック
電気技師	1500RM / 月	
給油車運転	800RM / 月	イバン，カヤン，マレー
ガソリン管理	600-800RM / 月	
測量		
主任（事務所付き）	3000RM / 月	華人，フィリピン人
一般（ジャングル）	1200RM / 月	地元ダヤック，プナン
アシスタント	800RM / 月	地元ダヤック，プナン
補助労働者	30RM / 日	地元ダヤック，プナン

写真 9-3 材木貯木場での丸太計測作業

唯一主要な生計維持活動とせず，ブジャライ（旅）を通した出稼ぎや森林産物採取などの非農業活動と生活世界を連結する制度的な装置をもって社会変化に対応してきたと考えられる．土地の私的保有にもとづく定着農業と比べて，耕作地の用益権の双系的親族（キンドレッド）による運用の場合，出稼ぎの旅のため一時的に離村した者の帰村による用益権の再確保と焼畑耕作への復帰は容易なものとなり，ロングハウスの人々の労働市場との接合を機能的に保障するものとなる．このように，焼畑耕作のための用益権の親族間の共同運用は，固定した所有にもとづく定着農業に比して，社会集団成員の高い移動性の抑制要因には働かず，むしろ出稼ぎ旅慣行はロングハウスの土地利用圧を下げる機能をもつ．

多生業空間としてのバイオマス社会

「米」や「農業」を中心にした視点を離れ，クムナ川流域社会の人々の生業戦略を歴史のなかに位置づけてみると，主食に関するきわめて多様なポート

フォリオを流域社会の人々が作りあげてきたことが明らかとなる．採集狩猟民であるプナンにくわえてプナン・バ，カヤンやクニャにいたるまでクムナ流域社会の多くの民族が，焼畑耕作による米が不足した際には，華人商人からタイ米を購買したりサゴヤシ澱粉を主食としていることが『サラワク官報』の地区報告で記録されている（Nicolaisen 1983: 198, SG 1887: 105, 1903: 74, 1926: 270, 1935: 146）．また，クムナ川の河口にあるビンツルの市場は上流のバザーに卸す米が恒常的に不足する状態にあり，華人商人がクチンからの米を入荷する記述は枚挙にいとまがない．植民地地区行政の中心であり，砦のあるビンツルでは，森林産物の交易と賃労働で得た現金を白人行政官に預け，保管を依頼する内陸部のダヤック住民の姿が報告されている（SG 1887: 33）．

焼畑，森林産物採取，そして村外賃労働のコンビネーションにより，クムナ川流域は基本的には飢えることのない「人々の要求が容易に満たされる」社会が形成されていたと考えられる（Sahlins 1968, 1972 参照）[11]．すくなくとも 1880 年代から 1960 年代初頭まで『サラワク官報』に掲載されたビンツル地区月次報告には，流域住民の飢えが行政官の関心になることは皆無である．商品ネットワークと労働市場への接合のもとで，高いバイオマスとともに生きる人々の生活世界は，定着農業によるストック確保よりも，日々のフローを中心に組みたてられた生活戦略を中心にしていたと考えることもできる．

移動性の高い陸稲耕作による主食が不足をきたした場合には，森林産物の採取と現金化に加えて木材キャンプでの賃労働から得た現金によるコメの購入やサゴヤシ澱粉へのスイッチによって補完される状況で，バイオマス社会においては定着的な作物栽培が唯一無二の生計維持の活動となることはなかった．胡椒，ガンビール，ゴムなど他の行政地区で支配的な農業景観がクムナ川流域社会では形成されず，低い土地利用圧が維持された．これに加えて人口圧の低さは，流域社会におけるバイオマスのストックに働くことになる．

---

11) ただしクムナ川流域社会では，サーリンズの挙げたような採集狩猟活動だけではなく，市場経済との接合を通じた多様な生計戦略がとられてきた．

表 9-4　バイオマス社会編成の転換

	バイオマス基盤社会	土地・労働基盤社会
商品	森林産物・木材	アブラヤシ/アカシア
生物多様性	高	低
土地利用	用益権	所有権
生業	環境依存型生業/賃労働 (採集・狩猟・焼畑)	商品作物生産/賃労働
社会関係	パトロン・クライエント	契約関係
労働組織化	低	高
土地利用圧	低	高
ネットワーク	海と河川	林道・舗装路
生存基盤	バイオマス	土地

4　バイオマス社会の位相転移

　低い人口圧と定着農業による人々の土地所有の刻印を欠くバイオマス社会は，21世紀初頭からアブラヤシとアカシアを中心とするプランテーションが急速に拡大するニッチとなった．低い人口密度と低い土地利用の圧力は，バイオマス社会の示してきた弾性の基盤であったが，それは，プランテーションの開発を容易にする要因でもあり，プランテーションの進展は，現在，地域の社会生態に不可逆的な位相変化を招いている．このようなバイオマスの空間的拡大と質的変化は，ブルネイ・スルタンと植民地化を経て国民国家マレーシアに移行する歴史のなかで，森林産物の採取と木材伐採を通した森林の資源化が，バイオマスの再生産を目指したアグロ・インダストリーへと変化するプロセスでもあった（表9-4）．サラワク北部クムナ川流域においては，蜜蝋や樟脳の採取にはじまる森の商品化は，収奪的な木材伐採の時代を経て，豊かな日射量と降雨をバイオマス再生に適合的な要件としながら，大規模プランテーション開発の時代に移行している．このような20世紀末から21世紀初頭にかけてのバイオマス資源の再生産システムの拡大は，交換に基づく交易から生産を目的とした労働と賃金の交換，土地の用益権から個人所有，そして資源としての森林産物から木質バイオマスなど，互いに結び合った制度や社会的機能の束を包括的に変容させる（図9-4, 図9-5）．このような「バ

第 9 章
歴史のなかのバイオマス社会

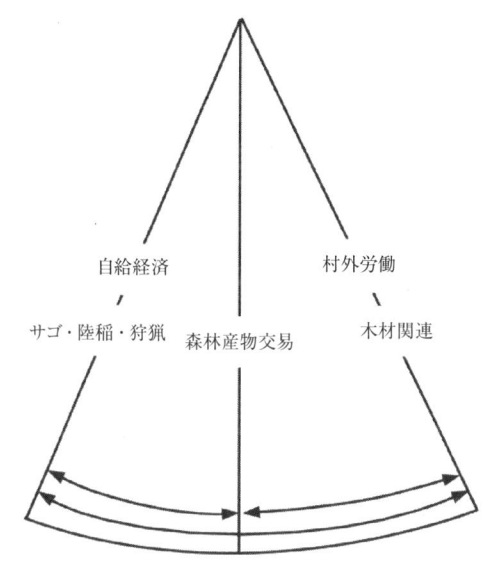

自給経済　　村外労働

サゴ・陸稲・狩猟　　森林産物交易　　木材関連

図 9-4　位相転移（1）

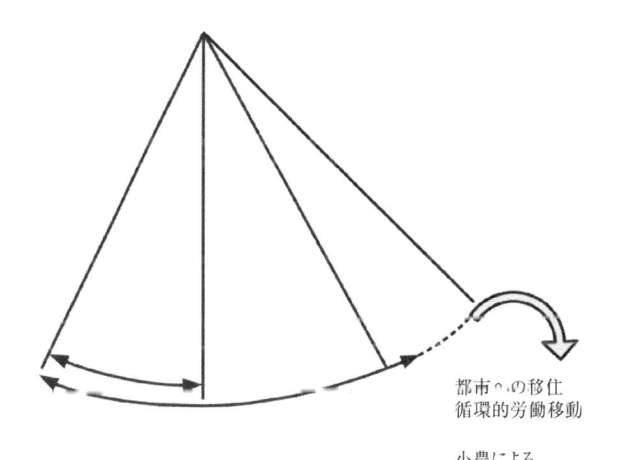

都市への移住
循環的労働移動

小農による
アブラヤシ耕作

図 9-5　位相転移（2）

275

イオマス基盤社会」から「土地・労働基盤社会」への社会編成の転換は，一つの社会が時間をかけて達成してきた内的変化というよりは，外的要因によるところが大きい．バイオマス社会は，いままで対処してこなかった新しいシステム，すなわちトランスナショナルな労働の組織化との接合によって不可逆的な変化を迎えている．現在の国境を越えたインドネシアからの労働力移動によって進行しているのは，流域社会におけるプランテーション関連の労働市場からの地元住民の疎外である．すでに述べたように，クムナ川流域社会においては49万ha，およそ東京都の4倍を超える面積がアカシア・プランテーションに転換されようとしている．住民が用益権を主張する先祖伝来の森における伝統的土地権が国家によって承認された場合も，資源利用に用いることのできる空間は，プランテーション用地に包摂され，住民の生業は大きく制約される．焼畑，森林産物交易，伐採現場での賃労働は生計活動としての機能を減じ，地元住民の向都移住ならびに都市とロングハウスのあいだの循環的労働移動をとおしたバイオマス社会の都市化が進行する．

　土地と労働をめぐる社会編成の大きな変化が，バイオマス社会の内発的な変化ではなく，外発的なアレンジメントのもとで進むとき，流域社会は位相転移の新しい局面に包摂されていくことになる．バイオマス社会が，従来みせてきた弾性をもって現在の社会変化にみずからの社会を接合する方法はあるのか．現在考えられる二つのシナリオは，バイオマス社会の都市への接合と小農によるアブラヤシならびにアカシアの植栽である．バイオマス社会が内在的にもつ高い移動性にもとづく生業戦略のベクトルをバイオマス社会の外部に向けること，すなわち都市への移住，もしくは循環的労働移動の回路をより強固なものとすることは一つの対応である．また，用益権の運用システムを放擲し，熱帯バイオマスのもつ豊かなコモンズを分割した個人所有システムのもとでアブラヤシやアカシアなどの小農ベースの植栽を始めることも一つの可能性である．しかしながら，これらの対応はいずれにせよ熱帯バイオマス社会が歴史のなかで築いていた特性を否定し，最終的にはその基本的な解体を前提とする[12]．

---

12) このような人間圏と生命圏のインターフェースとしてのバイオマス社会の履歴は，サラワクに限ってみても地域的なバリエーションが認められることを理解しておくことが肝要である．

人間圏と生命圏のゆくえ

　現在，北部サラワクの流域社会で進行するバイオマスの再生産は，グローバルな歴史のなかで熱帯地域に移植されてきた生産システムのひとつの延長として理解することができる．プランテーション型農業は，コロンブスの新世界発見後に多くの熱帯バイオマス社会が体験してきた生産システムであり，ウガンダへ綿，ウルグアイへコーヒー，ブラジルやマラヤへゴム，西インド諸島へサトウキビ，そして西アフリカへアブラヤシなど移植された第一次産品は枚挙にいとまがない（Steward et al 1956; Wolf 1982; Mintz 1985 参照）．

　この生産システムの拡大は，二つの特徴をもっていた．第一は，農業的プランテーションの世界的拡大が赤道を中心に北回帰線と南回帰線に挟まれた帯状の地域に集中したことである．豊かな日射量と水循環をもつ熱帯は，温帯に比べてはるかに高いエネルギー利用効率（産出／投入比）を特徴とし，人為のもとでの生命圏の再生産に最も適合する空間とされてきた．

　プランテーションの世界的拡大は，19世紀以降，工業化の世界的普及による熱帯産第一次産品需要の急増，交通・通信革命を背景とした世界貿易の成長，熱帯地域の植民地化にともなう白人プランターによる管理，資本の投入と労働力の組織化を基盤にしたことが第二の特徴である．熱帯のプランテーションが世界市場の動向（景気循環や新技術の開発による第一次産品需要の変化）に敏感に反応する生産システムとなった所以である．

　現在の熱帯雨林のプランテーション化は，地球温暖化の進行や脱石油資源依存社会への転換のプロセスで起きているという意味で新しい（本書第10章参照）．これに対して，新しいバイオマス再生をめざしたプランテーションが，植物の光合成が最も活発な物質循環システムを必要とするという点で，その不変の本質を16世紀以降における第一次産品の生産拡大の歴史にみることができる．

　従来の研究の多くは，プランテーションを新しい生産様式として考察の対

例えば，植民地行政指導のもとで，1870年代から胡椒，ガンビール，ならびにココヤシ農園開発が進んだ第一省においては，これらのプランテーション開発と木材伐採が同時に進んだ（石川2008参照）．インドネシア領西カリマンタンにおいては，オランダ統治下の戦間期に拡大した多くのゴム農園がアブラヤシ農園に転用されており，熱帯バイオマスの回復なしにプランテーション型植栽が継続した．

象とし，そこでの労働管理や市場との商品連鎖などを検討してきた．しかし，プランテーションの世界的拡大を熱帯生命圏の変容という地球大の変化のなかで捉えようとするなら，本章で描いたように，このシステムが移植された在地社会の動態変化の側から，その歴史的意義を検討する必要がある．バイオマスの再生産様式は，人間圏の空白地帯に突然埋めこまれたものではなく，そこに生きてきた人々の生活世界，それも多くの場合は本章で考察してきたような熱帯の小人口社会がその接合面となってきたからである．

　豊かな森林が産出する資源の商品化を続けてきた北部サラワクの流域社会は，その歴史のなかではじめて土地生産性を基本原理とするモノカルチャーの世界に変貌する過程にある．土地，労働，技術に基盤をおいた温帯の生産の論理と熱帯生命圏の共生を可能とするには，石油資源依存社会から高度資源循環社会への転換のなかで，在地の生存基盤と公／共益の同時確保のための全く新しい論理を創出する以外に道はない．

　サラワク州北部流域社会は，グローバルな市場の需要に多様な生業戦略をもって対応しつつ，生命圏と人間圏を媒介し続けてきた．そして，その持続性と変化への弾性が，結果的に資本主義の世界的拡大と生命圏の非可逆的変化を支えてきたのである．それゆえ，このバイオマス社会のゆくえは，21世紀の人間圏と生命圏の長期的な関係のゆくえを最も先鋭に指し示すものと考えられる．

引用文献

略号 SG: the Sarawak Gazette

Cramb, Robert 2008. *Land and Longhouse: Agrarian Transition in the Uplands of Sarawak*. Copenhagen: NIAS Press.

Dove, M. 1994. "Marketing the Rainforest: Panacea or Red Herring?" *Asia Pacific Issues: Analysis from the East-West Center* 13: 1–8.

Hose, Charles and W. McDougall 1993. (1912) *The Pagan Tribes of Borneo*. Oxford: Oxford University Press.

石川　登 2008.『境界の社会史 ── 国家が所有を宣言するとき』京都大学学術出版会．

Ishikawa, Noboru 2004. "Socio-Ecological History of the Kemena Basin Society, Northern Sarawak." In *Comparative Study on the Local Perception of Natural Environment and Landscapes among Peoples of Sarawak* (Report of the Research Conducted in Sarawak with a Grant-in-Aid for Scientific Research, Japan Society for the Promotion of Science (2000–2003)).

―――― 2008. "Centering Periphries: Flows and Interfaces in Southeast Asia," *Kyoto Working Papers on Area Studies* 9 (G-COE Program Series 7).

―――― 2010. *Between Frontiers: Nation and Identity in a Southeast Asian Borderland*, Singapore/Copenhagen/Athens: NUS Press/NIAS Press/Ohio University Press.

Ishikawa, Mayumi and Noboru, Ishikawa 2005. "Commodifying Bornean Forest: Transformation of the Kemena Basin Society in Sarawak, Malaysia," presented at the UC Berkeley Center for Southeast Asia Studies 22nd Annual Conference―"Producing People and 'Nature' as Commodities in Southeast Asia," 4–5 February 2005.

Knappen, Han 2001. *Forests of Fortune? The Environmental History of Southeast Borneo, 1600–1880*. Leiden: KITLV Press.

Low, Hugh 1988. *Sarawak: Notes during a Residence in that Country with H. H. Rajah Brooke*. Singapore: Oxford University Press.

Mintz, S. 1985. *Sweetness and Power: the Place of Sugar in Modern History*. New York: Viking.

Morrison, Philips 1993. "Transitions in Rural Sarawak: Off-Farm Employment in the Kemena Basin," *Pacific Viewpoint* 34 (1): 45–68.

Nicolaisen, Ida 1983. "Change without Development: The Transformation of Punan Bah Economy," *Sarawak Museum Journal* 32(53).

Padoch, Christine and Wil de Jong 1990. "Santa Rosa: The Impact of the Forest Products Trade on an Amazonian Place and Population," *Advances in Economic Botany* 8: 151–158.

Potter, Lesley M. 1997. "A Forest Product out of Control: Gutta Percha in Indonesia and the Wider Malay World, 1845–1915." In Peter Boomgaard (eds) *Paper Landscapes: Explorations in the Environmental History of Indonesia*. Leiden: KITLV Press, pp. 281–308.

Pringle, Robert 1970. *Rajahs and Rebels: the Ibans of Sarawak under Brooke Rule, 1841–1941*. Ithaca: Cornell University Press.

Resident Office Report 2001, Bintulu District Office, the State Government of Sarawak, Malaysia.

Rousseau, Jerome 1989. "The People of Central Borneo," *The Sarawak Museum Journal*, 15 (61) (New Series) (Special Issue No. 4 Part III, Orang Ulu Cultural Seminar held in conjunction with the 25th Anniversary of Independence), 7–19.

Sahlins, Marshall 1968. "Notes on the Original Affluent Society." In Richard B. Lee and Irven Devore (eds) *Man the Hunter*. New York: Aldine Publishing Company, pp. 85–89.

―――― 1972. *Stone Age Economics*. Chicago: Aldine-Atherton.

Sarawak Tribune. 2000/2/23, Kuching, Sarawak, Malaysia.

Steward, Julian H., Robert A. Manners, Eric R. Wolf, Elena Padilla Seda, Sidney W. Mintz, and Raymond L. Scheele (eds) 1956. *The People of Puerto Rico*. Urbana: University of Illinois Press.

Sugihara, Kaoru 2008. "The Humanosphere-sustainable Path of Development: A Global Historical Perspective." In *In Search of Sustainable Humanosphere in Asia and Africa, Proceedings of the First G-COE International Conference*. Center for Southeast Asian Studies, Kyoto University, pp. 5–37.

Taylor, D. M., D. Hortin, M. J. G. Parnwell, and T. K. Marsden 1994. "The Degradation of Rainforests in Sarawak, East Malaysia, and its Implications for Future Management Policies," *Geoforum*, 25 (3): 351-369.

Wolf, E. 1982. *Europe and the People without History*. Los Angeles and London: University of California Press.

第10章

産業構造の大転換
—— バイオリファイナリーの衝撃 ——

渡 辺 隆 司

1 問題の所在とその背景

　化石資源の枯渇と温室効果ガスの排出による地球温暖化問題が深刻化するにつれ，化石資源の大量消費に依拠した20世紀型産業から脱却し，バイオマスを高度に変換してエネルギー，燃料，化学資源として利用する新しい産業体系，バイオリファイナリーの構築が求められている．とくに東南アジア地域は熱帯雨林に代表される豊かな生物資源を有しており，バイオリファイナリーを核に地域社会を復興する機会が到来しようとしている．ここでは，長期的な視点からバイオマスによる新産業創出とこれを基盤とした持続的社会の構築を展望し，バイオリファイナリーに立脚した熱帯地域社会のリノベーションの可能性について論じる．

　我々は今，地球温暖化とそれに付随する異常気象，原油の枯渇や価格高騰など，生存を脅かす様々な問題に直面している．原油などの化石資源は，エネルギーのみでなく，液体燃料，プラスチック，合成繊維，接着剤，農業資材，建築・土木資材，化学肥料，医薬品原料，など現代生活の基盤そのものを支えてきた．人類は原油を消費・変換する技術を得たことによりこうした様々な利便性を得る一方，二酸化炭素を大量に環境中に放出してきた．我々

が社会の基盤を原油などの化石資源の消費からバイオマスなどの再生可能な資源の循環利用に転換しない限り，持続的な人類の生存は望めない．このことは逆に，生存のための社会基盤を再生可能な資源に転換することによって，20世紀に固定化した国家間および地域間のパワーバランスを再構築し，先進的な地域のみならず，発展途上国や経済力の低い地域にも新たな光を与える大きな機会が到来することを意味する．

　バイオマスは再生可能な唯一の炭素資源である．石油から作られる液体燃料や化学品は，有機物であるバイオマスからは生産可能であるが，太陽光発電や風力発電などの他の新エネルギーでは作りだすことができない．このため，化石資源に依存した社会の限界が認識されるにつれ，木材などのバイオマスを，エネルギー，燃料，化学品に統合的に変換するシステムを確立することの重要性が急速に高まっている（渡辺 2007a; 2007b）．バイオマスを，エネルギー，燃料，化学品に統合的に変換するシステムをバイオリファイナリー，あるいはバイオマスリファイナリーと呼ぶ．

　再生可能な資源の中で樹木が生産する木質バイオマスは，地球上でもっとも生産量の多い有機資源であるため，その生産と消費のバランスを保った形での化学品やエネルギーへの変換利用は，化石資源の急速な消費に伴う資源枯渇問題や地球温暖化問題解決の決め手となる．また，木質バイオマスの利用は，森林の再生と周辺地域住民の生活や環境を復興させる契機になると期待される．木材は二酸化炭素が固定化されてできたものであるが，森林で朽ち果てると微生物により分解され再び二酸化炭素に戻る．木材を人間がエネルギー源などとして分解利用すると，やはり二酸化炭素が放出される．一見，両者は同じように見えるが，木材をエネルギー・化学資源として利用することによって人間が使う石油の使用量を減らすことができれば，その分大気中への二酸化炭素の放出は抑えられる．森林から生まれる木材を化学成分として利用することにより化石資源の消費量を減らす．同時にこうした変換プロセスから生まれた経済的恩恵を森林の育成に還元する．こうした社会の実現のためには，木材をエネルギー源としてのみでなく，有用な化学資源として多面的に利用すること，また，森林の育成と消費のバランスがとれていること，人工林が及ぼす環境や社会，経済に及ぼす影響を評価して，持続性を確

保することが重要となる．

2 バイオリファイナリーが社会・経済・環境に及ぼす影響

　バイオリファイナリーは，地球温暖化の抑制，化石資源の枯渇問題の回避の他，新産業の創出，エネルギー安全保障，地方経済の活性化，農林業の活性化など，社会・経済・環境に様々な影響を及ぼす．ここでは，これらの影響を議論し，持続的生存基盤の確立に寄与するバイオリファイナリーの将来像を導き出したい．

2-1　バイオマスのエネルギーポテンシャル

　バイオリファイナリーの将来像に関して論じる前に，そもそもバイオマスの資源量や利用可能量が人間の経済活動に対して影響を与えるほど大きいのかどうかを考えよう．地球上のバイオマスの賦存量はホイッタカーとライケンスによると1.8兆トンにおよぶ．そのうち，90％以上が森林バイオマスであると推定されている（表10-1）(Whittaker and Likens 1973)．また，陸地のバイオマスの年間の生産量は，研究例により異なるが，ホイッタカーとライケンスによると1173億トンに達する．彼らの報告によれば，地球表面積の3/4を占める海洋の年間生産量は551億トン（乾物換算）と，陸地全体の約1/2にすぎない．

　エネルギー供給源としてのバイオマスの利用可能量が21世紀中にどのように推移するかのシミュレーションが1990年代を中心に様々な研究機関で行われてきた（図10-1）(Worldwatch Institute 2007)．それぞれのシミュレーションによりバイオマスエネルギー利用可能量の増減に大きな違いがあるが，いずれの予測も，2050年の時点で現在の世界の年間一次エネルギー消費量400EJの1/2から1/5に相当すると予測しており，バイオマスの利用可能量は人類の活動に大きな影響を与えるポテンシャルをもつと結論される．2000年代に入りバイオリファイナリーの概念が浸透するにつれ，バイオマ

第3編
森林からの発信

表 10-1　植物の一次生産量と現存量

生態系のタイプ	面積 (10^6 km²)	純一次生産量 範囲 (t/ha/y)	平均 (t/ha/y)	総量 (t/ha/y)	植物生物量（乾量） 範囲 (t/ha)	平均 (t/ha)	総量 (10^9 t)
熱帯多雨林	17.0	10〜35	22	37.4	60〜800	450	765
熱帯季節林	7.5	10〜25	16	12.0	60〜600	350	260
温帯常緑樹林	5.0	6〜25	13	6.5	60〜2000	350	175
温帯落葉樹林	7.0	6〜25	12	8.4	60〜600	300	210
北方針葉樹林	12.0	4〜20	8	9.6	60〜400	200	240
疎林と低木林	8.5	2.5〜12	7	6.0	20〜200	60	50
サバンナ	15.0	2〜20	9	13.5	2〜150	40	60
温帯イネ科草原	9.0	2〜15	6	5.4	2〜50	16	14
耕地	14.0	1〜35	6.5	9.1	4〜120	10	14

出典：Whittaker and Likens (1973)

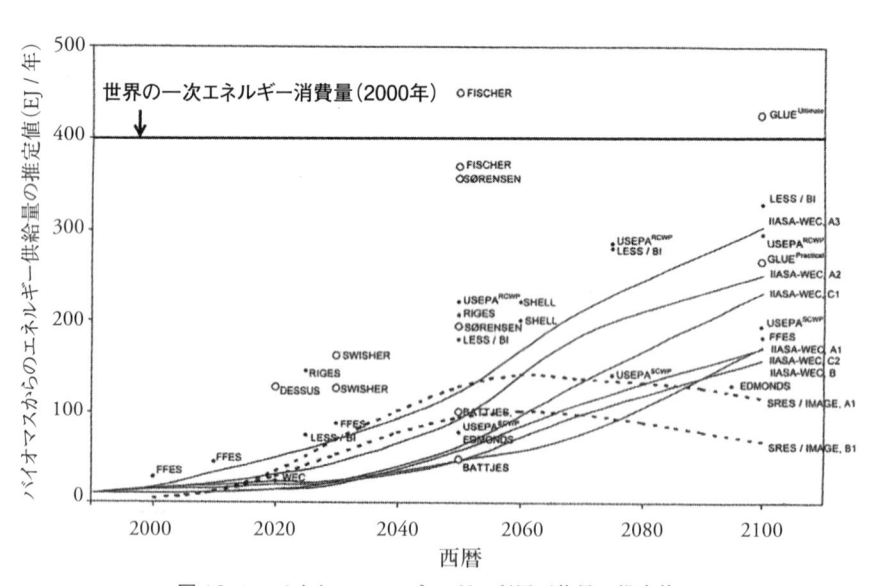

図 10-1　バイオマスのエネルギー利用可能量の推定値

注：世界の一次エネルギー（石油，石炭，天然ガスなどの化石燃料，ウランなどの原子力燃料，水力，太陽，地熱などの自然から直接得られるエネルギー）の消費量は西暦 2000 年でおよそ 400 EJ（エクサジュール：10^{18} J）と推定されている．図は，2000 年から 2100 年にかけてバイオマスから生産できるエネルギー総量の推定値を，研究者（研究機関）別に示している．

出典：Biofuels for transport (2007)

スからのエネルギー供給量自体を議論することの意義は薄れている．今後は，バイオマスの利用可能炭素量を正確に推定することが必要と考えられる．

2-2　バイオマスの温暖化ガス削減効果

植物バイオマスはカーボンニュートラルな特性，即ち炭素の放出と吸収のバランスがとれており炭素負荷がゼロであるという特性を有しているが，実際には，バイオマスの育成と変換には化石資源を使用することから，バイオマス由来のエタノールが化石燃料の消費を抑え二酸化炭素の排出抑制につながるか否かについて活発な議論がなされてきた．

エタノールのエネルギー効率と CO_2 削減効果に関して，2005年3月にコーネル大学のピメンテルとカリフォルニア大学バークレー校のパシィックは共著で LCA 解析を行い，トウモロコシの穀物部分を原料とするエタノール生産のネットエネルギーバランスはマイナス 29% であると発表した（Pimentel and Paztek 2005）．その後，LCA 解析が数多くなされ，最近ではピメンテルらの使用したデータは古い農業技術やエタノール変換技術をベースとしたものであり，最新の技術をもとにシミュレーションするならば，バイオエタノールは，二酸化炭素の排出抑制につながるとの結論がほぼ定着しつつある．米国アルゴン研究所のウォンは，セルロースを原料とするエタノールとデンプンを原料とするエタノールの温室効果ガスの排出抑制効果を比較し，E85（エタノールを 85% 含むガソリン）で比較した場合，セルロース系エタノールが温室効果ガスの排出を 64% 抑制するのに対し，デンプン系エタノールの抑制効果は 17-23% にとどまると報告している（Wong 2005）．すなわち，バイオエタノールの二酸化炭素排出量は，穀物のデンプンを原料とした場合に比べ，セルロースを原料とした場合には大きく低下する．セルロースにおいても，管理栽培されていない未利用資源や廃棄物系資源を利用すれば，植物の育成管理のために消費する化石資源をほとんど考慮する必要がないため，その排出量はさらに下がる．このように，温室効果ガスの排出量には，栽培，収穫，肥料の供給，灌漑，土地管理，運搬，加工産業，など様々

な要因が関係している.

2-3 バイオリファイナリーによる新産業の創成

新産業としてのバイオリファイナリー創成のインパクトは大きく，21世紀の産業革命とも呼ばれる．20世紀は石油化学の時代であり，エチレン，プロピレン，ベンゼンに代表される炭化水素をコア化学品とする体系的な化学産業が構築された．これに対し，バイオマスの原料である糖，リグニン，油脂は炭素，水素の他に酸素原子を多く含む．原料の構造や化学的性質が全く異なること，発酵が変換の大きなツールとなることから，バイオリファイナリーにおける化学品の生産体系は，石油リファイナリーとは根本的に異なる（図10-2）．このことは，バイオリファイナリーの上流に位置する基本化学品を決め，その基本化学品の生産技術（特許）を握った企業や国家が，バイオリファイナリーという新しい産業体系全体を主導することを示す．すなわち，基本化学品（プラットフォーム化合物）が決まると，その先の枝葉に相当する化学品も限定されることになるため，戦略的にプラットフォーム化合物からの製品開発，特許取得を進めることが可能となる．こうした点を背景として，米国エネルギー省では，バイオリファイナリーのプラットフォーム化合物を12種選定し，それから誘導される化学品をいち早く提示した（EERE 2004）．すでに，プラットフォーム化合物の生産には，多くの米国企業が参入しており，競争が激化している．欧州もバイオリファイナリーに積極的であり，2006年6月に，バイオリファイナリー研究の枠組みである「バイオ燃料技術プラットフォーム」が発足した（BIOCOUP）．この報告書の中で，第一世代バイオ燃料として，砂糖やビート，穀物由来のエタノール，植物油脂，廃棄物起源バイオディーゼル，バイオガス，エチル-*tert*-ブチルエーテル（ETBE）を挙げ，第二世代バイオ燃料として，セルロース系エタノール，水素化処理バイオディーゼル，リグノセルロース由来の合成バイオ燃料，バイオガス，水素が導入されるロードマップを示している．2030年までに道路運輸部門の燃料需要量の4分の1相当をクリーンでCO_2排出効率が良いバイオ燃料で賄う目標を立てている．EUでは，この他，第6次

第10章
産業構造の大転換

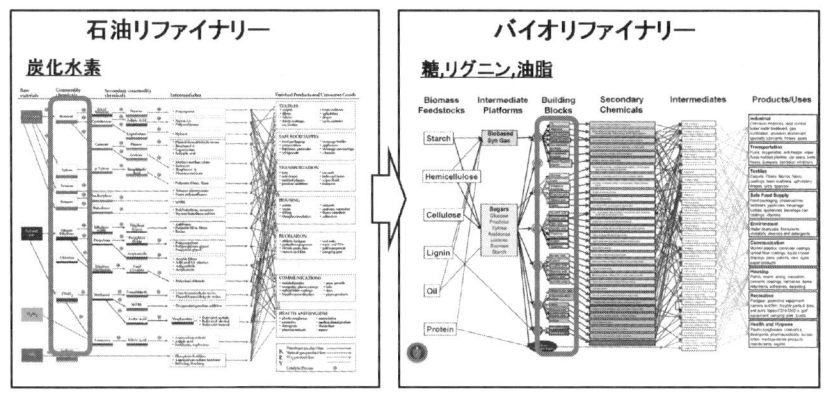

図10-2　石油リファイナリーからバイオリファイナリーへの変革
注：石油リファイナリーでは，炭化水素を体系的に変換する．バイオリファイナリーでは，糖，リグニン，油脂を原料とすることから，化学品の生産体系が大きく変わる．変換のコア中間体となるプラットフォーム化合物の生産技術を開発した企業や国家が，化学品生産体系全体で優位に立つ．
出典：EERE（2004）

　研究開発フレームワーク計画（FP6）の下，既存の石油精製や化学プロセスを利用して熱分解によりバイオマスから液体燃料を生産する研究開発プロジェクトBIOCOUPを2006年から5年間の計画で実施している（PEC海外石油情報2009）．わが国でも，バイオマスの発酵生産物であるエタノールから石油リファイナリーの基幹物質であるエチレンやプロピレンを作り，既存石油化学プロセスを利用してバイオマスから化学品を製造する研究が始まっている．また，近年では，ガソリンやディーゼル燃料との混和性が高いことなどからブタノールの生産に関する研究が世界的に活発化している．

2-4　バイオリファイナリーによる既存産業構造の改編

　バイオリファイナリーは，バイオマスに関連した既存の産業構造の組換えを起こす可能性を秘めている．米国では，大手製紙会社のウェアーハウザー（Weyerhaeuser）社やエネルギー省が中心となって，森林の育成や既存の紙パルプ製造プロセスとリンクした森林バイオリファイナリー構想を議論している．このプロセスでは，既存のパルプ工場にバイオリファイナリーのた

めの化学工場ユニットを導入する．はじめに，パルプ化の前に容易に抽出できるヘミセルロース（セルロース以外の植物細胞壁多糖の総称でキシランやグルコマンナンなどが代表的）を抽出・分離し，これを発酵原料としてエタノールや化学品を生産する．既存のパルプ工程では，ヘミセルロースの一部は，蒸解過程でパルプから溶出し，一部はパルプに再吸着されるものの，残りは分解を伴いながら蒸解液に溶解したまま熱源として利用されているにすぎない．このため，溶出したヘミセルロースをボイラーで燃焼させるより，パルプ化の前に抽出して発酵原料とした方が，資源を有効利用できるというのがこの構想である．一方，黒液やパルプスラッジ，木材残渣，発酵残渣，などは，ガス化して合成ガスに変換する．合成ガスは触媒反応によりアルコール類などの有用ケミカルスに変換して利用する．また，生成した水素は分離して，燃料電池，水素燃料エンジン，化学反応の原料として利用する．米国のパルプ工場のボイラーは老朽化しており，これを最新鋭のガス化炉とボイラー設備に更新することによって，パルプ工場が，バイオリファイナリー工場となる．

2-5　バイオリファイナリーによる地域社会の活性化

　石油リファイナリーでは，産油国，原油を運搬する海運会社，石油コンビナートをもつ大企業や臨海工業地帯に投資が集中する．これに対し，廃棄物系バイオマスを別とすると，バイオマスは一般に都市部ではなく農村部に広く分散して存在することから，農業や林業とリンクした小規模なバイオマス変換工場が農村部に建設されることになる．このため，バイオリファイナリーでは，投資が地方に分散し，地方の経済と雇用を活性化するメリットを生む．

　バイオリファイナリーでは，植物の生産，森林の管理と燃料，エネルギー，化学品などの生産を一体となって進める必要がある．このため，農業，林業と新産業が結びつくことになり，コミュニティーの連携が強化される．また，原料や製品は，農山村から都市部へ流れることになり，流通面でも活性化が起きる．

離島など中央からの電力やガスの供給が難しい地域においては，バイオマスからの地産地消によって電力や熱エネルギーを供給することができる．地元のバイオマスから電力や熱エネルギーが供給されれば，社会基盤の整備，雇用の創出，地元の独立性の確保につながる．このように，バイオリファイナリーは地域活性化の切り札としても大いに期待されている．

2-6 エネルギー安全保障への貢献

バイオリファイナリーは，エネルギー安全保障に貢献する．原油産出国の多くは中東にあり，政情が不安定な国も多い．これらの国が非友好国である場合には，安定的に原油を輸入するために，外交や軍事力によって一定の影響力を保持することが必要となる．米国では，輸送用燃料の需要と供給のギャップが拡大しており，輸送用燃料を安定的に確保することが至上命題となっている．米国では，これまで燃料エタノールの原料としてトウモロコシのデンプンを利用してきたが，今後トウモロコシの茎や葉，木材，スウィッチグラスなどのリグノセルロース（草や木の総称．リグニンやセルロースを含むことからリグノセルロースと呼ばれる）を主要な原料として利用していく方針が打ち出されている（2007年12月19日のエネルギー自立及び安全保障法，2006年1月31日ブッシュ大統領声明など）．現在米国におけるバイオエタノールの主要供給源であるトウモロコシの穀物部分は，米国で消費されるガソリンの10-20％しか供給できない．これに対して，米国のリグノセルロースは10億t/年の供給量があり，ガソリンの50-70％を代替できる量に匹敵する．このように，リグノセルロースからのエタノール生産は，自動車燃料の供給不足を解消するという米国が直面する大きな課題の解決策として莫大な研究費が投入されてきた．この政策は，温暖化ガスの削減，非食糧資源の利用，新産業の育成という他の目的とも結びついて，様々な大型プロジェクトが現在進められている．これらのプロジェクトには，バイオマスの分解・変換技術の開発のみでなく，容易に分解される細胞壁構造をもつ植物や，炭素の固定化速度が速い植物の育種も含まれる．

日本の原油依存度は85％（2002年），エネルギー自給率4.8％（2000年；た

だし，原子力を含めると 17.2%) であり，エネルギー安全保障は日本にとっても大きな問題である．また，インドネシアでは，原油のストックが 15 年から 20 年後には不足すると予測されており，発展途上国においても，新エネルギーの創出はエネルギー安全保障にかかわる大きな問題である．このように，バイオマスは，軍事や世界経済のバランスに大きな変化をもたらす．

3 バイオリファイナリーに必要な技術革新

バイオリファイナリー実現のためには，糖を微生物により発酵する方法，熱を用いてバイオマスを液体やガスに変換して利用する方法，油脂をバイオディーゼルに変換・利用する方法など，様々な変換プロセスを効率よく行う技術開発が必要である．本節では，バイオリファイナリーに必要となる代表的な変換方法を解説する．

3-1 バイオディーゼルの製造

バイオディーゼルとは，バイオディーゼルフューエルの略で，生物由来油から作られるディーゼルエンジン用燃料の総称であり，バイオ燃料の一つである．Bio Diesel Fuel の頭文字をとって BDF と略されることもある．バイオディーゼル燃料は，一般的には苛性ソーダを触媒として，油脂の脂肪酸とグリセリンの結合からなるエステル（トリグリセリド）を，脂肪酸とメタノールのエステルに変換することによって製造する．この他，酵素（リパーゼ）を利用する方法，メタノールを超臨界温度にすることによって触媒を用いずに製造する方法など，現在では様々な方法が研究されている．

ナタネ，ヒマワリ，大豆，パームなどが代表的な油脂植物であり，これからとれた植物油がバイオディーゼルの原料となる．都市部では，廃食用油を精製してバイオディーゼル燃料とすることが可能である．また，最近では，ナンヨウアブラギリ（*Jatropha curcas*）がバイオディーゼルの原料として注目され，東南アジア，南アジア地域を中心に栽培法の研究が活発に行われている．

第 10 章
産業構造の大転換

写真 10-1　インドネシア東カリマンタンの天然林伐採によってできた荒廃地で栽培されるナンヨウアブラギリ
注：緑色の果実が黒色化すると収穫し（右写真），油分を抽出する．油脂をメタノールと反応させてバイオディーゼルを生産する．

　ナンヨウアブラギリは，やせた土壌や乾燥地での生育適応性が高い．また，油脂分を含む種子に毒性がある．したがって土地の利用において食糧生産と競合せずに栽培することができる．また，大規模プランテーションのみでなく，小規模な栽培にも適する．このことから，大きな資本投下を伴わない地方の村おこしにとっても魅力的な原料である．単位面積当たりの油脂の生産量は，パームの半分程度であるが，荒廃地の植生回復とバイオ燃料の製造を一体化することにより，その栽培価値は倍増する．インドネシアの東カリマンタンでは，荒廃地にナンヨウアブラギリを栽培して，緑を取り戻すとともに，バイオ燃料で収入を補う事業が始まっている（写真 10-1）．

3-2　糖の発酵によるバイオエタノールやバイオ化学品の製造

　バイオマスからエタノールなどの発酵化学品を生産するためには，セルロースなどの植物の細胞壁を構成する多糖類を加水分解して単糖にする工程が必要となる．植物細胞壁中の多糖を加水分解する技術には，硫酸などの強酸を用いる方法，超臨界水あるいは亜臨界水を用いる方法，酵素を用いる方法などがあるが，ここでは現在研究開発の中心となっている酵素分解法につ

291

いて述べる.

　樹木や多くの草本性植物の細胞壁では，セルロースなどの多糖類がリグニンにより被覆されているため，細胞壁多糖をセルラーゼなどの酵素で加水分解するためには，リグニンによって固められた細胞壁をほぐして細胞壁多糖を露出させる前処理が必要となる．リグニンを剥がす前処理と酵素による細胞壁多糖の分解のための技術開発が，木や草から効率よくバイオエタノールを生産する大きな鍵となる．

　リグニンとは，ベンゼン環に炭素が3つつながったユニットが多数手をつないでできた不規則な高分子である．地球上で最も生産量が多い天然高分子はセルロースであり，リグニンが2番目であるが，リグニンは難分解性であるため，蓄積量ではリグニンが最も多いとも言われている．樹種によって異なるが，重量比では，針葉樹木材のおよそ3割，広葉樹では2割ほどがリグニンで占められている．このリグニンによる被覆を壊すために，これまで，様々な物理的，生物的，および化学的前処理法が検討されてきた．爆砕法や蒸煮法など水を加熱して反応させる前処理法の多くは，一般に広葉樹材に比較して針葉樹に対する前処理効果が低いことが知られている．針葉樹の中でも，我が国の人口林の約6割を占めるスギ材は特に前処理効果を得ることが難しい．こうした問題点を打開するため，筆者らは，スギ材中のリグニンを高選択的に分解するキノコ（白色腐朽菌）やマイクロ波反応を利用してセルロースを裸にし，酵素分解と遺伝子組換え細菌による発酵を組み合わせて，エタノールを生産する研究を進めている（渡辺 2007a; 2007b）．

　セルロースを分解する酵素（セルラーゼ）の研究は，日欧米でこれまで活発に行われてきたが，近年トウモロコシの茎や葉（コーンストーバー）からのエタノール生産のコストダウンを目的とした米国の研究が注目を集めている．トウモロコシの茎や葉の分解酵素のコストを下げるため，米国エネルギー省は，世界的な酵素メーカーであるノボザイムズ（Novozymes）社とジェネンコア・インターナショナル（Genencor International）社にセルラーゼの開発研究を委託し，それぞれコーンストーバー前処理用の酵素の価格を5年間で約30分の1以下に下げた．これにより，コーンストーバーからのエタノール生産において，酵素のコストは大きなボトルネックではなくなったとしてい

る．しかしながら，バイオマスの種類とリグニンを剥がす前処理法が異なると，効率的な酵素の性質は大きく変わるため，酵素開発とバイオマスの種類，前処理はセットで開発する必要がある．我が国でも，産官学が一体となり，酵素開発とエタノール製造を一体化して開発するプロジェクトが進行している．

3-3　バイオリファイナリーのための微生物の改変と利用

バイオリファイナリーでは，糖を微生物で発酵してバイオ燃料を含む様々な化学品を作る．このため，糖から目的の化学品を作る微生物の生産効率を高めることが重要である．従来は，土壌などから有用な微生物を探し出し，それを突然変異させたり，一部の遺伝子を組み換えて生産効率を向上させる技術が基本であった．しかしながら，大規模な化学産業を興すためには，そうした技術では不十分である．現在では，変換に使えそうな微生物から，不要な遺伝子を徹底的に除去して微生物を物質生産のための工場（細胞工場）とする大がかりな研究開発が行われている．この技術開発には，最少の遺伝子セットからなる細胞を作り出す技術の他に，遺伝子導入と除去によって糖から目的の発酵産物に至る代謝の流れがどう変わるかを数学的に予測して遺伝子組換えを最適化するシミュレーション技術も必要である．すでに米国のデュポン社では，この技術を使って大腸菌の大規模な遺伝子組換えを行い，トウモロコシ由来の糖（ブドウ糖）からポリエステルの原料となる化学品を生産している．このポリエステルはソロナという商品名で，市場で販売されている．

バイオリファイナリーのための微生物の機能改変では，この他，開発した微生物を最大効率で利用するためのバイオリアクターの開発，膜による生産物の分離技術の開発，有機溶媒中で働く酵素や微生物の開発なども欠かせない．このように，バイオリファイナリーには革新的なバイオテクノロジーが必要であり，産業構造のみならず学問分野にも大きな変革をもたらすと予測されている．微生物を利用するバイオプロセス技術については，日本は伝統的に強みを有するものの，土壌などから有用微生物を分離し，それを発酵プ

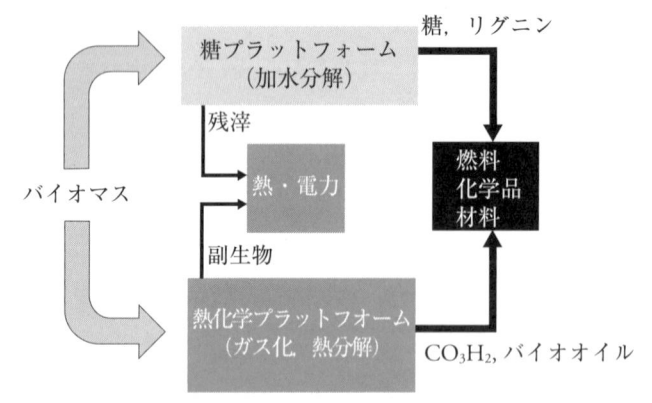

図10-3　発酵と熱化学変換からなる統合バイオリファイナリー
出典：Ashworth (2006)

ロセスに利用する研究が主体であった．バイオリファイナリーでは，最先端科学による細胞工場の開発が必要であり，国家主導型の大型プロジェクトがその明暗を左右する．

3-4　微生物変換と熱化学変換の統合バイオリファイナリー

　米国エネルギー省では，糖を発酵する方法と熱を使って糖を変換する方法（ガス化，液化）を車の両輪とするバイオリファイナリーを展開している（図10-3）．ガス化により，難分解性のバイオマスや発酵残渣のリグニンを直接合成ガス（CO/H_2）に変換し，合成ガスから触媒反応で混合アルコールを生産する．混合アルコールは，炭化水素など様々な化学品に変換される．リグニンや酵素分解が難しいバイオマスは，熱分解により化学変換するという考えである．米国の国立再生エネルギー研究所（NREL）では，コーンストーバーやその発酵残渣を高温ガス化して合成ガスに変換し，触媒反応によりエタノール，プロパノール，ブタノールなどを生産するプロセスを研究している．米国エネルギー省では，2030年までに，2004年の米国ガソリン消費量の30%をバイオエタノールで賄う計画を立てている（30×30　シナリオ）．このバイオエタノールの一部は，バイオマスのガス化によって生産した合成ガ

スを触媒反応で混合アルコールにし，これからエタノールを精製して供給する．糖化発酵プロセスのエタノールも，熱変換によって生産したエタノールも販売価格で，2012 年までに 1.07 ドル / ガロンまで下げる目標を立てている．

4 バイオリファイナリーを基盤とした持続的社会の構築に向けて

　バイオリファイナリーは，熱帯雨林をもつ東南アジア地域に有利な産業であり，産油国が原油産出によって大きな富を得てきたように，バイオマスの生産と高度利用によってとくに東南アジア地域に新たな産業を興し，国際間および国内の地域格差の是正につなげるべきである．東南アジア地域は，植物の炭素固定量が大きいのみでなく，豊富な微生物資源をもつことから，生物資源をベースとした産業の地盤として最適である．こうした新しい産業を東南アジア地域に育成して，均衡ある発展を達成するためには，先端的なバイオマス利用の技術開発を行っている先進国と東南アジア諸国との国際協調が必須である．この国際協調は，技術供与や投資のみならず，バイオマスとバイオ製品の流通，二酸化炭素の国家間取引，環境や地域社会への影響評価，人材育成，およびそれらを統制する法制度の整備を含めるべきである．バイオリファイナリーにおける国家間の利害関係の干渉は，すでに世界規模で始まっている．例えば，2007 年 3 月上旬には，欧州連合 (EU) が 2020 年までに温室効果 20% 削減を承認し，バイオ燃料に関しても自動車燃料費 1 割を目標にした．世界最大のバイオディーゼル生産量を誇る EU だが，菜種油よりも安価なパーム油を原料としたバイオディーゼルが魅力ということから，パーム油及びパーム油由来のバイオディーゼルを輸入する動きが出始めた．そのような先進国のバイオ燃料市場の拡大を受け，世界最大のパーム生産国であるマレーシアやインドネシアなどでは熱帯雨林を伐採して，先進国に輸出するためのオイルパーム栽培を拡大する動きがあり，パーム油から作ったバイオディーゼルは石油よりも熱帯雨林を破壊していると一部では批判されている．豊富なバイオマス資源を保有し人件費も安い東南アジ

ア諸国は，資源確保を命題とする国々にとっては投資や投機の対象となる．すでに，EU，米国，中国，韓国，台湾などは，東南アジアにおいてバイオマスの資源確保に動いており，事業化が進行しつつある．日本においても，2006年3月に「バイオマス・ニッポン総合戦略」の見直しが閣議決定された．その中では，「バイオマス由来燃料の本格的導入」とともに，「アジア諸国におけるバイオマスエネルギー導入への積極的関与・関連技術移転推進」が明記されている．東南アジア地域を資源の供給基地としてのみ捉えるのでなく，アジアのパートナーとして，また宇宙船地球号に乗る運命共同体として，環境保全や地域社会への影響を評価しながら，技術や制度面を含めて支援していくことが必要である．

バイオ燃料の導入は，国家間のみならず地域間にも様々な影響を及ぼす．バイオ燃料の生産は，離島や遠隔地など電力供給が難しい地域に地産地消のエネルギーをもたらす上で大きな意義がある．大規模工場により世界基準で生産される高品質バイオ燃料は国際マーケット商品であるため，先端技術の導入や大規模資本の投入が市場支配の鍵となる．これに対して，地産地消の小規模生産では，たとえば自家発電によるエネルギー供給など一定の用途を満たすものであれば，たとえ低グレード，生産コストが高いバイオ燃料であっても大きな支障とならない場合がありうる．電力やガスの輸送が難しい地域に十分なエネルギー供給の場ができれば，暮らしが便利になるとともに，地場産業と雇用が生まれ，地域間の経済的格差が縮小するであろう．このように，バイオ燃料導入において，東南アジア地域は，国際マーケット商品の供給基地としての役割を果たすとともに，地域密着型のエネルギー，燃料供給のシステムを自ら創成し，地域経済を活性化すべきである．

バイオ燃料導入を図る際，バイオ燃料開発の利権が中央政府や一部企業に集中すると，環境破壊，利益の不公平な分配，労働搾取を招く恐れがある．例えば，現在インドネシアの東カリマンタンでは，エネルギー確保のために石炭の露天掘りによる森林破壊が進んでいるが，その開発の利益が中央政府や開発企業に流れ，現地の地域振興や環境保全に十分還元されていない実情がある．バイオリファイナリーにおいては，地域住民の人権や生活，環境保全を尊重する観点に立ち，人工林開発や工場設置の認可を行う政府，地方の

行政機関，開発を請け負う企業，地域住民との相互関係を，公平かつ長期的視点から統制する法制度の整備が必要である．

バイオリファイナリーの導入は，多段階のフェーズを経て進行すると予想される．第一フェーズは，既存の農業体系で発生するバイオマスをバイオ燃料用原料として転用することから始まった．トウモロコシやサトウキビの巨大なプランテーションをもつ米国とブラジルが，2007年ではバイオエタノール生産の90％以上を占め，バイオ燃料産業をリードしてきた．こうしたバイオ燃料ブームは，食糧用農地の転用や投機に起因する食糧価格の高騰，天然林の破壊など，様々な負の影響も及ぼした．このため，バイオリファイナリーの第二フェーズとして，食糧と直接競合しないリグノセルロースと呼ばれる木や草からバイオ燃料を生産する技術開発に注目がシフトしている．リグノセルロースの利用においても，持続的なバイオマスの生産と環境保全，均衡ある富の分配のための，法制度の整備は必須である．バイオリファイナリーの第三フェーズは，バイオマスからの機能性化学品の生産である．付加価値の高いバイオ化学品の生産は，生産に関わる全体のコスト効率を向上させるとともに，個別の技術に立脚した多様性を生み出す．このシナリオでは，まず最初に石油化学品の代替化学品をバイオマスから作る事業が立ち上がる．実際，基幹石油化学品であるエチレン，プロピレンをバイオエタノール，バイオプロパノール，バイオブタノールから作る研究開発が世界各国で行われている．バイオリファイナリーの第四フェーズは，化学品の製造体系を，石油原料からバイオマス原料に根本的に変えていく化学産業の変革である．これは，前述の通り，プラットフォーム化合物の生産と変換の技術開発が鍵となる．バイオ燃料は，一定の品質をクリアーすればどこの国で製造したバイオエタノールも区別がつかない．そうなると，遠隔地など地産地消のエネルギー供給を別とすれば，資本や技術開発でリートする国か国際的な優位性をもつことが予想される．

以上のように，バイオリファイナリー導入は多段階のフェーズを経て進行するが，いずれの段階においても，法制度の整備を国際的な枠組みのもとで議論し，国内の法制度を国際協調のもとに整備していくことが必要である．EUでは，2003年10月に採択されたエネルギー課税指令により，特定の条

件の下でEU加盟国はバイオ燃料に対する課税軽減または税免除を行うことが認められた．これらの課税の免除や軽減を実施するためには欧州委員会の事前の認可が必要である．これは，課税の免除や軽減が特定物品に対する国家の補助と見なされているためであり，欧州内の競争のゆがみを統制するための制度である．今後，不当競争の是正という観点のみでなく，環境保護，経済支援，地域振興，国際協調という観点から法制度を整備することが必要である．

バイオ燃料導入期には，バイオ燃料の優遇税制や導入義務が必要であり，主要先進国を中心に様々な税制改革が行われてきた（PEC海外石油情報）．ドイツでは，燃料税の減免措置が行われてきた結果，2010年にバイオ燃料の比率を5.75％にするという国家目標を，2006年に既に達成した．このため，化石燃料と比べてバイオ燃料が過度に優遇されているとの批判が生じ，2006年8月1日にエネルギー税法を発行して，バイオ燃料の課税を始める状況となっている．ドイツでは，2007年1月1日にバイオ燃料割当法を発効し，バイオ燃料に対する石油税の免除に代えて法定規制（使用義務）条項を適用した．この法律では，バイオエタノールの最低混合率を年々増加させ，2009年で2.8％，2010年からは3.6％とする．バイオディーゼルについては，4.4％の混合率が適用されている．2009年からはバイオエタノールとディーゼルを合わせた総合混合率も適用され，2009年は6.25％，2015年までは8.00％まで拡大する．このように，ドイツでは，バイオ燃料導入を加速する政策を優遇税制から使用義務に転換している．一方，フランスでは，バイオ燃料にかかる消費税の軽減措置が行われてきた．国家目標を下回るレベルのバイオ燃料の混合を行う事業者は2005年財政法32条の規定により，汚染活動に対する一般税の追加支払の義務が課せられる．税率は市場に出したバイオ燃料の数量に従い軽減される．こうした施策をとることにより，フランスにおけるバイオ燃料使用量は2005年から2006年にかけて飛躍的に伸び，ガソリンやディーゼルへの混合率も上昇した．2009年度予算案では，利害関係者の反応を考慮して，2012年までにバイオ燃料への減税措置を段階的に廃止することも発表されている．米国では，2004年の「米国雇用創出法」において，バイオエタノールに加えて，新たにバイオディーゼル燃料も物品

税控除の対象とする減免措置が講じられている．この減免措置は本来米国内のバイオ燃料の普及を目的としていたが，バイオディーゼル混合油の減免措置を利用してバイオ燃料を米国からEUに輸出する流れが急加速しており，EUから批判が出ている（NEDO海外レポート2008）．米国からEUへのバイオディーゼルの輸出量は，2006年には8万t前後であったが，2007年には，1月から11月までの間に100万tを越えている．さらに，輸出は，米国産のバイオディーゼルにとどまらない．アジアで生産されたパーム油を運ぶタンカーが米国の港に立ち寄り，わずかな量の石油系ディーゼルを混ぜて，米国の法律に基づく混合油の減免措置を受け，これがヨーロッパに輸出されているという．これは，合法的措置であり現行法では阻止できない．このように，バイオ燃料は国際マーケット製品であり，それぞれの国の法制度が，様々な国に多大な影響を及ぼす．

　日本では，現在バイオ燃料混合分のガソリン税（揮発油税と地方道路税）免除と，バイオエタノールと石油精製時の副産物から合成したETBE（エチル-*tert*-ブチルエーテル）を輸入する際の関税を免除する優遇税制が検討されている．また，農林水産業従事者とバイオ燃料事業者の連携を促進するため，「農林漁業有機物資源のバイオ燃料の原材料としての利用の促進に関する法律（平成20年法律第45号）」が施行されている．この法律では，バイオ燃料製造設備に係る固定資産税の軽減措置がはかられている．

　バイオ燃料やバイオ製品に関しては，この他，炭素税，環境税，揮発油税や軽油引取税などの燃料税，地方道路税，輸出関税，輸入関税，自動車税，電気事業者による新エネルギー等の利用に関する特別措置法（RPS法），CDM（clean development mechanism）に基づく二酸化炭素の排出権取引などが導入に大きな影響を及ぼす．技術面のみでなく，社会への影響や法制度，国際関係，地域問題を含むあらゆる側面からバイオリファイナリーの導入に関する戦略を立て，それを学ぶ機会を将来を担う若者に与えることが大切である．さらに，初等教育の時点から化石資源とバイオマスの根本的違いを説明し，バイオマスに立脚した新産業を核に持続的な社会を復興する意義を子供たちに自ら考えさせる機会を与えることが大切である．

　豊かな生物資源をもつ東南アジア地域に，バイオリファイナリーに立脚し

た地域社会を構築する機会が到来しようとしている．これを実現する上で，日本が果たすべき役割は計り知れないほど大きい．東南アジア地域にとどまらず，我々は，今人類と地球の未来を決定づける大きな責任を負っていると言えるであろう．

引用文献

Ashworth, J. 2006. http://www.greatplainsrcd.org/docs/Ashworth_OK_cellulosic_biomass_Jan_31_2006.pdf（2010年1月7日アクセス）

EERE 2004. *Top Value Added Chemicals from Biomass Volume I—Results of Screening for Potential Candidates from Sugars and Synthesis Gas.* http://www1.eere.energy.gov/biomass/pdfs/35523.pdf（2010年1月7日アクセス）

NEDO海外レポート 2006. バイオマス特集, 984, 2006.9.6. http://www.nedo.go.jp/kankobutsu/report/984/index.html（2010年1月7日アクセス）

NEDO海外レポート 2008. バイオマス特集, 1017, 2008.2.20. http://www.nedo.go.jp/kankobutsu/report/h20.html（2010年1月7日アクセス）

PEC海外石油情報（ミニレポート）2009.「米国のバイオディーゼル油輸出情報〈バイオ燃料〉」. http://www.pecj.or.jp/japanese/minireport/mini_H19.html（2010年1月7日アクセス）

Pimentel, D. and T. Paztek 2005. "Ethanol Production Using Corn, Switchgrass, and Wood: Biodiesel Production Using Soybean and Sunflower," *Natural Resource Research* 14: 65-76.

渡辺隆司 2007a.「リグノセルロース系バイオリファイナリー」『ウッドケミカルスの新展開』シーエムシー出版, 87-106頁.

渡辺隆司 2007b.「バイオリファイナリーの最近の展開と白色腐朽菌によるリグノセルロースの前処理」『木材学会誌』53: 1-13頁.

Whittaker, R.H. and G.H. Likens 1973. "Carbon in the Biota, Carbon and the Biosphere, Woodwell and Pecaneds." In G.M. Woodwell and E.V. Pecan (eds) *Carbon and the Biosphere*. Springfield, VA: National Technical Information Service. pp.281-302.

Wong, M. 2005. http://www.oregon.gov/ENERGY/RENEW/Biomass/forum.shtml（2010年1月7日アクセス）

Worldwatch Institute 2007. "Long-term Biofuel Production Potentials." In *Biofuels for Transport Global Potential and Implications for Sustainable Energy and Agriculture*. London: Earthscan. pp.78-98.

第 4 編

人間圏の再構築

第 4 編

人間圏の再構築

第 4 編のねらい

　本編では，生存基盤を持続するために人間圏のいかなる再構築の必要と可能性があるかを検討する．必要なのは，人間社会のみを変えることではなく，地球圏と生命圏の独自の生成と発展の論理を理解し，それらの圏と人間圏とが調和的に発展できるような関係を新たにつくっていくことである．いいかえれば，人と人，人と動植物そして人と地水火風のつながりを互恵的で持続的なものへと変えていくことが求められている．

　このためにわれわれが注目しようとするのは，地域の潜在力である．地域で生きる人々は，固有の環境に呼応する形で，自らの生存基盤を確保するための技術・制度的な工夫を歴史的に重ねてきた．それは人と自然の持続的で互酬的な関係を確保し，人間同士の協力を可能にしてきた．また地域の諸文化は，人間の生を，社会・自然・他界の連鎖という広大な生(いのち)のつながりのなかに位置づける生命連鎖的な価値観を発展させてきた．これは人間と環境の相互作用の全体を視野にいれ，生と死の意味を宇宙的な時空間のなかでとらえようとするものである．こうした技術・制度・価値の織りなす地域の諸伝統は，環境の固有性を生かして生存基盤の持続性を確保しつつ，生の全体をより豊かにするための知恵と工夫に満ちたものである．世界の諸地域における多元的な文化の蓄積は，持続型生存基盤を構築する上で地球社会全体にとって有用な知的資源となりうる．

　ただしわれわれは，地域の諸伝統をそのまま保持しようと主張しているのではない．私たちが目指すのはむしろ，生存圏についての自然科学的な理解そして先端的な科学技術研究の成果と，諸地域において発展し継承されてきた文化と知識を架橋し，ローカルな固有の潜在力を生かしながらグローバルな課題に対応できる，生存基盤持続型発展のためのグローカルな技術・制度・価値をつくることである．地球圏と生命圏の論理はそれぞれ一貫しているとはいえ，その現象としてのあらわれは時間と場所に限定されている．生存圏を全体として理解するためには科学的な普遍性・一貫性・客観性・規則性の論理が欠かせないものであるが，生きる主体にとっての生存基盤は歴史的かつ地域的なものであり，その理解には固有性・多義性・相互関係性・偶発性への注目が必要である．持続的生存基盤の構築に必要なのは，こうした二つの知のありようを創造的な形で媒介したグローカルな知のパラダイムである．

　この目的に向けて，第 4 編では，地域と世界が接触し交流するグローカルな場に注目する．現代世界の困難と可能性は，こうした界面においてこそ如実に表れているからだ．われわれは，グローバル化のなかで地域社会が経験している普遍かつ固有のダイナミズムのなかにこそ，地域の潜在力の現代的可能性を発見できると考えている．

それは上述の二種類の知がジレンマのなかでせめぎあい，創造的な媒介と融合による解決を模索している場である．持続的生存基盤という新たな知のパラダイムのためのヒントを，われわれはこうしたグローカルなフィールドのなかから探しだそうとする．
　第11章「グローバル化時代の地域ネットワークの再編 ── 遠隔地環境主義の可能性」は，戦後世界における地球イメージの形成過程を追い，またグローバル化のなかの地域と地域の結びつきによる新たな環境主義の可能性について論ずる．それは，グローバルな公共的普遍性を有しながら同時にローカルな生活世界において意味と実効性のある，新たな価値と実践への模索である．第12章の「われわれの〈つながり〉── 都市震災を通じた人間圏から生存基盤への再編成」は，トルコ・イスタンブールにおける震災への対応を事例としながら，都市における社会と自然の新たなつながりを構築する可能性について考察する．そこでは，科学合理的な技術や制度と伝統的・日常的な理念や実践を組み合わせることで，グローバルとローカル，科学と信仰，国家と社会を新たにつなぎなおそうとする試みがある．それは地域が潜在的にもつ回復力（resilience）の表れともいえるだろう．第13章の「生存基盤の思想 ── 連鎖的生命と行為主体性」は，人間圏の再構築の方向性を考察するにあたって，生命を相互依存的・相互作用的なつながりや連鎖のなかでとらえながら，それぞれの生（いのち）の主体的な可能性を活かすような生態的・文化的な価値と実践の可能性に注目する．こうしたローカルな潜在力としての生命観と，グローバルな知識・技術・制度を創造的に媒介することによって，新たな生存基盤の思想は開かれていくであろう．

[田辺明生]

第11章

グローバル化時代の地域ネットワークの再編
―― 遠隔地環境主義の可能性 ――

清 水 　 展

1 地球と地域

　本章の前半で，東西冷戦とともに始まった戦後世界が，人間の生存基盤である地球に関して，どのようなイメージを抱いたのかを歴史的にふりかえる．後半では，1991年のソ連邦の崩壊と東西冷戦の終わりがグローバル化の進行を加速度的に早め，人々の生活圏を大きく作り変え，地域社会のネットワークの再編を進めていることについて考察する．途上国の首都から遠く離れた田舎でもグローバル化は急速に進行しており，それを人々の草の根レベルの生活に即してみると，国境を超えたローカル同士の新たな結ばれあいの強化となっている．さらには，それにともなって，人々の生活圏（人間圏）と周囲の自然環境（生命圏）との関係もまた，再編の契機が与えられていることを明らかにする．
　考察の具体的な手がかりとして取り上げるのは，この10年のあいだ毎年出かけて短期の滞在調査を続けている，フィリピン・ルソン島北部山地，イフガオ州フンドゥアン郡ハパオ村の事例である．ハパオ村はマニラの北方，直線距離にして約250キロの山岳地帯の山深い谷奥の村である．そこを取り上げる理由は，第1に村を中心とする周囲の山々に第二次世界大戦の末期，

山下将軍（比島方面軍総司令官）率いる日本軍主力部隊が最後に逃げ込んで立てこもった歴史を，村人が今も鮮明に記憶していることである．第2に村の棚田景観が1995年にユネスコの世界遺産に登録されたこと，それに深く関連して第3には1990年代の半ばに始まった植林と環境保全，文化復興をめざす住民主導の運動が，2000年からは兵庫県の小さなNGOの支援を受けて拡大してきたからである．

さらには，そこが先住民の村として，フィリピン人マジョリティすなわち総人口の95％ほどを占める平地キリスト教民と呼ばれる人々とは異なる特殊な例外だからでなく，逆に，フィリピン全土のどこの片田舎でも見られるグローバル化時代の現況が，マニラから遠いそんな山奥でも同様に，というよりは，より激しく顕著に進行しているからである．

2 有限の地球

2-1 宇宙船地球号

人間をはじめあらゆる生命の生存を支えている地球が丸い球体をしているということは，古代ギリシャ人たちも経験的に知っていたという．遠く，水平線のかなたから近づいてくる船は，まずマストの先端から姿を現わしてくる．逆に陸に近づく船からは，初め小さな山の頂が見え始め，陸に近くにつれて山腹から裾野へと全貌が見えてくる．哲学者のアリストテレス（紀元前384年-322年）は，月食は地球の影の中に月が入ることによって生ずる現象であること，そしてその影の縁の形がいつも丸いということから，地球は丸い球であると確信していた．

ただし実際に地球が丸いことを証明したのは初めて世界一周をしたマゼランと言われている．しかしマゼラン自身は，フィリピン・セブ島の近くのマクタン島で首長ラプラプ率いる部隊との戦いで戦死した（1521年4月27日）．結局，世界一周の航海をなしとげたのは，1519年9月にスペインを出航した5隻の船隊のうちビクトリア号ただ1隻であり，出発時の237名の乗組

員のうちで生還できたのはわずか18名であった．世界一周の栄誉が，ビクトリア号の船長ホアン・セバスティアン・デ・エルカーノではなく，マゼランに与えられているのは，スペイン国王の援助のもと西回りで香料諸島へと航海する計画を立て，固い信念をつらぬいて実行したのがマゼランだったからである（増田 1993: 257）．

　マゼランの時代からおよそ500年近くを経て，地球が丸いことを鮮烈な映像によって全世界の誰にでも分かるように示したのは，1969年に月面着陸したアポロ11号であった．それがリアルタイムで送信した地球の映像や，月面に立つ宇宙飛行士，そして地球に帰還した後に公表された宇宙にぽっかりと浮かぶ地球の鮮明なカラー写真は，人々に強烈な印象を与えた．地平線ならぬ月平線から漆黒の闇夜に上がる青と白のまだらの地球は美しく，また傷つき壊れやすい繊細な器であることを，多くの人々は瞬時に感知した．

　そもそもアポロ計画は，東西冷戦の熾烈な軍拡競争のもとで，アメリカが産軍一体となって強力に推進した国家事業であった．1961年4月に宇宙船ボストーク1号で世界初の有人宇宙飛行を成功させたソ連に対して，アメリカは軍事技術的かつ政治的な優位をあらためて確保する必要に迫られた．それゆえ時の大統領ケネディ氏は，その1ヵ月後には，今後10年以内に月旅行を成功させ人間を月面に立たせると宣言し，「人類にとってこれ以上に素晴らしく，これ以上に重要な宇宙計画はないだろう」と説明した．アポロ11号の月旅行は，衛星を通じてリアルタイムで日本の茶の間にも放映され，その映像を観ながら私自身も興奮し感動した．そして月面に降り立ったアームストロング船長が発した第一声の「これはひとりの人間にとっては小さな一歩だが，人類にとっては偉大な躍進だ」という言葉を真に受けた[1]．

　それより以前，ボストーク1号によるガガーリン少佐の宇宙旅行もまた，私自身の個人史においても強烈な印象を残している．地球への帰還後に彼が著した本は『地球は青かった』との題名で日本語にも翻訳出版された．その

---

1) 当時のドキュメンタリー・フィルムを編集した映画『ザ・ムーン』（デイヴィッド・シントン監督 2008）のなかで，乗組員のひとりだったマイク・コリンズが，帰還後に世界各地を訪問して大歓迎され，「どこへ行っても，『アメリカはやりましたね』ではなく，『私たち人類はやりましたよ』と言われた」と証言している．

第4編
人間圏の再構築

年，小学校6年生だった私は，夏休み感想文コンクールの課題図書に指定されたその本を宿題として読み，感想文を書いた．それが運よく優秀賞に選ばれ，ちょっぴり怖くて敬遠していた担任教師とともに横浜市の開港記念会館の授賞式に参加した．感想文の内容はまったく忘れてしまったが，本の表紙に載った丸く青い地球の写真は，今でも鮮烈に記憶している．

地球を丸ごと外から眺める視点の獲得は，時代と同調し共振した私自身の個人的な体験であったと同時に，人類史においても画期的な出来事であった．ガガーリンの宇宙旅行のすぐ後に，システム工学者のバックミンスター・フラーは，『宇宙船地球号操縦マニュアル』と題する本を出版し，化石燃料の浪費による地球の危機に警鐘を鳴らし，資源とエネルギーの循環と再生に依拠した社会を作るべきだと主張した（フラー 2000［原著は1963年］: 127-129）．

宇宙船の比喩をもちいて，地球が精密なバランスに支えられた危うい存在であり，資源は限られており，人類が運命共同体であることを説いて注目を浴びたのは，米国国連大使のアドライ・スティーブンソンであった．1965年7月にジュネーブで開かれた国連経済社会理事会で，彼は「宇宙船地球号」という比喩を用い，「私たちは全員が共に小さな宇宙船に乗って旅行している乗客であり，わずかな空気と土に依存している．私たちのすべての安全は，この宇宙船の安全と平和にかかっている」と演説した．スティーブンス大使が演説の5日後に急逝したことと相まって，その演説は大きな反響を呼んだ（石 2002: 9）．

また同じ年に経済学者ケネス・E・ボールディングは「来たるべき宇宙船地球号の経済学」と題する論文を発表した．そのなかでボールディングは，かつての「開かれた経済」は無限の資源を前提として向こう見ずで略奪的な特徴を有していたゆえに，バイソンを絶滅させたことになぞらえて「カウボーイ経済」と呼べるだろう．それに対して，これから先の「閉ざされた経済」では無限の蓄えはどこにもなく，採掘するための場所も汚染するための場所もないゆえに「宇宙飛行士経済」と呼ぶべきだろう，と主張した（Boulding 1966）．さらに実際の月旅行の前年の1968年には，スタンリー・キューブリック監督による傑作SF映画『2001年宇宙の旅』が公開されている．

1960年代の後半から識者によって頻繁に用いられ広く流布するに至った，宇宙船地球号というイメージの斬新さは，地球が宇宙船のように閉鎖的な生命維持装置であることを喝破し一語に凝集して表現した点にあった．この卓見は，経済学，社会学，政治学でも盛んに援用されるようになり，80年代半ば以降の地球環境との共存の論理へと発展していった．「環境問題」に対する私たちの意識の歴史的変遷の時代区分について，石は，以下のように整理している．

　第一段階は，1950年代以前の「自然」(nature) の時代であり，環境問題は地域に限定され，そこでは「共有」が大きなコンセプトであった．第二段階は，1960年代の初期から80年代の半ばまでの「環境」(environment) の時代であり，深刻な公害に反対する市民運動が盛り上がり，環境問題が重要な政治問題として国家的規模で語られた．このとき初めて「公共性」という概念が登場した．三番目が80年代半ば以降の「エコロジー」(ecology) の時代，すなわち地球環境への憂慮の時代である．さらに90年代に入ってからは，「国家主体の公共性」から「人類を主体とする共存性」へと大きな価値転換が起きている（石 2002: 1-2, 13）．

　90年代の価値転換を日本において如実に示すのが，1997年に始まったテレビ朝日の「素敵な宇宙船地球号」というドキュメンタリー番組の登場であろう．トヨタ・グループがスポンサーとなり，テレビ朝日系列の全国ネットを通じて，毎週日曜日の夜の30分間，「地球温暖化，大気汚染など地球をめぐる環境の悪化が著しい昨今，地球を守るにはどのような対策を講じなければいけないかを世界各地の例から示す」ことを続けている．地球環境を考えるトヨタという企業のイメージ戦略のもとでの番組提供であろうが，「素敵な（はずの）宇宙船」という言葉を用いて，地球との共存（自然環境への負荷軽減）および地球での共存（多民族・異文化の共生）という二つの価値を，鮮烈なイメージで茶の間に伝えている．現代の感性に的確にマッチした秀逸なネーミングである（ただし2009年9月の第591話をもって，12年におよぶ放送が終了した）．

2-2 共有地の悲劇,あるいは成長の限界

前節で紹介した宇宙船地球号という表現の根幹にあるのは,地球という限られた空間と資源に頼って暮らしている人類という認識である.そのような人類全体の生存条件のもとで,各個人(主体)それぞれがより豊かな生活を求めて行動することが必然的にもたらす結果の危うさを指摘し資源管理の重要性を訴えたのは,ギャレット・ハーディンである.環境関係の論文として現在でも引用頻度が際立って高い「共有地の悲劇」(1968年)と題された論文のなかで,ハーディンは悲劇の進展を以下のように説明する.

> すべての人が使用できる牧草地を,想像していただきたい.そのとき,牧夫はおのおの,できるだけ多くの牛を共有地に放そうとすると考えられる.人間と家畜の数が,部族間の戦争,密猟,疾病によって,土地の許容量以下に保たれている限りは,このようなやり方も数世紀にわたって十分に機能するだろう.しかしながら,ついにあるとき,最後の審判の日が,やってくる.……共有地についての自由を信奉する共同体において,各人が自らの最善の利益を追求しているとき,破滅こそが,全員の突き進む目的地なのである.共有地における自由が,すべての者に破滅をもたらす (ハーディン 1993: 451-452).

すなわち,各個人が自己利益を最大化しようとして牛の数を増やし,全体として牧草の成長力を超えて過放牧の状態となったら,餌の不足が生じて多くの牛を餓死させる悲劇が不可避に生じるのである.続いてハーディンは,牧草地のように何か(資源)を取り出すのではなく,反対に何か(汚染物)を捨てることによっても同様な悲劇が生じてしまうと論ずる(同著 454-455).

牧草地でもゴミ捨て場でも,「共有地の悲劇」でハーディンが論じているのは,市場経済において各個人が自己利益の最大化を追求することが,「神の見えざる手」により,結果として社会全体の利益(資源の最適配分)が達成されるとする,アダム・スミスの考え方への批判であった(加藤 2005: 104).そして共有地の悲劇が地球の有限性に由来するため,経済成長や技術の発展によっては問題を解決できないという諦念が彼の発想の根にあった.

論文の後半においてハーディンは,共有地の悲劇をもたらす根本原因は,

生態系の破壊を引き起こす人口増加であるとして，だから「出産の自由は許されない」という．各自の自由を前提として，その良心に訴えて産児制限をしようとすることは誤りであり，「相互に合意された相互的強制」によって出生数をコントロールすべきであると主張した（ハーディン 1993: 461-466）．それは，国連で合意された世界人権宣言が，「家族の大きさについての一切の選択と決定はその家族自身に絶対的に帰属し，いかなる他者にも委ねられることがない」と述べるところに対する真っ向からの異議申し立てであった[2]．

そもそも「共有地の悲劇」論文は，わずか6頁の短い紙面で大胆な主張を展開することに主眼を置き，共有地そのものの実態と概念について十分な検討をしているわけではない．ハーディンの念頭にある共有地は，フリー・アクセスで誰でも自由に入れるし利用できるゆえに，その維持管理の責任と費用を分担しないフリー・ライダー（ただ乗り）の問題が不可避に生ずる．し

---

[2] さらにハーディンは，未来世代の権利や生態系の重視という観点から，環境問題の解決を図るには先進国による管理と強制が必要であるとの過激な主張を，「救命ボートの倫理」と題する論文（1975）で展開した．有限な地球という前提のなかで，生態系や将来世代の生存のためには，現在の強制的な人口減少政策が不可避である．具体的な対策として，低開発の国々の人口爆発を助長するような食糧援助や各種国際協力や，そうした国々から先進国への移民受け入れなどの政策を廃止し，「低開発国の人々の死を積極的に支持する」選択が必要である，と主張したのである（宮沢 2000: 124）．

「共有地の悲劇」のたとえを敷衍したハーディンのこの主張に対しては，アメリカ国内でも「道徳的意識の堕落した者」や「無神経なエリート主義」との誹謗をはじめ，数多くの批判と非難の声が上がった（加藤 2005: 106-107）．一例を紹介すれば，環境倫理に関する主要論文の選集である『環境の倫理』（1981年）を編集したシュレーダー＝フレチェットは，自らも「『フロンティア（カウボーイ倫理）』と『救命ボート倫理』」および「宇宙船倫理」と題された2本の論文を書き，ハーディンの「救命ボート倫理」を批判している．そのなかで，公平，分配の正義，民主主義的決定，生き残ることの価値などの重要な論点からの識者たちの批判を紹介しながら，自身も幾つかの問題点を指摘している．

第一は，豊かな国の救命ボートがあたかも自給可能であることを前提としているが，合衆国は石油をはじめ世界中の資源に依存（あるいは収奪）しており，しかも地球上の資源を不均等な割合で過剰に消費していること．第二は，豊かな国には，貧しい国の誰が生き，誰が死ぬかを決定する権利があると想定していること．第三には，完全な正義は不可能であるから（たとえばインディアンにアメリカの土地をすべて返還することはできないのだから），われわれに正義を行う義務はないとの信念を持っていること．第四には，貧しい国々を助けないことが，政治的危機を引き起こすだろうという事実を無視していること，などである（シュレーダー＝フレチェット 1993: 70-77）．

かし世界的に見れば，フリー・アクセスの共有地は例外的である．むしろ逆に日本の伝統的な共有地である「入会地」のように，それを共有する部落や村落が重い罰則を伴う共同体規制を働かせることによって，再生可能な資源として適切に維持管理されてきた．宇沢によれば，ハーディンとは逆に，「コモンズは村や自治体が独立するための重要な契機になっている」というのが，最近の学会の議論の主流となっている（宇沢 2002: 16, 20, 33-40）．

　ハーディンが提起した問題，すなわち人口増加の負荷に地球環境が耐え切れなくなり，人類全体に悲劇がもたらされるという近未来予測とそれへの対策の必要性は，70年代に入るとローマ・クラブのレポートとして，システム・ダイナミクスの理論とコンピュータによるシミュレーションを用いた客観的で説得力のある警告として発表された．ローマ・クラブは，天然資源の枯渇化，環境汚染の進行，爆発的な人口増加，軍拡競争による大規模破壊兵器の脅威などによる人類の危機に対して，可能な解決の方途をさぐることを目的として，1970年にスイスで設立された民間のシンクタンクである．

　その第1レポートが，メドウズが執筆した『成長の限界』（1972年）で，題名が如実に示しているように，経済成長には必ず限界があることを自覚し，意図的に成長を制御して「全般的な均衡状態」の達成を目指すべきだと主張した．五つの要素，すなわち人口，食糧生産，工業化，汚染，および再生不可能な天然資源の消費の増加は，幾何級数的成長と呼ぶべきパターンに従っており，このままの状態が続くならば，「百年以内に地球上の成長は限界に達し，……かなり突然の，制御不可能な減少」に至ると推断する．しかし今なら，将来長期にわたって持続可能な生態学的ならびに経済的な安定性を打ち立てることは可能であり，少しでも早く方向転換をすべきであると説いた．また目標とすべき「全般的な均衡状態」とは「地球上のすべての人の基本的な物質的必要が満たされ，すべての人が個人としての人間的な能力を実現する平等な機会をもつように設計しうる」状態だと説明している（メドウズ 1972: 8-13）．

　ただし，1972年時点では，まだ人口も経済も地球の扶養力の範囲内にあったが，その後の20年のあいだに地球環境は急速に劣化し，第2レポートの『限界を超えて』（メドウズ 1992）では，「人類はすでに，地球の能力の限界を

超え，行き過ぎの段階に入っている」ことを明らかにした．さらに，それから10年後の第3レポートの『成長の限界：人類の選択』（メドウズ2005）では，人々の環境問題への意識が高まり，環境保護のための施策がさまざまに行われるようになったが，にもかかわらず「行き過ぎ」が是正されていないことに警鐘を鳴らした．そこでは，エコロジカル・フットプリントという概念を用いて「実際に利用可能な土地の面積と比べた結果，人間の現在の資源消費量は，地球の扶養力を20％上回っている」と診断した．

2-3　暗い未来に抗して

　エコロジカル・フットプリントとは，一人の人間が食べ物，水，住居，エネルギー，移動・輸送，商業活動，廃棄物の吸収処理のために必要とする，生産可能な土地と浅海の平均面積を指す．その指標から算出すると，人類が持続可能なレベルにいたのは1980年代までであった．著者によれば，1972年の第1レポートの時よりも状況はずっと悲観的になっているが，それでもそのときと同様に，賢明な政策によって行き過ぎから引き返すことは今なら可能である．そして地球が今，直面している課題とは，「世界の貧しい人たちの消費水準を上げると同時に，人類全体のエコロジカル・フットプリントを減らさなくてはならない，ということだ」と，簡潔に述べている（メドウズ 2005: ix–xxv）．

　エコロジカル・フットプリントを減らすための方途については，メドウズを含め，しばしば地球という宇宙船に乗り合わせている人類全体の連帯責任であるかのように論じられている．しかし，具体的に，誰がどの程度に削減努力をすべきかに関しての合意はほとんど得られていない．たとえば二酸化炭素の削減を定めた京都議定書（1997年）に関して，最大の排出国であるアメリカ（24.4％）は，第2位の中国（12.1％）とともに，その調印を忌避している．一人当たりの年間エネルギー消費量は，石油に換算するとアメリカは7.8トンでカナダの8.2トンに次いで第2位であり，世界平均の1.7トンの5倍に近い．国別では世界全体の消費量の22％を占め，2位中国の13％を大きく引き離している．全体として，アメリカ人一人当たりのエコロジカル・

フットプリントは，世界平均の2.1ヘクタールに対して9.6ヘクタールであり，世界中の人がアメリカの消費水準を享受するためには，地球があと4つ必要になるという（加藤 2005b: 150）．

宇宙船地球号の乗組員である人類の皆々が平等で公正な生活を享受できていないことについては，その言葉が世界中に流布し始めた最初の頃からさまざまな人々によって指摘され，警鐘が鳴らされてきた．たとえば，1972年にストックホルムで開かれた国連人間環境会議のテーマは「かけがえのない地球（Only One Earth）」であり，「エネルギーと物質」「汚染の代価」「廃棄物の問題」「人口増の圧力」「共有財産としての生物圏」「生存のための戦略」などのトピックのもとに議論が交わされた．その席で世界銀行総裁であったマクナマラは，以下のような演説をして問題の所在を明快に指摘した（松下 1992: 66-68）[3]．

> 今日われわれは地球を宇宙船地球号と呼ぶ．しかし忘れてはならないことは，この船の四分の一が優雅な一等船客であり，残りの四分の三が三等船客であるということである．この根本原因はあまりにも歪められた所得分配にある．貧富の格差があるかぎり，生活における幸福と尊厳を奪われた多数の人々が存在するかぎり，この宇宙船内にいさかいや反乱のたえることはなく，真の宇宙船の幸福は招来されない．したがって人類の幸福のためには，開発途上国における開発の促進は不可欠のものとなってくる．ここで環境と開発のジレンマ（開発を進めることにより環境破壊がもたらされる）に直面するが，解決の途は見出すことができ，その決め手は環境破壊の未然防止である．

ストックホルム会議の年に環境庁に入庁し，以来，日本の環境行政に深く係わってきた松下によれば，この引用の最後の二つの文章を「持続可能な開発」という言葉で置き換えれば，現在でもそのまま通用するという．1992

---

[3] いいだももは，マルクス主義の立場から，宇宙船地球号は「現代的虚偽意識」にほかならず，生態学の新しい衣装をまとっているものの，一等と三等船室，指令橋と機関室のあいだの「ちょっとした差異」を否定することで，階級支配と搾取を正当化しようとするトリックの一つであると糾弾している．そして地球＝熱機関は，〈定常開放系〉をなしている生態系であり，人間の生存基盤である天然自然であって，いかなる意味においても〈宇宙船〉のようなチャチな人為的製作物ではありえない，と断言している（いいだ 1980: 137-143）．

年6月にリオ・デ・ジャネイロで開かれた「地球サミット（環境と開発に関する国連会議・UNCED）」における途上国の立場を代弁して，松下は，以下のように説明する．

> すなわち，確かに多くの途上国で，その発展と生存の基盤となっている自然資源とエコシステムの崩壊が加速的に進行している．が，そうした問題を引き起こしているのは現在の国際経済システムであり，先進国が構築したものである．途上国はグローバリゼーションで利益を受けるよりも，むしろその犠牲になっている面が強い．それゆえ，先進国では，まず資源・エネルギーを大量に消費する生産と消費のパターンを変えて，環境保全型とするとともに，途上国の持続可能な経済発展への移行にも力を貸すべきである．そして実際，地球サミットでは，地球環境の保全と途上国の開発要求という，折り合いをつけるのが困難な課題に対する妥協として「持続可能な開発」という考え方が支持され，「環境と開発に関するリオ宣言」や「アジェンダ21」に具体化される結果となった．環境保全と開発推進という二兎を追うことになったのである（松下 1992: 69-73）．

　そもそも持続可能性（sustainability）という概念は，1987年の国連『ブルントラント委員会報告書』（*Our Common Future*, 邦訳は『地球の未来を守るために』）によって確立された（環境と開発に関する世界委員会（編）1987）．しかしその概念は，持続すべきは何なのかに関して，初めから危険なあいまいさを含んでいた．それゆえ，自然を保護するよりも，持続的な開発のために自然資源の経済性を重視する傾向に歯止めをかけられなかった．そして持続可能性の力点は，いつの間にか自然から開発に移り，「一言で言えば，持続可能性は自然の保護ではなく開発の保護」になってしまった（ザックス 2003: 109）．
　二兎を追って共に得ようとするには，先進国のエネルギーと資源の消費を，途上国の増加分を補ってなおかつ余るほどに劇的に削減するしか他に方法はない．具体的な対応策としてはザックスの解決策が明快である．あらゆる産業プロセスは，地球から自然資源を取り出してモノやサービスに変え，廃棄物を放出している．これは自然から経済活動へ，そしてまた自然へと戻る物質循環と考えられる．それゆえ，ザックスは，「経済を通過する物質循環の総量が勘案されなければならない」として，自然に対する経済活動の負

荷を 1990 年の十分の一にする必要があると主張している．もちろん先進国の側の削減義務の強調である（ザックス 2003: 227）．

3 グローバル化と地域社会

3-1 グローバル化の進展

自然環境や生命圏の危機という問題と結びつけて，地球がひとつの有機的なシステムとして宇宙船にたとえられてきた．それと似たような現象が，政治経済文化の分野では，グローバル化と呼ばれている．グローバル化とは，人間，資本，商品，情報，イメージなどが国境を越えて大量に動き回り，その結果として，地球上の異なる地域や場所が緊密に結ばれている状態を意味している (Inda and Rosaldo 2002: 2)．しかし人間の移動だけに焦点を当て，しかも人類史という長期的な時間軸で考えれば，十数万年前にアフリカの大地溝帯付近で誕生した現生人類の祖先の一部が，おそらく 7-8 万年前にアフリカを出て，地球上のあらゆる場所へと移住していった過程そのものをグローバル化の始まりと見なすことができるかもしれない[4]．

あるいはまた，15 世紀末に始まる大航海時代は，1521-22 年のマゼランの世界一周が象徴するように，今日的な意味でのグローバル化の先駆けであった．それ以降，西欧列強による世界分割と植民地支配をとおして，政治経済の編成のされ方が地球規模で一変していった．大航海時代以降，植民地

---

[4] ロバートソンは，ギデンスがグローバル化を近代化の結果として捉えることを批判し，グローバル化は多くの世紀にわたるたいへん長いプロセスであり，近代化に先行したと主張する（ロバートソン 1997: 12-13）．その意味では，2 万年ほど前の最後の氷河期に凍結したベーリング海を渡り，アメリカ大陸へと移住していったモンゴロイドの大移動も，人類の地球大の拡散移住の一こまであり，グローバル化の一過程と見ることができるかもしれない．1000 年ほど前に，東南アジア島嶼部のマレー世界から南太平洋の島々へ，さらにはマダガスカルにまで海を渡っていった人々の移動も同様である．現在では，生物のなかでヒトだけが，北極の酷寒の地から赤道直下の熱帯まで，また南太平世の珊瑚礁の海抜数メートルの島々からからアンデスやヒマラヤの 4000m ほどの高地まで，地球上のありとあらゆる場所，異なる環境を生活域として暮らしている．

支配に支えられた産業資本主義の勃興と発展から，近年の情報技術革命に至るまで，人や物や情報は，常に限られた地域の共同体を超えて，地球規模で動いてきた．特に近年は，IT革命による情報の瞬時の流通や，輸送手段の発達整備による人や物の大量で高速な移動などにともない，結果として，ハーヴェイが「時間—空間の圧縮」と呼ぶように，空間と時間の客観的性質が根本的に変化した（ハーヴェイ 1999: 308, 332-396）[5]．それ以前，すでに1958年にアーレントは，そもそも大航海時代の探検者や世界周航者の目的は地球を広げるためであったが，その結果生じたのは，スピードが最終的に空間を征服したために距離が無意味なものになり，「人々は，いまや地球大の連続した全体のなかで生活している」という「地球の収縮過程」であった，と指摘している（アーレント 1994: 406-407）．

ただし厳密に言えば，16，17世紀にグローバル化した経済の特徴は，異なった文明圏の特産物の交換であり，18，19世紀のそれは比較優位論に基づく自由貿易体制の推進であり，19世紀から20世紀にかけては，資源と市場の獲得という帝国主義の企てと結びついていた．それらに対して，現在のグローバル化とは，技術，情報，商品，金融などの国境を越えた自由な移動という市場経済がもつ「標準化と平準化の運動」によって，世界中の各地各所が，そしてそこでの人々の暮らしが緊密に結び付けられ，相互に依存し影響しあう事態を引き起こしている点が特徴的である．ロバートソンの言葉を借りれば，「世界の縮小と，ひとつの全体としての世界という意識の増大（ロバートソン 1997: 19）」とが，同時にもたらされているのである．

ハーヴェイやロバートソンが見ている現代世界のありようを，別の視点から見れば，それぞれ個別の場所（ローカリティ）で生きる人々や起きる事件が，あるいは生活や社会の編成が，互いに密接に結び付けられ影響しあっている．ギデンスはその点を重要視して，国境を越えて地球大にひろがる社会関係の強化こそがグローバル化であると定義している（Giddens 1990: 64）．前節

---

[5] ハーヴェイ自身は，そうした状況をポストモダニティと呼び，ポスト・フォーディズム期におけるフレクシブルな蓄積がもたらしたものであるゆえに，史的唯物論的探求によって十分に把握可能である考え，マルクスがモダニズムの模型と抽出した「時間による空間の絶滅」の議論に依拠しながら大胆な分析を加えている（ハーヴェイ 1999: 424, 436-444）する．

までの議論をふまえれば，グローバル化をめぐる議論が明らかにした変化の内実とは，宇宙船地球号という意識の，現実レベルでの具体化あるいは実体化の進行と見ることができる．

　そもそもグローバル化という言葉が重要な分析概念として用いられるようになったのは，1980年代後半頃からである．そしてロバートソンが指摘しているように，『オックスフォード新語辞典』(1991)は，当初グローバルという形容詞の新たな用法について，「環境論者の専門用語」であると「誤って」強調していた．そのことは，いみじくも当時の関心や憂慮の対象が，今のような経済面における地球規模での人，物，金，情報等の大量で急速なフローではなかったことを示している．グローバル化という認識は，80年代の冷戦体制下で世界が東西に分断されていても，国境を超え鉄のカーテンを超えて環境汚染（たとえば酸性雨）が広がっていることへの危機意識と結びついていた（ロバートソン 1997: 20）．その意味で，そもそもグローバル（地球大の）という言葉には，球体として自己完結した存在，すなわち宇宙船地球号という表現と通底するかけがえのない地球という世界認識が潜んでいる．中国語の全球化という訳語が，グローバル化の含意を適切に表現している．

　そうした認識の生成について，たとえば人類学者のコンクリンとグラハムは，ブラジルの先住民カヤポ（人口約4000人）の事例を取り上げて詳細に検討していて興味深い．カヤポのリーダーたちは，1980年代後半にブラジル政府が世界銀行の支援を受けて，自分たちが住むアマゾンの森を開発し大規模水力発電ダムを建設する計画に反対し，ビデオ映像を活用するなどの新たな戦術を駆使し，また欧米のNGOの支援を得て活発な抗議活動を展開した．反対運動の盛り上がりは，1989年2月にアルタミラという町で開かれた公聴会で頂点に達した．そこには600人ほどのカヤポたちが，男たちは戦に向かう戦士の正装をして槍を持ち，女たちも山刀を携えて参集した．公聴会と事前の集会の取材には，国内外のメディア関係者が400人ほど集まり，彼らを前にして生活の場である自然環境を守るためには戦うことも辞さない先住民であることを訴えた．そして公聴会の場を，ブラジル政府との対話や交渉ではなく，全世界に向けたダム反対の断固たる意思表明の場とすることに成功した．その模様は，新聞やテレビで世界中に報道され，世銀の

融資中止とブラジル政府のダム建設断念の決定を導くことができた (Turner 1991, 1993).

　コンクリンとグラハムによれば，カヤポの例がはっきりと示しているのは，開発と環境に関心をもつ第一世界の市民と第三世界の先住民とのあいだに，言語と文化の違いや空間距離を超えて新しい連帯が生まれつつあるという，新たな可能性である．しかもその絆は，旧来の連帯を導いたような共通のアイデンティティや政治イデオロギー，あるいは経済的な利害得失の計算ではなく，第一世界の市民の側の「地球環境共同体 (global ecological community)」意識，あるいは「グローバル・エコ・イマジナリー (global eco-imaginary)」にもとづいているという．そこでは，先住民たちは，周辺世界に住む二級の成員ではなく，むしろ環境保全という中心価値を実践し体現している者たちとして位置づけられている．それゆえ，環境にやさしいというイメージで急成長し，世界大に展開するイギリスの化粧品会社のボディショップが，自然と純粋さの象徴としてカヤポを企業イメージの宣伝に積極的に用いたりすることになるのである (Conklin and Graham 1995: 696-697. 詳細は清水 2003: 161-170 を参照).

　ブラジル奥地の先住民カヤポとボディショップの結びつきが示すように，この十数年のあいだに生じたグローバル化の急激な進行を推進するのは市場経済システムであり，その背後には東西冷戦体制の終焉がある．1989年にベルリンの壁が崩壊し，1991年にはソビエト連邦が解体した．それまで，世界はアメリカが主導する資本主義・自由経済の第一世界と，ソ連が主導する社会主義計画経済の第二世界とに分断され，その間にはヨーロッパ大陸を横切る「鉄のカーテン」が下ろされ，人や文物の交流が大幅に制限されていた．そして「南」すなわち第三世界の国々は，東西両陣営の版図確保や影響力行使の競争のなかで低開発のレッテルを貼られ，未発達で機能不全のまま貧困のうちに留まっているひとつの欠如態あるいは遅延状態とされ，開発・援助という介入の対象とされた (エステバ 1996: 18-20).

　ふたつの対抗する経済社会理念のもと，ある種の均衡を保ちながら分断され住み分けられていた戦後世界は，1991年のソ連邦の解体によって，アメリカが，軍事的政治的経済的な覇者として一人勝ちした状態となり，ネオリ

ベラル経済を主たる駆動力とする重層的なネットワークをとおしてその影響力を強めた．しかし，いっときは「帝国」として世界に君臨するかに見えたアメリカも，2001年9月11日の航空機自爆テロに挑発され，過剰な防衛反応としてイラクとアフガニスタンへの侵攻を行い，今現在も撤退の道筋が見えない泥沼に陥っている．さらに08年秋のサブプライム・ショックによる世界大の経済危機は，世界中の経済がいかに深く結びつき相互依存しているかを露呈するとともに，アメリカ主導の経済システムへの懐疑と反発を顕在化させ，実態と理念の両面においてアメリカの覇権を弱めている．それはグローバル化の進行によっていっそう緊密に結び付けられてきた世界を，同時に多元化し多極化してゆく方向性を生み出している．

3-2　北部ルソン山奥村の変容

　本節では，私自身が，1997年から毎年の春か夏の休みに1度は必ず出かけて1-2週間から数週間の滞在調査を続けている，北部ルソン山地イフガオ州ハパオ村の近年の変容について簡単に報告する．急速に進行するグローバル化が，地球上のほとんどあらゆる国のあらゆる地域に暮らす人々の生活の成り立ちに決定的な影響を与えていることを，途上国の首都からも遠く離れた山奥の村の草の根レベルの暮らしの変化に関する一事例をとおして明らかにするためである．

　イフガオ州はフィリピン・ルソン島北部のコルディリエラ山岳地帯に位置し，行政的には7つの郡と，その下位単位である143のバランガイ（村落）から構成されている．2000年の統計によれば，イフガオと自称する先住民族を中心に約16万人が住む．州の東南部分にある低地を除けば，大部分は山岳地帯であり，人々が住む渓谷地帯のほとんどは，海抜700-1400メートルの高地にある（Conklin 1980: 3, 37-38）．

　フィリピンでイフガオといえばまず棚田が想起される．その風景は熱帯の白砂青海のビーチとともに，政府観光省が観光振興のために作る宣伝ポスターとして用いる定番のひとつである．1995年には，調査地のハパオ村を含む4つの棚田地区がユネスコの世界遺産に登録された．1990年代の初め

第 11 章
グローバル化時代の地域ネットワークの再編

写真 11-1　ハパオ村の夕暮れどきに，民家の庭先でギターを弾く若者（口絵 5）
注：右手の少年は携帯電話を手にしている．2008 年 6 月．

に発行された最高額紙幣である 1000 ペソ札の裏面には，イフガオの棚田と木彫りの神像の図柄が描かれている．スペインとアメリカの植民地となったフィリピンが，土着固有の文化を誇ろうとするとき，イフガオが着目され称揚されるのである．私の専門である文化人類学の分野でも，イフガオは体系化された慣習法と，ギリシャ神話にも匹敵するといわれる数の神格と神話を持つゆえに，フィリピンでもっとも多くの調査がなされてきた．固有の文化を持つエキゾティックな民族であることを強調するために，現在でも，『首狩人の神との出会い』(Newell 2007) などと題された本が出版されている．

　私がイフガオに関心を抱いたのは，1990 年代の半ばからフンドゥアン郡ハパオ村で住民主導の植林運動が続けられているからであった．ハパオ村は，フンドゥアン郡に 8 つある村落のうちで最大であり，310 世帯およそ 2200 人が暮している．ゆるやかな V 字型の谷の底を豊かな水量の川が流れ，

321

川岸から少し上がった山腹斜面の道路にそって割合と裕福な家々が並ぶ．道路沿いの家々には電気がきており，また料理にはプロパンガスを用いている．いっぽう棚田景観のところどころには，数軒の家が密集する小集落が点在しており，そうした家々では，電気は通じておらず，料理も薪を使う場合が多い．点在する家々をのぞけば，山斜面の中腹以下に造られた20から30段の棚田とその上方のピヌゴの森（親族共有林）が，ハパオ村の基本的な景観を構成している．来訪者には，眼前に広がる小宇宙が棚田と森の広がりによって埋まっているという印象を与える．

　植林運動のリーダーは，1938年生まれのロペス・ナウヤック氏といい，住民組織の名称は「イフガオ・グローバル・森林都市・運動」(Ifugao Global Forest City Movement) という．彼によれば，山奥の村の小さな運動をあえてグローバルと名づけた理由は，ハパオ村の一帯が，そもそも戦後世界の始まりとともにグローバルであったからである．村の背後にそびえるナプラワン山をはじめ周囲の山々の山腹と谷間には，第二次世界大戦の末期に，比島方面軍総司令官の山下奏文大将率いる数万の日本軍主力部隊が逃げ込み，立てこもった．しかしナプラワン山の霊気によって荒ぶるサムライ魂を鎮められた山下将軍は，最終決戦を断念して降伏し，それによって「そのとき戦後の世界平和がこのイフガオの地に降臨した」．また，世界遺産にもなった村の棚田を見に世界中から観光客がやってくる．棚田観光の中心の町のバナウエよりも，はるかに壮麗な棚田を持つハパオにまで，もっと多くの観光客に訪問してもらいたいし，村はグローバルに開かれているのだという．

　実際，香港やシンガポールの住み込み家政婦を中心として，台湾の工場労働者や，中東の看護・介護士あるいは労働者として，今までに海外出稼ぎに出た者たちの総数は，ハパオ村だけで優に150人はおり，2世帯に1人の割合である．彼女たち（2/3以上は女性である）の海外からの送金や帰国時に持ち帰る金は，弟妹やオイメイたちの学資となるほか，祖霊を慰める伝統儀礼を盛大に催すための費用に，あるいは家の改築や新築の費用に，あるいは威信財としての棚田やテレビ・DVDプレーヤーなどを購入する費用に用いられている．そのDVDでは，マニラで製作されるタガログ語映画よりも，ランボーなどのハリウッド・アクション映画が好まれている．その意味で，村

はすでにグローバル大の経済システムのなかに組み込まれており，村人たちはグローバル化の趨勢に対峙し便乗しつつ，生活の向上を図っている[6]．

　そうした外部世界とのつながりが緊密化してゆくなかで，ナウヤック氏が村での植林運動を始めた目的は，グローバル化の時代だからこそ，自分自身がそして子や孫たちが根無し草になるのではなく，イフガオとしての自覚と誇りをもって村で豊かな暮らしを作ってゆくためであった．具体的には，彼自身が木彫り職人兼仲買人として生きてゆくために今まで多くの木を切ってきたことに対して，今は逆に自然に恩返しをしたいと思ったこと．村の主たる現金収入源である木彫り産業を続けるために，子や孫の代に使える材料を今から植えて確保したいこと．そして森に木を植えることで，山斜面の土砂崩れを防ぎ，棚田の生命線である湧き水からの用水路が埋まることを防ぎ，棚田耕作の存続に役立ちたいこと．さらに民宿を活用した棚田観光の振興を図りたいこと，などと説明してくれた．

　棚田は十世代を超える遠い昔に石組みの壁で造成することから始まり，何世代にもわたり毎年の耕作から収穫まで，すべて人力で行ってきた．祖先のおかげで今の自分たちに命が受け継がれてきたことを棚田は黙って教えてくれている．大学教育を受けて英語が話せ，海外に出稼ぎに出られるような若者ばかりではなく，貧しさのゆえに小学校を卒業できず，あるいはハイスクール（小学校の後の4年間）の途中でドロップアウトしてゆくような若者たちが，この村で棚田耕作と木彫り細工をしながら，イフガオであることを自覚し，誇りをもって生きてゆけるようにしてゆきたいのだという．

　彼が手弁当で始めた植林運動に興味をもち，ナウヤック氏が自宅兼事務所としているイフガオ伝統家屋に寄寓しながら調査を始めた私は，2年目に村に戻ったときに，この運動を資金的に支援してくれるNGOを日本で探

---

[6] 実際，たとえばナウヤック氏の末娘は，1994年にイスラエル男性と結婚してエルサレムに住んでいる．彼女は，バギオ市の大学を卒業して1年ほどホリディ・イン・ホテルに勤めたあと，1991年から2年間，香港に住み込みの家政婦として出稼ぎにゆき，帰国してすぐにバギオ市でその男性と知り合い，結婚したのである．またナウヤック氏の親友で村の指導的モンバキ（伝統司祭）であるテオフィーロ・ガノの7人の子供のうち，長女は1970年代後半に看護婦としてオーストラリアに，次男は木彫り職人の腕を活かして1992年に氷柱芸術家としてイギリスに，三男も2年遅れてイギリスに移民している．

すように強く要請された．それで私は，兵庫県氷上郡山南町の小さなNGOのIKGSのフィリピン駐在員である富田一也氏にお願いして支援の可能性を検討してもらった．IKGSは，町の主産業の林業にとっては厄介者である葛を活用して，荒地に植林を進める事業を，1991年に大噴火を起こしたルソン島西部ピナトゥボ山の噴火被災地で，1997年から2001年まで実施していた．町の老人会や子供会などが，冬に山に入って葛の種を集め，それをフィリピンに運んで苗床で発芽させ，荒れて乾燥した土地に苗を植えて地表を葛で被覆した後，翌年に果樹や有用樹の苗木を植えたのである．植林に関わる各段階の作業は，現地の被災者を雇って行ったが，毎年の春休みには山南町の地元の高校生20-30人ほどが，現地で1週間のワーク・キャンプに参加し，植林活動と親善交流を行った．

　富田氏は，もともとは噴火被災者であるアエタ先住民の生活再建支援のため，農業指導員として同地に1995年までの3年間派遣された海外青年協力隊員であった．任期の終了後に日本へ一時帰国した後，IKGSの駐在員として，家族とともに再びピナトゥボに戻り現地での活動を再開していた．私が彼にイフガオでのプロジェクト展開を依頼したとき，ちょうどピナトゥボでの活動が一段落したところだといって，全面的に協力をしてくれた．IKGSは，2001年から2008年までの8年間に，5つの助成団体・機関から総額8,650万円の助成金を日本から受け[7]，ナウヤック氏の「グローバル」をカウンター・パートとして植林活動を柱とする幾つかのプロジェクトを実施した．それだけ大量の資金が流れ込む事業であったために，住民組織の名称の略称である「グローバル」が，メンバーや他の村人たちのあいだの日常会話で頻繁に登場する語彙となった．

　ピナトゥボで活動しているあいだのIKGSは，子供会，老人会，高校クラブ活動などと連携し，町民各層を巻き込む町起こしとして大いに盛り上がった．しかし，イフガオに事業の中心を移してからは葛を用いず，また高校生

---

7) 具体的な内訳は，国際協力事業団から6年間で5500万円，環境事業団地球環境基金から3年間で2010万円，緑の募金国際緑化公募事業から3年間で510万円，イオン環境財団から4年間で410万円，国際ボランティア貯金から1年間で226万円である．それ以外に，サンバレス州での植林活動の継続のために緑の募金とイオン財団から2005年と2006年に計370万円の助成金を得ている．

第 11 章
グローバル化時代の地域ネットワークの再編

写真 11-2　JICA のプロジェクト評価チームに，植林サイトを案内するナウヤック氏
注：2005 年 8 月.

が団体でワーク・キャンプに出かけるには遠すぎて不便なために，町民の関心や支持を次第に失っていった．IKGS の会員は 100 名に届かず，運営のための事務作業などを分担して活動を支えるボランティアも数名であり，イフガオでの活動も外部資金によるものであった．実体としては，数人ほどで事務局を支えている小さな NGO がイフガオのプロジェクトに関して大きな資金を継続して取れたのは，富田氏の申請書が魅力的で説得力があったことと，現地住民が「グローバル」として組織化され一定の実績を残していたからであった．

とりわけ，リーダーのナウヤック氏による「グローバル」という名称の由来の説明，すなわち第二次世界大戦末期に山下将軍が逃げ込んだ歴史と，ユネスコの世界遺産にも登録された壮麗な棚田は，日本の援助をする側にとっても魅力的であり，そのことを強調しながら富田氏は申請書を作成した．た

325

とえば国際協力機構は新たな開発協力のかたちとして,「草の根技術協力事業」を2002年から開始したが,IKGSの「アグロフォレストリーによる持続可能なエコシステムの構築:世界遺産のフィリピン・イフガオ棚田の保全」プロジェクトが,その「草の根協力支援型」部門の初年度の第1号案件として採択された(3年間で1000万円,2002年度の採択はそれ1件のみ).また,このプロジェクトには,高校生や大学生のときにピナトゥボのワーク・キャンプに参加した経験のある女子大生3名が1年間休学して村に住み,モデルファーム造成・維持,植林,ウサギ飼育などの事業にボランティアとして参加した.

2005年からは,同じくJICAの「草の根パートナー型」部門の案件として「イフガオ州における草の根エンパワーメントを通した生計向上による環境保全」プロジェクトが採択された(3年間で4500万円).エコツーリズムの振興のために宿泊ロッジを伝統的家屋のスタイルで4棟建設し,その運営を担当する若者グループを養成したほか,ドジョウの養殖プロジェクトを実施した.ドジョウの養殖には,フンドゥアン郡の郡長が強い興味を示し,そのための施設を郡の事業として建設し,専従スタッフを配置した.それらのプロジェクトのためにも,日本から10名を超える若者がボランティアとして参加し,1ヶ月から半年のあいだハパオ村およびその近隣地区に滞在し活動をした.

4 「グローカル」な生活世界

ハパオ村に車が入れる道が通じたのは1960年代の半ばになってからである.しかも1970年代半ば過ぎから1987年頃まで,フンドアン郡は反政府武力闘争を行う共産党=新人民軍が実効支配をしていた.そのことを嫌って,イフガオ州外へ移住してゆく者も少なくなかった.逆に村にとどまった者たちは,ある程度まで自立した旧来の社会経済システムのなかで暮らし続けた.しかし,1980年代の末頃から,彼らの世界は大きな変化を経験した.1986年のピープル・パワー革命によるアキノ政権の成立を契機として,政

府は共産党＝新人民軍に攻勢をかけ，国軍と警察が郡役場の横に駐屯し，役場の機能を回復した．それにより郡や村が国家の行政機構の末端に完全に組み込まれると同時に，その頃から急速に，個々の家の生活が，北部ルソン山地の中心都市であるバギオや，マニラ，さらには海外に出稼ぎに出る者たちの仕送りに支えられるようになっていった．

棚田を有することは依然として社会的な威信と結びついているが，所有する棚田からの収穫米は，ほとんどの場合，一家の消費量の数ヶ月分にしかならない．かつては，焼畑を開きサツマイモを栽培して不足分を補っていたが，現在では賃労働や仕送りで得る金で米を買っている．2000年頃には，丘の上に建てられた村役場と病院だけが，携帯電話の受信可能地点だったが，現在では，村のだいたいの場所で受信が可能となっている．ジーンズにスニーカーそれと携帯を持つことが，多少とも豊かな家の若者たちに共通のファッションとなっている．その携帯のテキスト・メールは，ハパオ村に残る者たちと，バギオ，マニラ，さらには香港やシンガポール，台北で働く姉や兄，オジやオバたちとを結ぶ絆となっている．

北米，ヨーロッパ，中東，アジアへと家族や親戚や知人の誰かが出稼ぎに行き，さらに一部はそこで定住（しかし大量の土産をもってしばしば里帰り）することで，ハパオ村の村人たちにとって，そうした国々や都市の名前が日常的で身近なものとなっている．それにつれて，空間認識もあいまいながら（南米とアフリカを除き）地球大に広がっている．ただし村人たちにとっての世界存立は，月や宇宙船から見た地球の写真が喚起するイメージとは異なり，ハパオ村を中心として，ローカル―ナショナル―リージョナル―グローバルという地球大に広がる白地図のうえで，親戚や知人たちの足跡が届く先々の都市と結ばれている放射状のゆるやかな網掛けネットワークとしてイメージされている．

ハパオ村の事例から言えるのは，村の生活が，もはや伝統的な地域社会（イフガオの居住地および隣接地域）の内部だけで完結しているわけではない，ということである．逆に言えば，もっとも伝統的な生活を保持していると考えられているイフガオの人々であっても，ネオリベラル経済を推力とするグローバル化の進行によって作り出されてきた，世界全体を有機的に関係づけ

るゆるやかな相互依存システムの外部に孤立しているわけではない．むしろ逆に，伝統的な祖先儀礼を行なったり威信財としての棚田を購入したりするための費用は，海外に出稼ぎに出た者たちの送金から捻出される．イフガオであることのアイデンティティを体現する儀礼や生活様式が，NGO や出稼ぎ労働者らの海外に広がるネットワークによって支えられ，存続可能となっている．

　現代世界にあっては，イフガオにかぎらず，地球全体を包摂するシステムの外部で自律＝自立している小世界は，もはやどこにも存在していない，といえるだろう．人類学が主たる対象としてきたような非西欧の国々の，首都から離れた地方や山奥で暮らす周辺的民族（かつて 1960 年代頃までは未開民族，その後に少数民族，近年では先住民などと呼ばれる人々）もまた，今や私たちの同時代人なのである．彼（彼女）らは，私たちとは違った場所で，違った歴史径路で発展させてきた文化に支えられ，しかし私たちに押しよせるグローバル化の同じ波に対峙し，便乗したり抗ったりしているのである．

　ハパオ村においては，1990 年代から海外出稼ぎが顕著になる一方で，伝統文化への関心とイフガオであることの自覚が強まってきている．きっかけは，1993 年に，時のフンドゥアン郡長のイニシアチブのもと，郡の社会経済的な状況を改善するために，観光と農業の振興および伝統文化の自覚と継承を目的とした祭りを盛大に行なうことを決め，現代版のトゥゴ（伝統祭礼）として復活させたことである．トゥゴとは，そもそも田植えや収穫の完了後に行なう儀礼の翌日や，乾期の終わりを告げる最初の雨の翌日，あるいはそれから 2, 3 日の間，簡単な家事以外の労働をしない休息日を意味していた．トゥゴの復活とスペクタル化（伝統衣装を身に着けた村ごとのパレードやパフォーマンス）は，生活の改善向上と，それ以上にアイデンティティの覚醒・強化を明確に意識した，現代における「伝統の再創造」と見ることができる[8]．

---

8) 毎年 4 月第 3 週の週末の 3 日あるいは 4 日間，「伝統的な歌謡，舞踊，ゲーム，食品加工，とりわけ各種儀礼」を行い，「イフガオ文化に対する関心と理解を深め，とりわけ若い人々にイフガオの文化を実践して生きるための知識を伝えてゆく」と同時に，「郡を構成する 9 つのバランガイのあいだの友好と協調を図り，さらには観光と農業の振興を奨励する」機会とするのである (Lacbawan 1999: 3-4)．年ごとに多少の変更があるが，基本的なプログラムは，初日に会場と

第 11 章
グローバル化時代の地域ネットワークの再編

写真 11-3 トゥゴ祭りで入場するグループ
注：2000 年 4 月撮影（ロウェナ・ナカケ氏提供）．

　この十数年のあいだに，海外への出稼ぎや海外からの援助資金の導入をとおして，村の生活が国境を超えた地域と深く結ばれるようになった．生活の糧を求めてグローバル大の外部へと意識と行動が向かい始めたことと，逆に内向きに伝統的な儀礼や遊び，種々の生活の知識と技術など，イフガオとしてのアイデンティティを可視化し具体的に示す文化に着目し表象し実演することが盛大に行われるようになったこととが，ほぼ同時期に生じている．し

なる郡役場前広場からナブヤワン山頂までの往復登山マラソンが行なわれる．
　第 2 日目は，伝統的衣装のバランガイ代表団の入場行進と開会式典に続いて，地酒作りや糖蜜作りのデモンストレーション，悪霊退治の儀礼などが始められる．午後には，伝統的な遊び・競技としてイフガオ相撲，腕相撲，足相撲（片足ケンケン相撲），竹登り競争，綱引き合戦，などがバランガイ対抗で行なわれる．夜は「伝統文化の夕べ」として，伝統的な歌謡や舞踊のコンテストが催される．第 3 日は，バランガイ対抗のバスケットボール，バレーボール，チェス，バトミントン（12 歳以下の子供）の試合を行なう．夜には，ミス・フンドゥアン・コンテストが華やかに催される．

かも個人や民族のアイデンティティやルーツとしてのイフガオの暮らしや文化は，棚田を中心とする生業および景観に深く根ざし支えられ，自然環境と不即不離の融合として自覚されており，グローバル化によって，そうした自覚が強化されている．樹木が成長して枝葉を広げてゆくのに応じて地中に深く根を張ることと似て，地球大に広がるネットワークの拡大に応じて人々の暮らしの営みもまた，棚田耕作が象徴するように，何代にもわたって石壁を作り補修してきた祖先の汗と，森の水と田の土と，神々の恵みとによって支えられていることの再確認，あるいは再発見が導かれているのである．

すなわちグローバル化の進行とは，必ずしも一般に考えられているように世界を同質化し個別性を抹消してしまう過程ではない（フリードマン 2006 参照）．むしろ逆に「個別主義を推進（し）……したがって，グローバルに多様性を推進する」ものである（ロバートソン 1997: 5）．しかし同時にそうして個別化し多様化した地域同士が主体的に直接に結びつきあう契機と経路を与えるものでもある．そしてハパオ村のナウヤック氏やフンドゥアン郡のトゥゴで見たような文化復興の動き，すなわち民族文化の真正性および土着性への関心の高まりとその誇示は，グローバル化の衝撃に対する過去や伝統への逃避あるいは保守反動ではなく，グローバル化の潮流に積極的に乗り出してゆくための自己確認であり，さらには想像されたグローバルな競技場(アリーナ)における認知の要求として理解できる（フリードマン 2006: 15-16）．

グローバル化は，生活の糧を得るために国外に出稼ぎにゆく村人たちを多数生み出し，逆に土産物としてのテレビや DVD プレーヤーやハリウッド映画のソフト（ほとんどが海賊版である）が村のなかにまで入ってくるような，ローカルとの相互の浸透として進展している．民族や地域の個別性と固有性への着目と積極的な再評価や復興・再表象を不可避にともないながら進行するグローバル化については，国外に広がるネットワーク拡散と表裏一体となって進むローカルへの回帰や再発見も含意した「グローカル化」と呼ぶことが適切であろう．グローバル化とローカル化との共振的同時進行という理解が必要である．

「グローカル公共哲学」の展開という意欲的な企てに挑む山脇によれば，グローカルという造語は，1990 年代の初めに日本で生まれたという．現在

では，イデオロギーを異にするさまざまな論者によって用いられているが，山脇自身は「個人一人一人が生きる『現場性』や『地域性』という意味でのローカリティに根ざしながら，グローバルかつローカルな公共的諸問題を論考する学問」としてグローカル公共哲学を定義している（山脇 2008: ii）．そして自然環境に関するグローカル倫理とは，かつてのローマ・クラブのように先進国的な視座で高みから全体的に捉えるのではなく，世界各地の自然環境問題の多様なありようを，貧困に苦しむ地域や現場の人々の「ローカル・ノレッジ」を十分にふまえながら，人々との対話や熟議を通して環境問題を考えてゆくことだと説明する（山脇 2008: 47-48）．

　IKGS と「グローバル」の連携協力の事例に戻って，グローバル化とローカル化の同時進行と環境保全の関係について人々の生活に即して考えると，山南町でもハパオ村でも個々人は，日々の些事のいろいろに追われていて，地球環境問題を丸ごと意識しながら暮らしているわけではない．確かに，兵庫県・丹波篠山の山深い山南町の側で，まず町民の一部がフィリピンに関心をもち，緑化支援の活動を始め，NGO を組織したのも，環境問題への関心と憂慮があったからであった．しかしそれは，たとえ偶然であっても，個別具体的な場所および個々人の顔が見えるような関係ができることによって初めて，より強い関心へと強化され具体的な行動を導いた．最初のきっかけは，神戸大学農学部の津川教授が公民館主催の講演会で「葛を用いてピナトゥボ山噴火の被災地域を緑化しよう」と呼びかけたことにこたえ，関係者が実際に現地視察に赴き，火山灰砂で覆われた世界の荒涼さを実感したことであった．その意味では，国境と海を超えた関係の直接性と具体性が運動を最初に動かしてゆく梃子となった．

　町民たちの意識に即してみれば，環境問題に関する意識のありようは，日々の生活の場である町を中心にして，池に投げこんだ石が作り出す波紋のようにローカル—ナショナル—リージョナル—グローバルと，同心円状に拡大しているわけではない．むしろ，国境を超えたきわめてローカルでミクロな町や村同士が，あたかも互いの飛び地であるかのように，ナショナルやリージョナルという拡散する距離を超えて直接に結びつき交流し身近に感じている．先方から「グローバル」の代表や関係者，フンドゥアン郡長やイフガオ

州知事が何回かに分かれて親善訪問に招かれて町民と交流し，逆にIKGSの関係者らが何度もハパオ村に出かけて親善交歓している．

　イフガオ以前，ピナトゥボでの植林事業の場合には，ワーク・キャンプに参加した高校生の多くは，初めての海外旅行でありながら，大阪もマニラも素通りして，電気も水道もない村に入って数日を暮らし，感激して帰国した．草の根のレベルで見れば，グローバル化の進行は，国境を超えた二つのあるいは複数の地点に住む人々を緊密に結びつけ，互いの生活世界に影響を及ぼしあうような空間意識と社会変容を生み出している．

5　遠隔地環境主義

　それゆえ，ピナトゥボやイフガオの植林事業に係わったIKGSの関係者や町民の動機づけは，コンクリンらが名づけるような「地球環境共同体」意識などというよりも，むしろ「遠隔地環境イマジナリー (long distance eco-imaginary)」あるいは「遠隔地環境主義 (long distance environmentalism)」と呼ぶことができるであろう．この用語は，ベネディクト・アンダーソンの遠隔地ナショナリズムという概念に触発されたものである．

　アンダーソンは，グローバル化で大量の労働者が国境を超え外国で長期の出稼ぎや移民として暮らしていることに着目する．そして彼らがたとえ移住先の国で市民権を取って快適に暮らしていても，その国にはほとんど愛着を感じずにいて，むしろ出身地である「想像上の故郷」で生じている戦いの方に関心を抱き，プロパガンダや武器や投票以外のあらゆる方法を利用してそれに参加したいという誘惑を感じていると指摘する．それを遠隔地ナショナリズムと呼び，こうした市民権なき政治参加は無責任なものとなりかねず，故郷にいる抜け目ない政治的な機会主義者の餌食になってしまう可能性が高いことに強い懸念を示すのである（アンダーソン 1993: 189-190）．

　そうした危惧を含めて，開発途上国の環境問題をめぐる先進国の関心と憂慮のあり方は，遠隔地ナショナリズムの感性の発露の仕方と相似している．ただし，私のいう遠隔地環境主義では，アンダーソンの場合と異なって故郷

と遠隔地との関係が転倒している．遠隔地環境主義では，憂慮する人々は先進国の快適な生活環境のなかにいて，そこから開発途上国の環境問題の軽減のために支援や介入を行おうとする．すなわち，カヤポを支援する欧米の人々にしても，山南町にいる心ある町民たちにしても，地球環境を守る戦いの最前線は，海を超えた遠いかなたにある．戦いの前線で実際に日夜苦闘しているのは，地理的には隔てられていても心理的にはきわめて親密な故郷や祖国の同胞たちではなく，異国の異文化のなかで暮らす貧しい者たちである．

先進国の側で草の根の人々を支援活動へと駆り立てるのは，運命共同体としての地球の環境悪化に関する漠然とした危機意識であり，そうした危機が具体的に生じている現場で環境保全のために活動する人々への共感であり，海をへだてて両者を結びつける想像上の絆と連帯感である．ただしそこには，1972年のマクナマラ世銀総裁の演説や，近年のエコロジカル・フットプリントの議論が示すような，分配をめぐる正義と，先進国の側が資源とエネルギーの浪費を低減させることの責務に関する自覚はほとんど見られない．

両者の関係をあえて挑発的な比喩を用いれば，戦争における参謀本部と前線兵士の役割に似ているかもしれない．先進国の人間は戦線から遠く離れた本部にいて，前線から送られてくる情報やイメージに基づいて，金銭的あるいは精神的な支援を送るが，自らは決して傷つく恐れのない安全な生活を送っている．

しかし今，必要なのは，宇宙船地球号をめぐる議論で紹介したような，分配をめぐる正義と公正さへの配慮である．地球環境問題の危機が集約されて現れている途上国の現場に関心を持ち，状況を憂慮し，改善のために関与する活動に加わることはとても大きな一歩である．が，そこからさらに次のもう一歩を進めること，すなわち，途上国の深刻な環境問題の現場で苦闘する人々に物心両面の支援をするだけでなく，本部のある先進国の側にもまた同様に重要で深刻な環境問題の戦線があることを自覚することである．

そこでの戦略目標は，資源とエネルギーの効率よい利用による消費総量の大幅な削減であり，そのための技術革新を進めるほか，自らの生活スタイルと産業社会の編成の仕方を変えるという「大転換」を推進することである．

遠隔地環境主義は，海の向こうにある環境問題の現場に関与し支援するだけでは道半ばにとどまる．海を超えた迂回路を経て再び先進国の側で生活と社会を作り変えてゆくという，ブーメラン効果のなかに大きな可能性を秘めている．

グローバル化の進行は，西欧とアジアとアフリカを結ぶネットワークによって人々の生活をグローカルに再編成してゆく．それがもたらす，地域を超えた地球大の規模でのつながりの自覚は，地球環境の深刻化という危機に対抗する活路として，草の根の小さな実践を導く切り開く希望の所在である．

引用文献

アンダーソン，B. 1993.［原著1992］「〈遠隔地ナショナリズム〉の出現」『世界』（通号386）9月号，179-190.
アーレント，ハンナ 1994.［原著1958］『人間の条件』志水速雄訳，ちくま学芸文庫.
Boulding, Kenneth E. 1966. "The Economics of the Coming Spaceship Earth." In H. Jarrett (ed.) *Environmental Quality in a Growing Economy*, Baltimore: Resources for the Future/Johns Hopkins University Press.
Conklin, Beth and Laura Graham 1995. "The Shifting Middle Ground: Amazonian Inddians and Eco-Politics," *American Anthropologist*, 97(4): 695-710.
Conklin, Harold 1980. *Ethnographic Atlas of Ifugao: A Study of Environment, Culture, and Society in Northern Luzon*, New Haven: Yale University Pres.
エステバ，グスタボ 1996.［原著1992］「開発」ザックス，ヴォルフガング編『脱「開発」の時代』晶文社.
フラー，バックミンスター 2000.［原著1963］『宇宙船地球号操縦マニュアル』芹沢高志訳，ちくま学芸文庫.
フリードマン，トーマス 2006.［原著2006］『フラット化する世界　上・下』伏見威富訳，日本経済新聞社.
ガガーリン，ユーリ 1963『地球は青かった』あかね書房.
Giddens, Anthony 1990. *The Consequences of Modernity*, Stanford: Stanford University Press.
ギデンズ，アンソニー 2001.［原著1999］『暴走する世界』ダイヤモンド社.
Hardin, Garrett 1974. "Lifeboat Ethics: the Case Against Helping the Poor." *Psychology Today*, September.
ハーディン，ギャレット 1993.［原著1968］「共有地の悲劇」シュレーダー＝フレチェット，K. S. 編『環境の倫理・上』晃洋書房.
ハーヴェイ，デヴィッド 1999.［原著1990］『ポストモダニティの条件』吉原直樹監訳・解説，青木書店.

334

いいだもも 1980.「エコロジーとマルクス主義 (14)：現代的虚偽意識としての〈宇宙船地球号〉」『技術と人間』9(3)：134-143.
Inda, Jonathan Xavier and Renato Rosaldo 2002. "Introduction: A World in Motion." In J. X. Inda, and R. Rosaldo (eds) *The Anthropology of Globalization: A Reader.* Oxford: Blackwell Publishers.
石弘之 2002.「コモンズと地球環境」佐々木毅・金泰昌編『地球環境と公共性』東京大学出版会.
環境と開発に関する世界委員会編 1987.［原著 1987］『地球の未来を守るために』福武書店.
加藤尚武 2005a.『新・環境倫理学のすすめ』丸善ライブラリー.
加藤尚武編 2005b.『新版・環境と倫理 ―― 自然と人間の共生を求めて』有斐閣アルマ.
Lacbawan, Isabel 1999. *The 1999 Tungoh ad Hungduan: Terminal Report.* Submitted to the National Commission for Culture and the Arts.
増田義郎 1993.『マゼラン ―― 地球をひとつにした男』原書房.
松下和夫 1992.「『宇宙船地球号』から 20 年，何が変わったか」『中央公論』2 月号，66-73 頁.
メドウズ，ドネラ 1972.［原著 1972］『成長の限界 ―― ローマ・クラブ「人類の危機」レポート』ダイヤモンド社.
メドウズ，ドネラ・他 1992.［原著 1992］『限界を超えて ―― 生きるための選択』松橋隆治・松井昌子訳，ダイヤモンド社.
メドウズ，ドネラ・他 2005.［原著 2004］『成長の限界 ―― 人類の選択』枝廣淳子訳，ダイヤモンド社.
宮沢将司 2000.「宇宙船・地球号の配分的正義 ―― 有限な地球の環境倫理を考える」『理戦』63：122-129.
Newell, Len 2007. *Headhunters' Encounter with God: An Ifugao Adventure.* Lincoln: iUniverse.
ロバートソン，ローランド 1997.［原著 1992］『グローバリゼーション ―― 地球文化の社会理論』阿部美哉訳，東京大学出版会.
ザックス，ヴォルフガング 2003.［原著 1999］『地球文明の未来学』新評論.
清水展 1998.「ローカルでグローバルに生きること ―― イフガオの村の植林・環境保全運動」『Crossover』No. 8，9-11.
―― 2003.『噴火のこだま ―― ピナトゥボ・アエタの被災と新生をめぐる文化・開発・NGO』九州大学出版会.
―― 2007.「グローバル化時代に田舎が進める地域おこし ―― 北部ルソン山村と丹波山南町をつなぐ草の根交流，植林，開発の取り組み」加藤剛編『国境を越えた村おこし ―― 日本と東南アジアをつなぐ』NTT 出版.
シュレーダー＝フレチェット，K. S. 1993.［原著 1981］「『フロンティア（カウボーイ）倫理』と『救命ボート倫理』」「宇宙船倫理」シュレーダー＝フレチェット，K. S. 編『環境の倫理・上』晃洋書房.
Steger, Manfred 2008. *The Rise of the Global Imaginary: Political Ideologies from the French Revolution to the Global War on Terror.* Oxford: Oxford University Press.

Turner, Terence 1991. "Representing, Resisting, Rethinking: Historical Trans formations of Kayapo Culture, and Anthropological Consciousness." In Stocking, George (ed.) *Colonial Situation*, Madison: University of Wisconsin Press.

――― 1993. "The Role of Indigenous Peoples in the Environmental Crisis: The Example of the Kayapo of the Brazilian Amazon." *Perspectives in Biology and Medicine*, 36(3).

宇沢弘文 2002.「地球温暖化と倫理」佐々木毅・金泰昌編『地球環境と公共性』東京大学出版会.

山口正之 1979.「ローマ・クラブへの報告 ――『宇宙船地球号』の未来のための戦略」『季刊・科学と思想』31 号.

山脇直司 2008.『グローカル公共哲学 ――「活私開公」のヴィジョンのために』東京大学出版会.

第12章

われわれの〈つながり〉
── 都市震災を通じた人間圏から生存基盤への再編成 ──

木 村 周 平

1 〈つながり〉としての生存基盤

1-1 生存基盤とは

　現在，科学技術の発展やその副産物としての環境破壊や様々なリスクの発生(ベック 1998)，あるいは人々や情報，技術のグローバルな移動(アパデュライ 2004; アーリ 2006) などを背景に，人間圏の再編が急激に進みつつある．そうした状況にある現場から，生存基盤というものをどのように構想していけばよいのだろうか．本章はこうした問題について，その脅威となるもの，特に自然災害への対応についての事例から考えるものである．
　ところで，生存基盤とは何だろうか．やや唐突かもしれないが，ここでは人類学者でありエコロジストであったG・ベイトソンの言葉から出発したい．彼は 1970 年に行った講演で，聴衆に次のように問いかけた．「たとえばわたしが盲人で，杖をついて歩いているとします．そのとき，一体どこからが"わたし"なのか．杖の柄のところか，杖の真ん中あたりか，それとも杖の先なのか」(ベイトソン 2000: 609)．
　杖がわたしであるはずはないじゃないか，と思うかもしれない．もちろん

337

第4編
人間圏の再構築

　ベイトソンもそんなことはよく承知している．そうではなく，彼がここで問うているのは，人間社会を様々な危機がとりまいている現在において，何を単位として物事を考えなければいけないか，ということである．もっと直接的に言おう．この謎かけのような言葉で彼が言おうとしたのは，次のことである．つまり，人間（あるいは自己）をそれ以外の「他者」から切り離して別のものと考えるという思考法が，異民族の収奪としての植民地主義や，自然の収奪としての環境破壊や資源枯渇などにつながっている，ということであり，そうした問題を避けるためには，個体（ここでは盲人）のみを取り出すのではなく，「道と杖と人とが作るサイクル」，つまり個体とその環境をひっくるめてひとつのユニットとして扱うという思考が必要になるということだ．

　もう少しベイトソンのこの比喩を追ってみよう．実際に，白杖の使い方に熟達している人は，それを通じてきわめて多くの情報を読み取れるし，ちょっとした不測の事態にも対応することができる．使い慣れ，愛着を感じるようになった杖は，もはや道具とかそれを使う技術というよりも，感覚器の一部のようでもあり，まさに"わたし"の拡張といっていいように思える．しかし実は，彼／彼女の歩行を支えているのはそれだけではない．ある目的地に向かうには，いままでの経験から作り上げたメンタルマップや周囲の人を通じて得た情報が役に立つし，また途中で曲がったり障害物を避けたりするには，車の音や足音の方向，あるいは光の射し方や路面の違いなどを敏感に認識しなければならない（津田 1999）．さらに場合によっては，周囲を歩いている人の力を借りることもまた必要なことである．つまり，ベイトソンの考え方により忠実に従うなら，ここでいう"わたし"は人と道と杖にとどまらず，もっとひろいネットワークとして捉えられるのである．

　もちろんこれは，この事例にのみ当てはまることではなく，次のように一般化することもできるだろう．つまり，"わたし"や"あなた"という存在，さらにその集まりである"われわれ"という存在は，つねにその周囲にある様々な人びとや事物，環境との多様なつながりのなかで存在し，時に応じてそのつながりのありかたを変化させながら生きている，と[1]．本章でいう生

1）　本章で用いる"われわれ"という言葉は，人びとのローカルな集まりのことを指す．そうした集団は，世界をある特定の視点や価値観から —— 多くの場合，自分たちの利害関心に即して

存基盤とは，平たく言えばこうした，人を取り巻き，その生を支える〈つながり〉のことである．

1-2　生存基盤とそれを脅かすもの ── 自然災害

　ここで〈つながり〉という言葉を使うのは，人と人，事物，環境の間の相互関係が，物質や情報のやりとりから感情・感覚までを含んだ，きわめて多面的なものであることを示すためである．そしてその関係の構築はつねに，様々な試行錯誤や取捨選択を伴う，変化の過程にある．

　こうしたあり方について考えるには，社会とその環境の間に作り上げられた関係性の"失敗"としての自然災害は，ひとつの分かりやすい事例になるだろう．人びとは彼ら彼女らを取り巻く世界について，長い時間をかけてローカルな認識や対応，信仰や説明のパターンを作り上げ，それを通じて世界を認識・解釈し，その関係性を壊さないようにしながら，それぞれの生のあり方を持続させてきた．自然災害はこうした営みがもっとも問題化する局面のひとつであり，それによって生じる被害にうまく対応するための関係性の事例には，生業や信仰，家屋や社会関係とも洪水と深くつながっているバングラデシュの事例から (Shaw 1992)，旱魃が文化的な意味をもち，呪術の告発や政治的操作の道具となっているアフリカ・スーダンの事例まで (栗本 1994)，枚挙に暇がない．

　ここで，英語に存在する区別を見ておくと分かりやすいかもしれない．英語では自然の極端な挙動を hazard と呼び，その結果現れる社会的な影響を disaster と呼んで区別している．今挙げてきたような諸社会の周囲では，様々な hazard が発生するのだが，それを disaster に転化しないよう，自然の変化に柔軟に対応する多面的な関係性を備えている，ということである．ただし，そうした備えが完全に機能することはなく，時に disaster は発生し，

───── 捉え，活動する．しかし一方でそうした集団は，本章を通じて論じるように，状況に応じて，周囲の人々だけでなく，事物や自然環境との間のつながりを認識し，その関係性をよりよいものへと作り上げていく起点ともなると筆者は考える．それが「人間圏から生存基盤へ」という副題の意味である．

第 4 編
人間圏の再構築

それによって社会は対応の仕方を改善する．つまり，自然の挙動としてのhazardとの関係性をうまく構築し，よりよい生存基盤を形成できれば，それはdisasterの被害を減らすことにつながるのである．

　さてそれでは，あなたの社会には自然環境との間にどのような関係性がありますか，と問われれば，現在の日本で暮らす読者は戸惑いを感じざるをえないだろう．ほとんどの場合，私たちにとって自然災害は，こうした環境との密接なつながりのなかで立ち現れるものではない．むしろそれは上記のような，人間と自然の間の関係性を捨象されて，社会を脅かす外在的な問題として捉えられ，科学技術を利用した防災あるいはリスクマネジメントの対象となり，行政や学者などの専門的な業務となっているのである．

　この二つの災害の扱われ方（多面的な関係性のなかの災害と科学技術の対象としての災害）は，いずれも被害を軽減しようというものであっても，その間には大きな違いがあり，両者の交わる地点に，本章の冒頭で述べたような，現在の社会が抱える問題が示されている．これを人類学者のT・インゴールド（Ingold 1993）の言葉を借りれば，「スフィア」（spheres）と「グローブ」（globe），という言い方で整理することができるだろう．

　彼の整理によれば，グローブとはいわゆる近代的・科学的な見方であり，そこでは世界は生命から切り離された客観的な対象として捉えられる．これに対しスフィアとは世界をいくつもの層の重なりとして構想し，生物がそこに暮らす「生活世界（lifeworld）」として捉える見方で，伝統的・民俗的な思考によく見られるものである．客観的な認識として世界を対象化するグローブはひとつしかありえないのに対し，スフィアはある特定の中心からの（つまりローカルな）視点であり，そのため複数の見方がありうる．

　言ってみれば，自然と生命の多面的な関係性は世界のスフィア的な捉え方・対応の仕方であり，われわれの社会はグローブ的に世界を捉えている，というわけである．もちろんこのようなスフィアとグローブの区別は差異が強調されすぎているきらいがある．しかし，冒頭の問題意識に関連させつつあえて単純化すれば，現在の状況は，人びとが環境との間に作り上げてきたスフィア的な関係が，次第にグローブ的なものに代替されつつある，ということができる．上に挙げたバングラデシュでも，近代科学技術による大規模

第 12 章
われわれの〈つながり〉

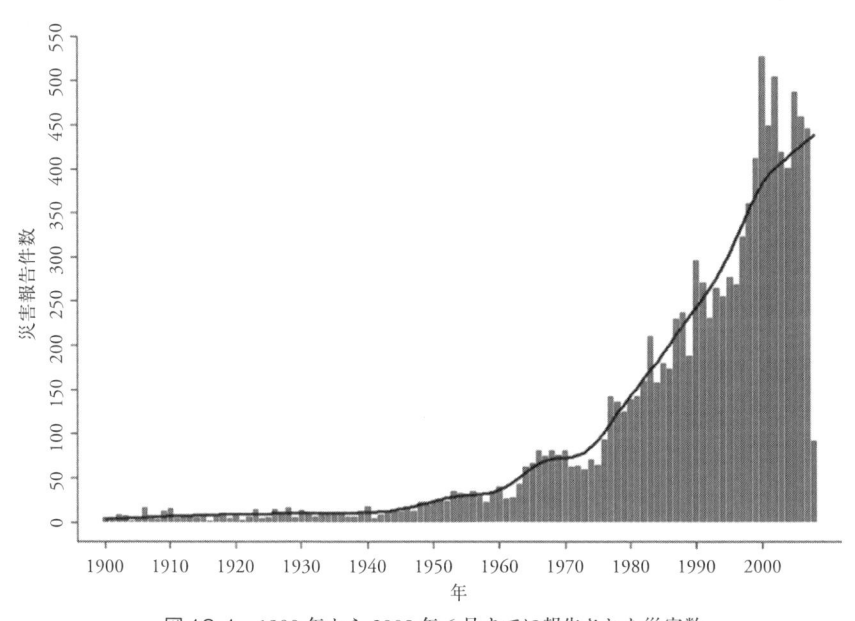

図 12-1　1900 年から 2008 年 6 月までに報告された災害数
出典：EM-DAT 国際災害データベース（http://www.emdat.be/natural-disasters-trends）より，2009 年 12 月 13 日アクセス．

な堤防建設プロジェクトが導入されようとしているし，アフリカの牧畜民に対しても，定住させ，管理された農耕を導入することでリスクを回避させようとする開発が進められている．

　こうしたスフィアからグローブへの動きを，当然だと思う読者もあるかもしれない．しかしここで指摘しておきたいのは，近代的な科学技術が生み出す社会のあり方や，環境との関係形成が，問題を改善することもあれば，悪化させることもある，ということである．実際，統計（図 12-1，12-2 参照）によれば，20 世紀を通じて自然災害の発生数や被災者数，被害総額が次第に増えつつあることが明らかになっている．もちろん統計の取り方などを含めて様々な要因が想定しうるが，それにしても発展途上国で報告された災害件数が先進国のそれを超えるスピードで増加しているのはひじょうに示唆的である．ここでは，近代的な科学技術がそうした国々に導入される過程にお

341

第 4 編

人間圏の再構築

図 12-2　1900 年から 2008 年までの大陸ごとの，報告された災害数
出典：EM-DAT 国際災害データベース（http://www.emdat.be/natural-disasters-trends）より，2009 年 12 月 13 日アクセス．

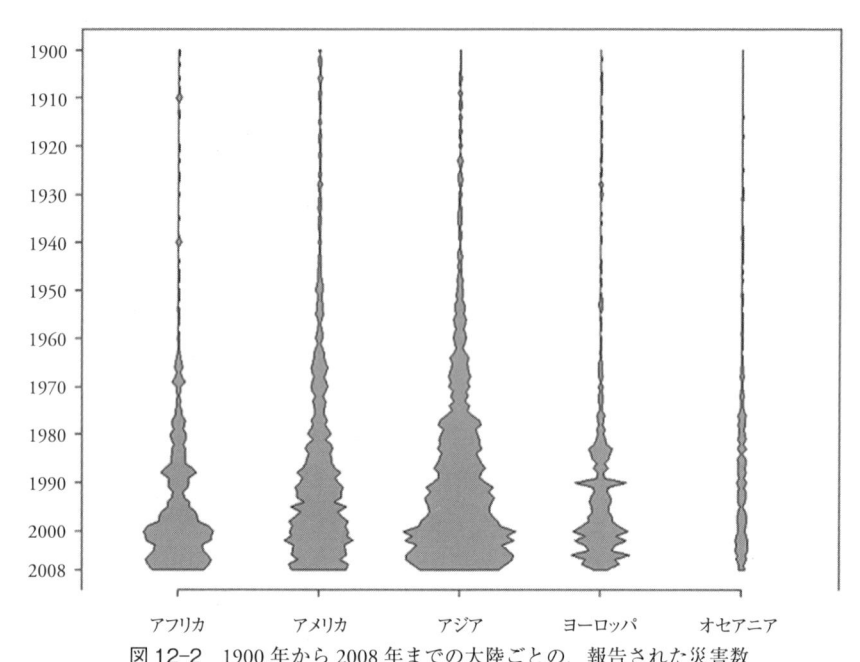

いて，それぞれの地域の固有の環境のあり方や，そこで作り上げられた従来の生存基盤の〈つながり〉に軋みが生じたり，また科学技術だけでは解決ができない問題に直面したりする，という状況が現れているということを強調しておきたい．

こうした状況においてどうするべきか．本章が試みるのは，インゴールドの言うグローブとスフィアの間の対立を乗り越えて，より創造的なかたちで自らの生存基盤を作りだそうという動きをフィールドから見出し，そこから考えることである．

以下では，こうした問題を，筆者の調査してきたトルコ共和国イスタンブルを事例に，具体的に見てみよう．イスタンブルを取り上げるのは，ここが住民にとって自然との〈つながり〉を意識する機会がきわめて少ないだろう大都市であるにもかかわらず，震災を契機に新たな動きが現れているからで

ある.加えて,その新たな動きにおいて,イスラーム的な価値観や実践が重要な役割をはたしていることも注目するべき点である.

1-3　イスタンブル —— ローカルな生存基盤

イスタンブルは黒海と地中海をつなぐボスポラス海峡沿いに位置し,古代ギリシャの植民都市ビュザンティオン(ローマ帝国の属領ビザンティウム),東ローマ帝国の首都コンスタンティノープル,オスマン帝国の首都イスタンブルと名前を変えながら 2000 年以上にわたって繁栄をつづけ,現在は 1500 万近い人口を抱える,トルコ共和国の最大の都市である(写真 12-1).

都市は人工的に構築された環境だと言われるが,とはいえ歴史的な都市形成を追ってみれば,やはりその周囲の自然環境との関わりのなかで形成されていることが分かる.16 世紀のフランス人学者ギリウスがこの街の歴史を振り返って「ボスポラスこそが(……)ビュザンティオンのまことの生みの親である」(フリーリ 2005: 30)と記したように,この街の三方を取り囲む海はかつては豊かな漁場であり,またこの街が交易の中継点として様々な人びとが往来しながら栄えることを支えた.加えてこの街が政治的重要性を増すと,街を取り囲むように築かれた城壁とともに,外敵から街を防ぐのにも役立った.

そこで形成された生存に関わる〈つながり〉とその変容,試行錯誤のありようは,例えば,建築物から見ていくことができる.ローマ人たちは石あるいはレンガのブロックを使って城壁や街自体を作り上げていったが,彼らが建てた教会や広場と大通りの一部は,オスマン帝国以降も持続し,現在に至るまで街の基本構造をなしている.とはいえ,こうした建物は地震による被害を受けやすいという問題もあったし(この点は後述する),規制にもかかわらず裏道は細く,貧困層が流入してスラムが形成され,犯罪や民衆蜂起の温床となるだけでなく大きな火災が起きることもあったという(Çelik 1996: 17).

またこの街で作られた建造物のうち,重要なものに貯水池と給水路がある.「七つの丘」と呼ばれるように土地の勾配が激しく,また地中海性の気

第 4 編

人間圏の再構築

写真 12-1　現在のイスタンブル（口絵 6）

候で夏季に降雨量が少ないこの街では，人口を支えるために水の確保が重要な問題であった．貯水池と給水路の建設はすでに 2 世紀にはじまり，オスマン帝国時代に至るまで繰り返し作り直されたり追加されたりしているが，いずれも街の地形をよく理解し，水路が壊れないように尾根を通すことで高低差をできるだけ少なくするという高い技術力が見て取れるという（山下 2003; Dinçkal 2008）．加えてイスラームにおいては礼拝前の洗浄は欠かせないものであり，オスマン帝国時代の水路はモスクや病院，神学校などを集めた公共施設に結びついていた．スルタンたちはこうした公共施設を多数建設し，そこを中心に庶民や商人が集まってくることで街が次第に発展・拡大していく．街角の水汲み場も含め，水場は信仰や日常生活を支えるだけでなく，社交の場でもあったのである．

　さて，上で少しふれた地震のことに戻ろう．もちろん近年になるまで分か

らなかったことだが，トルコ全体の地質構造を見ると，トルコが位置するアナトリア・ブロックは北側のユーラシア・プレートに対し南からのアフリカ・プレート，さらに南東のアラビア・プレートがぶつかって西へ移動するという複雑な仕組みになっており，地震活動が盛んな地域である．そしてイスタンブルはといえば，トルコを東西に横断する北アナトリア断層という巨大な断層のすぐ近くに位置しており，そのため，この街は歴史を通じて繰り返し地震に襲われ，城壁や家屋が壊れるなど被害を出してきた．固有のメカニズムとテンポをもち，ふいに人びとを襲う地震を，イスラームにおいては神の仕業と見なし，「審判の日」と関係づけたり，人間の罪を神が罰している，というように解釈したりする傾向にあった（Bein 2008）．

とはいえ，まったくそれに対して対応がとられなかったわけではない．オスマン帝国時代には，大きな地震が起きるたびに国家による事後的な被災地援助が行われるほかに，イスタンブルでは木造家屋の建設が奨励されることになる[2]．しかし木造家屋は逆に，火災のリスクを大きくしてしまう．イスタンブルには，所謂イスラーム都市的な，細く入り組んだ路地も多く，建物が密集する地域も少なくなかったから，たびたび大規模な火災が発生した．こうしてこの街は火災が起きるとレンガ造の家屋が，地震が起きると木造の家屋が推奨される，という堂々巡りを繰り返すことになる．火災に対しては消防団が組織されたり，オスマン朝末期にはヨーロッパ型の都市計画（道路の拡張や庇の長さの制限など）による対応もとられたりしたが，決定的な解決にはならなかったし，いわんや地震に対する十分な解決策はなかった．しかし人びとは，それぞれのマハレ（街区）において，近隣同士の情報やモノの互酬的なやりとり —— 近隣の独居老人に食べ物をあげるとか，お金を融通し合うとかいったような，ローカルな価値観・規範に基づく日常的な社会関係を通じた相互扶助の関係（cf. 松村 2009；速水 2009）—— を作り上げ，それによって，彼らを襲う災厄の損失をできるだけ小さくしようとしていたのである．

---

[2] 木材はそれほど遠くない周辺地域から運んでいたようだが，建材としては高価であり，木で構造を組み，土やレンガで壁を埋めた家屋も多かったという（Tanyeli 2004）．一方で昔ながらのレンガの組積造も残っていた．

以上はもちろん，きわめて粗いスケッチにすぎない．しかし，明確にしておくべきなのは，この街が，その周囲の環境との折り合いのなかで，時代に応じた技術によって形成され，そこで生きる人びと ——「イスタンブル市民」というようなものというよりは，宗教や民族，地縁や同業者ごとの小さな"われわれ"の集まり —— は，たえず街を作り変えながら，社会の騒乱やたえず流入する貧民などの治安，あるいは国家や人びとを取り巻く政治経済的問題，あるいは地震や火災などの災害による被害をできるだけ抑えるような，生存を支える〈つながり〉を形成して生活していたということである．

2 ローカルとグローバルの往復運動

2-1 地震の知識のネットワーク

上で述べたように，オスマン帝国時代のイスタンブルにおいては，地震は神が起こすもの，というのが一般的な解釈であったわけだが，この認識は当然，日常的な社会関係を通じて流通し，共有されていたと考えることができる．しかし，それは少しずつ変化する．きっかけとなったのは19世紀中頃のタンズィマート期[3]である．この頃にヨーロッパとトルコを結ぶ電信や鉄道などのコミュニケーション・ネットワークが形成されていたこともあり，知識人層によってヨーロッパから積極的に科学的知識が輸入されたが，そこには地震の知識も含まれていた．それはすでに18世紀に成長していた地質学を背景とするものであり，地震の原因としては火山説とガスの圧力説があった (Bein 2008: 914)．もちろんそれを皆が受け入れたわけではないが，後述する1894年のイスタンブル地震時には，一般市民にこの知識を積極的に広めようとする啓蒙活動も起きたという．知識の伝達には知識や情報がもつ独自のメカニズムもあるだろうが (スペルベル 2001)，しかし政治経済的，あるいは社会的な関係性と切り離して考えることはできない．ここでは記述の

---

[3] 19世紀中頃の，西洋の科学技術や制度を導入することで近代化しようという試みが進められた時期．

空間的フレームを少し広げ，地震についての科学にもとづく社会と自然の関係の変容を見てみよう．

さて，19世紀中頃から後半にかけて，今述べたような地質学的な知識に対し，新たな地震についての研究が，どちらかといえば当時の科学の文脈では周辺的な二つの地震国（イタリアと日本）において，実用的な意図を持って現れてきた．これがのちに地震学として確立されるものだが，この研究の進展は，地震計の開発による地震のデータ化と，研究者を中心としたネットワークを通じたデータの収集と蓄積にもとづいていた．

地震計にはその後も様々な工夫や改良が施され，より詳細かつ大量のデータが蓄積されていくことで，地震学の理論も急速に発展する．初期の地震学は当時の気象学をモデルとするような統計地震学であり，地震の頻度と気圧や天候の関係などが研究されたが（金 2007），その背景には災害としての地震への強い応用的な関心があったと考えられる．しかし世紀の変わり目頃には地震の少ないフランスやドイツからでも遠隔地の地震を観測できるようになったこともあり，地震のデータから地球の内部構造を分析するという，物理学的な研究が盛んになった．

このようにして地震学は，ローカルな必要から出発して普遍的なモデルへと関心を移し，次第に物理学的傾向を強めていく．このことは世界規模の観測ネットワーク（欧米の機関を中心にした）の構築につながる．グローバルな研究体制を構築することによって，より多くのデータを集積し，地球のより正確な姿を描こうとするわけである．とはいえもちろん，純粋に科学的な関心だけがその発展を導いたわけではない．1950年代に地震観測のネットワークに質的な革新が現れたのは，この時期，合衆国においてソ連の地下核実験を探知するために地震観測ネットワークを使うというアイデアが生まれ，それによって世界各地に地震計ネットワークが拡張されたからであった．こうしたことやコンピュータの導入や海底地震計などの開発によって，地震学は飛躍的な発展を遂げる．その重要な例が，1960年代から70年代にかけて確立し，地球圏の活動のメカニズムの理解を大きく書き換えたプレート・テクトニクス論である．

こうして地震学（地球物理学）は地球圏の固有のメカニズムを描き出し，そ

れによってローカルな地震災害を捉えなおすことを可能にしたわけだが，ただその一方，こうした急速な発展は，地震研究に必要な装置と予算の爆発的な増大（いわゆる「ビッグ・サイエンス化」）も引き起こしたため，社会的経済的な要因が国ごとの地震学および地震観測ネットワークの発展に大きな影響を及ぼすことにもなった．その結果として現在，地震観測ネットワークの密度や能力には大きな地域差が生じており，なかには旧式の機械や不十分なネットワークでどう観測するかについてローカルなスキルを発達させているところもある（木村 2007）．

こうしたグローバルとローカルの複雑な関係が展開するなかで，トルコにおける地震と人びとの生活との関係はどのようになったのだろうか．再びトルコに戻ろう．

2-2 〈つながり〉の変容 ── 科学・政策・社会

時代は戻って 1894 年である．上でふれたように，この年にはイスタンブルで地震が発生し，当時のヨーロッパの新聞でも大きくとりあげられたが，これをきっかけにイスタンブルにはイタリアから地震計が輸入され，近代的な地震研究が開始されることになった．

一方で，すでにみたように地質学も早くから紹介され，オスマントルコ帝国政府は，地下資源の発見と利用の目的で国土の地質調査にも着手していた．その事業は 1923 年に成立したトルコ共和国においても継続されたが，そこで活躍した研究者のなかには，初代大統領ケマル・アタトゥルクによって国策としてヨーロッパの大学に送り出され，進んだ知識を学んでいた若者たちもいた．帰国した彼らや，1930 年代にナチスに追われてやってきた研究者たちは，国内の地質調査を積極的に進めていき，トルコ全土について詳細な地質学的な地図が作成された．

このようにトルコの全体を科学（地質学）的な観点から把握できる地図が作成されることによって，局所的な問題として扱われる傾向があった地震災害という問題のあり方が変わる．これはインゴールド流に言えばグローブ的な思考であるが，しかし簡単にそれが従来の地震観に取って代わったわけで

はない．むしろ科学の確立によって，地震を取り巻く関係性のあり方は，独自のリズムで起きる地震と，科学・政府・社会という三者の間の相互関係へと姿を変えることになる．

その大きな契機となったのは，1939 年にトルコ東部で起き，近代トルコ史上最大の 3 万 3 千人という死者数を出したエルジンジャン地震と呼ばれる地震である．これに加え，その後数年にわたって，マグニチュード 7 規模の地震が立て続けに発生する．これらの一連の地震群によって政府は被災地（者）に対する局所的な対応だけでなく，トルコ全体に対する対策をとることになる．まず政府はエルジンジャン地震の被災者を，彼らの受け入れを認めたトルコ全土の諸県に避難させた．そして 1944 年には災害対策の法律を，1959 年には通称「災害法」と呼ばれる包括的な災害対策の法律を制定し，それに伴って政府内部の組織化・制度化も進めた．

また一方，この一連の地震群については，前年にドイツで学位をとって 24 歳の若さで帰国したばかりだった I・ケティンが調査を行い，1948 年にトルコを横断する北アナトリア断層の存在を指摘する論文を発表する．この断層の存在はその後の地質学的な調査によって証拠付けられるのだが，それに加えてケティンの研究において後に注目を集めたのはこの断層における「地震の移動」説，つまり断層に沿って震源が移動しながら次々に地震が発生するという説であった．この仮説は 1958 年には著名なアメリカの地震学者 C・リヒターが教科書で取り上げて地震学のなかでは有名な説になる．ケティンの示したローカルなデータはさらに，グローバルな理論としてのプレート・テクトニクス論が作り上げられる際にも，ひとつの根拠として利用されたという（Şengör 1996）．

「地震の移動」説については，1960 年代後半頃から，このプレート・テクトニクス論の成立を背景としつつ，検証や理論化しようとする動きが現れる．こうした研究成果が示唆していたのは，この断層で 1939 年以来発生している地震のうち最後のものである 1967 年の地震の震源地の西側の地域——これはイスタンブルも含む，トルコ産業・経済の中心地である——で次の地震が起きる可能性が高い，ということであった．このためこの地域は 1980 年代ごろには当時盛んだった地震予知研究に格好の場所と見なされ，

ドイツや日本の研究者が現地の研究者とともにチームを作ってラドンガスや地下の岩の変化，地磁気の測定などの調査を行った．しかし一方で，その地震による大きな被害に対応するはずのトルコ政府は十分な対応をとれないままであった．その背景には，次に見るように，社会の問題があったのである．

2-3　イスタンブルの脆弱性

現在のイスタンブルの地震リスクについて考えるとき，20世紀後半の人口増加と切り離して論じることはできない．都市はつねに周辺地域から人口が流入するものではあるが，しかしイスタンブルの歴史において，これほど急速に(50年間でじつに10倍以上になった)人口が増加したことはなく，都市における居住空間のあり方に大きな影響を与えた．

この都市化の要因は，基本的に政治経済的な要因によって説明される．トルコはアナトリア半島に広がる広大な農地における小麦などの生産を中心にした農業国だといえるが，第二次世界大戦後の都市域において工業化が進められ，それに伴って労働力需要が増加した．これは農村との経済的格差をきわめて大きくし，また農業の機械化が富農に有利に働いたこともあって，多くの小作人が離農したり，世帯の成員の一部が大都市に働きに出たりした．鉄道や道路網などの移動手段の整備もこれを後押しした．こうしてイスタンブルは膨張していくが，当然ながら農村から流入した人びとが住居や安定した仕事を見つけることは困難であった．

ここで，イスタンブルの周縁部において，ある種の社会的つながりが顕在化することになる．それは農村における伝統的な互酬的な関係と連帯をもとにした，同郷者の間の強い結びつきである．この結びつきを通じて，彼らは相互に仕事や住居を斡旋したり，集団として行政と様々な交渉を行ったりするのだが，こうした結びつきのひとつの拠点となったのが，都市周辺部に形成されたゲジェコンドゥ[4]集落群であった．これは移住者たちが都市近郊の

---

[4]　直訳すれば「一夜建て」という意味になる．これは不法に建設された住宅でも居住されていれば撤去には法律上，面倒な手続きが必要となり，強制撤去が妨げられることにもとづき，当局の監視をかい潜って夜のうちに小屋を作って住んでしまったことに由来している．

空き地を不法に占拠して自ら作った掘っ立て小屋の集まりである．しかし大衆寄り政党の取り込み政策によってゲジェコンドゥ集落は次第に合法化され，彼らはもともとの市民と入り混じっていくことになり，上で述べたような結びつきのありかたも多様化する．

　一方で，1960 年代には産業化の進展とともに中産階級が成長していったが，それに合わせて市街の周囲に大規模な団地が公的機関によって形成されるようになり，イスタンブルに新しい景観を生み出すとともに，都市部の範囲の拡大も促進した．この頃にはアパルトマンの一戸毎の独立した所有が認められるようになったため，郊外の一戸建てではなく，市中のアパルトマンの所有が中産階級の目標となる．市街地では小さなディベロッパーによる開発も増加し，オスマン帝国時代の建物が破壊されて新しいアパルトマンに建て替えられていった．アパルトマンは鉄筋コンクリート構造が一般的になっていたが，経済的な利益の追求，建築基準の監督の緩さ，さらに建設現場において低賃金で未熟練な新移民が使われたこともあり，後から見れば地震に弱い建造物が急速に増加することになった．

　こうして，イスタンブルにおける環境と社会との関わりのあり方は変容していく．急な斜面などの居住に適していない土地にも家屋が立ち並び，大雨による浸水や冬季の石炭暖房による大気汚染，交通問題なども，次第に顕在化しはじめる．そこでは下層移民，中産階級，政府，ディベロッパーなどの様々な"われわれ"が，それぞれの利害関心をもとに，この地域において形成された社会と環境との関係を急速に改変し，短期的で近視眼的な関係を生み出しつつある．それは後から見れば，地震に対する脆弱化を含め，様々な都市環境にかかわる問題を招いたのである．

　それでは，こうした状況は，実際の災害に際してどのように変化したのだろうか．次節では1999 年にこの地を襲った大きな地震災害を見てみよう．

第4編
人間圏の再構築

3 コジャエリ地震

3-1 被災と人びとのつながりの顕在化

　かつての地震の記憶が薄れ，ぼんやりと「地震とは東部の田舎で起きるものだ」という考えを人々が抱きつつあった1999年8月17日午前3時2分，イスタンブルの東隣のコジャエリ県付近を震源にマグニチュード7.4の地震が発生した．100km以上にわたって断層のずれを引き起こしたこの巨大な地震は，震源が地下17kmほどと浅かったこと，また被災地域はイスタンブルにも程近く，近年の工業化に伴い質よりもスピード・量を重視して多くの住宅が建設されていたという背景もあり，公式発表で17000人を超える犠牲者を出した（それでも，実際の犠牲者はもっと多かったはずだという推測はいまも後を絶たない）．この地震は，この直後の11月12日に発生したデュズジェ地震（Mw＝7.1，死者763人）と共に，トルコに対して深刻な影響を与えた．

　この地震で何よりもまず注目されたのは，トルコ国内各地からの救援であった．イスタンブルからのグループを中心に，被災地の外から来た市民社会組織が発災直後の救助や支援活動における活動に参加した．そうした活動は内容においても存在感においても目覚ましいものがあり，識者や参加者の一部はそれを「市民社会」と呼んだ (Jalali 2002)．

　なぜこれが「市民社会」と呼ばれるかといえば，これがトルコにおいてすでに1980年代から現われつつあった，国家に対して「社会」の領域を自律化するという動きのなかで捉えられるからである (Göle 1994)．しかし，気をつけておかねばならないのは，こうした動きが多様な価値の共存を可能にしたことで，「市民社会」と呼ばれるもの自体の意味も多義化している，ということである (Navaro-Yashin 1998)．たとえば左派的（現在の状況においては世俗主義的）な人々は，今述べたような，国家に対抗する市民の領域として

5）　とはいえ，この時現われた市民団体のなかには西欧の影響を受けて環境運動を進めようとするものも少なくなく，その意味で，単なる国家に抗する動きというよりももっと幅広い活動を含んでいる．

「市民社会」を考えたし[5]．右派的（現在の状況においてはイスラーム主義）な人々は，伝統的な社会関係を包含しつつ，イスラーム共同体的なニュアンスをもつ「市民社会」を構想した．

　こうした視点からすると，1999年に現れた「市民社会」としての被災地支援の動きは，この両者の動きを含む，様々な意図と内容をもった諸活動の集合体として考えた方がいいだろう．先にマハレ（街区）のレベルでの日常的な社会関係を通じた相互扶助の関係についてふれたが，この支援活動を支えたのもおそらく，政治的な理念枠組みというよりも被災者を「拡張された"われわれ"の一部」（Delaney 1991 参照）として，その苦境に対して共感し，助け合おうという，生活に根差した実践であった．そこには，狭い範囲の"われわれ"を越えた関係性を構築していくような可能性が垣間見えるのである．

3-2　つながりの再編 ── 暗い将来へ？

　さらにこの地震の影響は，このような一時的なものだけではなく，科学的知識，法制度，および社会関係の網の目のなかに持続的な変化を生み出した．社会のレベルでそれがどのようなものとなったかは次節で扱うことにして，ここではさしあたり，法制度と科学的知識を取り巻く動きについて見てみよう．

　まず法制度である．すでに見たように，トルコにおいて自然災害は基本的に事後的に対応するべきものであったが，この地震を契機に，前もって準備し対応すべきリスクとして捉え直されることになった．もちろんそれまでも「災害法」における建物の耐震基準の設定など，事前対応の試みがなかったわけではないが，あくまでも重点は緊急支援と復興であった．ここで防災と減災への大きなシフトが起こった背景には，イスタンブルの地震リスクの焦点化（近年の計算処理能力の大幅な向上などによって，将来の地震の確率や被害が精密に予測することができるようになっていた）や国連が推し進める「国際防災の10年」（1990年代）の流れがあった．言ってみればこの事前防災へのシフトは，世界規模で推進されていたものであり，緊急対応体制の整備と公共施

設の耐震化を軸とする政府や地方行政などの対策には，世界銀行やUNDP，USAIDなどによる資金援助が行われたのである．さらにイスタンブルではハイリスクな地域を改善するという名目で，かつてのゲジェコンドゥ地区を再開発しようとする防災都市計画も構想された（木村 2009）．

　これに加え，科学を取り巻く動きも現れた．地震後に研究者が大挙してテレビや新聞などに登場し，様々な知識・情報を発信したが，彼らはこぞって「地震の移動」説に言及し，次にイスタンブルで地震が起きると騒ぎたてて耳目を集め，人びとにそうした不安な将来像を現実的なものとして認識させるに至った．その過程で広まった情報や知識のなかには，ハザード・マップのようにリスクを可視化してみせるものもあれば，地震はどうして起きるのか，マグニチュードとは何か，マルマラ海の下を走る断層はどのような形態か，というような科学的なメカニズムの説明，あるいは地震が起きた時自分の身を守るにはどうしたらいいか，被害を減らすにはどのようなことに気をつけるべきか，といったより実用的なアドバイスまで様々であった．そのなかの人口に膾炙したメッセージのひとつに「地震が殺すのではない，建物が殺すのだ」がある．これはある地震学者が繰り返しメディアの前で口にし，有名になった言葉だが，ここで暗黙のうちに示されている目的語は地震災害によって亡くなった（る）人々である．この言葉が言おうとしているのは，もし地震が発生しても建物が丈夫であったなら死者は発生しない，あるいは発生しなくても済んだわけであり，それゆえ，人間は災害に対して無力なのではなく，努力しだいで被害を減らすことができる，ということである．

　こうした大量の情報の流通はそれなりに効果をもったように見える．たとえば行政によって発行された詳細なハザード・マップは，一時的にとはいえ，不動産市場に対してインパクトを与えたし，法制度の改正と相俟って，建設業者も建築基準を遵守することに熱心になった．また住民たちにおいても，おそらくそれまではほとんど災害や地震について関心や知識を持っていなかっただろう人びとが，折にふれ北アナトリア断層のメカニズムについて語ったり，あるいは地震が起きたら玄関に逃げるのがいいのかトイレがいいのか，あるいは大きな家具のそばでしゃがんだほうがいいのかを真剣な表情で議論し合ったり，建物を眺めながら「この家は梁と柱がしっかり接合され

ているから丈夫だろう」とコメントしたりする，というような場に筆者は何度も出くわした．

こうして，知識の流入は，法制度の変化や様々な情報伝達手段の発達などとも相互に関わり合いながら，すでに起きた被害と現実的な将来の不安の間を生きるイスタンブルの人びとの，彼らを取り巻く環境の捉え方やつき合い方に変化を引き起こしていった．とはいえ，こうした知識は，人びとの間の，イスラームの深い影響を受けた「伝統的」なものの見方や実践を追いやったわけではないことも確認しておきたい．上で見たように「市民社会」はイスラーム的な捉え方も含みこむ幅広い実践であったし，地震の科学的な説明は自然そのものを神の被造物と捉える見方と矛盾しない．また，この地震で身近に死者や被害が発生したという衝撃的な状況は，従来通りの運命論的な見方に従うことによってようやく納得できる，という側面がある．さらに言えば，科学的情報が人びとの関心を，自分が住む個々の建物のリスクに向けさせるのに対し，日常の対面的な社会関係や信仰は，人びとの協働を支える．つまり，科学的な知識は人びとが状況を認識するのに大いに役立ったが，しかしそれが伝統的・日常的な理念や実践と組み合わされることではじめて，災害に自ら対応していこうとする，新たな考え方や価値観，実践がつくりだされていくことになるのである．次節ではそうした動きの一端を見てみよう．

4 新たな〈つながり〉へ

4-1 住民防災チーム

本節では住民のレベルでの動きとして，MAG（直訳すると「マハレ防災ボランティア」）の活動を取り上げよう．これはマハレ（街区）単位で，災害直後の 72 時間，つまり専門の救助チームの活動が始まる前までに，地域住民が自前で救急救助活動を行うためのローカルなチームを作ることを目的としたプロジェクトである．プロジェクトの実施主体はスイス開発協力事業団とい

う，スイスの外務省の下にある国際的な開発援助機関である．その意味でこれはコミュニティ開発のよくある事例のように見えるが，後に述べるように，ここに関わった人びとの間には，彼らに圧し掛かる，近い将来に起きるというイスタンブル地震という不安に代わる未来の姿を，試行錯誤的に作り上げようとする萌芽を見出すことができる．それがここでこの動きを取り上げる理由である．

このプロジェクトについてもう少し説明すると，これは活動に参加するボランティアに対して救助活動を中心に計36時間にわたる教育を無償で行い，そのうえで救助道具とそれらを収納するコンテナをマハレに寄贈するというものである．講習はマハレごとに住民を集めて行われるが，講習を実施するためにはマハレ内で50人以上の希望者があることが条件である．これはいま述べたようにMAGの目的が軽度の救急救助をローカルに行えるようなチームをつくるということにあるからで，もちろん50人で充分というわけではないが，少なくともそのぐらいいなければ災害時に効果的な活動ができない，という考えが背景にある．そして講習を受けたマハレでは，オフィスと連絡を取りながら，毎月ミーティングを行い，来るべきイスタンブル地震に備える．

とはいえ，実はこのようなきっちりしたプロジェクト・デザインがはじめからあったわけではなく，むしろはじめは誤解と失敗の連続であった．上で述べた形は，スタッフ（スイス人とトルコ人）や関心を持った住民が，苦労を重ねながら，他の参加者の反応などを見つつ，講習の内容やプロジェクトの形式に少しずつ修正や変更を加えていくことで，作り上げられたものであった．

この講習においては，受講者同士が持続的に一緒に受講し，実習などを協働していくなかで次第にひとつのまとまりある集団となっていき，さらにプロジェクトの枠（あるいはマハレという枠）をはみ出して，自ら様々なネットワークを構築しようとする様子を見ることができた．そして被災地で始まったこのプロジェクトは，イスタンブルなどにも広がり，2008年までに4つの県で合わせて約65のマハレで実施され，現在は市民団体として，森林火災や大規模な水不足など地球環境の変動に関わるような領域にまで関心を広

げつつ，活動を拡大しているのである．以下ではこのプロジェクトが被災地やイスタンブルで作り上げたものを理解するため，2つの場面を示そう．

4-2 イスタンブル，未来の地震と"われわれ"

　最初に示すのはイスタンブルのあるマハレのMAGの様子である．ここは，行政が地震後に公表したイスタンブル全市の地震リスク診断でハイリスクであることが判明した場所である．住民たちもその情報を得ていたし，それに対して自分たちが根本的な解決ができないことも知っていた．そうした事態を引き受けたうえでここに住み続け，積極的に未来の災害と向き合うことはもともと様々な次元で困難を抱えていた．そのためこのマハレの人びとはプロジェクトに賛同して積極的に参加するというよりも，どちらかと言えば周囲の人々との付き合い（血縁，同郷者，ご近所，友人など）に引きずられるような形でMAGに登録し講習が開始された．

　講習の場においては，多くの場合，受講者たちはもともとある人間関係や性別，年齢的な差異に従ってゆるやかに集団化しており，それが実習のグループや座席順などでくっついたり離れたりを繰り返しながら全体的な雰囲気が形成されていった．メンバーのなかに以前からの知り合いはそれほど多くないという人がほとんどだったが，もともとこの講習の内容に詳しいとか，失敗やおかしな質問をしては出席者の笑いを誘う人などを中心に，人びとのゆるやかなつながりが生まれてくる．またその過程で，参加者の間に自分がこのマハレのMAGのメンバーであるという意識が共有されるようになるのである．こうしてMAGはそれ以前から様々な仕方で存在していたローカルな結びつきの一部に，明示的なグループのメンバーシップとしてのあらたな意味を与えたのである．

　そしてMAGのメンバーとなった彼らは，講習終了後もひとつのまとまりとして，様々な問題あるいは不安に対処していった．彼らが具体的に最初に直面したのは救助道具の入ったコンテナが泥棒に開けられそうになるという出来事であった．これは講習終了直後に起きたが，メンバーのひとりがコンテナに照明や扉のふたをつけるということで解決する．しかしその後も，彼

ら自身も対象となるような大規模な立ち退き計画の噂が流れたり，財政基盤だったスイス開発協力事業団がトルコから撤退したりと，MAGの活動を持続していくことに対する不安を生んだり，グループの意義について再考を迫ったりするような出来事が続けて起きた．

そのような問題に対し彼らは，講習参加者の親族や講習を途中で脱落した人，あるいは科学者や専門家を巻き込んで情報を収集したり，別のNGOなどと組んで新たな知識や考え方，あるいは道具などを取り入れたりしながら対応していく．一見するとこれは計画的というよりもその場しのぎに見えるかもしれない．しかしこうした様々なものを試行錯誤的に取り込むというやり方は，根本的に解決できない問題に立ち向かうために創造的に活動をつくり出し，持続していくために必要な姿勢なのだと，筆者は考える．彼らはその過程で，NGOという制度[6]を利用して組織を確立したり，インターネットなど様々な情報ネットワークを通じて情報交換したりしながら，あるマハレの防災チームという狭い"われわれ"から，次第に関心と活動を共有する範囲を広げていったのである．

4-3 〈つながり〉の拡大

二つめの場面は，地震から9年目の2008年にMAGが中心となって組織し，開催された地震記念式典である．会場は被災地コジャエリ県のある市の公園だったが，コジャエリ地震が8月17日の早朝に起きたため，式典は8月16日の午後から深夜にかけて行われた．

式典に先立ち，まず研究者や専門家を招いてのパネルディスカッションが，公園から少し離れたところにある市の施設で行われた．そのあと人びとは公園に移動した．会場付近には「（われわれは）8月17日を忘れていない！忘れさせない！」と書かれた横断幕が張られ，会場はたくさんのトルコ国旗によって飾られていた．

---

[6] トルコではNGOは正確には市民社会組織（Sivil Toplum Kuruluşları）と総称される．制度的にはワクフ等複数の区分があり，それぞれ設立や運営の仕方が少しずつ異なるが，ここでは省略する．

第 12 章
われわれの〈つながり〉

　この式典において最初に行われたのは，MAG のメンバーたちによる行進であった．彼らは総勢 30 人ほどで，オレンジ色の救助隊のユニホームを着て，「私の声が聞こえる人はいますか？　MAG はここにいるぞ！　声が聞こえたら返事しろ！　できなければ近くにある硬いものを叩け！[7]」と大きな声で叫びながら，夕闇のなか，赤々と燃える松明を掲げて街を練り歩き，会場である公園に向かった．ちなみにこの行進は「〈自然との和解〉行進」と題されていたが，この名前の発案者は彼らと親しいある地震学者であった．

　さて，公園にはすでに数百人の住民が集まり，にぎやかにおしゃべりをしていたが，この行進の到着とともに，式典が開始された．マイクを持った司会の進行で，まず地震の犠牲者のための黙祷が行われた．次いで国歌が斉唱されると，今度はイマームが演壇に招かれ，死者を追悼するためクルアーンを朗誦した．続いて市長や招待されていた市民団体の長や専門家による講演が行われた．最後に，地震が起きた時刻である 8 月 17 日の午前 3 時 2 分に海に花輪を投げ入れて終了となった．

　端的に言って，この式典はきわめて雑多な要素とメッセージに満ちている．パネルディスカッションを通じた科学的知識の吸収，「自然との和解」という名前に託された自然に対する謙虚な姿勢の回復，「忘れるな」という言葉が訴える，あるいはクルアーンが喚起する死者とのつながりの維持や災害の記憶，国歌斉唱が呼び起こす愛国心，さらには講演が呼びかける災害への取り組みの持続，外国のイベントを真似た，そしておそらく取材に来るメディアを意識しつつ海に投げ入れられる美しい花輪……．しかし，この式典が示唆するのは，そうした雑多な要素の混在が持つ可能性，それらを通じて人びとがつくりあげようとする（まだ曖昧なものではあるが）新たな〈つながり〉である．「MAG であること」や MAG を取り巻く様々なモノや関係性は，個々の人びとの結びつきを支えるものともなりえるだけでなく，イスタンブルの例やこの式典でのように，被災地とその外部（この式典には先に示したイスタンブルの MAG たちや，スイス開発協力事業団の元スタッフ，そして複数の

---

[7]　この掛け声は初めて聞くと奇異に思えるかもしれない．これは地震直後におこなわれた救助活動において使われた要救助者を探すときの掛け声なのであり，そののち，比喩的に人々に防災活動に参加することを呼びかけるメッセージとなった．

地震学者も参加していた），社会と自然，あるいは宗教や国家，過去や未来などの間に，それぞれが勝手に自己目的を追求するのではなく，互いを生かし合おうとする，ひとつの緩やかな〈つながり〉を広げていくことも可能にしている，と筆者は考える．もちろんこれもやはり試行錯誤の過程にあり，それがどうなっていくかは今後の推移を見守るほかはない．しかしこの，地震からもうすぐ10年という時間が経過するなかで生み出されつつある〈つながり〉のなかには，未来への兆しがはっきりと表れている．これをこの地域 —— 人びとと環境の多面的で相互的な関係性 —— が潜在的にもつ回復力（resilience）と呼んでもいいかもしれない．

5　人間圏から生存基盤へ

　以上，本章では，イスタンブルという都市空間に焦点を当てて議論を進めてきた．一見人工的に構築された空間と思われている都市においても，実際には人びとの生存を支える〈つながり〉の変遷が様々な仕方で刻まれている．しかし多くの場合，そこで暮らす人々には自然との多面的で深い関係性は意識されない．イスタンブルにおいても同様に，時代を経るにつれ人々の関心は人間圏の内部に集中し，そうした〈つながり〉を考慮しないままに都市化が進んでいった．しかし，1999年の地震をきっかけに再び，生存のための〈つながり〉を結び直していこうという動きが現れている．言うなれば，地球圏の活動が人びとの間に生存基盤への配慮を取り戻させたのである．ただしこの動きが直接的な因果関係というより，あくまでも人びとの再帰的な認識を経たうえでの関係の結び直しであるということは注意すべき点である．

　もちろん本章で取り上げたトルコの事例が目指すべき模範例を示しているとは筆者は考えてはいない．本章の冒頭にも述べたように，人間圏と生命圏，あるいは地球圏との関わりあいは，つねに変化・修正の過程にあり，様々な失敗や困難による悪化，あるいは様々な技術や実践を通じた改善によって揺れ動く．その意味で本章で見たトルコのそれは，どこにでもありうるひとつの事例にすぎない．だが，その震災という"失敗"を経て現われつつある，

新たな〈つながり〉を作り上げようとする萌芽的な試みからわれわれが学ぶべき点は少なくない.

そのうちのひとつは，イスタンブルの人びとが，科学的な知識や様々な技術・道具を受動的に受け入れるのではなく，主体的に取り入れ，ベイトソンの「杖」のように，それを通じて世界を知覚し，また他の様々な情報と組み合わせながら，地震という問題をめぐって新たな関係性を想像的に構築しようとしていることである．それはインゴールドの区別するグローブとスフィア，あるいはグローバルとローカルのいずれか一方を選択する，というものではない．むしろ，両者に含まれる要素をつなぎ合わせて作られる，ハイブリッドな関係性なのである．そして，そのようにして培った手ざわりや思い入れを伴った〈つながり〉こそが，生存のユニットとしての"われわれ"なのであり，そうした"われわれ"は，それぞれの地域に固有の価値や実践と結びつきながらも，現代的なコミュニケーションにかかわる技術や，人びとの組織化を安定させる制度などを通じて，空間的な限定性を越えて広がっていく可能性をもっている．空間的にも要素的にもより広い〈つながり〉をもたらす可能性のあるこうした関係性は，社会の領域のみを論じる規範的な「市民社会」，いわんや防災の分野で取り沙汰されている，外からの枠組みによって空間的に限定された人々の集まりとしての「コミュニティ」のような概念では捉えることができないものである．

とはいえ，そうした"われわれ"が至るところで現れてくる，と考えるのは楽観的に過ぎるだろう．第1節でも述べたように，むしろスフィアとグローブの間で，方向性の異なる両者をうまくつなげずに問題を生じてしまっていることも多い．これに対し，ベイトソンは，現在支配的な思考法に代わる新たな思考法を支えるものとして，「道徳理念としてではなく，科学哲学における一項目として」の「謙虚さ」というものを提示する（ベイトソン2000: 583）．「謙虚さ」と科学が結びつくなら，科学や技術というものがもつ意味や前提する価値観，あるいはそれが目指すものも変わってくるだろう．彼の考えに賛同しつつ，本章からは「共感」（あるいは同じ苦しみを経験した者同士の連携としての「共苦」）というものの可能性をつけ加えたい．この情緒的な結びつきは1999年の地震後の援助にみられたように，ローカルな慣習的

な実践にもとづきつつも〈つながり〉の拡張を支えていくことができる．例えばある被災者は，筆者とのインタビュー（2005年）において，次のように語った．「この（1999年の）地震の前にもトルコでは大きな地震があり，それをテレビで見て知ってはいたが，正直なところどういうものなのかよくわからなかった．しかし今自分はこうして地震を経験しているから，規模は違うとはいえ，先日の東南アジアの被災者たち（2004年末のインド洋津波の被災者のこと）の気持ちが分かる気がする」．これ以外でも，神戸の震災の被災者たちとトルコの被災者の交流などは持続的に行われているし，また現在，赤新月などのトルコの組織や団体が国際的な災害復興支援で重要な役割を果たしていることも，そうしたことの表れだといえる．そしてそこでは，つながりを通じてある地域の経験や実践が他へ伝えられ，状況に合わせて変化しながら流通していく．

　こうした「共感」を，街区や血縁などの小さな"われわれ"から，同時代を生きる人びとの間，さらにはその外部へ ── 過去の被災者から未来の世代へ，また「自然との和解」という言葉遣いに見られるような，人間社会を取り巻く環境へ ── 広げていくこと．トルコの事例は，人間圏内部の社会関係から，〈つながり〉としての生存基盤と共にある"われわれ"へ，という展開を示唆している．現代社会において急速に進みつつある変容のなかで，こうした発展の萌芽を見出し，実践的にそれと関わることで，あるいは制度的な支援を通じて，そうした動きを育てていくことが，われわれの生存のための重要な課題なのである．

引用文献

アパデュライ，アルジュン 2004.『さまよえる近代 ── グローバル化の文化研究』門田健一訳，平凡社．
アーリ，ジョン 2006.『社会を越える社会学 ── 移動・環境・シチズンシップ』吉原直樹監訳，法政大学出版局．
ベイトソン，グレゴリー 2000.『精神の生態学（改訂第2版）』佐藤良明訳，新思索社．
ベック，ウルリヒ 1998.『危険社会』東廉・伊藤美登里訳，法政大学出版局．
Bein, Amit 2008. "The Istanbul Earthquake of 1984 and Science in the Late Ottoman Empire," *Middle Eastern Studies* 44 (6): 909–924.
Çelik, Zeynep 1996. *Değişen İstanbul: 19. Yüzyılda Osmanlı Başkenti*. İstanbul: Tarih Vakfı Yurt

Yayınları.

Delaney, Carol Lowery 1991. *The Seed and the Soil: Gender and Cosmology in Turkish Village Society*. Berkeley: University of California Press.

Dinçkal, Noyan 2008. "Reluctant Modernization: The Cultural Dynamics of Water Supply in Istanbul, 1885-1950," *Technology and Culture* 49: 675-700.

フリーリ，ジョン 2005.『イスタンブール ── 三つの顔をもつ帝都』長縄忠訳，NTT出版.

Göle, Nilüfer 1994. "Toward an Autonomization of Politics and Civil Society in Turkey." In Metin Heper and Ahmet Evin (eds) *Politics in the Third Turkish Republic*, Boulder: Westview Press, pp. 213-222.

Ingold, Tim 1993. "Globes and spheres: the topology of environmentalism." In Milton, Kay (ed) *Environmentalism: The View from Anthropology*. London and New York: Routledge, pp. 31-42.

Jalali, Rita 2002. "Civil Society and the State: Turkey after the Earthquake," *Disasters* 26(2): 120-139.

金凡性 2007.『明治・大正の地震学 ──「ローカル・サイエンス」を超えて』東京大学出版会.

木村周平 2007.「地震学・実践・ネットワーク ── トルコにおける地震観測の人類学的観察」『文化人類学』71（4）：540-559.

────── 2009.「地震・建物・社会のネットワーク ── イスタンブル都市改造計画についての人類学的考察」『アジア・アフリカ地域研究』8（2）：195-214.

栗本英世 1994.「降雨をめぐる政治と紛争」掛谷誠編『講座地球に生きる2　環境の社会化』195-212，弘文堂.

速水洋子 2009.『差異とつながりの民族誌 ── 北タイ山地カレン社会の民族とジェンダー』世界思想社.

松村圭一郎 2009.「〈関係〉を可視化する ── エチオピア農村社会における共同性のリアリティ」『文化人類学』73（4）：510-534.

Navaro-Yashin, Yael. 1998. "Uses and Abuses of 'State and Civil Society' in Contemporary Turkey," *New Perspectives on Turkey* 18: 1-22.

Shaw, Rosalind. 1992. "'Nature', Culture and Disasters: Floods and Gender in Bangladesh." In E. Croll and D. Parkin (eds) *Bush Base: Forest Farm. Culture, Environment and Development*. London: Routledge, pp. 200-217.

スペルベル，ダン 2001.『表象は感染する』菅野盾樹訳　新曜社

Şengör, A. M. Celal 1996. Kuzey Anadolu Fayı'nın Keşfi.
　　http://www.biltek.tubitak.gov.tr/sandik/deprem/kaf.html，（2009年1月アクセス）

Tanyeli, Uğur 2004. *İstanbul 1900-2000: Konutu ve Modernleşmeyi Metropolden Okumak*. İstanbul: Ofset.

津田美知子 1999.『視覚障害者が街を歩くとき ── ケーススタディからみえてくるユニバーサルデザイン』都市文化社.

第 4 編
人間圏の再構築

山下王世 2003.「オスマン朝イスタンブルの給水施設」浅見泰司編『トルコ・イスラーム都市の空間文化』山川出版社, 75-89 頁.

第13章

生存基盤の思想
―― 連鎖的生命と行為主体性 ――

田 辺 明 生

1 人間圏の再構築の必要性

　人間は自らの生存基盤を食い尽くしつつある．生き延びていくためには持続的な生存基盤を確立することが急務だ．そのために必要なのは人間圏の再構築である．それは単に人間社会を再編することではない．人間圏のありかたを，生命圏および地球圏との関係において調和的かつ持続的なものへと転換することが求められている．

　本章では，人間圏の再構築の方向性を見定めるにあたって，現代グローカル世界における諸地域の潜在力に着目する．特に生命を相互依存的・相互作用的なつながりや連鎖のなかでとらえるような生態的・文化的な価値と実践の可能性に注目したい．ただしこれは地域の伝統的な固有体系をそのまま復活させようということではない　私たちがめざすのは，ローカルに蓄積されてきた生態的・文化的な潜在力の基礎にたちながらグローバルな知識・科学・制度などを取り入れることにより，諸地域に生存基盤持続型発展をもたらすための新たな社会・技術システムを創発することである．これに向け

て世界諸地域の住民（私たち自身を含む）の行為主体性^(エージェンシー)[1]の発揮にもとづくグローカルな対話と協働を推進できないだろうか．

　最新の生物学や生態学の知見は，生命の連鎖という視座の科学的有効性を指し示している（例：中村 2000）．こうした連鎖的生命観に立つことにより，諸地域の多様な生態・文化の潜在力と最先端の技術・制度・思想を創造的に媒介し，世界と地域の生存基盤持続型発展をめざすことが可能になるだろう．それは現代世界において持続的な生存基盤を構築するという目的に向けて連鎖的生命の新たなグローカル・ネットワークを創りだすための知的かつ実践的な試みとなるであろう．人間の行為主体性はそうした連鎖的生命の再編過程のなかに位置づけられる．

　ここでは，私たちの生存圏全体をみわたすグローバルな視点とそれぞれの行為主体の生きる場所から世界をみようとするローカルな視点との両方の視点が必要とされる．なおローカルとは，場所の限定性を指すよりも，生命とその環境という生活世界を軸にすえた世界のみえ方である．私が「グローカル」という言葉に込めようとしているのは，グローバルとローカル，普遍と固有，一貫性と多義性，客観性と相互関係性，規則性と偶発性というどちらもかけがえのないふたつの側面が，今の私たちの生命・生活においてせめぎ合っている現状であり，そうしたジレンマと両義性を含むハイブリッドな認識と実践のなかから生まれる新たな可能性である．現代世界において地域の潜在力が発揮されうるとすれば，それはこうしたグローカルな接触と交流の界面においてでしかありえない．それはまた私たちの知的営為がおかれるべき領域でもある．

---

1) 「行為主体性^(エージェンシー)」という言葉をここで私が用いるのは，人間がある状況や関係性に埋め込まれた存在でありその与えられた状況や関係性のなかから行為をするしかないこと，そしてその行為の結果は自己のおかれた状況つまり環境世界を変えるだけでなくその環境に生きる自己自身の位置づけやありかたを変えるものであることを指し示そうとするからだ．行為主体性を通じて，私たちは自己と環境という生のかたちを同時に変容することができる．「行為主体性^(エージェンシー)」は，個人の内面的で自律的な意志を想起させる「主体性^(サブジェクティビティ)」とは区別されなければならない．主体性という言葉は，主体と客体の分断を前提としている．主体は客体から独立して存在し，主体の行為の結果は客体の変容としてのみ現れる．これでは行為の結果としての世界の変容にともなう自己への影響という，自己と環境の相互作用の側面がとらえられないといううらみがある．

2 歴史のなかの人間圏 —— その構造変動

2-1 神話的世界から宗教的世界へ

　ここでいう「人間圏」とは「人間とその環境」を指す．それは地球圏および生命圏と並んで生存圏の構成要素（サブシステム）のひとつをなすが，その存在と維持はいうまでもなく地球圏および生命圏に依存している．人間の持続的な生存を可能にするためには当然ながら人間のことだけを考えていてはだめで，人間の生を支える環境を視野に入れなければならない．それは生きる人間がその生の営みにおいて関わる人，もの，生きもののすべてである．そこにはいわゆる自然環境だけでなく人工環境も含まれる．人間圏とは人間の生命・生活に関わるこうしたネットワークの総体であり，ここにおいて人間とその環境は不可分の生命ユニットである．

　さて，人類が類人猿から分岐したのはおよそ500万年前で，私たちの種である新人類（ホモサピエンス・サピエンス）が誕生したのは十数万年前である．その後しばらくして新人類は揺籃の地アフリカから世界各地に移住していったと考えられている．

　新人類はその誕生から長い期間にわたって「採集・狩猟」により生命を維持しており，生命圏のなかの物質・エネルギーの流れを利用し生きる種のひとつであった．つまり人類はその生を生命圏という自然の賜物に完全に依存していたのである．

　ただし新人類は採集狩猟をして暮らしていたときから豊かな象徴世界を有していたことが注目される．それは言語による記号能力によって支えられていた．これにより人間は経験的現実から事物を抽象化し，直接的な状況から離れても記号を用いて思考することができるようになった．「今・ここ・自己」にのみとらわれることなく，過去と未来を想い，あちらこちらへと考えをめぐらし，また他者（動植物や山川を含む）の立場にたった想像と思考をすることが可能となったのだ．

　採集狩猟時代の「神話的世界」では人間と動植物や山川が対称的なかたち

第4編
人間圏の再構築

で語り合い交流しあうことができた．そこでは自然こそが生産と豊饒の源であると認識され，母なる自然からの贈与を受けるために自然との互恵的な関係を築くためのさまざまな贈与や供犠がなされた．たとえばアイヌの熊送りの儀礼では，この世に肉を届けてくれた熊を丁寧に葬り，その霊をあの世へと送り届ける．またこの世に贈り物をもってやってきてくれるようにだ．あるいは東インドのコンド人におけるがごとく，豊饒の恵みを与えてくれる地母神に対する返礼として人身供犠を捧げていた例もある．人間は自然とのあいだで互いの行為主体性を認め合い，相互尊重的で対称的な関係を打ち立てようとしていたのである（中沢 2004）．

ところがおよそ1万年前に人類は「農耕牧畜」を始め，ここにおいて自然と人間の関係は大きな転換を迎えた．農耕牧畜により，動植物の統御を通じて，人間は太陽エネルギーをより効率的に利用する技術を獲得し，自らの生活環境における光，水，土，植物，動物などの動きのパターンに大きな影響を与えるようになった．人間は自らの活動によって独自の物質・エネルギーの循環構造を構築したのであった．農耕牧畜の開始によって人間圏は生命圏から分化したといえよう（松井 2000; 2005）．こうして「人間とその環境」たる人間圏はひとつの独立したサブシステムとなったのである．

このような技術的展開とそれにともなう人間と自然の関係の変容は，人間圏における社会構造と世界認識の大きな転換をともなった．農耕牧畜の発展は剰余生産物をもたらし，宗教と国家の誕生を導いたのである．一神教的な「宗教的世界」の特徴は自然を超えた超越的な真理の存在を措定するところにある．一神教における宗教とは「超越存在との関係において社会を律する理念と実践」であり，それによって正当化される国家は「超越に由来する権威にもとづいて社会にたいして決定を下し実行する統治機構」であるといえよう．一神教的世界において自然および人間は超越的存在に従属することとなった．あらゆる生産と豊饒の力の源は，もはや自然にあるのではなく，超越的存在としての神にあるとされた．そして王は，宗教的権威との連帯のもとに自らがこの世を統べる力を神から授かったとする．こうして超越的存在の名のもとに宗教的ヒエラルヒーおよび国家権力は正当化された．これは，神話的世界において人とものと生きものが自由に交流し，それぞれの多様な

立場が重んぜられた状況とは大きな違いである．一神教的な宗教的世界において，自然とその生産力そしてまた社会は「超越」による統御の対象となったのであった．

2-2 科学的世界から持続型生存基盤へ

こうした状況は，西洋における17世紀の「科学革命」と18世紀中頃から始まる「工業化」によりさらなる大きな転換を迎える．人間は，石炭ついで石油という化石燃料を主要なエネルギー源としながら，地球システムにおける物質・エネルギーの流れにより大規模な影響を与えるようになった．どんどんと化石燃料を使い鉱物資源を加工してさまざまな地球圏由来の人工物で自らの生活環境を満たし，それを動かすためにこれまた地球圏由来の大量のエネルギーを用いるような現在のライフスタイルは，地球温暖化という問題ひとつを考えてもこれ以上維持できないことは明らかだ．私たちの生存基盤を持続的なものにするために，今，人間圏を再構築する喫緊の必要がある．

現在の環境問題が生まれてきた背景には，人間が地球圏および生命圏の論理を無視して，自然全体を人間のために利用する単なる客体（モノ）としてあつかってきたことにあるのではなかろうか．こうした物質的・機械論的な自然観を理解するためには，近代西洋における「科学的世界観」の成立の背景を知っておく必要がある．

近代西洋における重要な課題のひとつは，いかにして宗教的ドグマから自由な知を構築できるかということであった．このために近代の知は，真理の基盤を，宗教的な超越ではなく，人間による自然の科学的理解においたのであった．ここにおいてふたたび，神話時代と同じく，「自然」が私たちの富と生産の源とされることとなる．ところが近代においては，人間の「社会」における自由な創造性を重要視したため，神話時代とは異なり，自然（動植物や山川）の側の行為主体性は否定された．自然はあくまで人間によって観察・統御される対象とされたのである．この側面において西洋の科学的世界は一神教的な宗教的世界との連続性が見受けられる．宗教的な超越的権威は，科学の客観主義という権威にとってかわられたものの，そこでは引き続

き自然とその生産力への一方向的な統御がみられるのだ.

　近代西洋においては，自然の科学的把握に真理の基盤をおく一方，社会における市民の自由を確保しようとした．社会の自由が自然の真理に縛られないようにするための制度的工夫が，自然と社会の分離であり科学と政治の分業であった．科学は「自然」を正しく認識するためのものであり，政治は「社会」を正しく動かすためのものであるというのだ．こうした前提のもとに，科学は自然についての真理を発見するもので，人間が決定していく政治とは異なる活動であるとされてきた．

　このように社会と自然を分離したものとしてとらえる近代の世界観は，文系と理系の学問の分断とも関わる．自然は所与で自律的な普遍的法則・原理をもつ客体であるとされ，一方，社会は相対的で可変的な歴史的構築物とされた．前者が理系の，そして，後者が文系の研究対象であるとされたことは言うまでもない．

　工業化の前提となった17世紀の科学革命において，科学技術は人文社会科学から切り離されることで意味や価値の検討から自由になり，客観主義的な装いをもって自然から資源を獲得するという目的達成をより一層効率的に行うことができるようになった．文理の乖離は生産の効率性の向上という目的に適していたのであった．これは，人間が自然を客体化・手段化し一方的な所有関係を適用した結果であった，と表現することもできる．

　ところが実は，近代において自然と社会は分断されるどころか，科学技術を通じて人間とモノはかつてないほどつながり，自然と社会のハイブリッドなネットワークが成立した．私たちのまわりをちょっとみてみるだけで，そのことは明らかだ．「純粋な自然」あるいは「純粋な人間社会」などどこにあるだろう．生活環境にあふれているのは，主に鉱物・化石資源を加工してつくった「人工物」である．それは近代の科学技術を媒介とし，発掘，加工，流通，消費，廃棄という流れのなかで，自然と社会が混交してつくられている．

　ここには，自然に働きかける道具としての科学技術の性質がみてとれる．そもそも近代科学は現象の定量的な把握を基本とするが，そのためには数量を目にみえるかたちに変える道具が必要とされた．17世紀の科学革命にお

いて，世界の本質と原因を探求するそれまでの自然学は数式的な法則の発見をめざす定量的な科学へと変貌をとげることとなったが，それは16世紀に職人や技術者や芸術家が「手仕事と技術の学問的な価値を認めさせ，『機械的』をポジティブな意味に転換させてゆく」実践から始まった（山本 2007: 16）．定量的な自然科学の誕生をもたらしたのは，職人や技術者たちがつくった実験道具による測定にもとづく研究だったのだ．

それはたとえばボイル（1627-1691）が発明した真空ポンプという道具を通じて，気圧の存在が確かめられ測定されたようにである（Latour 1993）．実験道具という媒体があり，そしてそこに集まる公衆に支えられた客観性によって，近代科学の知は成立する．つまりモノと人間の集まりによってこそ，客観的な科学知識は可能となっているのである．ここでは自然と社会の分断があるどころか，技術やモノを媒介として，両者は密接につながっている．こうした道具＝技術を媒介とした自然理解はいわゆる純粋科学の基礎をなすものである．

ここで，技術と並ぶ近代科学のもうひとつの源泉は自然魔術の実践であったことが注目される．魔術とは自然の力を顕わにするもの，つまり自然の可能性を現実化するものである．それは自然を力の源泉として認めながら，宗教の超越的権威から自由にその力をとりだそうとする所作であった．近代科学の父といわれるニュートン（1643-1727）が錬金術に没頭したのは，こう考えると不思議なことではない．

近代科学は，技術と魔術を源としつつ自然から真理と力をとりだそうとしたのであったが，それは人間社会を自由な主体として措定し，自然をその審問と利用の徹底的な客体とするものであった．近代科学は自然と社会の分断を制度的な前提としながらも，実は技術を媒介にかつてない攻撃的とさえいえるほどの自然への働きかけとその社会への取り入れを可能としたのである．その背景には地球をモノとして客体化する世界観がある．

しかし現在，生存基盤の持続のためには，こうした近代的な知と技術のあり方自体を改める必要がある．これまでの歴史的検討から明らかなように，近代科学の限界を超えるためには，自然を力の源泉として認めながらそれを単なる客体としてあつかうことなく，むしろ自然の行為主体性を認めてい

くことが求められる．それは神話的世界観におけるような自然と人間の互恵的な対称性を取り戻し，同時に最先端の科学技術の助けを借りながら，諸地域の動植物や山川などの内奥の声に耳を傾け，人間を含むすべての存在の最良の可能性を引き出すことである．そのことはまた，私たちが生きる生存基盤をモノとしてではなく，「生のつながりの場」としてみなおすことである．それによってこそ，地球圏と生命圏の固有のロジックを理解し，人間圏をそのなかにもういちど位置づけたうえでの，生存基盤持続型の発展が可能となるであろう．

3 生存基盤という思想 ── 生の作法へ

3–1 「生のかたち」を支える生存基盤

　さて，それでは私たちが保持し持続すべき「生存基盤」とは何か．それはまず，人間が生きる社会・生態的環境のことであると定義できる．その中身は，人々，動植物，山川，風，光，人工物などの相互作用・相互関係のネットワークの全体から成る．そうしたネットワークのなかでこそ私たちの生命は可能になっているのだ．そのことはたとえば食物連鎖を考えても明らかだろう．

　人間の生命とその生きる環境とは切り離せないものである．生命・生活の営みは，社会・生態的環境との相互作用においてこそ成立することをはっきりと認識しておく必要がある．食，性，生産，消費，廃棄，芸術，学問，スポーツなど，私たちの生命・生活のどの側面をみても，それは行為主体としての自己が，生きる環境をなす他者や動植物や山川と，物質・情報のやりとりをなすことから成る．

　ここにおいて生命の「所有者」として，自己を語ることはむなしい．生命は，他者の存在，動植物の存在，山川の存在を前提にして初めて成り立つ．いいかえれば，人間圏，生命圏，地球圏の相互作用のなかに，あらゆる人間の生はあるのだ．

そもそも，自己存在の基盤であると考えられている身体でさえ，筋肉や臓器を構成している細胞や分子などの物質は，およそ1年でそのほとんどが入れ替わるらしい．最も遅い骨でも2年半ほどで置換されるという．生きるということは，環境との不断の相互作用のなかで，自己の身体という生命秩序を自律的かつ動態的に維持するということだ（シュレーディンガー 2008; 福岡 2007）．生命の鍵は，身体という物質にあるというよりも，むしろ環境との関係において身体という有機体秩序を動態的に維持し，さらに生物的・文化的再生産をつうじて「生のかたち」を後世に伝えていくメカニズムにある．かたちやパターンの持続的展開こそが私たちの生命のエッセンスである（ベイトソン 2000）．

3-2 自己と環境の相互作用としての生命

この生きるという過程を通じて人間は，自らを取り巻く環境との物質・エネルギーおよび情報・価値のやりとりを行い，環境を構築していく．ここで環境は，人間の生を可能にするだけでなく，人間の生命作用そのものの一部をなす．

人間は自らの生の軌跡をいわば環境に刻みつけていく．そこにおいて人間の営為は，物質的・文化的なかたちやパターンという「環境の履歴」として人間圏に蓄積・展開されていく（桑子 1999）．これが人間は歴史をもつということである．私たちは祖先の生の営み —— それはもちろん環境との相互作用としてあった —— の集積としてある生きる環境を与えられたのであり，そして，私たち自身の生の営みをさらに環境に付け加えて子孫へと託す．人間の生存基盤はこうした意味で歴史的産物であり，また未来へのメッセージでもある．私たちの現在の生のありかたが，生存基盤に刻まれ，次世代へと渡されるのだから．

生存基盤というもののみかたにおいては，認識・所有や働きかけの客体としての所与の「自然」があるのではなく，生きる自己と，その生を支え応答的に展開する「環境」がある．私たちの生において自己と環境は相互応答的につくられているのだ．

ここでいう「環境」は，人間から切り離された客観的な自然ではなく，人間との物質的かつ情報的な相互作用を行う生存基盤の全体（生態・社会的環境）を指す．そうした環境との相互作用において，人間は，物質・エネルギーを交換するだけでなく，自己という生命体にとっての意味と価値を知覚し経験する．「相互作用」というのは，人間が行為主体であるだけでなく，環境を構成する他者や動植物や山川もまた人間と関わり合う行為主体であり，それらの主体どうしのあいだの相互的な働きかけや応答のネットワークとして，人間と環境の関係はあるということだ．また，物質に加えて「情報」の面での相互作用をここでいうのは，環境のなかで生きるにあたって行為主体はさまざまな特定の意味や価値をそこに認知し応答するからであり，生きる過程で環境へと働きかける行為はさまざまな情報（かたちやパターンの履歴）をそこに構築し蓄積していく営みでもあるからだ．なお情報とは簡単にいうと「生命体にとって意味作用をもつかたち」である．それは意味のある差異やパターンとして生命体に認知され，その認知の結果として生命体に何らかの反応や変化（身体的，生理的，情動的，心理的）がもたらされる．そしてさらにそれは環境にフィードバックされるわけである．これを踏まえてベイトソン（2000）は，情報とは「差異を生み出す差異」であるとごく簡潔かつ適切に定義している．生命体にとっての環境は，客観的・普遍的な視点から定量的にのみ捉えきれるものではなく，ユクスキュル（2005）が「環世界」という言葉で示したごとく，生きる主体の視点からある意味と価値をもって現われるものなのである．

　こうした観点からいうならば，「生存基盤持続型の発展」とは，私たちが生きる環境との循環的で相生的な生活様式においてネットワーク全体としての生命・生活の質を向上することであろう．そこでは，自らの生きる社会・生態環境とどのような相互作用を営み，どのような情報 —— 私たちの生の証（あかし）としての意味と価値 —— を環境に刻んでいくのかが，私たちの生き方として問われる．

3-3 政治と生態の融合 —— 法的主体から生命的行為主体へ

　生命・生活の質は，環境からどれほど多くのものを獲得したかによるのではなく（むろんニーズを満たす必要はあるにせよ），自己と環境 —— 人と人，人と動植物，人とモノ —— の関係（物質・情報のやりとり）のありかた自体をどれほど豊かで意味あるものとできるかによると思われる．いかなる関係が豊かで意味あるものかについては，それぞれの行為主体が自己の生きかたを探求するなかで考えと実践を練り上げていくしかない．なすべきことはそれぞれの生きる主体が自己の生き方を探求できる場をつくっていくことだ．
　これは，現代に生きる私たちにとって生存基盤の整備という課題が，自然環境を守るという生態的意義を帯びているだけでなく，人間の価値ある生を保証するという政治的使命(ミッション)としても存在するということである．この課題を吟味するためには，近代政治における「自由」と「平等」の理念と枠組みについて再考する必要がある．
　前述したように，近代世界において人間は，自然と社会そして科学と政治を認識論的また制度的に分離することによって，自然を客体化して一方向的に利用しつつ，社会における人間の自然からの自由を確保しようとしてきた．しかし実は現在の政治理論は「自然」にその価値的基盤を負っていることも事実である．現行の社会と政治の制度は，自然に依拠しつつ，自然からの自由を確保しようとしているという矛盾を抱えている．
　現在のデモクラシーの原理を支えているのは「社会契約」という考え方である．それは，国家成立前の「自然状態」（社会契約を結ぶ前のばらばらの人間たちの関係の様子）にあった人間が自らの「自然権」（人間が生まれながらに本来もっている権利）を国家に移譲することによって国家主権は成立した，というものだ．そしてもともと自然権を有する人民こそがこの主権の行使において決定権をもつのだという議論により，デモクラシーおよび人民主権の理念は基礎づけられた（ホッブズ，ルソー）．
　ここでは人間たちの契約という社会的政治的行為は存在するものの，最終的にデモクラシーの理念が依拠しているのは「自然」にある権利である．ところがここで自然の論理は，契約を通じて全体的な「自然状態」から政治的

(つまり非自然的)な「自然権」へと変換され，人間社会という閉じられた領域のなかでいわば飼い馴らされてしまっている．社会契約論は，自然という反論不可能な「真理」に依拠しつつ，それを実際の自然から離れた政治領域へと簒奪するためのフィクションであるといえよう．

こうした近代の枠組みにおいて，自然は社会から外部化されたうえで，政治における個人の自由と権利は保証されているわけである．自然がもともとの基盤でありながら，最終的には，外部化された自然を自由に所有し処分する平等な権利が，少なくとも理論上は人間に確保されたのであった．

しかし現在，「生存基盤の持続」が新しいグローカルな格率となるなかで，個々の人間に保証されるべき「自由」や「平等」の意味も変わらざるをえない．新たに必要なのは，社会契約ではなく，人間が生存基盤たる環境との関係をもういちど結び直すことである．それは人間存在を法的主体としてではなく，より全体的な生命的行為主体としてとらえ直すことでもある．

ここにおいて「自由」とは，個人として自然の一部を所有し処分する能力や権利ではなく，環境との持続的な関係の範囲内で，他者および自然との関係を新たに想像し再構築する権能のことを指すこととなるだろう．そして「平等」は，各人が同じ量のものを自然から獲得し，所有することではなく，すべての存在を分け隔てなく尊重し，その声に耳を傾け，応答する責任のことであり，また，そうした相互関係のなかで等しくあつかわれる権利のことを指すこととなる．ここでは，すべての人々が健康で文化的に生きられる条件・基盤の整備をすることが求められる．つまりそれぞれの行為主体が，健康な心身を維持し，文化的な想像力・創造力を実践的に発揮できるような「生きる場」を保証していくことこそが，これからの私たちの課題である．

従来の議論において，自由(個人間の差異を認める)と平等(個人間の差異を否定する)の価値はしばしば矛盾することが指摘されてきた．これは，個人の人権を，より大きな生命のつながりから切り離して独立に論じようとしたことから生まれた矛盾である．しかし，すべての存在が平等に尊重されるような生命のつながりの場としての持続型生存基盤を，それぞれが自由な創造性を発揮することを通じてつくっていくという新しい政治的課題において，再定義された自由と平等はむしろ整合性をもって結びつく．

こうして新たな意味での自由と平等を確立するということは，私たちの生きる社会・生態的環境たる生存基盤を整備するということと同義となる．ここで政治と生態の論理ははっきりと結びつくのである．このような新たな政治生態的倫理（ポリティカル・エコロジー）を満たす持続型生存基盤においてこそ，それぞれの人間は，安心立命のなかで自らの生き方を探求することができる．

3-4 合理主義と調和論の対立を超えて

さて持続型生存基盤を考える際に，それを技術的合理性の対極におき，人間と自然の所与の調和を前提するような思考は避けなければならない．近代の啓蒙主義や理性至上主義への批判としては，しばしば全体論的な調和の理想が説かれることが多かった．そこでは，人間と自然のロマン主義的な共生の夢が語られる傾向がある．ところがそうした自然との内在的な同一化という理念は，たとえばナチス・ドイツにおけるユダヤ人虐殺に見られるような悲劇をも生み出したことを覚えておく必要がある（藤原 2005）．ユダヤ人のセム的文化が，自然から超越した絶対存在（神）と人間との関係を重要視するのに対し，ナチスは，そうした超越志向性を，人間と自然との内在的で有機的な調和にとって邪魔になるものとして憎悪をいだくにいたったのである（田辺 2005）．

ところが反対に，ナチスに代表される全体的調和論を批判するあまり，人間理性と技術的合理性のみを是とする立場にもやはり疑問が残らざるをえない．前述したように西洋における近代合理主義は，セム的一神教における超越的権威の伝統をある意味で継承し，今度は合理性という超越的外部の視点から自然を客体化し統御しようとするものだ．もし生存基盤の持続が合理的技術の力によって達成可能であると考えるならば，人間を主体とし自然を客体とするこのような近代的世界観は変える必要がないこととなる．ところがそうした世界観および技術力によってこそ，現在の環境危機はもたらされたことも事実である．

とすれば，どうすればよいのか．まずは，超越的視点からの自然の客体化と利用，あるいは，内在的視点における自然との共生と調和，という両極端

のどちらかしかない，という考え方から脱却する必要があるだろう．ところが問題は，近代世界においてこうした二者択一的な考え方が支配的であることだ．

たとえば人類学者のポール・ラビノーは，科学哲学者のフランソワ・ダゴニェを引用しながら，私たちにできるのは，自然をあるがままの存在として崇敬するか，自然を加工していく可能性を認めるかのどちらかである，と論じている (Rabinow 2005: 192)．このときにラビノーは明らかに，後者の道しか現代の人間にはないのだ，と示唆している．

ここでは，自然を尊崇・尊重する態度と自然にたいして働きかけることが矛盾しているかのように語られる．人間は，原初の自然のあるがままを大事にして敬うか，あるいは，科学技術が発展するがままにどんどんと自然に介入して，人間のために自然を利用するかを選択しなければならないのだろうか．こうした二者択一的な論調はマスコミでもしばしばみられるものである．自然環境を大事にしようという意見にたいして，それでは人間は原始生活に戻らなくてはいけないのか，と反論をするという具合にである．

しかし，最先端の技術を用いて自然との関係を変えていく自由を保ちながら，同時に，自然を構成する諸存在の行為主体性を尊重するということは矛盾するものではない．生存基盤の科学は，人間のために自然を一方的に利用するためのものではなく，自然自体の声（自然の与えてくれるさまざまな可能性）をよりよく理解し，自然を尊びながら自然からの贈与をありがたく受け取り，そして返礼するための全体的な生の科学となりうる．科学技術のなかに自然の尊重という態度を含みこむことは十分可能なはずであるし，それをなさなければならない．前述した新たな意味での人間の自由を確保しつつ，応答責任のある相手として自然を尊重するという両方の態度があって初めて，人間と自然のよりよい関係を追求する生存基盤持続型の発展はありえる．

これまで繰り返し述べてきたように，そもそも生きるということは，環境との何らかの相互作用を行うことである．それは当然，環境に対する何らかの働きかけとそれに対する相手からの応答，そしてそれに対するこちらからのさらなる応答をともなう．こうした相互作用において，それが人間であろ

うと動植物であろうと山川であろうと，相手を尊重することはむしろ当然なのではなかろうか．環境に働きかけることとそれを尊重することは決して矛盾しない．相手をただそのままに放置することだけが尊重ではなかろう．むしろ尊重とは無関心の対極におかれるものであり，相手への何らかの配慮と働きかけを必然的にともなうものである．

　ラビノーやダゴニェにおいては，自然を自らの生の外部においたままに，それを崇敬するか加工するかという，環境の客体化の思考パターンがみられる．技術による自然への介入可能性を，人間という所与の主体にとっての手段としてみてはならない．科学技術の発展はむしろ人間と環境の新たな相互作用そして人間の主体変容の可能性を広げてくれるものである．だから科学技術時代において生存基盤について考えるということは，人間と環境のいかなる相互作用を実現し，「人間とその環境」という私たちの生存ユニットをいかなるものとして構築していくべきなのかを実践的に考察することである．それはつまり人間の生(いのち)のかたちがいかにあるべきかを，持続型生存基盤の必要を踏まえた生存の全体的な作法 —— 倫理・技法・技術 —— の問題として考えるということである．

4　人間の生を支えるもの —— いのちのつながり

4-1　いのちの営み

　それでは人間の生の作法はいかなるものであるべきなのか．これに答えを与えるのは容易なことではない．

　だがこの問いを考えるにあたって考察しておかなければならないのは，そもそも人間にとっての生(いのち)とは何なのか，生存するとはどういうことなのか，ということであることは間違いないだろう．思い切って一文で言いきってしまうなら，人間のいのち（生命・生活）とは，日常的な再帰的実践（自己反省をともなう日常的営み）を通じて人が環境との相互作用のなかで自己と世界を構築していく営みであるといえよう．

生命・生活が「再帰的実践」であるというのは，人間は，慣習的な実践のパターンを身体化して無意識のうちに行えるようになるだけでなく，それを意識的・反省的に統御・変化することができるからである．社会理論の枠組みを用いていうならば，身体化され無意識に繰り返される行動である「慣習実践」(ハビトゥス)（Bourdieu 1990）と自己や社会についての意識的な反省である「再帰性」(リフレクシビティ)（Beck 1992; 1994; Giddens 1991）は共在しうるのである．人間はほとんどの実践を身体化・無意識化しつつ，必要に応じてその一部を再帰的に意識化する．人間が自らの生き方を意識化しその実践を変化できることこそが，人間の自由が成立するための根本的条件である．

4-2　個体的生命と連鎖的生命

では，私たちは，自分たちの生(いのち)をどのようなものとして意識化すべきなのか．

「いのち」という言葉には，ふたつの意味がある．個々の身体の「個体的生命」と，個々の身体を超えた「連鎖的生命」である．私たちが「いのち」というとき，それは個体の生存だけを指すのではなく，そうした個体性を超えたより大きな流れをも意味する．大日本国語辞典での定義によると，いのちとは「生物を連続させていくもとになる力」である．生命体の親子代々の連続があるとき，「そこになにか，その波がいつまでたっても絶えることのないような，なにか奥深い力が働いているのではないか」，「そのような波をもたらす，源としての"いのち"」があると，解剖学者の三木成夫はいう（1992：105）．宇宙の歴史のなかで，生命は自己創出(オートポイエーシス)によって生成するのであるが，その自己創出(オートポイエーシス)の働きは，個体の生死を超えてつながっているのだ．それが人間にまで連なる生物の進化の歴史に他ならない（中村 2000）．

こうした「いのち」のふたつの意味は，人間の生命に対するふたつの態度に対応するものである．ふたたび三木によると，「そのひとつは自然の意に逆らってでも『生存期間』を延ばそうとする態度．もうひとつは生命の波を通して，そこに，ひとつの"おもかげ"といったものを観得しようとする態度．前者の態度はわれわれの"あたま"で考える世界，後者のそれはわれわれの

"こころ"で感ずる世界でありましょう」(1992: 122). 前者は, 個体的生命にしがみつこうとする態度であり, 後者は, 自己の生命をより広い「生のつながり」(速水 2009)のなかに感得しようという態度であるといいかえることができる.

ここでいう連鎖的生命とは, それぞれの個体的生命の生死の場であり, それが意義づけられる場所である. たとえば個々の細胞の生死が身体という連鎖的生命の場において成立しており, 細胞の生命と身体の生命の二重の生命をもつように, 人間は個々の個体的生命を超えて宇宙世界を生死の場とすることによって, 自己の生命と宇宙生命の二重の存在性を獲得する (清水 2003). 個々の人間の生は, 世代的にみると親子代々の連続によって可能となっているのであり, 社会的にみると他の人間との協働によって, また生態的にみると他の動植物の犠牲 (食物として) や相互依存関係 (農耕・牧畜・植林) のうえに成り立っている. さらに生命の存在は, 光・水・空気・土などの存在に依存している. 生存圏はこのように, 人間圏と生命圏と地球圏をつなぐ生命のネットワークの場としてある. こうした幅広いいのちのつながりとして連鎖的生命を考える場合, それは単に親子のあいだだけで継承されるものと考える必要はない. いのちのつながりは生存圏全体に及ぶものであり, こうした連鎖的生命の場において初めて, 人間の生の物質的・価値的な基盤は成立する.

4-3 インドの宇宙観と人間観 —— 連鎖するいのち

さて私たちの生をこのような広い連鎖の場のなかでとらえようとする視座は, アジア・アフリカの諸地域にみられるものである. たとえば私の専門とするインドにおいては, 人間のいのちと, 土地, 食物, 性, 祖霊, 神々のつながりははっきりと意識されている.

インドにおいては世界や身体を形成するすべての物質は, 価値や意味を有する記号としての性質をもっているとされる. 物質は自然に属するもので記号は社会でつくられたものであるというような, 自然と社会の分離はここでは通用しない. インド社会学では, 世界を構成するこのような物質かつ

記号であるモノを「物質－記号(サブスタンス・コード)」という言葉で呼ぶ（Marriott 1976; 1977）。生命過程は，食や性におけるように行為・感覚器官をつうじて物質－記号を交換することによって成立する。インドでは，生命過程における行為自体——たとえば何を食べて誰と交わるか——が社会・政体の秩序および自己の身体・人格のそこにおける位置づけ（アイデンティティ）をかたちづくる（Barnett 1976; Marriott and Inden 1977; Daniel 1984; Fruzzetti and Östor 1984, 1992）。食事，性交，会話，贈与交換などあらゆる生社会的(バイオソーシャル)なコミュニケーションは，物質－記号の交換をともなうのであり，それらはすべて生命過程でありながら同時に自他の価値的・倫理的な位置づけを構成するものでもある。インド世界においては，生命過程における流体的な物質－記号のやりとりを通じて，身体・社会・政体・宇宙の連鎖生命的な倫理秩序がかたちづくられているのである（Bayly 1998）。

　物質－記号の交換は，身体・人格およびそれらのあいだの連鎖的生命のネットワークを形成し，その集合が社会や生態と呼ばれるものを形成する。個々の身体・人格は，そうした集団的・領域的な単位を形成する，重層的で複合的な交換のネットワークの結節点のようなものであるといえよう。

　さて，インドにおける個的身体のアイデンティティにおいて，土地と食物と身体の相互関係は特に重要である。身体は，婚姻や食物をつうじて獲得される物質－記号によって構成される。

　インドの民俗的言説によると，人間の身体は，性交の際に男性の精液が女性の分泌液と混ざることによって形成される。前者は骨をつくり，後者は肉をつくるといわれる。祖先の骨は，精液と関連づけられており，豊饒性の源であるとされる。それはリネージ（家系）の存続を，単に象徴するだけでなく，物質－記号的な意味で実際に保証すると考えられている。祖先の骨は，最終的にはガンガー川に流されるのだが，水とともに蒸発して空にのぼり，雨として大地に降り，穀物になり，子孫が食べ，精液になり，また次なる子孫が生まれ，家系は存続するといわれる。人は，受胎して死ぬまでだけでなく，祖霊となり，雨と大地と穀物を経て，また精子から赤ん坊として生まれ変わるまで，物質－記号の循環と交換の過程を通じて，社会的・宇宙的なネットワークのなかに位置づけられるのである。

第 13 章
生存基盤の思想

　さらにこうした人間の魂の生態的・親族的サイクルは，自然の季節サイクルとも関わる．インドでは，穀物を生む大地は女神そのものとして崇敬される．季節のうつりかわりとは，母なる自然の姿とエネルギーの状態が変容していくことに他ならない．大地は，冬の冷えて乾いた状態から，だんだんと熱を蓄え，乾期の夏の終わりには成熟して「初潮」（儀礼的な意味での豊穣性の高まり）を迎える．しかしこの乾いた熱はそれだけではすべての生命を焼き尽くしてしまう．そこでモンスーンの雨が降り，大地は濡れて豊穣のエネルギーへと変容するのである．その雨は，先述したとおり，祖霊のエッセンス（骨＝精液）の降臨した姿でもある．大地の豊穣力に支えられて穀物は育つのだが，その米は女神自身の現われであり，また祖霊のエッセンスを含むものでもある．収穫された米は，富と吉祥の象徴であるラクシュミー女神（吉祥天）として祀られ，祖霊に捧げられ，また食物として摂取されて，身体・人格を構成していく．こうした過程において，神々と自然と祖霊と人々のあいだをつないでいく行為が，儀礼実践であり，農業であり，また料理や食事，そして性と育児という再生産の営みである．

　こうした連鎖的生命のなかの物質–記号の交換と変換の実践をつうじて，各個人や世帯は，親族，カースト，自然環境，祖霊，神々などの形成する社会コスモス的ネットワークのなかに，自らの位置づけと役割を得る．自然のサイクルと調和した儀礼実践と農業活動は，母神の力＝存在を穀物のかたちで世帯にもたらす．そこからつくられた食物は，人が義務を果たすための身体を支え，また祖先に捧げられる．こうして，人間，祖先，自然，神々は互いに交流し，全体の社会・宇宙のコスモス的秩序は再生産されるのである．

　これまで，インドにおけるこうした思想や実践は，地域固有の相対的な意義をしか有さないものとしてあつかわれることが多かった．それは伝統宗教的な信仰にしか過ぎず，近代科学や民主政治とは無関係のものと考えられていたのである．しかし現在，持続型生存基盤の構築という全地球的課題を媒介項としながら科学と政治そして自然と社会をもういちど結びつけなおさなくてはならないとき，インドにおいてみられるような連鎖的生命という場に対する感覚・意識の普遍的な意義をこそもういちど見直す必要があるように思われる．近代において自然と社会あるいは物質と記号を分離してきたこと

383

のほうが，むしろ不自然なのである（Strathern 1988; Gell 1998; Carsten 2000）．

4-4　いのちの価値 ── 生と死の場としての生存圏

　人間がいのちの営みのなかで自己と世界を構築するにあたって，自らの生と死をこうした宇宙的な生命のつながりのなかに位置づけることは，生の価値づけにおいても決定的な重要性を帯びている．それは自らの個体的生命にしがみつこうとする態度を超えて，有限な自己のいのちを無限の時空間に広がる連鎖的生命のなかで意義づけようとする視点をもたらすからだ．

　逆にいえば，人間は自らが「死に臨む存在」であるということを自覚して初めて，自らの生と死をより大きな生命の流れのなかでとらえることができる（ハイデガー 1960-66）．そこにおいてこそ有限な生命をいかに生きるかという問いが生まれ，自らの存在が他者 ── 人間，生きもの，もの，先祖，子孫 ── たちとのネットワークのなかでこそ意味と価値をもちうるという自覚をともなうからである．それが自己の生きる世界たる連鎖的生命の場を認識し，本来的な自己に立ち戻るということである．

　生存圏とはこうした連鎖的生命の総体である．そこにおける個（要素）と全体（システム）の関係は，極端な要素主義でも全体主義でもない．すなわち個々の要素は勝手にふるまうわけでも，また全体のシステムが個を部分として固定化するわけでもない．個々の要素はそれぞれ自らの環境との相互作用的な関係において個性を発揮し，自らの生のありかたを構築していく．これらの要素の生命作用の連なりによって，個々の生命が自己組織化するだけでなく生命のつながりの全体が自己創出（オートポイエーシス）の展開をとげていくのである．

　人間は，そうした生存圏の論理に内包されながら，連鎖的生命の流れを認識し，自らの生命をそのなかに位置づけ，人間圏と生命圏さらに地球圏との関係を構築し直す知性と行為主体性を有している．こうした観点からは，生存基盤持続型発展の追求とは，人間が自らのいのちを可能にしてくれている生存基盤の宇宙誌的な深みとつながりを認識したうえで「人と環境」のあるべき未来の可能性を切り開いていく知的実践となるだろう．現代世界の人間の生のかたちには地球圏・生命圏・人間圏の生命連鎖的な歴史が刻まれてい

る．幸いにして人間の知性は，そのつながりの歴史を自省的に振り返ることを通じて人間の生のより望ましいかたちを探求することができる．

5 地域の潜在力 ── 生存の技法と技術

5-1 多元的な発展径路

持続型生存基盤の視点から地球誌・生命誌・人類誌を振り返るにあたっては，これまでの近代西洋中心的な歴史観や社会観は相対化されなければならない．そしてむしろ，世界における多元的な発展径路に注目する必要がある（Sugihara 2009）．

杉原薫（本書第1章）が論じるごとく，西洋においては資本集約的で資源・エネルギー集約型の技術を用いて労働生産性を高めることが志向されていた．つまり，カネと資源をどんどん使い人間は楽をしながらたくさん生産することがめざされていたのだ．これに対し，東アジアでは労働集約的で資源・エネルギー節約型の技術を用いて土地生産性を高めることが志向された．つまり，カネと資源を惜しんで少ない土地からより多く生産するために人間が一所懸命働いたわけである（Sugihara 2003, 2007）．

西洋と東アジアの人間と自然の相互作用のスタイルの違いは，生産活動（労働）の結果をどのように蓄積するかという形態の差としても現れた．西洋において生産活動の結果は，流動資本（農業では穀物種子）や固定資本（道具・機械）というかたちで蓄えられたのに対し，東アジアにおいては生産活動の場 ── 土地や工場や共同体 ── の整備（灌漑・あぜ・棚田など手をかけた農地，工程・配置などの工夫改善，直会（なおらい）・飲み会による人間関係）というかたちで蓄えられた（Bray 1986; 中村 1975; 脇村 2009）．

西洋と東アジアはどちらも温帯に属しており，比較的安定した自然環境を所与のものとしながら生産性の向上につとめ，生産活動の結果を主に具体的なモノのかたちで蓄えることができた．ところが熱帯においては，自然環境は不安定で予測不可能である．雨が多すぎたり少なすぎたりすることによっ

て洪水や干ばつに見舞われることはしばしばであるし，サイクロンなどの暴風雨もけっこう頻繁にやってくる．自然の圧倒的な力は，大いなる恵みをもたらすこともあれば，人間が築き蓄積してきたものを一瞬のうちに破壊することもある．そうした環境では温帯型とは異なる熱帯型の発展径路が必要とされたのであった．

5-2 インド型発展径路とカースト

こうしたなかでたとえばインドにおいては，労働の結果を資本や生産活動の場というハードウェアのかたちで蓄積するのではなく，社会のなかに文化・知識・技能というソフトウェアのかたちで蓄積してきた（中村 1975; 脇村 2009）．つまり，経済的剰余があるとき，共同体内分業というかたちでさまざまな学芸・技芸・工芸・芸能活動などに従事する世帯を共同体全体で養ったのである．これがいわゆるカースト制と呼ばれる仕組みである（田辺 2010）．農民以外のさまざまなカースト ── 大工，織工，油屋，医師，学者，芸能家など ── は，共同体に支えられながら，それぞれの特殊な知識や技能の継承と発展に従事した．これによってインド社会に特徴的な文化的多様性が保持・発展されたのである．

これは自然の変動にたいして社会的に柔軟に対応する仕組みでもあった．自然の恵みがあれば，それを分業により文化・知識というかたちに変換して蓄え，自然の猛威により余裕がなくなったときは，とりあえずの生存には不必要な職能集団が移住したり生産に従事したりしたのである．

西洋の資本集約型と東アジアの労働集約型が双方ともに生産効率性をめざす発展経路であるのにたいして，インドのカースト分業にもとづく発展経路は，予測不可能な環境に適応しながら生存を確保し，生命・生活をより豊かにするための文化・知識・技能を社会に蓄積していこうとするものであった．それは生存知の蓄積を通じて生存基盤の向上をめざす発展形態であるということができるだろう．カーストにおける世襲制という制約や差別の問題が近代世界において是正されなければならないことはいうまでもないが，歴史的にいうならば，諸カースト集団の存在が多様な知識や文化を継承発展さ

せ，生存基盤を向上するためのポジティブな役割をインド社会で果たしてきたという側面があることも間違いない[2]．

　生存知の社会的蓄積を通じて生存基盤の向上をめざすインドの発展経路は，人間の努力を自然の加工よりも社会内の文化や技能の改善に向けるという点で，環境に負荷が少ない一方で人間生活をより豊かにするという特長がある．これは現在の議論において「環境に優しい」ことはすなわち「生産と消費を我慢する」ことであるかのように語られることにたいして，生存基盤向上という人類共通の新たな目標のために，インドという地域の潜在力が示してくれるもうひとつのオルタナティブではなかろうか．

　従来，アジア・アフリカの文化・社会の研究は，なぜこれらの諸国において経済発展や民主化が遅れているのかを説明することに注目が向けられていたことが多い．たとえば，インドはカーストの存在によって自由な経済活動や民主政治が阻害されているといった議論である．しかし虚心坦懐にみるならば，世界の諸地域に，生産性向上といった観点からはともかく，持続型生存基盤を確保しながらより豊かな生を生きるためのさまざまな仕組みと工夫が編みあげられてきたことは確かである．現在，地球的アジェンダが生産効率性の向上から生存基盤の持続へと移るなかで，私たちは世界の諸地域の生存知という知的潜在力に目を向ける必要がある．それが，現代的な最先端の技術や制度や価値と出会うとき，そこには持続型生存基盤を構築するためのグローカルな創発の可能性が生じるはずだ．

5-3　社会と自然のネットワーク

　現代世界において私たちがひとつの地球という生命・生活の場を共有していることはますます明らかになってきた（本書第11章を参照）．このなかで地球温暖化などに代表される環境問題はグローバルなイッシューとなっており，私たちがどのような行動をなすべきかについての「環境倫理の政治学」は新たな世界政治のアリーナと化している．こうしたなかで生の実践倫理の

---

[2]　現代のインドが，特にITやデザインなどのソフトウェアを中心とする知識集約的産業において比較優位的な国際競争力を有することには社会文化的な理由がありそうだ．

387

問題を，私たちがそれぞれ行為主体として日常の生命/生活を構築していくという原則から遊離させないことが重要である．それは，グローバルな問題に意識的でありながら諸地域に生きる人々のローカルな生活の場を常に考えるというグローカルなスタンスをもち続けることでもある．

　現代社会のシステムは，私たちをひとつの普遍的な枠組みに入れようとする．近代に生きる主体も科学技術と制度 —— 教育・医療・美容・保険・金融など —— を利用して自己のセキュリティとアイデンティティを追求しようとする．こうしたなかで人間はシステムによって管理され，またそのシステムを前提として，自己管理する主体となっている．

　ところが前述したように，近代システムの問題は制度的に自然と社会また科学と政治を分けるというフィクションを前提としていることである．近代政治において実際的に重要となったのは，市民的自由を通じた公共的討議などではなく，人々の生存を保障することであった（アーレント 1994; フーコー 1986a）．ここでは人々の衣食住という基本的な生命・生活が政治の中心となっている．ところがそれにもかかわらず，現在の政治で語られるのは政府の責任の範囲がどこまでかということをめぐってであり，実際に人々がいかなる生(いのち)のかたちを探求しようとしているのかについては不問に付されたままである．人々は生(いのち)のかたちについては，自然とは制度的に切り離された社会システムのなかで自己管理をするべく仕向けられている．

　しかし現在，持続型生存基盤の構築が最重要の政治アジェンダとなるなかで，人間と環境の相互作用のネットワークのありかたこそが政治の場で問われる必要がある．そして現在はまさに生(いのち)のかたちそのものの新たな可能性が科学技術とともに出現しつつあるときである（Fischer 2003; Rose 2007）．そのことは，生殖技術や遺伝子治療そしてサイボーグ技術（人と機械の有機的な結びつき）の発展をいうまでもなく明らかであろう．ここにおいて，自然と社会をいかに新たにつなぎなおすかが科学と政治そして理系と文系の共通の課題として現われているのだ．

5-4 生存学へ

　ここにおいて，特定の地域に生きる人間の価値と行為の総体を明らかにする地域研究と，一方，その生命実践を支える客観的条件を明らかにしさらにその可能性の幅を広げる先端的な自然科学とを理論的・実践的に融合させることが必要だ．これにより私たちは地球の諸地域における環境のアフォーダンスをより広く深く認識し，人間と自然の持続的でより豊かな相互作用を構築する希望をもつことができる．ここでいうアフォーダンスとは生命体がある行為をなすことを可能にしてくれる環境の性質（生命体にとっての環境の意味や価値）のことである（ギブソン 1985; リード 2000; 佐々木 1994）．自然科学の発展は環境が有しているさまざまな未知のアフォーダンスを明らかにしてきた．必要なのはそうした科学知を地域の生存知と媒介し，人々が生きる場において，環境を持続しながら同時に人々の生活をより豊かにするような生存基盤持続型発展を可能にすることであろう．

　そのような生存基盤持続型発展をめざす知的実践は，世界に対する文化的認識を変えることのみならず，技術的働きかけを含むようなより具体的な世界との相互作用のありかたを変えていくことを含んでいる．それは，社会・生態的環境を私たちの欲望を満たす手段とするのではなく，さまざまな社会文化や自然生態の「持ち味」（個々の人々や集団そして種種のものや生きものがもつ潜在的可能性）を活かすことを私たちに要求する．それによってこそ，生存基盤たる環境の一方向的な利用と破壊に歯止めをかけられるだけでなく，私たちの生を支える食糧・材料・エネルギーとして自然生態が内包する新たな可能性を発見することにつながるだろう．

　その場合，社会文化の多元性と複数性を認めるのと同じように，自然生態についても，人間から離れた自律的な原理をもつ所与の実体（the nature）としてみるのではなく，むしろ私たちとの具体的な相互関係のなかで状況的に立ち現われる個別的で複数的なもの（natures）としてみる視点が要求されるであろう．そこにおいては，複数的な文化や自然（cultures and natures）としての諸存在がそれぞれにもつ固有の可能性（いわばそれらのココロ）をくみとる技法と，その可能性を開き現実化する技術とを組み合わせることが必要であ

る．こうした生存の技法と技術を創造的に組み合わせた，環境との付き合い方の作法を練り上げることが持続型生存基盤を構築するには必要だ[3]．私たちの生存基盤という，人々，動植物，山川，風，光，人工物などの相互依存・相互作用のネットワークにおいて，さまざまなモノや生物そして社会や文化の未知の可能性を開き，より豊かな関係性を築くための総合学術たる生存学が求められているのである．

6　持続型生存基盤の構築のために

　人間社会と自然生態における個別で複数的な存在のそれぞれの行為主体性を認めるということは，生存の自由と平等という原理を人間だけでなくものや生きものの世界にも広げるということだ．生命・生活の構築過程を焦点にすえるならば，生存基盤の向上とは，関係性のなかの多元的な存在が自由と平等に支えられたそれぞれの行為主体性を発揮し，他者（動植物や山川も含む）との交流のなかでよりよき関係性のネットワークを実現していくプロセスこそを指すということになる．これは，生存圏全体のなかに個体的生命を位置づけ，連鎖的生命のネットワークの全体の質の向上を目指すということである．持続型生存基盤の構築とは，こうしたいのちのつながりのなかで，すべての存在の行為主体性を生かしていくことに他ならない．人間はそのなかで，他者を生かすことによりまた自己も生かされるだろう．

　ラトゥールは，人間社会とその外とのつながりへと視野を広げるために「モノの議会」(parliament of things) の必要性と可能性を示唆する (Latour 1993)．デモクラシーの場を人間以外にも広げていこうとするこうした視座に，私は共感する[4]．ただしあらゆる他者は，「モノ」というよりも，すべ

---

3)　フーコーにとって「生存の技法」とは，倫理的で美的な基準において自己の生を変容させていくような熟慮的で意志的な実践のことを指す（フーコー 1986b: 18, 1987）．ここでフーコーは，主に自己の自己に対する配慮の問題として生存の技法を語っているが，生の技法は他者への配慮を当然含むものであり，また集合的な社会システムの問題でもある．また現代世界において，生の技法を技術の問題と切り離して論じることはできない．

4)　ラトゥールはまた「オブジェクト志向のデモクラシー」(object-oriented democracy) の可能性

て連鎖的生命のなかにおいてある場所を占める「存在」(being)であると考えるべきであろう．またデモクラシーの根本は議会にあるのではなく，自他の行為主体性を相互的に活かす関係性にこそある．

　持続型生存基盤の構築のためには，ひとつの普遍的な制度や原理をグローバルに適用することよりも，グローバルな生命の連鎖をみすえながらすべての存在の固有でローカルな行為主体性を尊重し保障しようとすることが必要である．これは，世界における固有で多なる現われのあいだに生命の大いなるひとつのつながりを観ること，別言すれば，多なる現象のうちに普遍の一なる存在を観ることによってのみ可能となるであろう[5]．生存基盤の思想とは，すべての存在 —— もの，生きもの，人間 —— に普遍なるいのちのつながりを認め，その存在の固有なる発現を相互に生かす場を確保していくという，グローカルなコミットメントでありその運動である．

引用文献
アーレント，ハンナ 1994．『人間の条件』志水速雄訳，ちくま学芸文庫．
Barnett, Steve 1976. "Coconuts and Gold: Relational Identity in a South Indian Caste," *Contributions to Indian Sociology* (n. s.), 10: 133–156.
ベイトソン，グレゴリー 2000．『精神の生態学』新思索社．
Bayly, Chris A. 1998. *Origins of Nationality in South Asia: Patriotism and Ethical Government in the Making of Modern India.* New Delhi: Oxford University Press.
Beck, Ulrich 1992. *Risk Society: Towards a New Modernity.* M. Ritter (trans.) London: Sage Publications.
Beck, Ulrich, Anthony Giddens and Scott Lash 1994. *Reflexive Modernization: Politics, Tradition and Aesthetics in the Modern Social Order.* London: Polity Press.
Bourdieu, Pierre 1990. *The Logic of Practice.* R. Nice (trans.) Cambridge: Polity Press.
Bray, Francesca 1986. *The Rice Economies: Technology and Development in Asian Societies.* Oxford:

について論じる (Latour 2005)．ここで「オブジェクト」とは科学的実践の対象となる「モノ」であり，また政治的活動の対象となる『目的』でもある．ラトゥールはオブジェクトを媒介として科学と政治をつなごうとしているのである．

5)　物理学者にして，生命の本質への深い洞察をもつシュレーディンガー (2008: エピローグ) は，人間の身体が自然法則に従うものでありながら同時に「自我」はその支配者であることから，人間の自我は自然法則を支配するものである，という結論に達する．これはつまり，自我意識とは宇宙を包摂する永遠性そのものに等しいということだ．ここからシュレーディンガーは，「すなわち，ただ一つのものだけが存在し，多数あるようにみえるものはこの一つのものの現す一連の異なる姿に他ならない」(シュレーディンガー 2008: 178) という．これは本章の立場と等しい．

Bail Blackwell.
Carsten, Janet 2000. *Cultures of Relatedness: New Approaches to the Study of Kinship.* Cambridge: Cambridge University Press.
Daniel, Valentine E. 1984. *Fluid Signs: Being a Person the Tamil Way.* Berkeley: University of California Press.
Fischer, Michael M. J. 2003. *Emergent Forms of Life and the Anthropological Voice.* Durham, N. C. and London: Duke University Press.
フーコー，ミシェル 1986a.『性の歴史1　知への意志』渡辺守章訳，新潮社.
―― 1986b.『性の歴史2　快楽の活用』田村俶訳，新潮社.
―― 1987.『性の歴史3　自己への配慮』田村俶訳，新潮社.
Fruzzetti, Lina and Ákos Östör 1984. "Seed and Earth: A Cultural Analysis of Kinship in Bengali Town." In L. Fruzzetti and Á. Östör (eds) *Kinship and Ritual in Bengal: Anthropological Essays.* New Delhi: South Asian Publishers, pp. 79-124.
Fruzzetti, Lina, Ákos Östör and Steve Barnett 1992. (1982), "The Cultural Construction of the Person in Bengal and Tamilnadu." In Á. Östör, L. Fruzzetti & S. Barnett (eds) *Concepts of Person: Kinship, Caste, and Marriage in India.* New Delhi: Oxford University Press, pp. 8-30.
福岡伸一 2007.『生物と無生物のあいだ』講談社.
藤原辰史 2005.『ナチス・ドイツの有機農業 ――「自然との共生」が生んだ「民族の絶滅」』柏書房.
Gell, Alfred 1998. *Art and Agency: An Anthropological Theory.* Oxford: Clarendon Press.
ギブソン，J. J. 1985.『生態学的視覚論 ―― ヒトの知覚世界を探る』古崎敬訳，サイエンス社.
Giddens, Anthony 1991. *Modernity and Self-Identity: Self and Society in the Late Modern Age.* Stanford: Stanford University Press.
桑子敏雄 1999.『西行の風景』日本放送出版協会.
速水洋子 2009.「生のつながりへの想像力 ―― 再生産の文化への視点」*Kyoto Working Papers on Area Studies* No. 74 (G-COE Series 72).
ハイデガー，M. 1960-66.『存在と時間（上・下）』松尾啓吉訳，勁草書房.
Latour, Bruno 1993. *We have never been modern.* Cambridge, Mass.: Harvard University Press.
―― 2005. "From Realpoltic to Dingpolitik: or How to Make Things Public." In B. Latour and P. Weibel (eds) *Making Things Public: Atmospheres of Democracy.* Cambridge, Massachusetts and London: MIT Press, pp. 14-41.
Marriott, McKim 1976. "Hindu Transactions: Diversity without Dualism." In B. Kapferer (ed.) *Transaction and Meaning.* Philadelphia: Institute for the Study of Human Issues, pp. 109-142.
Marriott, McKim and Ronald Inden 1977. "Toward Ethnosociology of South Asian Caste Systems." In K. David (ed.) *The New Wind: Changing Identities in South Asia.* The Hague: Mouton, pp. 227-238.
松井孝典 2000.『1万年目の「人間圏」』ワック.

―― 2005.『宇宙生命，そして「人間圏」』ワック．
三木成夫 1992.『海・呼吸・古代形象―生命記憶と回想』うぶすな書院．
中沢新一 2004.『対称性人類学』講談社．
中村桂子 2000.『生命誌の世界』日本放送出版協会．
中村尚司 1975.『共同体の経済構造』新評論．
Rabinow, Paul 2005. "Artificiality and Enlightenment: From Sociobiology." In J. X. Inda (ed.) *Anthropologies of Modernity: Foucault, Governmentality, and Life Politics.* Malden, Mass.: Blackwell Publishing, pp. 181-193.
リード，エドワード・S. 2000.『アフォーダンスの心理学 ―― 生態心理学への道』細田直哉訳，新曜社．
Rose, Nikolas 2007. *The Politics of Life Itself: Biomedicine, Power, and Subjectivity in the Twenty-first Century.* Princeton: Princeton University Press.
佐々木正人 1994.『アフォーダンス ―― 新しい認知の理論』岩波書店．
シュレーディンガー，エルヴィン 2008.『生命とは何か ―― 物理的にみた生細胞』岩波書店．
清水博 2003.『場の思想』東京大学出版会．
Sugihara, Kaoru 2003. "The East Asian Path of Economic Development: A Long-term Perspective." In Giovanni Arrighi, Takeshi Hamashita and Mark Selden (eds) *The Resurgence of East Asia: 500, 150 and 50 Year Rerspectives.* London: Routledge, pp. 78-123.
―― 2007. "The Second Noel Butlin Lecture: Labour-Intensive Industrialisation in Global History," *Australian Economic History Review* 47 (2): 121-154.
―― 2008. "Multiple Paths of Economic Development in Global History." In *Muliple Paths of Economic Development in Global History, Proceedings of the Symposium in Commemoration of the Execuive Committee Meeting of the IEHA.* Center for Southeast Asian Studies, Kyoto University, pp. 1-29.
Strathern, Marilyn 1988. *The Gender of the Gift.* Berkeley and Los Angeles: University of California Press.
田辺明生 2005.「近代人種主義の二つの系譜とその交錯 ―― 地域連鎖の世界史から人種を考える」竹沢泰子編『人種概念の普遍性を問う ―― 西洋的パラダイムを超えて』人文書院，205-226頁．
―― 2010.『カーストと平等性 ―― インド社会の歴史人類学』東京大学出版会．
ユクスキュル，クリサート 2005.『生物から見た世界』日高敏隆・羽田節子訳，岩波書店．
脇村孝平 2009.「インド史における土地希少化 ―― 勤勉革命は起こったのか？」大鳥真理夫編『土地希少化と勤勉革命の比較史 ―― 経済史上の近世』ミネルヴァ書房．
山本義隆 2007.『一六世紀文化革命 1』みすず書房．

終 章

生存基盤指数からみる世界

佐 藤 孝 宏・和 田 泰 三

1 生存基盤指数の目指すもの

　生存基盤とは，個人が生きるために，あるいは地域社会が自己を維持するために必要な，物質的精神的諸条件を指す．この生存基盤という概念を鍛えつつ，「持続型生存基盤パラダイム」の方向を指し示すためのひとつの方途として，生存基盤指数の作成に着手した．これまでの章で述べてきたように，人類の福祉（human well-being）を形作っているものは，人間社会そのものに加え，それを取り巻く様々な要素も含めた，世界における関係性の中にある．本章で論じる生存基盤指数とは，それらの関係性を分析するための枠組を提供し，その評価を行うことを通じて，これまでの開発パラダイムから「持続型生存基盤パラダイム」への転換を図ることを目的としている．

　UNDPは，1990年に発行された人間開発報告書（UNDP 1990）において，人々の生活を向上させ，人々が享受できる自由を拡大する方法を模索する過程を「人間開発」と位置付け，それを実現するための1つの方途として，①出生時平均余命で測定される長命で健康な生活，②成人識字率と初・中・高等教育総就学率で測定される知識，③1人当たり国民総生産で測定される人間らしい生活水準という3つの要素から構成される人間開発指数（HDI:

Human Development Index）を発表した．これは，GNP 等の指標によって示される経済的な豊かさが，人間の福祉を実現するための単なる手段であるにもかかわらず，様々な意思決定の過程において必要以上に取り上げられてきたことに対する反省から生まれた．

　一方，国連の「環境と開発に関する委員会」（通称ブルントラント委員会）が 1987 年に発行した報告書 *Our Common Future* では，「将来世代のニーズを満たす能力を損なうことなく，今日の世代のニーズを満たすような開発」を進めるべきだとする「持続可能な開発（sustainable development）」という理念が提唱された．この理念が提案された背景には，1972 年にローマクラブが発表した『成長の限界』によって広まった地球環境論を払拭し，環境と「発展途上国」の発展を両立させる道を探ることを国際政治の課題として位置づけようとする政治的意図が存在した（深井 2006）．しかしながら，「開発」と「環境」を互いに反するものでなく共存するものとしてとらえようとしたこの試みが，その後の「持続可能性」に関する議論の大きなうねりを生み出し，エコロジカル・フットプリントのような指標の創出につながったことは周知の通りである．

　上述した 2 つの理念の提唱からすでに 20 年近くが過ぎ，関連する議論が広く行われるようになったにもかかわらず，依然として経済成長を中心としたこれまでの価値基準を相対化できていないのはなぜか．それは，国家政策決定のツールである開発指標において，依然として 1 人当たり GDP のような経済指標が「人間らしい生活水準」を測定するものとして採用されていることにあると考える．極度の貧困の克服は「人間らしい生活水準」を達成するために不可欠であろう．しかしながら，それが指標として表現された時点で，作成者の持っていたイデオロギーから乖離して一人歩きを始めてしまう．一人当たり GDP の上昇という経済的な課題が自己目的化するのである．この指標の持つこのような性格を考慮して，本章では GDP，GDP 指数，貧困指数等の経済指標を採用せず，健康と教育の観点から「人間らしい生活水準」の表現に迫ることにする．また，経済活動と地球圏，生命圏の持続的な関係性の構築に向けて，経済活動が 2 つの圏から採取する資源および排出する廃棄物の量と，それらの圏の持つ本来の力とを比較し，問題の所在を明ら

終 章
生存基盤指数からみる世界

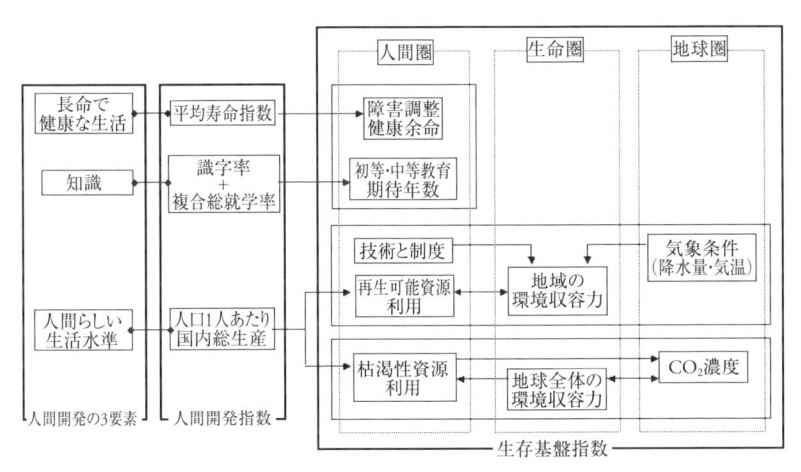

図終-1 生存基盤指数の評価空間と要素

かにすることを試みる.

　上述したような考えを踏まえ，本章では，地球圏・生命圏・人間圏という本書全体を通じた分析枠組を踏襲しながら，人間開発指数とエコロジカル・フットプリントという2つの既存指標の適用と改変を通じて，3つの圏およびそれぞれの圏の間の健全な関係性を包括的に評価することを目的とする（図終-1）．

2　平均寿命指数から障害調整健康余命へ

　持続的な人間活動を行うにあたって，「健康な生活」をおくることは前提条件であり，人間圏関連評価対象のなかで優先されるべきものと考えられる．しかし，現在のHDI構成要素において「健康な生活」は出生時平均余命（life expectancy）をもちいて指数化しているにすぎず，健康状態が良いか悪いかについては問われていない．つまり，きわめて不健康な状態であっても長命であればよしとされ，ゴールポストである85歳に達するときに平均寿命

397

指数は最高の100%となるように設定されている．日本において女性の平均余命はすでに85歳に達しているが，日本女性は100%「健康な生活」をおくっているといえるだろうか．実際には若いころは心身ともに健康であった人でも，高齢となってから相当な確率で脳卒中や心疾患，認知症などに罹患し，ベッド上でねたきりの生活を強いられる場合も少なくないのが現状である．健康の評価指数として出生時平均余命は不十分であろう．

　従来の生死に関する量的指標である出生時平均余命 (life expectancy)，死亡率 (mortality) に加えて「健康」という質的な要素を量的に変換してくみこんだ要約指標の開発は1990年代を通じて疾病負担に関する研究 (Global Burden of Disease Study) のなかで発展してきた．このなかで障害調整健康余命 (Disability Adjusted Life Expectancy; DALE) がムレイらによって開発された (Murray and Lopez 1996a, 1996b, 1997; Mathers et al. 2001; Mathers et al. 2003)．2000年の世界保健報告書では，人口集団の健康に関する基本的要約指標として，はじめて障害調整健康余命が用いられた．これは，生存期待年数の完全な健康状態としての等価値，つまり健康的余命 (Healthy Life Expectancy) を評価するものであり，疾病負担，障害の程度を効用値で重み付けをし，障害を考慮した集団の健康状態を表す（黒沢・稲葉 2008; 栗森・福田 2008）．障害調整健康余命は健康状態を107の疾患別に「完全な健康＝1」「死に等しい＝0」の値で評価し，これを効用値として定めたところに大きな特徴がある (Murray and Lopez 1997; World Health Report 2000)．疾病負担 (disease burden) は疾患ごとにことなり，軽微な皮膚病変と四肢欠損や高度の認知機能障害などを同一にして人間活動力や，持続可能性をはかることは不適切といえよう．たとえば，60歳のときに効用値0.4の疾患に罹患して80歳のときに死亡するケースを考えるとき，0歳における障害調整健康余命の期待値は 60＋20×0.4＝68年と計算される（図終-2・3，表終-1）．障害調整健康余命は人口集団の健康の要約指標として，各人口集団でどのような疾病負担が健康不均衡の原因となっているかを明らかにし，保険水準を改善するための公衆衛生政策を立案するために有用である．入手可能なデータのなかでは，生存基盤指数の要素として現時点では出生時平均余命よりも適切な指標といえよう．障害調整健康余命は多くの国でGDP指数と相関するが，サハラ以南のアフリ

終　章
生存基盤指数からみる世界

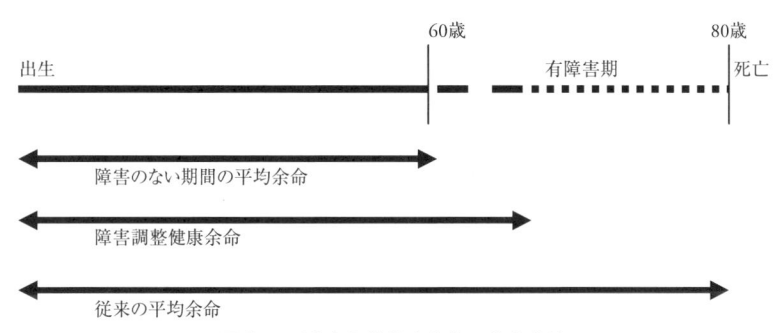

図終-2　障害調整健康余命の算出方法

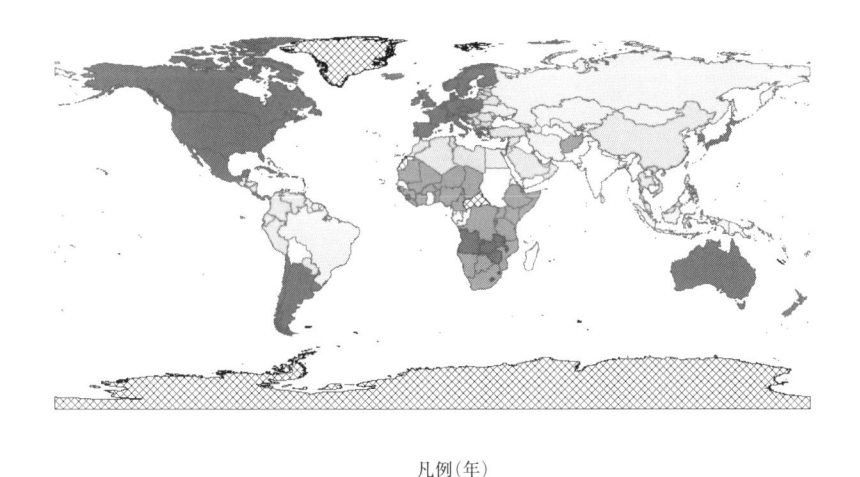

図終-3　世界各国の障害調整健康余命（2003年）（口絵8）

カ諸国を中心にGDPの伸びのわりに障害調整健康余命が低いことがわかる．これは経済状況の伸びに比していかにHIV/AIDSによる影響が大きいかを表している（図終-4）．

　生命圏と人間圏の間で密接な関連をもつ疾患のなかでとくに熱帯で重要な感染症としてマラリアとHIV/AIDSを，非感染症のなかで心血管病の動向について少しふれておこう．

　ウイルスや細菌，寄生虫などによっておこる感染症のコントロールはアジ

399

表終-1　障害調整健康余命に用いられる効用値

段階	効用値	症状・障害
I	0.00–0.02	顔の白斑，低身長
II	0.02–0.12	水溶性の下痢，重症貧血
III	0.12–0.24	狭心症，関節リウマチ
IV	0.24–0.36	膝下切断，聴覚喪失
V	0.36–0.50	ダウン症候群
VI	0.50–0.70	大うつ病，視覚喪失
VII	0.70–1.00	認知症，四肢麻痺

出典：Murray and Lopez et al. (1997)

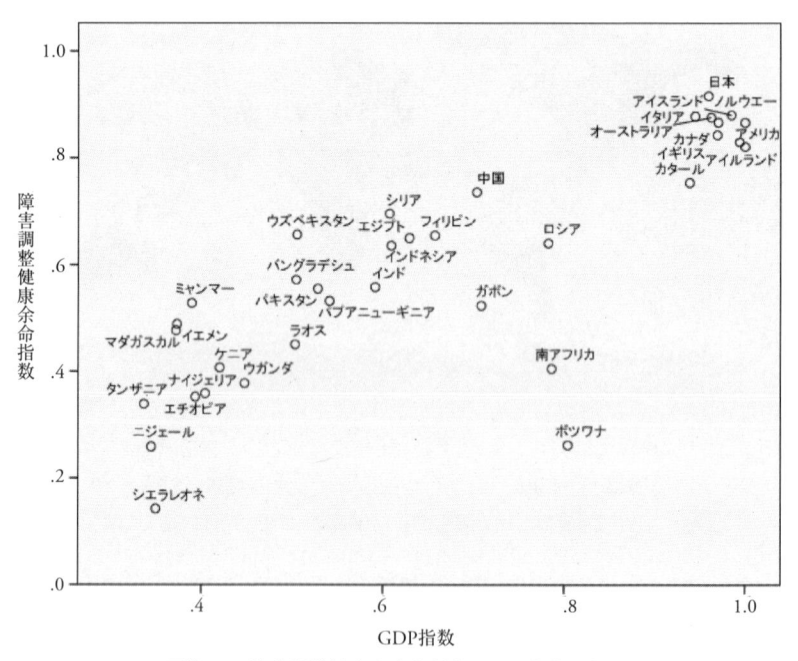

図終-4　障害調整健康余命指数と GDP 指数の相関

400

終章
生存基盤指数からみる世界

　ア・アフリカを中心とした熱帯域における健康問題を考えるうえで重要であることに疑いはないが，なかでもマラリアは環境や生命圏との関連において，HIV感染症は教育との関連において特に重要である．マラリアはハマダラカを中心とした昆虫が媒介する感染症（vector-borne infection）であり，推定死亡者数は年間100〜200万人ともいわれる．マラリア感染が確認されている国は103ヵ国にものぼるが，生態系や気候変動と密接かつ複雑に関係し，アジア・アフリカの熱帯域全域で広く分布しているうえ（図終-5），薬剤耐性マラリア原虫，および殺虫剤耐性媒介蚊の世界規模での拡散につれて，マラリアの治療とその制圧は困難になっている．一方で，危険な性行動と密接な関連のあるHIV感染症についてはサハラ以南のアフリカ諸国の感染率がアジア熱帯地域にくらべて突出して高く，結果として死亡率や障害調整健康余命に強く影響していることが伺える（図終-5）．初等・中等教育のなかでその感染リスクと予防策の重要性を強調することは重要である．これら感染性疾患のコントロールの成否は熱帯地域の人々の健康を大きく左右し，生存基盤持続の可能性を左右するといえる．

　一方，非感染症のなかでは喫煙，糖尿病，高血圧，肥満，高脂血症などが危険因子となる心筋梗塞や脳卒中などの心血管病による死亡が先進国を中心に主たる死因となっている．これら疾患はアルツハイマー病などの認知症・うつ病とともに生活機能を損なう点で疾病負担度は大きく障害調整健康余命にも強く影響し，その予防戦略の成否は生存基盤を左右するといってよい．安全な水へのアクセスが達成され，低体重出生児が減少するなどの目標を達成したアジア・アフリカの熱帯地域では今後，心血管病や大うつ病などを中心とした非感染性疾患のコントロールが健康という側面からの人間圏の持続的発展の可能性を左右するだろう．アジア・アフリカ諸国の疫学・公衆衛生担当者の関心は，HIVやマラリアなどの感染症のコントロールのみならず，グローバル社会の進展とともに増加しつつあるこれら非感染症の対策に広がりつつある．

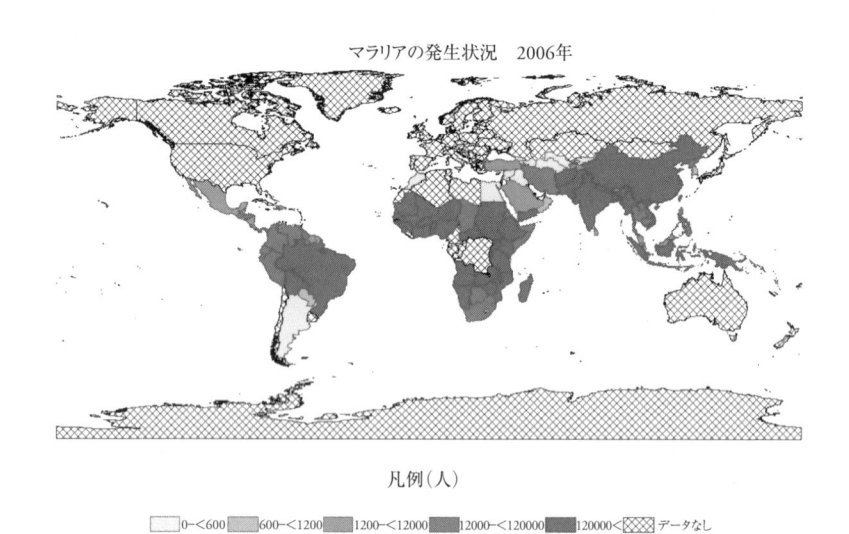

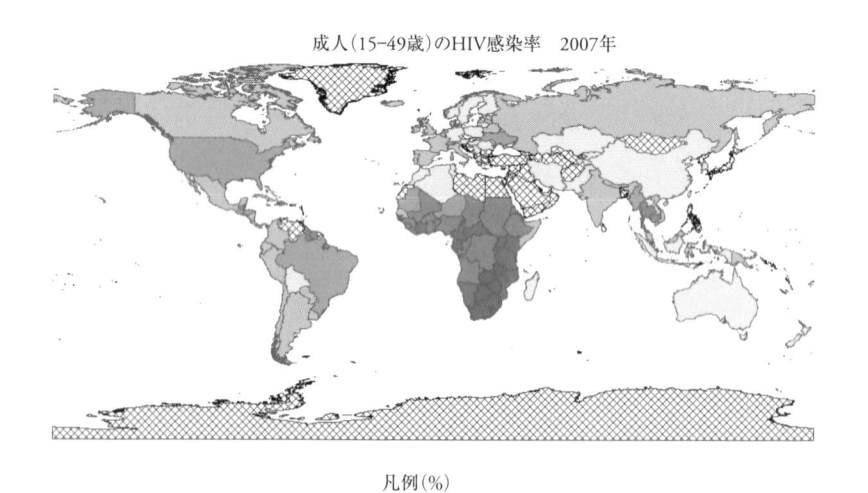

マラリアの発生状況　2006年

凡例（人）

0–<600　600–<1200　1200–<12000　12000–<120000　120000<　データなし

成人（15–49歳）のHIV感染率　2007年

凡例（%）

0.10<　0.1–<0.5　0.5–<1.0　1.0–<5.0　5.0–<15.0　15.0–<28.0　データなし

図終-5　世界各国のマラリア発生状況と HIV 感染率（口絵 10）

3 教育関連指数の発展

　教育について HDI では，初等・中等・高等教育の総就学率（複合総就学率）に 2/3，成人識字率に 1/3 の加重がされて教育指数が作成される．しかし，持続可能性を考慮した教育を考えるとき，理想的には我が国が提唱し，ユネスコが Lead Agency となった「国連持続可能な開発のための教育の 10 年」(UN Decade of Education on Sustainable Development; ESD) がいかに効果的に実施されているかも評価すべきであろう．これは科学，技術教育に特化したものではなく，「持続可能な発展」という考え方を中心に人間が環境との関係性の中で生きていることを認識し，行動を変革することを促すための教育理念である．学校等の公的教育にとどまらず，社会教育，文化活動，企業内研修，地域活動などあらゆる教育や学びの場をふくむが，これを達成するためには識字率の向上をふくめた質の高い基礎教育が必要である．

　この観点から初等，中等教育の重要性を指摘しておきたい．OECD 加盟国に限ってみると，それぞれの学校システムが核となる目標にどのくらい合致しているかを評価する比較枠組みを構築するために，国際的な予備調査を行っている．その結果は「OECD 生徒の学習到達度調査 (PISA)」としてまとめられているが，これは国際比較という視点から学習効果を評価しようとする，現時点で最も包括的な試みである (OECD 2006)．しかしながら，実際には熱帯地域を含んだ国際比較を目的として量的に教育効果を測定することは大変な困難をともなう．そこで，ユネスコが発表している初等・中等教育期待年数 (school life expectancy, primary to secondary education) をとりいれ，4 歳児が 16 歳までにうける初等，中等教育の長さの期待値をもってこれを代用したい（図終-6）．不十分ではあるが　HDI のもちいる複合総就学率にくらべてより基礎教育に特化した指標となっており，環境との関連性のなかで人間が活動していることを自覚させ，「持続可能な発展」のための行動変容を促すために必要な教育を反映しうるものと考える．

凡例(年)

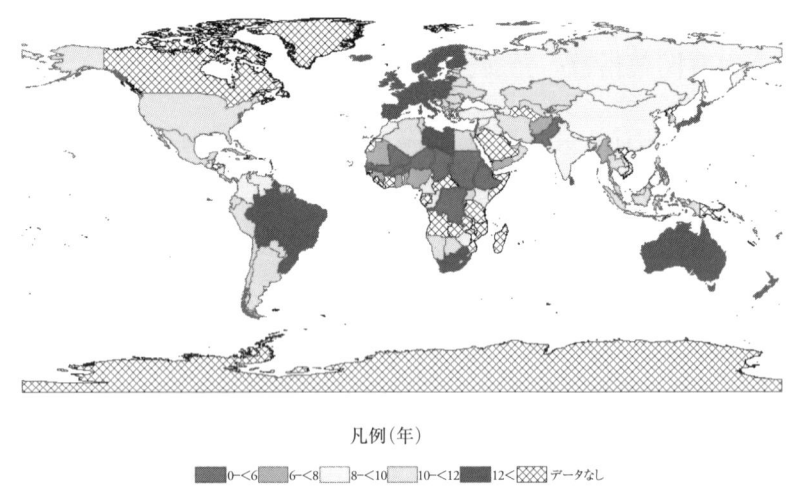

■ 0-<6　░ 6-<8　▒ 8-<10　░ 10-<12　■ 12<　▨ データなし

図終-6　初等・中等教育の長さの4歳時点での期待値（口絵9）

4 経済活動を通じた人間と「環境」の関わり

4-1　地球圏と生命圏

　人間社会と「環境」の関わりを物質・エネルギーの交換という側面から考えた場合，経済活動は周囲の「環境」から物質・エネルギーを採取し，変換し，廃棄する一連の過程をさす．後述するように，物質・エネルギーの利用効率の上昇や，廃棄物浄化技術の改善が進んだとしても，これらの採取および廃棄の絶対量は必ずしも減少せず，一般的には，GDPの増大によって表現される経済成長は，「環境」からの物質・エネルギー採取量および廃棄量を増加させる方向への変化を意味している．よって，「人間らしい生活水準」を人口1人当たりGDPにより指標化しても，「環境」との持続的な関係構築は困難である．

　地球圏・生命圏・人間圏という分析枠組を踏まえれば，前述の「環境」とは地球圏および生命圏をさす．地球圏・生命圏との持続的な関係を維持しつ

つ，人間の福祉向上を目指すには，2つの圏が持つ特性を十分に理解しその特性を考慮した上で，経済活動を通じた人間圏と2つの圏との関係性を構築してゆく必要があるだろう．そこでまず，「環境」を構成する2つの圏（地球圏および生命圏）に関して，この章では以下のように定義してみる．

> 地球圏：無機物を媒体として物質・エネルギー循環を行うシステム．地球を構成するすべての物理的階層（コア・マントル・地殻—陸水・海水—対流圏・成層圏・熱圏）を循環の「場」としている．
> 生命圏：有機物を媒体として物質・エネルギー循環を行う，地球圏よりも高次で複雑なシステム．ただし地球圏よりも小さな「場」（地殻の一部—陸水・海水—対流圏の一部）で循環が生じている．

いずれの圏における物質・エネルギー循環も，太陽エネルギーを主たる駆動力としている一方，「場」における3次元的な空間の広がりは地球圏のほうが大きいという違いも持つ．現状では，地球圏由来の資源は地下から採取される資源（化石エネルギー・鉱物・深層地下水など）に限定されており，生命圏由来の資源（化石エネルギーを除く，バイオマス由来のすべての物質）に比べて，生成に要する時間は圧倒的に長い．つまり，経済活動を通じた人間圏と2つの圏との関係を「環境」から採取する資源という面から考えたとき，地球圏由来の資源は枯渇性資源であり，生命圏由来の資源は再生可能資源であるといえよう．以下の節では，3つの圏の関係を考慮しながら資源利用の望ましい姿を論じることを通じて，「環境」との持続的な関係を構築するための指標とは何かについて考えてみる．

4-2　生命圏の持つ潜在力と実際の生物生産力

序章で述べたとおり，生存圏の形成を歴史的にみたとき，まず地球圏が形成され，そこから生命圏が分化し，さらにそこからとして人間圏が分化した．「地球圏・生命圏と人間圏との持続的な関係の構築」という問題を考える前に，まず，地球圏と生命圏の関係について考えてみる．

生命圏における物質・エネルギー循環の根底をなすのは，緑色植物による

光合成である．植物群集の光合成によるエネルギー固定総量から，呼吸による消費量をさし引いた値を純一次生産量（NPP: Net Primary Production，年単位で算出）と呼び，植物による真の生産速度を示す．NPP の実測は非常に困難であるため，モデルを用いて評価されることが多い．H. リースは，年間降水量 p(mm) と年平均気温 t（℃）から世界の NPP を算出する，以下のモデル（Miami model と呼ばれる）を，1971 年に発表した（Lieth 1975）．

$$NPP = \min(NPP_T, NPP_p)$$
$$\text{ただし，} NPP_T = 3000/(1 - \exp(1.315 - 0.119\,t))^{-1}$$
$$NPP_p = 3000 \times (1 - \exp(-0.000664\,p))$$

2005 年の世界各地の気象記録を用いて，このモデルにより世界の NPP の空間分布を推定し，国家単位で平均すると図終-7 のようになる．この図は，年平均気温と年間降水量のみに基づいたものなので，生命圏のもつ潜在力を，地球圏の物質・エネルギー循環から評価した図といえるだろう．

図終-7 を全体的にみると低緯度地方で高く，両極に向かって低くなる傾向にあることは明らかである．光合成は，太陽エネルギーのうち光合成有効放射（PAR）と呼ばれる波長域のみを吸収し，水と CO_2 を基質として，有機物の合成と酸素の放出を行う過程である．飽和強度に到達しない限り，PAR が大きくなるほど光合成速度は速くなる．太陽の入射エネルギーは熱帯から両極に向かって低くなるため，NPP も入射エネルギーの分布と同様の空間分布を持つことになる．しかしながら，北アフリカ—西アジア—中央アジア—モンゴルへと連続する地域において，NPP が特異的に低くなっている．これは同地域における降水量が少ないためである（本書第 4 章）．光合成の基質のひとつである CO_2 は気孔を介して植物体内に取り込まれるが，その気孔は植物の水分状態および周囲の大気条件に応じて開閉する．気孔が長期間開いているためには，同じく気孔を介して水蒸気として排出される水が，根を通じて連続的に供給される必要がある．よって，灌漑を考慮しない場合，降水量の少ない地域ほど気孔が閉鎖しやすくなり，光合成速度も低くなるため，結果として NPP も低くなる．

終 章

生存基盤指数からみる世界

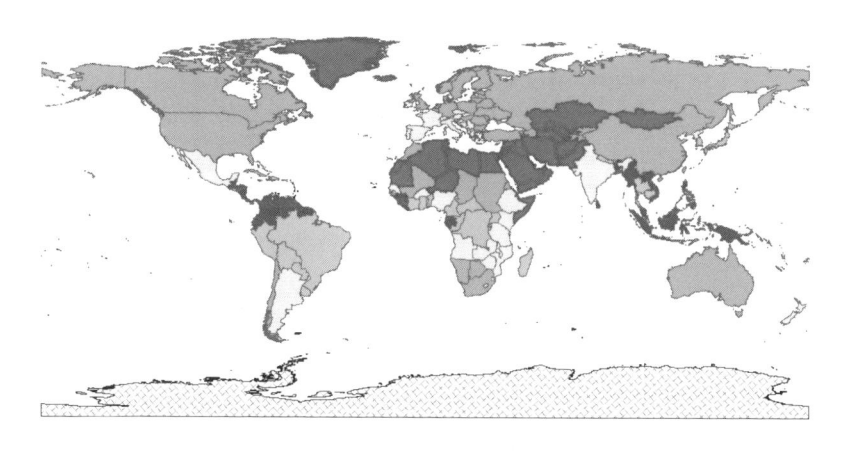

凡例(g/m²/年)

データなし　1<-<500　500-<1000　1000-<1500　1500-<2000　2001<

図終-7 世界各国の純一次生産力（2005年）（口絵11）
出典：GPCCおよびCRUによるデータをもとに作成．

　一方，実際の生物生産力は気候条件よりも土地利用によって規定されている．耕地は農作物の生長に適した環境が人為的に整備されているために，その単位面積当たりの生物生産力はきわめて大きい．これに対して草地や水域の生物生産力は小さい．このような人為的な生物生産への介入を考慮して各国の国土が持つ実際の生物生産力を評価するものの一つに，後述するエコロジカル・フットプリント分析で用いられるバイオキャパシティがある．

　バイオキャパシティを国別に算定する方法は以下のとおりである．まず，表2に示した6つの土地利用区分のうち，①耕地，②森林，③草地，④海洋淡水域，⑥生産能力阻害地の5つに相当する国土面積を同定する．国土の一部に，砂漠，外洋，氷圏といった生物生産が不活発な地域をもつ国も多いが，これらの国土はバイオキャパシティの算定には含めない．次に，各土地利用の国土面積に等価ファクター（f_{eq}）および収量ファクター（f_y）と呼ばれる2つの係数をかけ，積算する．ここで，等価ファクターは土地利用による生物生産力の差異を，収量ファクターは国によって異なる利用技術や利用実態の差異を補正するための係数である．両係数とも，世界の平均値を超える

407

生物生産が期待される場合には 1 を超える値が，平均値以下しか期待でない場合には 1 以下の数値が与えられている（表終-2，表終-3）．生物生産が活発な土地・水域は世界全体で 134 億 ha と算定されている．グローバルヘクタール（gha）を単位とするバイオキャパシティも世界全体で 134 億 gha である．しかし両者の空間分布は，土地利用や土地利用技術を反映する 2 つの係数の働きにより異なる．すなわち，ある国における 5 つの土地利用ごとの国土面積を A_n（$n=1 \sim 5$）とすれば，その国のバイオキャパシティ（BC）は以下の式によって表わされる（Ewing et al. 2008a）．

$$BC = \sum (A_n \times f_{eq} \times f_y)$$

　図終-8 は，各国におけるバイオキャパシティ (gha) を，それぞれの国の生物生産が活発な土地・水域の面積 (ha) で割った値の分布を示したものである．高い値を示しているのは，日本，インド，バングラデシュ，パキスタン，エジプト，欧米，南米といった国や地域である．バイオキャパシティは，生物生産を集約化させるための資本投資や技術開発，過剰開発や不適切な土地利用の招く土地条件の劣化を，土地利用と 2 つの係数を通じて反映したものである．したがって，図終-7 に示した NPP 空間分布と比較することにより，国土に対するさまざまな人為的介入が各国の生物生産力に与えた影響を考察することが可能である．図終-7 と比べると，①温帯「先進国」の生命圏潜在力は熱帯と比べて相対的に低いにもかかわらず，これらの国々では様々な生産手段への投資を通じて高い生物生産力を獲得することに成功している②インド，ブラジルなどを除く多くの熱帯諸国では，本来生命圏が持っている高い潜在力を生かし切れていない，などの点が見えてくる．図終-7 と図終-8 の違いは，熱帯を中心とした生命圏潜在力の高い地域に適正な技術や制度が導入されていないことを明らかに示している．このように，地球圏の物質・エネルギー循環から生命圏のもつ潜在力を評価した NPP と，人為的介入を内含した生物生産力を示すバイオキャパシティを比較することで，望ましい技術および制度設計の方向性を示すことが可能である．

終 章
生存基盤指数からみる世界

表終-2　エコロジカル・フットプリント分析のための6つの土地利用区分

土地利用区分	等価ファクター (2005年 ; gha/ha)	特性
①耕地 (cropland)	2.64	家畜飼料を含むすべての作物生産に必要な土地．地球全体ではEFはBCに等しいが，国レベルで分析する場合，貿易によりEFがBCを超えることがある．
②草地 (grazing land)	0.50	耕作地で生産された家畜飼料を補給するために必要な草地および灌木地のこと．生産物の移動は起こらないので，EFはBCに等しい．
③森林 (forest)	1.33	全ての薪炭材および木材採取に必要な土地．原生林や保全林等の非生産地も含む．分析対象年に生産された材を超えた消費や貿易により，EFがBCを超えることがある．
④海洋淡水域 (fishing ground)	0.4	水域環境の一部を水面面積で表わしたもので，海洋および湖沼の魚介類採取に必要な土地．地球全体でみるとEFはBCよりも十分小さい．
⑤CO_2吸収地 (carbon uptake land)	1.33	人間の経済活動を通じて排出されたCO_2固定に必要な森林面積．BC算出の際には二重計上を避けるため，この値は含まれない．
⑥生産能力阻害地 (built-up land)	2.64	道路・建物などのインフラと水力発電用地を合わせたもの．算出の際には，同じ面積の耕地が利用されているものとみなす．EFはBCに等しい．

注：EF：エコロジカル・フットプリント，BC：バイオキャパシティ
出典：Ewing et al. (2008a) をもとに作成．

表終-3　エコロジカル・フットプリント分析に用いられる収量ファクターの例

	耕地 (cropland)	森林 (forest)	草地 (grazing land)	海洋淡水域 (fishing ground)
全世界平均収量	1.0	1.0	1.0	1.0
ハンガリー	1.5	2.1	1.9	0.0
日本	1.7	1.1	2.2	0.8
ジョルダン	1.1	0.2	0.4	0.7
ニュージーランド	2.0	0.8	2.5	1.0
ザンビア	0.5	0.2	1.5	0.0

注：CO_2吸収地における収量ファクターは森林に，生産能力阻害地における同値は耕地に等しい．
出典：2005年の値．Ewing et al. (2008a) より一部引用．

凡例(gha/ha)

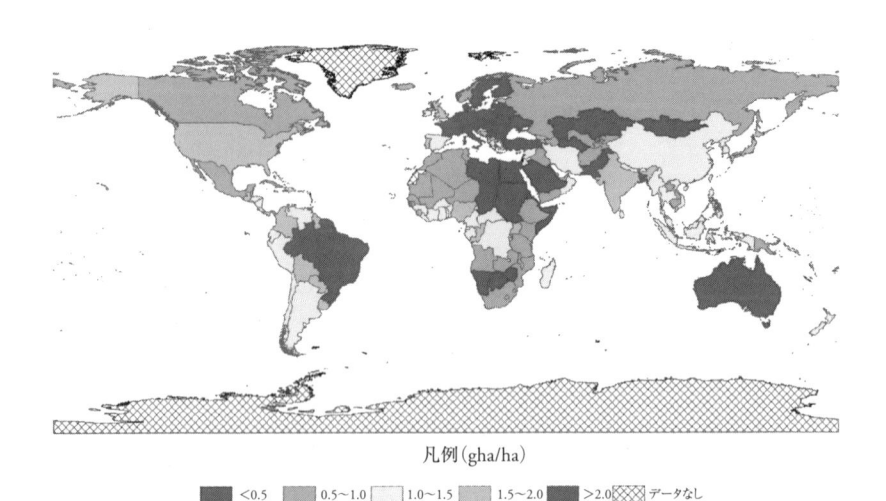

■ <0.5　■ 0.5〜1.0　□ 1.0〜1.5　■ 1.5〜2.0　■ >2.0　▨ データなし

図終-8　国土に対する人為的介入が各国の生物生産力に与えた影響（2005年）（口絵12）
出典：(各国におけるバイオキャパシティ(gha)を，それぞれの国の生物生産が活発な土地・水域の面積(ha)
　　　で割った値．GFN 2008a, GFN 2008b, FAO 2006, FAO 2010 をもとに作成)

4-3　実際の生物生産力とエコロジカル・フットプリント
　　　── 再生可能資源の利用

　再生可能資源の持続的利用のためには，生命圏のもつ生物生産力と人間圏による資源採取のバランスがとれていることが必要である．このような考え方を基礎として，持続可能性を判断する方法として広く用いられているのが，エコロジカル・フットプリント分析である．エコロジカル・フットプリントは，経済活動が環境に与える負荷を，資源の再生産及び浄化に必要な面積として示した数値であり，その経済活動が行われている空間の生物生産力（前述のバイオキャパシティ）との収支を計算することにより，持続可能性を評価する．基礎になる概念はブリティッシュ・コロンビア大学のウィリアム・リースによって開発され，90年代以降マティース・ワケナゲルを中心として進化・改良されている（Wackenagel and Rees 1995）．エコロジカル・フットプリントは，地球上のあらゆる経済単位を対象として算出することが可能だが，以下では国家単位で分析を行う場合を想定して説明する．

終章
生存基盤指数からみる世界

　例えば，A国の経済システムを考える．この経済システムは地球圏および生命圏から資源を採取し，さまざまな形で利用した後，廃棄物を地球圏および生命圏に排出している．ところで，4-2で述べた通り，生命圏における物質・エネルギー循環の根幹をなすのは緑色植物による光合成である．国土に植物が一切存在しないと仮定すれば，A国の経済活動を支える生命圏由来の資源供給・廃棄物浄化[1]は，A国以外の国・地域の生物生産力に完全に依存していることになる．よって，生命圏の物質・エネルギー循環を考慮して，再生可能資源を持続的に利用するには，各国における生命圏由来の物質・エネルギーの需要量が，生物生産力を上回らないことが条件となるだろう．現在のエコロジカル・フットプリントの算出方法では，経済システムが利用する物質・エネルギーは，異なる6つの区分の土地利用（表終-2参照）において生産または浄化されるとし，以下の式によって算出される（Ewing et al. 2008a）．

$$EF = \sum \{\sum (P/Y_n) \times f_{eq} \times f_{eq}\}$$

Pはある国家が1年間に消費する一次産品または排出するCO_2の量，Y_nはその国土における一次産品の収量または単位森林面積[2]当たりのCO_2固定量を指す．ある国家における特定の一次産品の消費量を，その国家における当該一次産品の平均収量で割ると，その消費をまかなうために必要な土地面積が産出される．全ての一次産品（およびCO_2）について同国の消費をまかなうために必要な面積を算出したあと，①耕地②森林③草地④海洋淡水域⑥CO_2吸収地という5つの土地利用区分に分類・合計する．これに，⑤生産能力阻害地の面積を合わせた6つの土地利用面積ごとに，4-2で説明した等価ファクター（f_{eq}）および収量ファクター（f_y）を掛け，さらにそれらの合計を取ると，当該国の生命圏由来の生産物消費（および排出されるCO_2）をまかなうために必要な土地面積が，前述のグローバルヘクタール（gha）という単位で表現される．副産物として生産されるものや，一次産品を加工することで

---
[1] 現在のEF算出方法では，廃棄物として取り扱われているのはCO_2のみである．
[2] CO_2は森林において固定されるという仮定にもとづく．

411

消費されるものについても適宜計算を行う．算出されたエコロジカル・フットプリントと，4-2で説明したバイオキャパシティを比較することで，各国の消費水準の持続可能性を判断することが可能である．

　一方，国際貿易を考慮すると，エコロジカル・フットプリントは以下のようにも表現できる（Ewing et al. 2008a）．

$$EF = EF_{Production} + EF_{Import} - EF_{Export}$$

　$EF_{Production}$，EF_{Import}およびEF_{Export}はそれぞれ，ある国の経済システムにおける物質・エネルギーの生産・浄化量，輸入量および輸出量をグローバルヘクタールで表わしたものである．このように表現した場合のエコロジカル・フットプリントは，「当該国の物質・エネルギー消費が，他国の生命圏が持つ生物生産力にどの程度依存しているか」を示す指標であるとも言えよう．

　図終-9は，人口1人当たりのバイオキャパシティとエコロジカル・フットプリントの差をとって，各国の再生可能資源利用の持続可能性を評価したものである．負の数字で色分けされている国は，再生可能資源が非持続的に利用されていることを示す．東南アジア島嶼部・サハラ以南のアフリカ・南アメリカ・オセアニア・ロシア・カナダなどでは持続的な利用が行われている一方，中緯度に位置する国々の多くでは，非持続的な利用が行われていることを示している．図終-7～図終-9を踏まえると，本来は熱帯に比べて生産力の低いはずの温帯「先進国」は，様々な投資を通じて生命圏潜在力を開花させることができたが，これらの国々の物質・エネルギー消費水準は，自国の生物生産力を超過する水準にあり，他国の生物生産力に依存している，ということになる．熱帯諸国では，今後の人口増加に伴って再生可能資源の需給が逼迫することが予想されるが，これに対応するには，①熱帯地域における生命圏の理解を通じて適正な技術を導入し，生物生産力の増強を図ること，②温帯地域に住む人々の消費水準の見直しを通じ，熱帯諸国の国土が有する高い生命圏潜在力を自国の発展に利用できるようにする，という2つのアプローチが必要となってくるだろう．

終 章

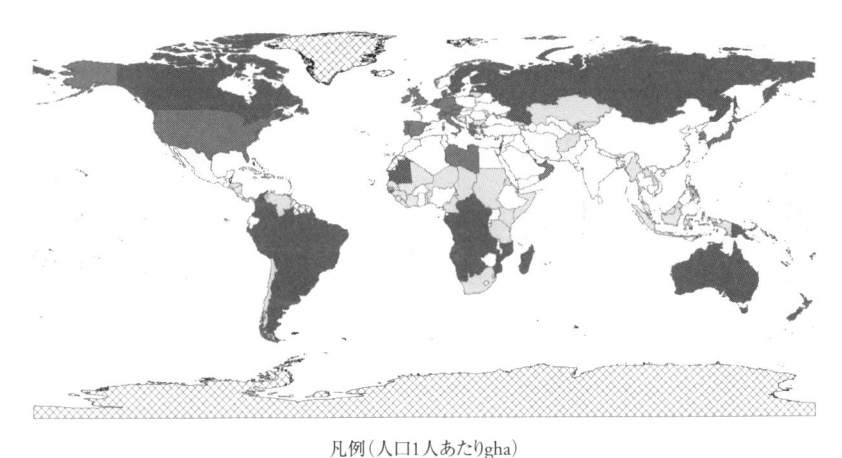

生存基盤指数からみる世界

凡例（人口1人あたりgha）
■ <-2 □ -2〜0 ▨ 0〜2 ■ >2 ▧ データなし

図終-9　再生可能資源利用の持続可能性評価（2005年）（口絵13）
出典：Ewing et al. (2008b) をもとに作成．

4-4　望ましいエネルギー消費水準とは ── 枯渇性資源の利用

　化石エネルギー，鉱物，深層地下水といった地球圏由来の資源が枯渇性資源としてとらえられることは前述した．この項では，化石エネルギー資源の利用に着目して，枯渇性資源利用の持続可能性評価を試みることにする．

　化石エネルギー資源埋蔵量の測定・予測は非常に複雑であり，推定年度や推定機関によって結果は大きく異なるが，これらの不確実な予測に基づく希少性が費用と価格に反映され（Turner et al. 1994），資源の利用量がコントロールされている．しかしながら，化石エネルギー資源の利用に伴う CO_2 排出が地球温暖化をもたらしている現状を考えると，資源の消費水準は，不確実な埋蔵量推定に依拠したものではなく，資源利用に伴って発生する CO_2 を生命圏が固定できる能力に立脚して設計されるべきである．

　前項では，経済システムが位置する空間と，同システムへの資源供給空間が一致することを前提として，再生可能資源利用の持続可能性評価を行った．しかし，化石エネルギー資源埋蔵量の空間分布には偏りがあり，経済システムが位置する空間と資源供給空間は一致しえない．また，資源を利用して排

413

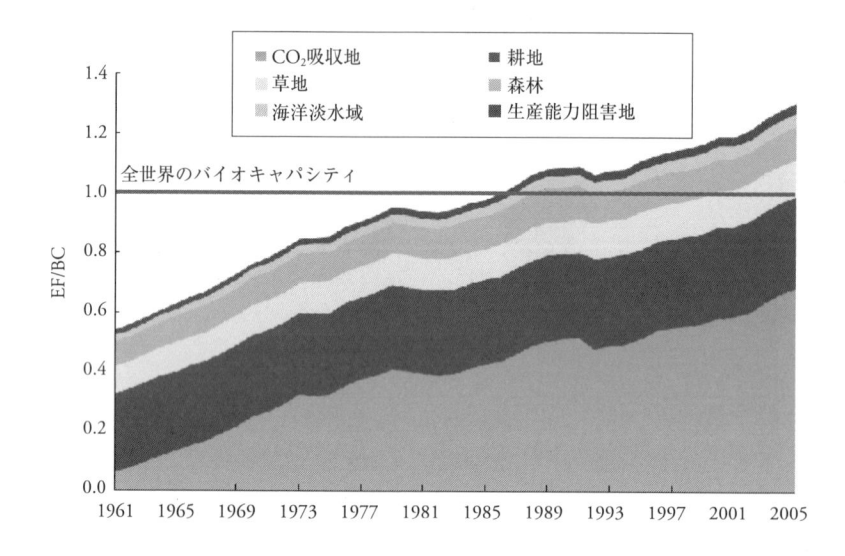

図終-10　全世界のバイオキャパシティ（BC）に対する，エコロジカル・フットプリント（EF）の相対値の経年変化
出典：Ewing et al. (2008a) を改変．

出される CO_2 はグローバルコモンズ（秋道2004）としての性格を有しており，その影響は全球レベルで生じている．そこで，前述したエコロジカル・フットプリント分析を全球レベルで適用することを通じて，化石エネルギー資源利用の持続可能性評価を試みてみよう．

　図終-10 は，全世界の陸域が持つバイオキャパシティに対する，エコロジカル・フットプリントの比の経年変化を示したものである（Ewing et al. 2008）．これを見ると，80年代後半時点で地球はすでに非持続的な状態に陥っており，その原因は CO_2 吸収地（carbon uptake land）の急速な増加，すなわち，人間活動による CO_2 排出量の急激な増加によるものであることがわかる．エコロジカル・フットプリント分析によって地球全体が非持続的と評価される直前の1985年における，化石エネルギー（石油，石炭および天然ガス）消費量（IEA 2007a; IEA 2007b）と世界人口推定値（FAO 2010）から，世界人口1人当たりの化石エネルギー消費量（E_{sc}）を計算すると，1.17石油換算トン

414

終 章

生存基盤指数からみる世界

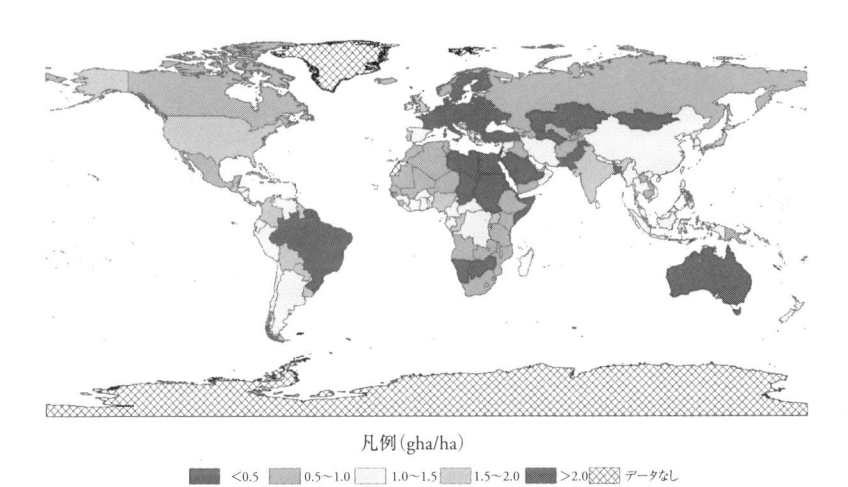

図終-11 化石エネルギー利用の持続可能性評価（2005年）（口絵14）
注：1985年世界人口1人当たりの化石エネルギー消費量（E_w）から，2005年の各国における人口1人当たりの化石エネルギー消費量を差し引いたもの．

(toe) となる．この値は，「生命圏による CO_2 固定能力を地球全体で考慮して，化石エネルギー使用を行う」場合の E_{sc} の最大許容値（E_{scMax}）を，同年の地球環境，世界人口水準で評価していることになる．この E_{scMax} と各国における実際の化石エネルギー消費の差によって持続可能性を診断してみる．

図終-11に2005年における各国の化石エネルギー利用の持続可能性評価の結果を示した．青色で示した国は，1人あたりの化石エネルギー消費が持続的であると考えられる一方，その他のカテゴリーでは色が濃くなるほど，非持続性が高くなる．図終-11の空間分布は，基本的に図終-9と同様の傾向を示しており，熱帯における持続的資源利用と温帯における非持続的資源利用という構図がみてとれるが，再生可能資源利用の評価では持続的と判断されたカナダ，ロシア，オーストラリア，アルゼンチンといった，比較的経済的に豊かな高緯度諸国においても非持続的な化石エネルギー資源の利用が行われていることも示している．

ところで，前述の E_{scMax} は1985年の人口水準で設定してあるが，1985-2005年の間に世界人口は48.4億人から64.5億人へと，約33％増加しているので（FAO 2010），持続的な化石エネルギー利用のためには，エネルギー

415

利用効率も33％上昇する必要がある．既存の統計資料を用いて，商業エネルギー1単位当たりのGDPでエネルギー効率を評価すると，実際には237％も上昇していることがわかる (FAO 2010; IEA 2007a; IEA 2007b)．これは，必要とされる水準をはるかに超えて，技術革新が進んだからに他ならない．それにもかかわらず，世界全体での商業エネルギー消費量は，この20年で約1.5倍に増加している (IEA 2007a; IEA 2007b)．このことは，技術革新によるエネルギー効率改善は，それだけではエネルギー消費の絶対量を減少させる要因とは限らないことを示している．よって枯渇性資源の利用は，上述のような持続性評価指標を導入することで閾値を設定し，その値を各国が遵守するよう国際的な制度設計がなされるべきではないかと考えられる．

5 生存基盤指数のさらなる発展に向けて

これまでの節において，生存基盤持続型の発展を具現化するための「生存基盤指数」の基本構造および代表的な構成要素を，われわれ人類とその環境の総体を表す生存圏が3つの圏から構成されていることを念頭に置きながら，説明してきた．しかしながら，人間の福祉向上を指標化するためには，これまで説明した項目だけでは不十分であると同時に，指標化の困難さゆえに表現することのできない項目が存在していることも事実である．本節では，これらの点に関してふれながら，今後の検討課題について言及する．

まず，人間圏そのものの評価について，現状では，圏の内部における社会や個人の関係性，文化の多様性などが表現できていない．1994年の *Human Development Report* において，「人間の安全保障」(human security) という概念が初めて記載され，この概念は人間の生存・生活・尊厳に対する広範かつ深刻な脅威から人々を守り，それぞれの持つ豊かな可能性を実現するために，一人一人の視点を重視し，持続可能な個人の自立と社会づくりを促す考え方である．HDIをさらに発展させて人間の安全保障指数 (Human Security Index; HSI) を作成する努力がすでにはじまっているが (Hastings 2008)，ここでは所得の分配がどのくらい平等に行われているかを表すジニ係数，ジェンダー不

平等を評価するジェンダーギャップ指数(World Economic Forum 2007),ジェンダーエンパワーメント指数などを採用して,HSI を構築することなどが議論されている.これらの指標も,経済参加と意志決定,政治参加,経済資源に関する意志決定と支配力などを考慮した際,重要なパラメーターになるものと考えられる.

人類が多様な世界の文化を尊重し合い,欲望を適切にコントロールして協調性を確保することは,「持続型生存基盤パラダイム」への転換に不可欠である.熱帯にすむ人間の潜在力と在来知(local knowledge)を尊重しながら HSI を構築する過程は,地球圏,生命圏との関係性の中で人間圏のあり方を考える生存基盤指数を構築する際にも重要である.

次に,地球圏・生命圏と人間圏の相互作用について,本章ではとりあえず経済活動に限定しながら問題の所在を明らかにすることを試みた.人間圏への排出物質として二酸化炭素以外の廃棄物が現状では考慮されていないといった評価項目の不足という問題もあるが,より大きな問題点としては,経済活動以外の相互作用が考慮されていないことが重要である.具体的には国連ミレニアム生態評価で生態系サービスの構成要素として示されている,文化的サービス(審美的,精神的,教育的,レクリエーション的サービスなど)や地震などの災害が挙げられる.文化的サービスを含んだ生態系サービス全体が生命圏から持続的に提供されてゆくには,生物多様性の保全が不可欠であるが,それらはマラリア・HIV といった感染症のリスクにもつながるため,指数としてどのように盛り込んでゆくかは今後の大きな課題である.また,現状では,災害およびそこから人間圏に波及してゆく現象を包括的にとらえることは困難であるが,UNDP が提示している災害リスク指数のように,人間圏において結果として生じるインパクトから,指標要素を構成することは可能かもしれない.

生存基盤指数はまだ開発途上にあり,本章では大まかな枠組を提示したにすぎない.しかし,人間の福祉に関して,本節で述べたような視点を含めた精査を今後も継続し,生存基盤指数を深化させる過程そのものが,「持続型生存基盤パラダイム」の創出を可能にすると考えている.

引用文献

秋道智彌 2004.『コモンズの人類学 ―― 文化・歴史・生態』人文書院.

Beck, C., J. Grieser and B. Rudolf 2005. "A New Monthly Precipitation Climatology for the Global Land Areas for the Period 1951 to 2000," DWD, Klimastatusbericht KSB 2004, 181-190.

Brohan, P., J. J. Kennedy I. Harris, S. F. B. Tett, and P. D. Jones 2006. "Uncertainty Estimates in Regional and Global Observed Temperature Changes: a New Dataset from 1850," *Journal of Geophysical Research* 111: D12106, doi: 10.1029/2005JD006548

Ewing, B., A. Reed, S. Rizk, A. Gall, M. Wackernagel and J. Kitzes 2008a. "Calculation Methodology for the National Footprint Accounts, 2008 Edition," Global Footprint Network.

Ewing, B., S. Goldfinger, M. Wackernagel, M. Stechbart, S. Rizk, A. Reed and J. Kitzes 2008b. "The Ecological Footprint Atlas 2008." Global Footprint Network.

Food and Agriculture Organization (FAO) 2006. "Global Forest Resources Assessment 2005 -Progress towards sustainable forest management." *FAO Forestry Paper* 147.

―― 2010. *FAOSTAT* http://faostat.fao.org/ (2010年2月26日アクセス)

Global Footprint Network (GFN) 2009a. "National Footprint account 2000 (2008 Edition)." Global Footprint Network. Homepage: http:www.footprintnetwork.org (2009年3月31日アクセス)

―― 2009b. "National Footprint account 2005 (2008 Edition)." Global Footprint Network. Homepage: http:www.footprintnetwork.org (2010年3月31日アクセス)

深井滋子 2006.『持続可能な世界論』ナカニシヤ出版.

Global Precipitation Climatology Centre (GPCC) Homepage http://gpcc.dwd.de/ (2009年3月1日アクセス)

International Energy Agency (IEA) 2007a. "Energy Balances of Non-OECD Countries." [available as CD-ROM], IEA, Paris.

―― 2007b. "Energy Balances of OECD Countries." [available as CD-ROM], IEA, Paris.

Jones, P. D., M. New, D. E. Parker, S. Martin and I. G. Rigor 1999. "Surface Air Temperature and its Variations over the Last 150 years," *Reviews of Geophysics* 37: 173-199.

Hastings, D. A. 2008. Describing the Human Condition: from Human Development to Human Security: In *Proceedings of International Symposium on Geoinfomatics for Spatial-Infrastructure Development in Earth and Allied Sciences,* JVGC Technical Document No.4, pp.3-17.

栗森須雅子・福田吉治 2008.「障害調整健康余命（DALE）および障害調整生存年（DALY）のわが国における応用」*Geriatric Medicine* 46: 39-44.

黒沢美智子・稲葉裕 2008.「健康寿命（DALE）とは ―― 定義，求め方，効用，限界」*Geriatric Medicine* 46: 9-11.

Lieth, H. 1975. "Modeling the Primary Productivity of the world." In Helmut Lieth and Robert H. Whittaker (eds) *Primary Productivity of the Biosphere*, New York: Springer-Verlag, pp. 237-263.

Mathers C. D., C. J. L. Murray, J. A. Salomon, R. Sadana, A. Tandon, A. D. Lopez, B. Ustün and S. Chatterji 2003. "Healthy life expectancy: comparison of OECD countries in 2001," *Australian and New Zealand Journal of Public Health* 27: 5-11.

Mathers, C. D., R. Sadana, J. A. Salomon, C. J. L. Murray and A. D. Lopez 2001. "Healthy life expectancy in 191 countries, 1999," *Lancet* 357: 1685-1691.

Murray, C. J. L. and A. D. Lopez 1996a. "Evidence-based health policy—lessons from the Global Burden of Disease Study," *Science* 274: 740-743.

―― 1996b. *The Global Burden of Disease*. New York: Harvard University Press.

―― 1997. "Regional Patterns of Disability-free Life Expectancy and Disability-adjusted Life Expectancy: Global Burden of Disease Study," *Lancet* 349: 1347-52.

OECD 2002. *Education Policy Analysis 2002 Edition*（御園生純監訳『OECD 教育政策分析』明石書店，2006 年）．

Rayner, N. A., P. Brohan, D. E. Parker, C. K. Folland, J. J. Kennedy, M. Vanicek, T. Ansell and S. F. B. Tett 2006. "Improved Analyses of Changes and Uncertainties in Marine Temperature Measured in situ since the Mid-Nineteenth Century: the HadSST2 Dataset," *Journal of Climate*, 19: 446-469.

Rayner, N. A., D. E. Parker, E. B. Horton, C. K. Folland, L. V. Alexander, D. P. Rowell, E. C. Kent and A. Kaplan 2003. "Globally Complete Analyses of Sea Surface Temperature, Sea Ice and Night Marine Air Temperature, 1871-2000," *Journal of Geophysical Research* 108: 4407, doi: 10.1029/2002JD002670.

Rudolf, B., C. Beck, J. Grieser and U. Schneider 2005. "Global Precipitation Analysis Products," Global Precipitation Climatology Centre (GPCC), DWD, Internet publication, 1-8.

Rudolf, B., H. Hauschild, W. Rueth and U. Schneider 1994. "Terrestrial Precipitation Analysis: Operational Method and Required Density of Point Measurements." In M. Desbois, F. Desalmond (eds) *Global Precipitations and Climate Change. NATO ASI Series I, Volume 26*, New York: Springer-Verlag, pp. 173-186.

Rudolf, B., U. Schneider 2005. "Calculation of Gridded Precipitation Data for the Global Land-Surface using in-situ Gauge Observations." In *Proceedings of the 2nd Workshop of the International Precipitation Working Group IPWG, Monterey October 2004*, 231-247.

Rudolf, B., T. Fuchs, U. Schneider and A. Meyer-Christoffer 2003. "Introduction of the Global Precipitation Climatology Centre (GPCC)," Deutscher Wetterdienst, Offenbach a. M.; p. 16.

Turner R. K., D. Pearce and I. Bateman 1994. *Environmental Economics: An elementary Introduction*.（大沼あゆみ訳『環境経済学入門』2004 年，東洋経済新報社）

UNDP 1990. *Human Development Report 1990*, New York: Oxford University Press.

―― 2004.「この多様な世界で文化の自由を」横田洋三・秋月弘子訳『人間開発報告書 2004』国際協力出版会．

―― 2008.『気候変動との戦い ―― 分断された世界で試される人類の団結』二宮正人，秋月弘子訳『人間開発報告書　2007/2008』阪急コミュニケーションズ．

Wackenagel, M. and W. E. Rees 1995. *Our Ecological Foot Print: Reducing Human Impact on the*

Earth. Gabriola Island: New Society Publishers（和田喜彦監訳『エコロジカル・フットプリント —— 地球環境持続のための実践プランニング・ツール』2004 年，合同出版）.

あとがき

　2007年夏,バイオテクノロジーや先端的な観測技術を駆使して資源・エネルギー・環境問題を克服することにより地球社会を持続的なものへと変革することに挑戦する科学者の集団と,世界の諸地域をつぶさに観察し,さまざまな状況を生きる人々の声を聞き,さまざまな立場の社会の経験と葛藤を描くことにより,ともに生きていく地球社会を構想する研究者の集団の共同作業が始まった.お互いの言葉,発想,表現,価値体系のギャップを埋めるために,セミナーを繰り返し,その成果を「生存基盤持続型の発展を目指す地域研究拠点」と題する研究申請としてとりまとめた.本書は,このようにして始まった知的格闘の成果を世に問おうとするものである.

　私たちは,これまでに100回以上の国際シンポジウムやセミナーを開催し,議論を重ねてきた.とりわけ国際シンポジウム "In Search of Sustainable Humanosphere in Asia and Africa"(2009年3月),"Biosphere as a Global Force of Change"(2010年3月),"Changing Nature of 'Nature'"(2010年12月)や月例のパラダイム研究会では,地球圏や生命圏の論理,さらにアジア・アフリカの熱帯社会からみた人間圏の論理を探求することにより,これまでに人類社会が築き上げてきた科学技術体系や,資本主義や民主主義に基づく政治経済システムを批判的に検証し,相対化し,再構築することを目指して,濃密な議論を展開してきた.この議論を共有の知的基盤として,本書を執筆する過程では,すべての章の草稿を著者全員が読み,建設的な批判を繰り返した.これらの過程が,学問分野の壁を乗り越え,学問分野をつないで未来社会を構想する持続型生存基盤研究においては必須であり,私たちはこれからもこの営みを続けていかなければならないと確信している.

　本書は,京都大学グローバルCOEプログラム「生存基盤持続型の発展を目指す地域研究拠点」(平成19～23年度,拠点リーダー　杉原薫)による,この3年間の研究活動の成果である.多くの方々に知的貢献をしていただいている.本学東南アジア研究所,大学院アジア・アフリカ地域研究研究科,地

域研究統合情報センター，生存圏研究所，人文科学研究所，生存基盤科学研究ユニット，大学院農学研究科および大学院工学研究科の教員，研究員，大学院生の方々のみならず，学外や国外の研究者の方々からいただいたアイディアや助言が，すべての章に埋め込まれている．お名前を挙げることは差し控えさせていただくが，深く感謝申し上げます．

　本書の出版に際しては，京都大学学術出版会の鈴木哲也氏，斎藤至氏に献身的なご助言やご協力をいただいた．両氏に深く感謝します．また本書の刊行に際しては，京都大学教育研究振興財団より平成 21 年度学術研究書刊行の助成をいただいた．心からお礼申し上げます．

2010 年 3 月

編者を代表して　河野泰之

索　引

[A-Z]

CDM（clean development mechanism）　180, 226, 299　→植林再植林クリーン開発メカニズム

ENSO（El Niño-southern oscillation）　133　→エルニーニョ・南方振動

IKGS　324-326, 331, 332

LCA（ライフサイクルアセスメント）　215, 228, 285

NGO　49, 306, 318, 324-328, 331, 358

REDD（reducing emission from deforestation and degradation in developing countries）　180, 226

RPS 法（電気事業者による新エネルギー等の利用に関する特別措置法）　299

TRMM（tropical rainfall measuring mission）　144, 145

Water for the Poor　187

[ア行]

アカシア　17, 196, 197, 213, 219-221, 223, 225, 229, 230, 233, 238, 243-247, 251, 253, 254, 263, 266-269, 274, 276

　　──マンギウム　218-221, 243

アグロフォレストリー　75, 326　→農林複合農業

アジア稲作圏　84

アフォーダンス　389

アブラヤシ　17, 78, 79, 177, 213, 219, 230, 233, 236, 246, 247, 251, 254, 266-268, 274, 276, 277　→オイルパーム

アポロ 11 号　307

安定性　52, 94, 169, 175, 312　→不安定性

一次生産力　63-66, 77, 81, 85

イスラーム　91-96, 101, 103, 343-345

　　──科学　94, 107, 114, 120

　　──金融　103, 117-119

　　──復興　91, 109, 116, 120

　　──文明　25, 91-93, 96

　　──法　94, 105, 110, 117

位相転移　251, 257, 275

移動（人間圏）　18, 31, 32, 48, 50, 51, 99, 106, 198, 206, 207, 258, 269, 270, 276, 313, 316, 317, 337　→労働移動

移動（生命圏）　159, 160, 198, 244-246

移動（地球圏）　131, 132, 135, 138, 140, 141, 159, 186, 188, 190, 202, 345, 349

イフガオ　305, 320-332

入会地　312

インド　5, 27-28, 45-52, 62, 64, 113, 147, 149, 160, 381-387

インドネシア　40, 53, 133, 217, 219, 221, 233-235, 243, 266-268, 276, 290, 291, 295, 296

宇宙船地球号　308-310, 318, 333

エージェンシー（行為主体性）　303, 366, 369, 384, 390

エコロジカル・フットプリント　21, 313, 333, 396, 409-412, 414

エタノール　285-299

エッジ効果　240, 245, 249

エネルギー　2, 13, 35-36, 46, 52-53, 63, 75, 76, 130, 131, 142, 159, 171, 185, 215-218, 228, 233, 251, 257, 277, 281, 282, 283-285, 296, 313, 368, 369, 383, 404, 405, 406, 413-416

　　太陽──　2, 82, 126, 130, 185, 257, 368, 405

　　──安全保障　283, 289

　　──危機　75

　　──効率　75, 285, 416

エルニーニョ　133, 175, 191, 225

　　──・南方振動　133

遠隔地環境主義　332-334

エントロピー　215-216

オイルパーム　→アブラヤシ　295

王　368

オート・ポイエーシス（自己創出）　380, 384

温室効果ガス　281, 285

423

温帯型　43, 54, 90, 109, 116, 118, 121, 386
「温帯」から「熱帯」へ　2

[カ行]
カースト　50, 383, 386
カーボンニュートラル　216, 285
階層構造　167, 242, 245
科学革命　33, 97, 112, 115, 120, 369
化石資源　1, 13, 15, 21, 24, 36, 39, 48, 52-53
　──世界経済　48, 55
家畜　43, 74, 177, 196, 198-120, 207, 409
神　91, 115, 310, 321, 345, 346, 355, 368, 377, 381, 383
カヤポ　318-333
灌漑　32, 49, 50, 51, 66-68, 74, 908, 107, 108, 149-150, 191, 192, 200, 201, 203, 206
　──稲作　67
環境　5-7, 43-45, 76, 101, 160, 161, 235, 309, 367, 373, 396, 404
　──サービス　177, 216
　──税　299
　──劣化　49, 52
間作　70, 73, 75
乾燥オアシス地帯　90, 97-99, 119, 121
乾燥地域　25, 46, 89, 100, 107, 147, 190, 196
環太平洋造山帯　64
基底流量　191
共同体規制　312
京都議定書　225, 313
共有地の悲劇　310
居住形態　198
供犠　368
草の根協力事業　326, 332
グリーンウォーター　188-190, 206
グリーンベルト　61, 64
クルアーン　91, 94, 103-105, 117
グレーザー (grazer)　198, 207
グローカル　302, 330, 332, 366, 376, 387, 391
グローバル　187, 256, 277, 318, 322, 347, 366
　──・エコ・イマジナリー　319
　──・ヒストリー　24, 29, 55
　──化　13, 81, 93, 316-320, 330
群集中立説　168
傾圧不安定　138-141

景観要素の不均一性　242
径路依存性　17, 31
広域不安定性　49
行為主体性　→エージェンシー
工学的適応　201
工業化　14, 16-18, 24, 33, 35-40, 52, 54, 84, 90, 265, 277, 312, 350, 352, 369
公共圏　11-12
洪水　66, 74, 107, 186, 191, 192, 194, 196, 121, 203-207, 339, 386
枯渇性資源　397, 405, 413
互助　199, 207
個体的生命　380, 384, 390
国家　5, 7, 10, 48, 92, 97, 117, 201, 256, 286, 295, 309, 345, 368, 375
国境　5, 6, 12, 29, 32, 150, 161, 276, 305, 316-318, 331
コラート高原　201, 202
コリオリ力　135-138
コリドー　242, 245
混作　70, 73, 75
ゴンドワナ　159, 164

[サ行]
災害　8, 15, 149, 306, 316-318, 329, 332
再生可能
　──資源　397, 405, 410-4142
　──淡水資源　189
再生産　8, 11, 12, 126, 212, 213, 215, 216, 252, 254, 256-258, 274, 277, 278, 373, 383, 410
栽培化　177
作付体系　73-75, 83, 205-207
沙漠　89, 196-198
サラワク（州）　161, 168, 255
産業構造　287, 293
産業造林　212, 217-221, 243
三項連関　97, 101, 103, 106, 108, 121
残存林　244-247
死（死者、死亡）　311, 359, 380-382, 384, 398
時間─空間の圧縮　317
自然権　375
持続可能性　315, 396, 398, 403, 410, 412
持続可能な開発　186, 314, 386
持続循環型生産林　230

索 引

疾病負担　398, 401
私的所有権　4, 7, 11, 34, 41, 48
社会契約　375
社会制度　50, 52, 109, 200
自由　4, 31, 106, 311, 376
　　──貿易　38, 84, 317
循環する水　188
宗教　12, 14, 89, 93, 112, 118, 368
　　──と科学　115, 121
出生時平均余命　395, 397
種の供給源　244
樹木作物　73, 77, 79-82
純一次生産量　284, 406
障害調整健康余命　397-401
商品連鎖　256, 270, 278
植林運動　321-323
植林再植林クリーン開発メカニズム　180 →　CDM（clean development mechanism）
初等・中等教育期待年数　397, 403
シロアリ　154, 157, 158, 163-167, 172-174
人工林　17, 146, 217-220, 282
深層地下水　190, 405
身体　373, 380-383
人的資源集約型発展径路　40, 42
森林　48, 62, 179, 212, 215-217
　　──産物　258-262
　　──の機能　216, 230
　　──の減少　46, 48, 56, 225, 240
　　──の作用　216
　　──消失と劣化の防止による炭素発生抑制　180
　　──の炭素蓄積　220, 226
　　──バイオマス　215-217, 229, 283
人類　15, 20, 30, 150, 177, 186, 309, 367
神話　321, 367-369
水文学　108, 127, 130, 133, 147
生活組織　198, 207
精耕細作　74, 85
生産　2, 10, 11, 50, 63
　　──中心主義　10
「生産」から「生存」へ　2, 10, 12
生産力仮説　156
脆弱性　176, 208, 218, 350
成層不安定　142

生存基盤　3, 12, 15, 20, 338-339, 372, 373, 395
　　──確保型発展径路　52
　　──指数　21, 395, 416
　　──持続型の発展　3, 56, 372, 374, 378, 416
　　──持続型発展径路　55
　　持続型──パラダイム　21, 119, 395, 417
生存圏　1, 3, 7-9, 381, 384
生態学的遷移帯　256
生態系　6, 7, 150, 218
　　──サービス　177, 235, 417
生態的な地位　161, 168
成長の限界　312, 396
生物資源　153, 177, 179, 181, 281, 295, 299
生物多様性　153, 154, 236
　　──条約　153, 180
　　──保全　233
　　農業──　76
生命圏　1, 8, 9, 155, 156, 215, 405
生命資源の稀少化　45
西洋型発展径路　5, 28, 37, 41
西洋中心史観　27, 30
世界人口　1, 20, 27-30, 45, 147, 414
世界水会議　186
石油化学　286, 297
石油リファイナリー　286-288
セパレートタイプ　163, 167
セルロース　172, 285, 288, 291, 297
全球再解析データ　139
先住民　306, 318-320, 324
贈与　368, 378, 382

[タ行]

大絶滅　154, 179
大分岐　34
太陽エネルギー　2, 82, 126, 130, 142, 185, 257, 368, 405
太陽放射　63, 130, 139, 146, 156
択伐　220, 236, 238, 251, 264
多生業空間　258, 272
棚田　306, 320, 322, 326-328, 385
多肥多労農業　70
タムノップ　203
多毛作体系　69-74, 81
弾性　17, 252, 257, 269, 274, 278

425

炭素
 ──ストック　218
 ──税　297
 ──貯蔵機能　214
地球温暖化　1, 9, 56, 126, 130, 144, 176, 180, 186, 195, 212, 216, 218, 221, 277, 281-283, 309
地球環境共同体　319, 332
地球圏　1, 7, 8, 129, 405
地球の収縮過程　317
地球放射　130, 144
地産地消　289, 296
地片　4
貯水池　50, 191, 343
つながり　1, 235, 302, 334, 338, 339, 365, 381
低インパクト伐採　239
泥炭湿地　161, 230
出稼ぎ　51, 267, 272, 322, 327-330
デフォルト法　226-228
デモクラシー　375, 390
田畑輪換栽培　70
デンプン　256, 259, 285, 289
都市性　25, 93, 98-102, 110
都市化　13, 35, 84, 98, 146, 149, 240, 276, 350, 360
土地・労働基盤社会　274, 276
土地の稀少化　45
土地利用　47, 62, 69, 77, 134, 146, 236, 269, 407, 408, 411
ドライスペル　191, 202

[ナ行]
ナンヨウアブラギリ　291
二酸化炭素　134, 179, 180, 221, 225-228, 282, 285
 ──の排出権取引　299
 ──排出量　285
ニッチ分割説　162
人間開発　1, 41, 395
人間開発指数　41, 395, 397
人間活動　7, 9, 12, 15, 134, 147, 149, 175, 180, 230, 397
人間圏　9-11, 367, 368
熱循環　18, 130-132, 145, 149

熱帯　18
 ──雨林　155-156, 170-172, 218, 257, 295
 ──季節林　172, 218, 284
 ──収束帯　135-137, 257
 ──生命圏　278
 ──の発展径路　24, 42
 ──発展論　16
ネットワーク　37, 95, 108, 208, 259, 260, 269, 305, 328, 330, 338, 346, 347, 356, 367, 370, 372, 387
燃料税　298
農学的適応　201
農業生物多様性（農業多様性）　76, 77
農耕　33, 68, 98, 101, 368
農書　33, 69-72
農林複合農業　75, 79, 83　→アグロフォレストリー

[ハ行]
バイオエタノール　285, 289, 291, 294, 297-299
バイオキャパシティ　407-410, 414
バイオソーシャル（生社会）　382
バイオディーゼル　286, 290, 295, 298-300
バイオマス　213, 215
 ──基盤社会　274
 ──社会　18, 256-257
 ──生産量　222, 224
バイオリファイナリー　282
ハオール地帯　205
発展径路　31, 385
 インド型──　386
 人的資源集約型──　39-42
 生存基盤確保型──　51-54
 生存基盤持続型──　55-56
 西洋型──　5, 41
 東アジア型──　32, 33, 41
 労働集約型──　40, 41
ハドレー循環　62, 135-138
早生樹　213, 219, 221, 229
半沙漠地帯　196-198
東アジア型発展径路　32, 33, 41
東アジア共同体　84
東アジアモンスーン地域　60-61, 64, 84　→モ

426

索　引

ンスーンアジア
非平衡的群集　167
平等　30, 38, 92, 100, 102, 312, 314, 375-377, 390, 416
不安定性　9, 44, 49, 52, 195, 204　→広域不安定性
フェレル循環　62, 135
不確実性　14, 15, 19, 20, 202　→リスク
複数発展径路　30
フタバガキ科　155, 159-162, 219, 264
物質循環　130, 216, 277, 315
ブラウザー（browser）　198, 207
プランテーション　77, 234, 253
　──開発　271, 268, 274, 277
　──農業　77-80
ブルーウォーター　189-191, 206
フロンティア型資源利用　269
分断林　241
平衡的群集　167
偏西風　62, 135, 138-141
貿易風　135, 138
放牧　34, 200
牧畜　4, 18, 33, 34, 42, 48, 97, 102, 194-197, 206, 207, 368, 381
牧畜民　20, 196, 341
保全二次林　245, 246
ポリティカル・エコロジー（政治生態）　377
ボルネオ　17, 160, 172, 238, 243, 246, 251, 252, 260, 269, 270

[マ行]

魔術　371
水
　──管理　67, 69, 149, 200, 202
　──循環　131, 132, 133, 188, 189, 207
　──の存在形態　206
水稲作　74, 191, 194, 195, 200, 201, 206, 207
木材産業　252, 253, 266, 270

木質バイオマス　225, 251, 274, 282
モンスーンアジア　147, 148, 195　→東アジアモンスーン地域

[ヤ行]

焼畑耕作　251, 256, 262, 269, 272, 273
優遇税制　298, 299
遊牧　25, 90-93, 98-101, 102, 106, 108, 110, 119
ユーラシア　60-63, 90-96, 122, 155, 157, 160, 345
ユネスコ世界遺産　306, 320
要素賦存　31, 32, 36, 39, 43-45, 84
予防原則　243, 247

[ラ行]

ランドスケープ管理　234, 242, 245, 247, 248
リグニン　286, 287, 289, 292-294
リグノセルロース　172, 286, 289, 297
陸面過程モデル　133, 134, 146, 149
リスク　44, 53, 119, 191, 337, 340, 341, 345, 350, 353-355, 357, 401, 417　→不確実性
輪栽式農法　69, 71, 72, 81
レフュージア　155, 156
連鎖的生命　177, 366, 380-384
レンディーレ　197-199
労働移動　32, 269, 270, 276　→移動（人間圏）
労働集約型工業化　37, 39, 52
労働力　10, 11, 13, 17, 30-32, 36, 39-42, 51, 62, 65, 69, 71, 72, 74, 75, 77, 263, 267, 276, 277, 350
ローカル　6, 148, 195, 305, 330, 339, 345, 347, 357, 362, 365, 366
ローマクラブ　396
ローラシア　155, 159, 160, 166

[ワ行]

ワンピースタイプ　163, 164, 167

427

[編者紹介]

杉原　薫（すぎはら　かおる）序章，第1編のねらい，第1章

京都大学東南アジア研究所教授．京都大学グローバルCOEプログラム「生存基盤持続型の発展を目指す地域研究拠点」拠点リーダー．専攻：近代経済史．
京都大学経済学部卒．東京大学大学院経済学研究科博士課程修了．経済学博士．大阪市立大学経済学部助教授，ロンドン大学東洋アフリカ学院歴史学部シニアレクチャラー，大阪大学大学院経済学研究科教授を経て現職．主要著作に，『アジア間貿易の形成と構造』（ミネルヴァ書房，1996年），『アジア太平洋経済圏の興隆』（大阪大学出版会，2003年），*Japan, China and the Growth of the Asian International Economy, 1850-1949*（編著，Oxford University Press, 2005），*Labour-intensive Industrialization in Global History*，（共編，Routledge, forthcoming）．

川井　秀一（かわい　しゅういち）第3編のねらい，第7章

京都大学生存圏研究所教授・所長．農学博士．専攻：森林科学．
京都大学木質科学研究所助手，教授を経て現職．2004年「日本の森を育てる木づかい円卓会議」議長（日本木材学会主催）．主な著作に『図解木材・木質材料用語集』（東洋書店），『建築に役立つ木材・木質材料科学』（東洋書店），"Life Cycle Assessment of Preservative-treated Wood: A Case Study of Wooden Bridge," *Doboku-Gakkai Ronbunshu*, No755/VII-30: 45-56（共著，2004）．"Manufaeture of Oriented Board Using the Mild Steam Treated Some Plant Fiber Bundles." *Journal of Wood Science* 54: 369-376（共著，2008）．

河野　泰之（こうの　やすゆき）第2編のねらい，第6章

京都大学東南アジア研究所教授．専攻：東南アジア地域研究（土地・水資源管理）．
東京大学大学院農学系研究科博士課程修了．農学博士．アジア工科大学院Assistant Professor，京都大学東南アジア研究センター助教授などを経て現職．主要著作に *Ecological Destruction, Health, and Development. Advancing Asian Paradigms*（共編，Kyoto University Press, 2004），*Small-scale Livelihoods and Natural Resources Management in Marginal Areas of Monsoon Asia*（共編，Bishen Singh Mahendra Pal Singh, 2006），『論集モンスーンアジアの生態史 第1巻　生業の生態史』（編著，弘文堂，2008年）など．

田辺　明生（たなべ　あきお）第4編のねらい，第13章

京都大学大学院アジア・アフリカ地域研究研究科教授，博士（学術），専攻：歴史人類学，南アジア地域研究．

東京大学法学部卒業，東京大学大学院総合文化研究科博士課程退学．東京外国語大学アジア・アフリカ言語文化研究所助手，京都大学人文科学研究所准教授などを経て現職．主な著作に，*The State in India: Past and Present*，（共編, New Delhi: Oxford University Press, 2006），『南アジア社会を学ぶ人のために』（共編，世界思想社，2010年），『カーストと平等性 —— インド社会の歴史人類学』（東京大学出版会，2010年）など．

[著者紹介]（執筆順）

田中　耕司（たなか　こうじ）第2章

京都大学地域研究統合情報センター教授・センター長．農学博士．専攻：東南アジア地域研究（熱帯環境利用論）．

京都大学大学院農学研究科博士課程中退．京都大学農学部／東南アジア研究センター助手・助教授・教授，同東南アジア研究所教授を経て現職．主な著作に『稲のアジア史』（共編著，小学館，1987年），『講座 文明と環境 第10巻 海と文明』（共編，朝倉書店，1995年），『講座 人間と環境 第3巻 自然と結ぶ —— 「農」にみる多様性』（編著，昭和堂，2000年），『講座「帝国」日本の学知 第7巻 実学としての科学技術』（編著，岩波書店，2006年）など．

小杉　泰（こすぎ　やすし）第3章

京都大学大学院アジア・アフリカ地域研究研究科教授（イスラーム世界論担当・同附属イスラーム地域研究センター長）．専攻：イスラーム学，中東地域研究，比較政治学，国際関係学．

1983年，エジプト国立アズハル大学イスラーム学部卒業，博士（法学）．国際大学中東研究所主任研究員，英国ケンブリッジ大学中東研究センター客員研究員，国際大学大学院（国際関係学研究科）教授などを経て現職．主な著作に，『現代中東とイスラーム政治』（昭和堂，1994年），『ムハンマド —— イスラームの源流をたずねて』（山川出版社，2002年），『現代イスラーム世界論』（名古屋大学出版会，2006年），『「クルアーン」—— 語りかけるイスラーム』（岩波書店，2009年）．

甲山　　治（こうざん　おさむ）第 4 章
京都大学東南アジア研究所准教授．博士（工学）．専攻：水文学，大気陸面相互作用．
京都大学大学院工学研究科博士課程修了．京都大学東南アジア研究所特定助教（グローバル COE）．主な著作に，「現地調査に基づく衛星解析と陸面過程モデルを用いた中国史灌河流域における水利用推定」『水工学論文集』51: 211-216（共著，2007），Yoshinobu Kitamura, Osamu Kozan, Kengo Sunada and Satoru Oishi. 2007. "Water Problems in Central Asia," 共著, *Journal of Disaster Research* 2(3): 134-142,「長期水文・気象データおよび衛星データを用いたアラル海流域における水循環の解析」『土木学会水工学論文集』53: 31-36（共著，2009.）．

神崎　　護（かんざき　まもる）第 5 章
京都大学大学院農学研究科准教授．理学博士．専攻：熱帯林生態学．
大阪市立大学理学研究科博士後期課程修了．主な著作に，「森林の多様性と動態を読み解く」『森林の再発見』（太田誠一編．京都大学学術出版会，2007 年），"Doi Inthanon Forest Dynamic Plot, Thailand." In *Tropical Forest Diversity and Dynamism: Findings from a Network of Large-Scale Forest Dynamics Plots*, (edited by E. C. Loses, R. Condit, J. V. LaFrankie and E. G. Leigh University of Chicago Press 2004), "Intra- and Interspecific Variation in Wood Density and Fine-scale Spatial distribution of Stand-level Wood Density in a Northern Thai Tropical Montane Forest." *Journal of Tropical Ecology* 25: 359-370（共著，2009）．

山田　明徳（やまだ　あきのり）第 5 章
京都大学大学院農学研究科日本学術振興会特別研究員，博士（理学）．専攻：生態学．
京都大学大学院理学研究科修了．主な著作に "Carbon Mineralization by Termites in Tropical Forests, with Emphasis on Fungus-combs." *Ecological Research* 20: 453-460（2005）．"Nitrogen Fixation by Termites in Tropical Forests, Thailand." *Ecosystems* 9: 75-83（共著，2006）．"A new concept of the feeding group Composition of Termites in Tropical Ecosystems. Carbon Source Competitions among Fungus-growing Termites, Soil-feeding Termites, Litter-layer Microbes, and Fire," *Sociobiology* 50: 135-153（共著　2007）

孫　　暁剛（SUN Xiaogang）第 6 章
筑波大学生命環境科学研究科助教．修士（環境科学），博士（地域研究）．専攻：生態人類学，アフリカ地域研究．

2001 年，筑波大学大学院修士課程環境科学研究科修了．2005 年，京都大学大学院アジア・アフリカ地域研究研究科博士後期課程修了．日本学術振興会外国人特別研究員（PD），京都大学東南アジア研究所特定研究員（グローバル COE）を経て，2010 年 1 月より現職．主な著作に，"Dynamics of Continuity and Changes of Pastoral Subsistence among the Rendille in Northern Kenya: With Special Reference to Livestock Management and Response to Socio-Economic Changes." *Supplementary Issue of African Study Monographs*, 31: 1-94, (2005),「「搾乳される」ラクダと「食べられる」ウシ―遊牧民レンディーレの生業多角化への試み」（『遊動民 ―― アフリカの原野に生きる』630-649 頁，2004 年），「北ケニアのレンディーレ社会における遊牧の持続と新たな社会変化への対応」『アフリカ研究』61：39-60（2002 年）．

星川　圭介（ほしかわ　けいすけ）第 6 章

京都大学地域研究統合情報センター助教．博士（農学）．専攻：地域情報学，農業土木学．2003 年，京都大学農学研究科博士課程単位取得退学．人間文化研究機構総合地球環境学研究所・産学官連携研究員，京都大学東南アジア研究所・非常勤研究員を経て，2007 年より現職．主な著作に，『タムノップ ―― タイ・カンボジアの消えつつある堰灌漑』（共著，めこん，2009 年），"Effects of Topography on the Construction and Efficiency of Earthen Weirs for Rice Irrigation in Northeast Thailand." *Paddy and Water Environment*, 7(1): 17-25（共著），「フィールドで見る・情報学的手法で解く ―― 東北タイにおける稲作変化の軌跡」『東南アジア研究』46(4)：564-577（2009 年）．

藤田　素子（ふじた　もとこ）第 8 章

京都大学東南アジア研究所特定研究員（グローバル COE）．専攻：鳥類生態学，景観生態学，物質循環．
横浜国立大学大学院環境情報学府博士課程修了．環境学博士．京都大学生存圏研究所ミッション専攻研究員を経て現職．主な著作に，"Birds Transport Nutrients to Fragmented Forests in an Urban Landscape." *Ecological Applications*, 17: 648-654（共著，2007），"Landscape Effects on Ecosystems: Birds as Active Vectors of Nutrient Transport to Fragmented Urban Forests versus Forest Dominated Landscapes." *Ecosystems*, 12: 391-400（共著，2009），「栄養塩の供給からみる，都市におけるハシブトガラスの役割」（樋口広芳・黒沢令子編『カラスの自然史』北海道大学出版会，近刊）など．

石川　登（いしかわ　のぼる）第 9 章

京都大学東南アジア研究所准教授．ニューヨーク市立大学大学院 Ph.D.（Anthropology）．
専攻：文化人類学，東南アジア地域研究．
主な著作に，*Dislocating Nation-States: Globalization in Asia and Africa*（共編, Kyoto University Press/Trans Pacific Press, 2005），2008『境界の社会史 —— 国家が所有を宣言するとき』（京都大学学術出版会，2008），*Flows and Movements in Southeast Asia: New Approaches to Transnationalism*,（編著, Kyoto University Press, second edition 2010）; *Between Frontiers: Nation and Identity in a Southeast Asian Borderland*（National University of Singapore Press/NIAS Press/Ohio University Press, 2010）．

渡辺　隆司（わたなべ　たかし）第 10 章

京都大学生存圏研究所教授．博士（農学）．専攻：バイオマス変換，担子菌によるリグニン分解の分子機構の解析．
京都大学大学院農学研究科修士課程修了．主な著作に，*Association between lignin and carbohydrates in wood and other plant tissues*, Springer Series in Wood Science（共著，Springer Verlag, 2003）．"Formation of Acyl Radical in Lipid Peroxidation of Linoleic Acid by Manganese-dependent Peroxidase from Ceriporiopsis Subvermispora and Bjerkandera Adusta." *Eur. J. Biochem.*, 13: 4222–4231（共著，2000）．Analysis of Exposed Cellulose Surfaces in Pretreated Wood Biomass Using Carbohydrate-binding Module (CBM)-cyan Fluorescent Protein (CFP), *Biotechnology and Bioengineering*, 105: 499–508（共著，2010）．

清水　展（しみず　ひろむ）第 11 章

京都大学東南アジア研究所教授．専攻：文化人類学・東南アジア研究．
社会学博士（東京大学，1987 年）．主な著作に，*The Orphans of Pinatubo: Ayta Struggle for Existence* (Solidaridad Pub. 2001)，『噴火のこだま —— ピナトゥボ・アエタの被災と新生をめぐる文化・開発・NGO』（九州大学出版会，2003 年），「辺境から中心を撃つ礫 —— アフガニスタン難民の生存を支援する中村医師とペシャワール会の実践」（『九州という思想』松本常彦・大鳥明秀編　花書院，2007 年）．

木村　周平（きむら　しゅうへい）第 12 章

京都大学東南アジア研究所特定助教（グローバル COE）．専攻：文化人類学，科学技術社会論．
東京大学大学院総合文化研究科博士課程中退，博士（学術）．主な著作に，『現代人類学の

プラクシス』(共著, 有斐閣, 2005年),『経済からの脱出』(共著, 春風社, 2009年), 論文に「地震・建物・社会のネットワーク —— イスタンブル都市改造計画についての人類学的考察」『アジア・アフリカ地域研究』8(2) など.

佐藤　孝宏(さとう　たかひろ) 終章

京都大学東南アジア研究所特定助教 (グローバル COE). 専攻：熱帯農業生態学.
1991年電気通信大学電気通信学部卒業. ㈱新潟日報社, 宇都宮大学農学部を経て, 2006年京都大学大学院農学研究科博士後期課程修了. 国際乾燥地農業センター (ICARDA, シリア・アラブ共和国) 客員準研究員 (2001年5月～2003年7月), 京都大学東南アジア研究所特定研究員 (グローバル COE) などを経て, 主な著作に,「タイにおける持続可能な稲作由来バイオマス発電の現状と展望」*Kyoto Working Papers on Area Studies* 38. (共著, 2009年), "How to Assess the Sustainability of Our Humanosphere? Towards the development of Humanosphere Index." In Proceedings of the Second International Conference of Kyoto University Global COE Program "In Search of Sustainable Humanosphere in Asia and Africa" (共著, 2003); "The Validity of Predawn Leaf Water Potential as An Irrigation Timing Indicator for Field-grown Wheat in Northern Syria." *Water Manage*. 82: 223–236 (共著, 2006).

和田　泰三(わだ　たいぞう) 終章

京都大学東南アジア研究所特定研究員 (グローバル COE)
2004年, 京都大学大学院医学研究科内科系専攻博士課程修了, 2007年ロンドン大学熱帯公衆衛生大学院修士課程修了, 修士 (疫学). 京都大学医学部附属病院老年内科助手 (2004年より) を経て現職. 主な著作に "Twenty-one-item Fall Risk Index Predicts Falls in Community-dwelling Japanese Elderly." *J Am Geriatr Soc*. 57(12): 2369–2371 (共著, 2009); "Community-Dwelling Elderly Fallers in Japan are Older, More Disabled, and More Depressed Than Nonfallers." *J Am Geriatr Soc*. 56(8): 1570–1571 (共著, 2008), "Depression, Activities of Daily Living, and Quality of Life of Community-dwelling Elderly in Three Asian Countries: Indonesia, Vietnam, and Japan." *Arch Gerontol Geriatr* 41: 271–280 (共著, 2005).

地球圏・生命圏・人間圏 —— 持続的な生存基盤を求めて
ⓒ K. Sugihara, S. Kawai, Y. Kono, A. Tanabe 2010

2010年3月31日　初版第一刷発行

	編著者	杉原　　薫
		川井　秀一
		河野　泰之
		田辺　明生
	発行人	加藤　重樹

発行所　京都大学学術出版会
京都市左京区吉田河原町15-9
京大会館内（〒606-8305）
電話（075）761-6182
FAX（075）761-6190
URL　http://www.kyoto-up.or.jp
振替　01000-8-64677

ISBN 978-4-87698-940-9
Printed in Japan

印刷・製本　㈱クイックス東京
定価はカバーに表示してあります